闪击英雄

[德] 海因茨·威廉·古德里安 著

小小冰人 译

台海出版社

图书在版编目（CIP）数据

闪击英雄 /（德）海因茨·威廉·古德里安著；小
小冰人译. -- 北京：台海出版社，2023.8
ISBN 978-7-5168-3606-4

Ⅰ. ①闪… Ⅱ. ①海… ②小… Ⅲ. ①古德里安
(Guderian, Heinz 1888–1953) –生平事迹 Ⅳ.
① K835.165.2

中国国家版本馆 CIP 数据核字 (2023) 第 140412 号

闪击英雄

著　　者：[德] 海因茨·威廉·古德里安　　　　译　　者：小小冰人

出 版 人：蔡　旭　　　　　　　　　　　　　　责任编辑：俞滟荣

出版发行：台海出版社
地　　址：北京市东城区景山东街 20 号　　　　邮政编码：100009
电　　话：010 – 64041652（发行，邮购）
传　　真：010 – 84045799（总编室）
网　　址：www.taimeng.org.cn/thcbs/default.htm
E – mail：thcbs@126.com

经　　销：全国各地新华书店
印　　刷：重庆长虹印务有限公司
本书如有破损、缺页、装订错误，请与本社联系调换

开　　本：787 毫米 ×1092 毫米　　　　　　　1/16
字　　数：430 千　　　　　　　　　　　　　　印　　张：26.5
版　　次：2023 年 8 月第 1 版　　　　　　　　印　　次：2023 年 12 月第 1 次印刷
书　　号：ISBN 978-7-5168-3606-4

定　　价：159.80 元

前言

　　命运驱使我们这代人参与了两次世界大战，两场战争都以我们的民族失败而告终。这是个悲惨的命运，我们这些昔日的军人，尤为深刻地感受到我国人民的痛苦和悲哀。经历过第一次世界大战的战友，多年来始终保持沉默。他们不是身陷囹圄，就是因为其他缘故三缄其口。昔日的敌人作为胜利者出版了许多关于二战的书籍，有些是个人回忆录，也有些是颇具价值的历史著作。国破家亡最猛烈的震荡，现在已消退，深藏在这场大灾难幸存者的脑海里，关于德国方面的记录，似乎是时候公之于众了。我们的大部分档案已销毁，要么就是落入敌人手里，导致准确地撰写这段历史非常困难。所以，当年的战友写下自己的回忆似乎非常重要，哪怕这些回忆只是实际情况的片段，而且也较为主观。

　　但这并非促使我提笔写作的唯一原因。数百万德国妻子和母亲，把她们的丈夫和儿子献给祖国。数十万德国妇女、孩子、老人沦为战争的受害者。妇孺帮着我们挖掘战壕，在工厂里干活，在田地里劳作，竭力保卫自己的祖国和家园。德国工人在最艰苦的条件下，毫不懈怠地履行了他们对祖国的义务。德国农民在恶劣的工作条件下辛勤劳作，为民众提供粮食，直到苦难的结局到来。数百万德国人流离失所，不是死于非命，就是靠吃外国的硬面包维生。

　　我没资格代表全体民众，但我至少可以向昔日的部下表达谢意。我们知道彼此如何看待对方，时至今日，尊重和互爱的关系仍把我们紧密连接，我满怀信心地希望，这根纽带会持续到永远。

　　军人深知战争的可怕后果，因此，作为人类，他们是反对战争的，既没有野心勃勃的征服欲望，也没有强权政治的想法。我们投身军旅是为了保卫祖国，也是为了教育年轻一代成为正派而又勇敢的人，我们就是这样的人，而且为此深感自豪。在我们看来，参军入伍是崇高的义务，是出于对民族和祖国的热爱。我们认为，"民族主义"是对爱国精神自私的夸大，是对其他民族和种族的傲慢，我们不是这种人。我们热爱自己的祖国和民族，但也尊重其他民族的特性。我们知道如何保持爱国精神和高度的民族责任感，弱者对所谓"民族主义"的长吁短叹，不会让我们动摇。我们希望自己依然是德国人，而且必将如此。

我不想为自己开脱或指责些什么。我只是叙述自己的亲身经历。我的资料包括背井离乡和身陷囹圄期间侥幸留存的部分笔记和信件，以及战友寄来的信函。我对某些细节的记忆可能有误，这种情况无法避免，因为大量事件的细节已模糊，而且经历数年的困苦，我的记忆力也开始衰退。

我在书中描述的事件，是我担任军长、装甲集群司令、装甲集团军司令等不同职务的亲身经历。由于缺乏资料，我无法以早期的总参工作方式连贯地阐述整个二战的过程。

我得感谢冯·利本施泰因男爵、盖伦、舍雷尔、冯·舍尔、冯·施泰因男爵、弗赖塔格·冯·洛林霍芬男爵、贝克为本书提供的大力帮助。

——海因茨·古德里安

目录 CONTENTS

第一章　家庭和青年时代

1888 年 6 月 17 日，那个周日的清晨，我出生在维斯瓦河畔的库尔姆。我父亲弗里德里希·古德里安，1858 年 8 月 3 日出生于图赫尔县大科洛尼亚，此时在波美拉尼亚第 2 猎兵营当中尉。我母亲克拉拉婚前姓基希霍夫，1865 年 2 月 26 日出生于库尔姆县的尼姆奇克。我的祖父和外祖父都是地主，根据我的调查，我的祖先在东普鲁士或西普鲁士的瓦尔特高当过农民或法律工作者。也就是说，我的直系亲属里，父亲是首位现役军官。

1890 年 10 月 2 日，我弟弟弗里茨出生。

1891 年，父亲调到阿尔萨斯的科尔马尔服役，我 6 岁起在那里的学校就读，直到 1900 年 12 月，父亲又调到洛林的圣阿沃尔德。那座小镇没有中学，我父母不得不把两个儿子送出家门。父母的经济状况很一般，再加上两个儿子都想成为军官，所以把我们送入军校学生团继续接受教育。就这样，1901 年 4 月 1 日，巴登的卡尔斯鲁厄预备军校录取了我和我弟弟，1903 年 4 月 1 日，我从那里转入柏林附近的大利希特费尔德高级军校。两年后，我弟弟也来到这里。1907 年 2 月，我通过了军校的毕业考试。今天回想起那段成长岁月，我对军校教官充满感激和崇敬之情。在军校学生团接受的教育，当然像军队那般严格，而且很枯燥，但还是建立在宽容和公正的基础上。我们的课程参照实科中学，侧重于现代语言、数学、历史，为我们日后的生活打下很好的基础，与类似的民办学校相比毫不逊色。

1907 年 2 月，我分配到洛林的比奇，在汉诺威第 10 猎兵营当候补军官，1908 年 12 月前，我父亲一直担任该营营长。所以我很幸运，经历了 6 年的军校生涯，再次享受到家庭的温暖。1907 年 4—12 月，我在梅斯军事学院受训，1908 年 1 月 27 日获得少尉军衔，而且这项委任从 1906 年 1 月 22 日算起。作为少尉，我度过了一段快乐的时光，直到第一次世界大战爆发。1909 年 10 月 1 日，我们这个猎兵营返回汉诺威的老驻地，也就是哈尔茨山的戈斯拉尔。在那里，我和我后来的爱妻玛格丽特·格纳订婚，1913 年 10 月 1 日喜结连理，自那之后，她成为我生活里的忠实伴侣，在漫长多变，并不总是轻松如意的军旅生涯中与我同甘共苦。

1914 年 8 月 2 日爆发的战争，骤然打断了我们幸福的新婚生活，历时 4 年的战争期间，我只能趁短暂休假的机会，回家看望妻子和我们的孩子。1914 年 8 月 23 日，上帝把海因茨·京特赐给我们，1918 年 9 月 17 日，我们的次子库尔特呱呱坠地。

1914 年 5 月，我亲爱的父亲动了次大手术，随后因健康原因退役，战争刚刚爆发就与世长辞，我失去了做人和作为军人的楷模。16 年后的 1931 年 3 月，一辈子慈爱有加的母亲也永远地离开了我们。

1918 年停战后，我在东部边防军服役，先是在西里西亚，后来调到波罗的海地区。我军旅生涯的细节，可以参阅本书的附件。1922 年前，我一直在前线参谋部和总参谋部服役，接受的主要是步兵训练，但在科布伦茨第 3 电报营的服役经历，以及第一次世界大战头几个月从事的无线电通信工作，让我掌握了这方面的一些知识，日后组建现代化新兵种期间，这些知识令我获益匪浅。

第二章　创建德国装甲兵

两次世界大战之间，我的主要工作是创建德国的装甲兵。我原先是猎兵军官，技术方面也没受过培训，可命运偏偏把我推到与摩托化打交道的岗位。

1919年秋季，我从波罗的海地区调回，在汉诺威的帝国防卫军第10旅短暂服役，1920年1月，我调到戈斯拉尔的老部队，也就是第10猎兵营，奉命指挥一个连队。此前我在总参谋部干过，但从没奢望还能回去，因为我之所以调离波罗的海地区，一是与他人发生冲突，二是在只有10万人的小型陆军服役，职业前景并不看好。所以1921年秋季，我敬重的团长冯·阿姆斯贝格上校问我，想不想回总参谋部工作，我深感意外，赶紧答应下来。但此事没了下文，隔了很长一段时间，直到1922年1月，帝国国防部部队局的约阿希姆·冯·施蒂尔普纳格尔中校打来电话，问我怎么还没去慕尼黑报到，我这才得知，自己已调到运输兵总监部汽车兵处，因为运输兵总监冯·奇施维茨将军要求为该处派一名总参军官。调令1922年4月1日正式生效，但在此之前，他们想让我熟悉汽车兵的具体勤务，所以命令我先去慕尼黑第7（巴伐利亚）汽车营，我得立即动身。

我对这项新任命非常高兴，立即赶往慕尼黑，向营长卢茨少校报到。接下来几年，我和卢茨的关系非常密切，不仅因为共事的关系，还因为我发自内心地尊敬他，他也以最大的善意待我。我在慕尼黑分配到第1连，连长维默尔原先是飞行员，后来重操旧业。我到任时卢茨少校告诉我，我日后在国防部的工作是研究汽车兵的组织和使用。我在慕尼黑实习，主要是为这项任务做好准备。卢茨少校和维默尔上尉想方设法让我深入了解他们的勤务，我学到很多东西。

1922年4月1日，我去柏林向冯·奇施维茨将军报到，急于就自己在总参谋部的新工作得到他的任命。冯·奇施维茨将军告诉我，他本打算派我研究如何使用汽车兵的问题，可参谋长彼得少校却做出不同的安排，让我处理汽车厂、储油设施、制造、技术人员的事务，以及道路和交通问题。我非常惊讶，向将军报告，我对这项技术工作毫无准备，也不具备该领域需要的知识。冯·奇施维茨将军解释道，他原本想交给我的工作，确实是卢茨少校对我说的那些，可参谋长引用了1873年的《普鲁士战争部工作条例》，还以另一些文件为补充，来说明分配工作是参谋长而不是总监的权限，所以将军无法改变这项决定，对此深表遗憾，但他保证，会让我参加他打算展开的研究工作。他还否决了我调回猎兵连的请求。

就这样，我踏上技术之路，不得不努力学习相关知识。除了部分未完成的公文，我的前任没给我留下任何有价值的东西。仅有的帮助来自部门几名老员工，他们了解这些文件，也熟悉相关业务，还很友好地帮助我。这些工作当然很有教益，对我日后的发展也有好处。但最具价值的，是冯·奇施维茨将军对使用汽车运送部队所做的研究。通过这项研究，再加上之前在哈尔茨山区进行的实践演练，我首次认识到摩托化部队有可能发挥的作用，就此形成了自己的观点。冯·奇施维茨将军是个非常严厉的上司，不会放过任何疏忽错误，非常看重准确性，这种作风让我获益匪浅。

第一次世界大战期间，确实有使用汽车运送部队的实例。但这种运动都发生在固定战线后方，从来没有在运动战中直接对对手实施过。日后的战争是否会以固定战线后方的阵地战开始呢？对没有构筑防御工事的德国来说不太可能，我们在战争中不得不考虑机动防御。因此，运动战中运送摩托化部队的问题很快引发了新的问题：该如何掩护这种运动呢？只有装甲车辆能有效执行这项任务。所以我寻找相关实例，想弄清装甲车辆的使用经验。调查期间，我结识了年轻的福尔克海姆中尉，他手头有不少资料，虽说德军小型战车部队的使用经验少得可怜，但关于敌坦克部队的内容却很丰富，这些经验应该对我们的小型军队有用。我从他那里弄到些资料，研究了这种薄弱的理论带来的问题。英法军队使用装甲战车最有经验，我得到了他们的资料，认真学习。

富勒、利德尔·哈特、马特尔的英文著作和论文引起我的兴趣，激发了我的想象力。这些颇具远见的军人，当时就致力于让坦克打破步兵辅助武器的局限。我们这个时代新兴的摩托化，他们把坦克置于中心位置，因而成为新式大规模交战的先驱。

矮子里面拔将军，由于国内当时没人研究这方面的问题，我很快得到"专家"的美誉。这种情况得益于我间或在《军事周刊》上发表的几篇短文，《军事周刊》的编辑冯·阿尔特罗克将军找了我好几次，还邀请我去他那里做事。他是个心胸开阔的军人，想在自己的刊物上广开言路，对探讨当前的问题非常热衷。

这项工作让我结识了《坦克手册》的作者弗里茨·海格尔。他是奥地利人，在编写《坦克手册》期间，我为他提供了战术方面的一些资料，这位正派的德国男儿赢得了我的敬重。

1923 年年底到 1924 年年初，冯·布劳希奇中校（后来的陆军总司令）让我负责一场图上演习，内容是以摩托化部队与航空兵协同，陆军训练处肯定了此次演习的结果，还提议让我担任战术和战史教官，考核通过后，他们有时候派我参加所谓的"教官旅行"。1924 年秋季，我调到斯德丁的第 2 师师部任职，冯·奇施维茨将军担任该师师长，再次成为我的上司。

但在此之前，接替冯·奇施维茨将军出任运输兵总监的冯·纳茨默上校派我主持了一系列演习和图上作业，测试装甲车的使用，以装甲车与骑兵协同执行侦察任务。我们在演习中只能使用笨重的装甲运兵车，这是《凡尔赛和约》允许我们使用的。虽然这些车辆是四轮驱动，但它们太笨重，所以只能在公路上行驶。我对演习的结果很满意，最后召开的研讨会上，我说希望这些演习能让汽车部队从后勤补给的角色变为战斗部队。可总监冯·纳茨默上校的看法完全相反，还对我撂下这样一句话："见鬼，您的战斗部队只配运面粉！"我的努力泡了汤。

于是我去了斯德丁，给那些日后想从事参谋工作的军官讲授战术和战史。这份新工作把我忙得不可开交，听众都是些吹毛求疵的家伙，我必须认真备课，仔细考虑他们的回答，还要展开明确的讨论。战史方面，我把重点放在拿破仑 1806 年遂行的战役上，由于普鲁士惨败，所以德国国内不太研究这场战役，但从机动部队指挥的角度看，这场战役很有教育意义。我还讲授 1914 年秋季的德国和法国骑兵史。事实证明，深入研究 1914 年的骑兵活动，对拓展自己的战术、战役理念很有帮助，我现在的目标越来越明确，就是要充分利用机动性。

由于我在战术演习和图上作业期间几次宣扬自己的理念，引起顶头上司赫林少校的关注，他在我的评定报告里专门提到我这种倾向。正因为如此，当了三年教官后，我再次调回帝国国防部，分配到部队局运输科，这是作战处的下属部门，当时的科长是哈尔姆上校，后来是韦格和屈内中校。我这个科室是新设立的，负责以汽车运送部队的工作。我们当时没有专用车辆，所以部队局打算以商用卡车运送常规编制的部队。我研究后发现，这种运输方式存在许多难题。的确，第一次世界大战期间，法国人在这方面取得很大的成就，例如在凡尔登，但当时的运输都是在固定战线后方进行，并不需要把全师所有马匹和大车立即运到指定地点，特别是火炮。而运动战期间，用卡车运送整个师和所有马匹、大车，需要的卡车数量多得惊人。所以，就这个问题展开的讨论非常激烈，大多数人对此举的可行性持怀疑态度，相比之下，支持者少得可怜。

1928 年秋季，汽车训练司令部的施托特迈斯特上校找到我，请我给他的学员讲讲坦克战术。部队局的几位上司批准了我这份兼职，所以我又和坦克打起交道，尽管只是在理论上。我对坦克没有任何实践经验，甚至没在坦克里坐过，现在却要担任坦克战术教官，所以我必须认真备课，仔细研究手头掌握的各种资料。关于第一次世界大战的书籍现在丰富了许多，从《外军勤务条令》[1]可以看出，他们在坦克的使用方面取得长足的进步，所以，眼下的理论研究比我当初在帝国国防部工作期间容易得多。但最初的实践只能使用模型，不过，模型好歹有了进步，已经从原先靠人力推动的帆布模型改进成铁皮打制的模型，还实现了摩托化。所以我们用模型展开演练，布施和利泽中校指挥的施潘道第 9 步兵团第 3 营提供了大力支持。演练期间，我结识了第 3 营副官文克，他后来成为我的同事。我们系统性地展开工作，认真研究如何使用坦克，先是单车，随后发展到全排、全连、全营。

虽然我们实际演练的机会不多，但足以让人看清坦克在现代战争中的前景。最让我高兴的是，我有幸去瑞典访问 4 周，在那里不仅见到德制最新式 LK II 型坦克的实际使用，还亲自驾驶了一番。

前往瑞典的途中，我和妻子先来到丹麦，在哥本哈根和风光秀丽的周边景区玩了几天。托瓦尔森的精美雕塑给我们留下深刻的印象。站在赫尔辛格城堡前方的露台上，我们不由得想起哈姆雷特①：

　　"霍拉旭，天地之间有许多事情，是你们的哲学没有梦想到的。"

　　我们站在露台上，灿烂的阳光洒向海峡，古老的青铜炮身管泛出淡绿色光芒，没有鬼魂出现。②

　　接下来的旅程从穆塔拉出发，乘船渡过约塔运河和瑞典几座湖泊。我们夜间弃船登岸，参观了弗雷塔修道院，这是座古老而又美丽的大教堂。第二天，斯德哥尔摩美丽的建筑出现在我们眼前，这里风景壮丽，堪称北欧的威尼斯。

　　我在约塔禁卫第2营开始了自己的访问。营长布伦上校非常亲切地接待了我，随后把我分配到克林斯波尔上尉的连队，我很快和克林斯波尔成为莫逆之交，这份友情一直持续到他英年早逝。我遇到的瑞典军官，对德国同行亲切友好，态度坦诚。他们的热情款待完全出自真心。野外演练期间，我们在露宿地也得到非常友善的招待。我们拜望了克林斯波尔的岳母，尊贵的塞德伦德夫人孀居在海边雄伟的布兰松德城堡，环境非常优美。著名的瑞典潘趣酒酒厂就在塞德伦德夫人名下，这让我们有幸在原产地品尝到这种美酒。我们还参观了图尔冈皇家庄园，装甲营预备役军官巴耶尔负责管理此处，他在家里盛情款待了我们。布伦上校开车带我去岛礁打猎。我们在斯堪森参观了露天剧场，还欣赏了利耶福斯的画作，他是位伟大的狩猎画家。在皇后岛宫，我们见到了来自布拉格华伦斯坦宫的皮质壁纸，据说三十年战争期间，这些壁纸救了伟大的瑞典国王古斯塔夫·阿道夫一命。宫殿管理员给我们讲解了这些美丽的壁纸的重要意义，我们当时对这种奇怪的说法报以微笑，但今天不得不承认，某些珍宝的确以这种方式保存下来，否则很可能毁于第二次世界大战。来自布拉格的"银色圣经抄本"存放在乌普萨拉大学图书馆的玻璃柜里，柜子前面挂着紫色的天鹅绒帷幕。这件无价之宝旁边，我还看见海因里希三世送给戈斯拉尔大教堂的圣经。古斯塔夫·阿道夫当年征服了250多座德国城市，这本圣经无疑也是"获救"的珍宝之一。

　　在瑞典度过的这段时光，不仅美好，还深具教益，每次回想起来都让我格外

---

　　① 译注：莎士比亚的戏剧《哈姆雷特》中，丹麦王子哈姆雷特就住在赫尔辛格城堡里。

　　② 译注：这里依然是引用《哈姆雷特》的故事。

愉快，心中充满感激之情。

我 1929 年得出结论，坦克单独使用或与步兵协同，都无法发挥决定性作用。研究战史，分析英军的演习，以及我们以模型从事的演练，这一切加强了我的信念：坦克始终依赖其他兵种支援，这些兵种必须具备同样的速度和越野能力，才能让坦克发挥最大效力。坦克必须在诸兵种合成中唱主角，其他兵种居于次位。不能把坦克编入步兵师，必须组建装甲师。要让坦克充分发挥战斗效力，装甲师里还得编有各个兵种。

1929 年夏季的实地作业期间，我把参演一方假定为一个装甲师。此次演练大获成功，我坚信自己的研究方向正确无误。但在场的运输兵总监奥托·冯·施蒂尔普纳格尔将军禁止在理论上使用超过团级的坦克力量，在他看来，装甲师纯属不切实际的幻想。

1929 年秋季，我当初在慕尼黑的保护者、运输兵总监部参谋长卢茨上校问我想不想指挥汽车营。我答应了。就这样，我 1930 年 2 月 1 日出任柏林—兰克维茨地区的第 3（普鲁士）汽车营营长。

第 3 汽车营编有 4 个连：第 1、第 4 连和营部驻扎在柏林—兰克维茨地区，第 2 连驻扎在德贝里茨—埃尔斯格伦德的部队训练场，第 3 连驻扎在奈塞。第 4 连是以第 3 骑兵运输营一个中队改编而成的。我接掌全营后，卢茨上校帮着我改编部队，第 1 连配备装甲侦察车，第 4 连配备摩托车，这样，两个连就形成了装甲侦察营的核心力量。第 2 连改编为装甲连，配备模型坦克，奈塞的第 3 连改编成反坦克连，配备的也是模型（木制火炮）。根据《凡尔赛和约》的规定，第 1 连确实配备了老旧的装甲运兵车，但为节省起见，我们还是用模型演练。只有摩托车步兵连用的是真家伙，他们配备了机枪。

有了这支临时拼凑的部队，我以极大的热情展开实地演练，为自己终于能在有限的范围内当家做主兴奋不已。全新的勤务让全营官兵干劲十足，原先为 10 万陆军运送物资的活儿枯燥乏味，新工作给他们的日常生活带来一股清风。可上级对此不太理解。例如运输兵总监就对我们这支年轻的部队毫无信心，甚至禁止我们在训练场上与其他营合演。我们营隶属第 3 师，但第 3 师演习时，只允许我们派一个排参加。师长约阿希姆·冯·施蒂尔普纳格尔将军是个例外，当初就是他通知我去慕尼黑报到的。这位正派的将军对我们付出的努力很感兴趣，也很关心我们营，提供了很多帮助。他的正义感确保了演习结束后的评判公正客观。可惜，冯·施蒂尔普纳格尔将军与帝国国防部意见不合，1931 年春季决定退役。

1931 年春季，我们的总监奥托·冯·施蒂尔普纳格尔将军也退役了。道别时，他对我说道："您太急躁了，依我看，我们这辈子都见不到德国装甲兵的发展。"他是个聪明人，但种种疑虑严重影响了他的决断力。他看到问题所在，却没找出解决问题的办法。

接替他的是总监部原先的参谋长卢茨将军。他也是个才智非凡的人，对技术问题的理解力很强，组织才能非常出众。他认识到我竭力寻求的战术发展的优势，不遗余力地支持我的工作。他委任我当他的参谋长，于是我 1931 年秋季履新。接下来几年动荡不安，纷争不断，但成果很丰硕，我们的装甲兵终见雏形。

我们很清楚，装甲兵日后的编组，必须以作为决定性作战兵种使用为目的。所以编组形式只能是装甲师，尔后再编为装甲军。现在的问题是说服其他兵种和陆军指挥部首脑，让他们相信，我们走的路是正确的。这很难，因为没人相信一支补给部队能在战术层面乃至战役领域提出卓有成效的新思路。传统兵种，特别是步兵和骑兵，自诩为主要兵种，步兵仍把自己视为"战场上的皇后"。由于《凡尔赛和约》禁止 10 万人的德国陆军装备坦克，所以没人见过我们大力宣传的兵器，我们使用的铁皮模型给参加过一战的老兵留下荒唐可笑的印象，他们觉得我们寒酸狼狈，根本不正眼瞧我们。所以他们只把坦克视为步兵辅助武器，绝不会把装甲兵看作全新的主要兵种。

我们与骑兵总监部的斗争最为激烈。卢茨将军问那些骑兵，他们在日后的发展中想担任侦察部队还是战斗骑兵。骑兵总监冯·希施贝格将军说他们更愿意成为战斗骑兵。于是他把作战侦察任务移交给汽车运输部队。为执行这项任务，我们随后决定加紧训练装甲侦察营。除此之外，我们想方设法以装甲战车组建了几个装甲师。最后，我们还希望为所有步兵师组建摩托化反坦克营，因为我们坚信，反坦克防御必须提高速度，才有望挡住敌坦克的冲击。

冯·希施贝格将军的继任者克诺亨豪尔将军是步兵出身，不愿把前任交出的任务继续让给我们。他以 10 万陆军现有的 3 个骑兵师组建了一个骑兵军，还想收回作战侦察任务，重新由骑兵执行，甚至想把我们的新发明据为己有。为此，许多骑兵军官混入我们这个刚刚诞生的兵种。辩论经常演变成激烈的争吵。但最终，新思想的创造者战胜了反对派，引擎战胜了马匹，火炮战胜了长矛。

要把我们的想法付诸实践，与组织和使用同样重要的是装备。我们在技术领域已经做了些初步工作。自 1926 年起，我们就在国外设立了测试场，专门试验德国的坦克设计。陆军军械局委托不同的公司，生产了两款中型坦克和三款轻型坦克（中型和轻型是他们当时的称谓）。每个型号各有 2 辆样车，共计 10 辆坦克。中型坦克搭载 75 毫米火炮，轻型坦克配备 37 毫米火炮。这些试验车辆以低碳钢而不是装甲钢制造。几款车型最高时速 20 公里左右，平坦地面的时速可达 35—40 公里。

负责设计这些战车的皮尔纳上尉对新车型提出许多现代化要求，例如出色的密封性、更好的涉水性能、炮塔炮和机枪的全方位射击能力、充足的离地间隙[2]、灵活的机动性能。这些要求基本上得到实现。但这些试验车型的战斗舱空间安排存在缺陷，车长的位置在战斗舱前部，紧挨着驾驶员，从这个位置他没办法察看后方的情况，突出的履带和低矮的座椅又严重限制了他两侧的视野。这些战车眼下还没配备电台。与第一次世界大战的战车结构相比，20 年代设计的坦克在技术上有了很大进步，可还是无法完全满足我们近期提出的战术要求。所以我们不能草率地把试验车型投入量产，必须设计新式坦克。

按照我们当时的想法，装甲师最终需要装备两款坦克：轻型坦克配备一门具备穿甲能力的火炮，炮塔和车首各装一挺机枪；中型坦克配备一门大口径火炮，炮塔和车首各装一挺机枪。每个装甲营编 3 个轻型坦克连和 1 个中型坦克连，中型坦克可以在战斗中支援轻型坦克，还可以对付轻型坦克的小口径火炮无法击毁的目标。对坦克炮的口径问题，军械局局长和炮兵总监与我们的看法不同。两位专家认为轻型坦克配备 37 毫米火炮就够了，而我希望直接搭载 50 毫米火炮，因为外国的坦克很可能加厚装甲板，我们必须未雨绸缪。但由于步兵已配备 37 毫米反坦克炮，为简化起见，两位专家只打算制造一款小口径火炮和配套的弹药，卢茨将军和我不得不让步。但我们力争后，轻型坦克的炮塔环加大了直径，以便日后改装 50 毫米火炮。中型坦克的火炮口径定为 75 毫米，车重不超过 24 吨。限制车重的主要原因是考虑到德国公路桥的承载能力。坦克时速定为 40 公里。两款坦克都载有 5 名乘员，车长、炮手、装填手待在旋转炮塔内，车长的座位在炮手上方，还专门为他配备了具有全方位视野的小型指挥塔，驾驶员和报务员坐在车首。全体乘员通过喉头送话器接受车长的指令。行驶中，各车靠无线电台保持联系，还能相互交谈。把这些设计要求与上述试验车型相比，就会发现，采用全新战役和战术原则带来的变化非常明显。

我们很清楚，基于这种前瞻性设计，新型坦克还要好几年才能问世。在此期间，我们必须制造一款训练用车。德国从英国购买的卡登－劳埃德底盘很适合我们的用途，它的设计目的是搭载 20 毫米高射炮。但这款底盘的载荷有限，只能在炮塔上装几挺机枪。尽管存在这种限制，它还是让我们在 1934 年前为开赴前线做好了准备，至少能在主战坦克面世前充当训练用车。就这样，上级指示采用这款装备，定型为一号坦克。1932 年，没人想到我们有朝一日会以这款小型训练坦克与敌人交战。

我们计划推出的主要型号坦克，生产周期远远超出我们的预想。因此，卢茨将军决定采用另一个临时性解决方案，也就是曼公司制造的二号坦克，搭载一门 20 毫米机关炮和一挺机枪。

1932 年夏季，卢茨将军在格拉芬沃尔和于特博格训练场首次指挥了几个加强步兵团与几个装甲营的协同演习，当然，我们还是使用模型战车。当年的其他演习，还出现了我们临时打造的装甲侦察车，这是德国自《凡尔赛和约》生效后制造的首批装甲车，使用六轮卡车的底盘，再配以装甲钢板。小学生过去经常用铅笔捅穿我们的模型，一窥内部乾坤，他们这次不免大失所望。步兵也是如此，他们以前对坦克嗤之以鼻，演习中用石块击退模型坦克，但从现在起，他们的刺刀再也无法对付坦克了。

此次演习充分证明，摩托化和装甲部队完全可以用于作战行动。诚然，某些骑兵指挥官大加指责，还做出不够客观的评判，但我们取得的成绩太过明显，根本无法贬损。一批年轻的骑兵军官颇具洞察力，对我们的新兵器大加称赞；不少骑兵军官站在我们一边，他们正确地认识到，新的时代必须采用新的手段，这样才能把骑兵久经考验的原则付诸实践。

1932 年这场演习，是年迈的冯·兴登堡元帅参加的最后一场演习。演习结束后他做出评判，清楚地指出了演习期间犯下的种种错误，令我深感钦佩。谈到骑兵军的指挥工作，老先生指出："战争中只有简单才有望获胜，可我在骑兵军军部见到的情况一点也不简单。"他这句话也许是对的。

希特勒 1933 年出任帝国总理,帝国内政和外交政策随之发生彻底转变。2 月初,我在柏林举办的汽车展览会开幕式上首次见到希特勒，还聆听了他的讲话。帝国总理亲自致开幕词，这种情况很不寻常。另外，他讲的内容与过去那些部长和总理在类似场合发表的讲话截然不同。希特勒宣布取消汽车税，修建帝国高速公路，还要生产"大众"汽车。

军事方面，希特勒任命冯·布隆贝格将军为帝国国防部长，派冯·赖歇瑙将军担任部长办公厅主任，对我工作领域的发展具有深远的影响。两位将军都崇尚现代理念，所以我好歹在国防军最高层找到了理解装甲兵的人。另外，希特勒很快也对摩托化和装甲兵产生兴趣。这方面的首个证据，是陆军军械局在库梅斯多夫展示兵器研发状况期间，我得到半个钟头，为帝国总理讲解汽车运输战斗部队的情况。我给他介绍了一个摩托车步兵排、一个反坦克排、一个仍在试验状态的一号坦克排、一个轻型装甲侦察车排、一个重型装甲侦察车排。几支分队展开运动，速度和准确性给希特勒留下深刻的印象，他一再惊叹："这是我用得上的！这就是我想要的！"通过这场展示，我觉得只要自己的观点引起希特勒的注意，他也许会赞同我对打造现代化国防军的见解。主要难题是我们的官方途径僵化，陆军总参谋部某些位高权重者态度消极，挡在布隆贝格与我之间。

顺便说一句，自 1890 年以来德国政策极为显著的一点是，俾斯麦侯爵是唯一到访库梅斯多夫，对陆军兵器研发状况深感兴趣的帝国首相；自那之后，除了希特勒，没有哪届帝国总理来过这里。陆军军械局局长贝克尔将军请希特勒签名，来宾簿上的其他签名证实了上述说法。

1933 年 3 月 21 日，我在波茨坦驻军教堂参加了帝国国会开幕式。我的座位在楼厢里，位于皇后的空椅子和年迈的冯·马肯森元帅身后，面对腓特烈大帝墓穴前方那幅令人难忘的画像，老元帅的情绪激动不已，我看得清清楚楚。

波茨坦驻军教堂这场庄严的国事活动，由于国民阵线和中央党投下赞成票，

1933 年 3 月 23 日，恶名昭著的《授权法》通过，赋予帝国新总理独裁的权力。社会民主党以令人钦佩的勇气投下反对票，当时只有少数政治家意识到，这份法案日后会造成恶劣的影响。对于《授权法》造成的恶果，投赞成票的政客难辞其咎。

1933 年夏季，国家社会主义汽车运输军领袖阿道夫·许恩莱因邀请我去戈德斯贝格参加冲锋队领袖召开的会议，希特勒也答应出席此次会议。我很想看看希特勒在他的亲信圈里作何表现。另外，许恩莱因是个率直、正派的人，值得一交，所以我欣然答应。希特勒在会上发表了关于革命发展史的讲话，这番演讲表明他的历史知识非常渊博，他一口气说了几个钟头，竭力阐明每一场革命实现目标后过一段时间必然要演变。国家社会主义革命现在就到了演变的时刻，他敦促追随者未雨绸缪地考虑这个问题。他的谆谆教导，国社党徒能否听得进去，只有天知道了。

我在会上结识了最高党务法官布赫，他是个严肃而又沉稳的人，有理智，讲原则，遗憾的是，接下来几年他没能秉持自己的立场。

我满怀期望地离开戈德斯贝格，但愿希特勒宣扬的演变很快会成真。

新生的德国装甲兵，1933 年获得长足的进步。我们以模型车辆展开一连串试验性和教学演练，多兵种协同的观点更加清晰，强化了我的信念：坦克必须作为主要兵器使用，必须编为装甲师，必须与彻底实现摩托化的辅助兵种协同行动，这样才能在现代化军队里充分发挥效力。

如果说战术发展还算令人满意的话，那么装甲装备的发展就让人忧心忡忡了。《凡尔赛和约》解除了德国的武装，导致我们的工业多年来在军事领域无所作为，既没有专业人才，也没有机器设备，根本没办法迅速实现我们的愿景。制造具有足够刚性的装甲钢板，遇到的困难特别大，我们收到的首批钢板脆得像玻璃。电台和光学设备是我们梦寐以求的东西，这种愿望也用了很长时间才实现。但我从不后悔自己一再坚持的要求：坦克必须具备良好的视野和杰出的指挥设施。我们在指挥方面始终优于对手，这一点后来弥补了我们在其他方面的某些劣势。

1933 年秋季，冯·弗里奇男爵将军出任陆军指挥部司令。军官团非常信赖他，紧紧追随这位一跃成为陆军首脑的军人。弗里奇气质高雅，颇具骑士风度，是个聪明而又审慎的军人，战术和战略判断力都不错。他对技术问题没什么天赋，但总是愿意不带偏见地审核各种新思想，如果这些想法合情合理，他会欣然接受。因此，每次同他正式商讨装甲兵的发展状况，比我与陆军指挥部其他成员打交道愉快得多。弗里奇当初在10万陆军的部队局第一处担任处长期间，就对摩托化和坦克的问题很感兴趣，为研究装甲师，还特地组织了旅行考察。如今他身居高位，但我们觉得他未忘初心。有个小插曲很能说明他的风格。我提出个技术研发问题，心存疑虑的弗里奇说道："您知道，技术人员都在撒谎。"我答道："他们当然经常撒谎，但您通常要到一两年后，技术人员的想法没能实现，才会识破他们的谎言。战术家也撒谎，而您要到下一场战争输掉后才会发现，到那时一切都太晚了。"弗里奇习惯性地转了转单片眼镜，若有所思地说道："您说的大概没错。"弗里奇平素态度冷淡，大庭广众下甚至有点羞怯，但在他信赖的同事面前又显得坦诚率真、平易近人。另外，他很有幽默感，和蔼可亲的劲头让人着迷。

新任陆军总参谋长贝克将军不太好打交道。他性情高雅，是个从容不迫、行事谨慎的老派人物，甚至有点太冷静了。贝克是毛奇的信徒，一心想以毛奇的观点打造第三帝国新陆军的总参谋部。他对现代技术全无了解，还把亲信安插在总参谋部的关键岗位，特别是他周围，久而久之，陆军中枢竖起一堵起到反作用且极难突破的墙壁。贝克反对装甲兵的规划，想让坦克继续充当步兵辅助兵器，故而规定我们这个兵种的最大编制只能是装甲旅，对组建装甲师不以为然。

为组建装甲师并通过装甲兵训练条例，我不得不与贝克将军展开斗争。他最后同意组建两个装甲师，而我要求组建三个师。我以最大的热情向他描述了新兵团的种种优势，特别是装甲师的战役重要性，贝克却答道："不，不，别再说了，我觉得您的步子太快了。"我提出异议，装甲兵团的行进速度确实很快，但无线电通信技术的发展，完全能确保指挥顺畅。可他怎么也不相信。我们的战斗条令反复要求各级指挥官靠前指挥，贝克对此很不满意："没有地图桌和电话，您根本没办法指挥。您没读过施利芬的文章[3]吧？"就连师长也得赶赴前线，甚至与对手发生接触，他觉得这种观点太超前了。

除了对装甲兵的异议，贝克在军事和政治领域也是个优柔寡断的人。无论他出现在哪里，似乎都会造成麻烦。每个进步，每个发展，他看到的都是困难，对此顾虑重重。贝克大力鼓吹"阻滞抵抗"的防御样式，很能说明他的思维方式。

早在第一次世界大战前，我们的作战条令就提到所谓的"阻滞战斗"，可他现在把这种交战样式拔高到 10 万陆军的作战原则。贝克的"阻滞抵抗"得到广泛演练和检查，直到步兵班一级。这种作战样式毫无特点，我从未见过哪场演习让观摩者满意过。装甲师组建后，冯·弗里奇将军废除了"阻滞抵抗"。

1934 年，我们从陆军总参谋长那里得到一份题为《战车战》的手稿，作者是奥地利将军冯·艾曼斯贝格尔骑士。贝克将军对这份手稿的重要性深表怀疑，但卢茨将军和我意识到，作者的观点与我们不谋而合。所以我们觉得必须出版这份手稿，这样就能从中立方的角度宣扬我们希望广而告之的思想。这种做法存在风险，国外专家可能会借此了解艾曼斯贝格尔的思想，但我们不得不做出这项决定，因为我们必须消除德国各个机构设置的障碍，这些部门更愿意听取国外的意见，而不是身边顾问的观点，其他办法很难打破他们的"崇洋媚外"。我后来结识了冯·艾斯曼贝格尔骑士将军，他是个真正的德国人，也是个名副其实的军人，德国装甲兵从他那里获益颇多。他的著作成为我们部队图书馆的重要藏书，我们的装甲兵从丛书中学到很多东西。

总参上校冯·艾曼斯贝格尔和他父亲一样能干，二战期间负伤后，他与伤病展开长期而又英勇的斗争，1951 年去世。

汽车运输兵司令部 1934 年春季成立，卢茨将军任司令，我还是担任参谋长。卢茨将军兼任汽车运输兵总监，是国防军陆军办公厅军械局的上司。

这个时期，希特勒去威尼斯首次会晤墨索里尼，结果似乎不太令人满意。回国后，他把国防军将领、国社党和冲锋队领导人召到柏林，对他们发表了讲话。很明显，冲锋队领导人对希特勒这番讲话反应冷淡，离开会议厅时，我听见他们议论道："阿道夫还得多学学。"我震惊地得出结论：党内存在严重分歧！6 月 30 日，谜底揭开了。冲锋队参谋长罗姆和大批冲锋队领导人遭处决，但遭殃的不光是他们，与他们毫无关系的一批男男女女也成为受害者。正如我们今天获知的那样，这些无辜者遇害，仅仅是因为他们在某个时候、某个问题上反对过国社党。遇难者包括前帝国国防部长、帝国总理冯·施莱歇尔和他的妻子，以及他的同僚冯·布雷多将军。军方一直想为两位将军公开平反，但种种努力没能取得令人满意的结果。只有年迈的冯·马肯森元帅，在 1935 年的"施利芬晚会"（这是新老总参军官举办的年度聚会）上明确指出，两位将军的名誉不容玷污。希特勒在帝国国会上对此事做出的解释远远不够。当时，众人都希望党尽快克服发展期间的弊病。回顾往事，国防军领导人当时没有要求涉事方赔罪，这一点令人遗憾。要是他们真这样做的话，对他们自己，对国防军，对德国人民都是莫大的贡献。

1934 年 8 月 2 日，德国遭受了重大损失。冯·兴登堡元帅与世长辞，丢下他的人民，让他们独自面对后果无法估量的内部革命。我当天写信给妻子：

> 我们那位老先生去世了，大家都对这种无法弥补的损失深感悲痛。在全体人民，特别是在国防军看来，他就像我们的慈父，我们只能缓慢而又艰难地弥补民族生活中巨大的缺口。在外国人看来，他的存在远比书面条约和华丽的文字更有分量，他赢得了全世界的信赖。我们这些热爱他、敬重他的人，失去的东西太多了。
>
> 明天我们就要宣誓效忠希特勒了。这场宣誓可能会造成严重的后果，上帝保佑，但愿双方都能为德国的利益忠诚地恪守誓言。军队向来信守誓言，但愿他们会为了荣誉恪守自己的誓言。
>
> 你说的没错。要是各个组织的代言人，利用这次机会暂时取消所有庆祝活动，停止夸夸其谈，那就太好了……现在需要的是恪尽职守和谦虚谨慎。

我 1934 年 8 月 2 日写的这几行文字，描述的不仅是我，还包括我许多同事，甚至是大部分民众的心声。

1934 年 8 月 7 日，德国士兵把这位伟大的元帅、帝国总统安葬在坦能堡纪念碑下。希特勒最后的悼词在众人耳边萦绕："逝去的统帅，魂归神殿吧！"

但早在 8 月 1 日，帝国总理和帝国内阁就根据授权法宣布，兴登堡去世后，帝国总统和帝国总理的职务合而为一。因此，阿道夫·希特勒 8 月 2 日成为帝国元首和国防军最高统帅，再加上他兼任帝国总理，这样就把帝国的所有权力抓在了手里。从这一刻起，他的独裁几乎不受任何限制。

忙碌的冬季过后，1935 年到来，我们 3 月份听到德国重整军备的公告。所有军人欣然接受，为此欢呼雀跃，《凡尔赛和约》让我们蒙羞的部分条款终于废除了。

阵亡将士纪念日那天，冯·马肯森元帅亲临现场，各军兵种举办了阅兵式，年轻的装甲兵也派了几个营首次亮相，不过，这是场徒步阅兵，大多数参阅部队没有携带技术装备。阅兵式准备期间，装甲兵就受到严重歧视，就像指挥阅兵式的总参军官说的那样："你们的卡宾枪那么短，恐怕连举枪致敬的动作也做不了。"尽管受到严厉批评，可我还是让部下参加了检阅。

3月16日，英国武官邀请我参加晚间聚会。我刚要离开住处，收音机里传来帝国政府的公告，德国恢复了普遍义务兵役制。那天晚上，我与这位英国朋友和应邀到来的几位瑞典熟人聊得热火朝天。恢复普遍义务兵役制对德国国防军是件好事，几位朋友对我得知这个消息后的兴奋之情深表理解。

德国开始重新武装，从理论上说，我们寻求的目标是与装备精良的邻国保持同等水准。但从实际情况看，我们的武器装备，无论是数量还是性能，都与对方相差甚远，装甲兵更是不值一提。所以我们必须在装甲兵的组织和指挥方面寻求某种均衡，紧密集中小股部队，编为装甲师，再把几个装甲师编成装甲军，这样也许能弥补数量的不足。

我们首先要让上级相信，我们选择的发展道路不仅正确，而且可行。为此，卢茨将军领导的汽车运输兵司令部1934年6月成立，把我们现有的若干分队编为装甲师，打算1935年夏季举行历时四周的演习。指挥这个训练性装甲师的是冯·魏克斯男爵将军。该师集中到明斯特军营训练区，按照我们模拟的四种不同战斗场景，展开系统性训练。我们的目的不是锻炼指挥官自主做出决定并加以贯彻的能力，而是要证明大型装甲编组的运动和战斗完全可以和他们的辅助兵种协同。冯·布隆贝格将军和冯·弗里奇男爵兴致勃勃地观摩了此次演习。卢茨将军也邀请了希特勒，可由于他的陆军副官消极抵制，希特勒没有到场。

此次试验、教学演习的结果非常令人满意。示意演习结束的黄色机动气球升空，冯·弗里奇男爵大将开起了玩笑："唯一美中不足的是，气球上应该写上'古德里安的坦克是最棒的'。"卢茨将军出任新成立的装甲兵司令部司令，我们本打算和其他兵种一样，再组建个军级指挥部，但陆军总参谋长贝克将军反对，此事只好作罢。

1935年10月15日，我们组建了3个装甲师：

冯·魏克斯男爵将军指挥的第 1 装甲师，驻地魏玛。

古德里安上校指挥的第 2 装甲师，驻地维尔茨堡。

费斯曼将军指挥的第 3 装甲师，驻地柏林。

1935 年型装甲师的具体编制，参阅附件 23。

10 月初我离开柏林的总部，下部队从事具体勤务。我尊敬的卢茨将军牢牢掌握着装甲兵司令部，但不难预料，陆军总参谋部的反对意见会越来越激烈，接替我的参谋长面对这些影响，能否顶住外来压力，我有点担心。另外，装甲兵总监部隶属 OKH[①]，装甲兵的利益现在由陆军办公厅主任负责，是否还能按照原先的规划继续发展，我对此深感怀疑。我担心的事情终于在这两个部门发生了：陆军总参谋长竭力组建装甲旅，目的仅仅是以装甲旅与步兵协同。出于这个目的，他 1936 年年初在斯图加特组建了第 4 装甲旅。另外，旧式骑兵为加强他们对摩托化部队的影响，不断施加压力，组建新装甲师的计划泡了汤，取而代之的是 3 个所谓的"轻装师"，每个师编有 2 个摩托化步兵团、1 个侦察团、1 个炮兵团、1 个装甲营和其他支援兵种。装甲营进行了试验，用挂载平板车的卡车运送坦克，以此提高公路行驶速度。这种做法纯属多余，因为卡车挂载的平板车只能载运现有的一号、二号坦克，待三号和四号坦克 1938 年面世，这些平板车就无能为力了。

除了轻装师，还组建了 4 个摩托化步兵师，也就是把常规步兵师彻底摩托化，这需要为他们配备大批机动车辆。几个摩托化步兵师编为第 14 军，几个轻装师编为第 15 军，装甲兵司令部改为第 16 军军部，辖 3 个装甲师。上述三个军最终编入新组建的第 4 集群司令部，由冯·布劳希奇将军指挥，驻地莱比锡，组建该集群的目的是训练和发展。

装甲兵原先的兵种色是粉红色，现在也改了。装甲团和反坦克营继续沿用粉红色；装甲侦察营起初用黄色，后来改为棕色；装甲师的步兵团、摩托化步兵团、摩托车步兵使用绿色；轻装师的骑兵步枪团沿用骑兵的黄色，摩托化步兵团保留原先的白色。当然，步兵和骑兵总监在这个问题上也有发言权。

---

① 译注：1935 年 6 月 1 日，陆军指挥部改为陆军总司令部，OKH 就此踏上舞台。

我们的摩托化力量就这样分散到摩托化和装甲领域，我对此痛心不已，但无力阻止这种发展趋势，直到后来才部分纠正了这个问题。

我们在摩托化领域的有限资源，还被陆军其他兵种在编组方面犯的错误浪费了。例如陆军办公厅主任弗罗姆将军，他下令让各步兵团第 14 连（反坦克连）实现摩托化。我提出反对意见，因为这些连队跟随全团徒步行军，继续以马匹拖曳反坦克炮更好些。弗罗姆却答道："步兵也得有几辆汽车。"我提出，应当实现摩托化的是重型炮兵营，而不是步兵第 14 连，可他否决了我的建议。所以重型火炮仍以马匹牵引，后来在战争中吃了大亏，特别是在苏联战场。

充当坦克辅助武器的履带式车辆，发展速度没达到我们的预期。很明显，师里的步兵、炮兵和其他兵种，行军期间的越野能力越强，坦克取得的战果就越大。所以我们要求为步兵、工兵、医护兵配备轻型半履带装甲车，为炮兵和反坦克营配备装甲自行火炮，为侦察和通信营配备专门设计的坦克。但各个师始终没能彻底装备这些车辆。虽然产量有所增加，但德国的工业生产能力有限，无法满足国防军、武装党卫队摩托化兵团大幅度增加和经济生活对车辆的需求。尽管专家一再规劝，可最高当局没做出任何限制，另外，某些野心勃勃的当权者在这方面起到推波助澜的作用。后面描述 1941 年的战事，我还会再谈谈这个问题。

我和第 2 装甲师当时驻扎在维尔茨堡，完全是在无意间听到上述种种问题。我的工作是组建、训练新部队，师里的人员来自各个不同的部队。1935 年年底到 1936 年年初安然度过。派驻维尔茨堡期间，我在城内和乡村都受到热情对待，勃兰特将军指挥的原驻军对我们也很友好。我住在博尔克大道一座小房子里，前方美因河河谷的城市美景尽收眼底，还能观赏圣母节和圣母朝圣教堂，那是巴洛克建筑的一颗明珠。

1936 年春季，我们震惊地获悉，希特勒决定军事占领莱茵兰。这场占领只是个军事姿态，所以没动用装甲兵。我的师进入戒备状态，调到明辛根军事训练区，但装甲旅留在原地，以免毫无必要地增加紧张气氛。几周后，一切恢复原状。

当年 8 月 1 日，我擢升少将。

我师只有第 4 装甲团参加了当年在施韦因富特举行的秋季演习。把孤零零一个装甲团编入步兵师，根本无法展现我们真正的实力。

从远东返回的冯·泽克特大将观摩了此次演习，我有幸就装甲兵的问题向他做了介绍，此前他对这个新兵种一无所知。我还给应邀采访演习的新闻记者介绍了新兵种的编组和作战方式。

1937年平静度过。我们全力以赴地投入训练，以全师在格拉芬沃尔军事训练区的演习而告终。受卢茨将军所托，我1936年年底到1937年年初写了一本书，书名是《注意，坦克！》，阐述了装甲兵的诞生、发展史，以及组建德国装甲兵遵循的基本理念。我们想以这种方式让更多人了解我们的想法，而不是仅仅依靠枯燥的官方渠道。我们总是受到各种刁难，所以我想方设法在专业军事刊物上发表文章，一是宣扬我们的主张，二是驳斥那些反对意见。经过简化，我们的观点刊登在德国军官协会1937年10月15日出版的官方期刊上，我想在这里引用全文，因为这篇文章清楚地说明了当时的意见分歧和斗争。

利用运动和火力的坦克进攻

谈到坦克进攻，门外汉马上想起战争报道里提到的康布雷和亚眠战役中的钢铁巨兽。他们想象的场景是，坦克像碾压秸秆那样推开层层叠叠的铁丝网，压塌掩体，碾碎机枪。坦克的碾压威力，引擎的轰鸣，排气管喷出的火焰，引发了“坦克恐惧症”，而这种恐惧症成为我们1918年8月8日宣布战败的原因之一。碾压威力的确是坦克的一个特点，但绝非最重要的特点。不过，基于上述原因，许多评论家把碾压威力想象成坦克的主要特点，还从这种片面的理解出发，凭空设想出坦克进攻的理想模式：大批坦克排成密集编队，犹如为炮兵和反坦克炮兵开道的压路机，以均匀的速度朝同一个方向攻往防御方，一举碾碎对手，即便奉命在不适合的地形展开行动也是如此。其实，他们低估了坦克的威力，许多人认为坦克既聋又瞎，不具备坚守既占地域的能力。另一方面，防御方占有各种优势；坦克无法把他们打得措手不及；他们的炮兵和反坦克炮兵总能击中目标，无须担心自身伤亡及硝烟、雾气、地形、地面植被；无论坦克对何处发动攻击，他们总能到达那里；利用光学器材，他们在雾气和暮色下也能看得一清二楚，哪怕戴着钢盔，他们也能听得清清楚楚。

照这种一厢情愿的想法看，坦克进攻没有任何前景可言。那么我们是不是该像某位评论家建议的那样，废除坦克，直接跳过坦克时代呢？这样，我们就不用为改变各个旧兵种的战术操心，踏踏实实地沿用 1914—1915 年的阵地战模式好了。但前景不明的情况下，最好不要贸然行事。因此，只要评论家没有为我们指明比自动解散更好、能确保进攻大获全胜的新办法，我们就得捍卫自己的观点：只要使用得当，坦克就是当今从事地面交战的最佳进攻兵器。为了让大家更好地了解坦克进攻的前景，有必要介绍坦克最主要的特点。

装甲

准备投入激烈交战的所有装甲战车，至少要能抵御穿甲子弹。但这种防护不足以对付反坦克兵器和敌坦克，这就是第一次世界大战所谓的战胜国，特别是法国，大力加强坦克防护性能的原因。例如要击穿夏尔 2C 坦克，就得使用 75 毫米火炮。如果一支军队刚刚遭遇敌人就以坦克发动进攻，而且这些坦克完全能抵御对方的大批防御兵器，那么毫无疑问，他们完全能打垮这群危险的敌人。消灭对方的反坦克防御后，在更重型的坦克掩护下，就连轻型坦克也能打垮对手的步兵和工兵，只是时间长短而已。反之，如果防御方把能够击穿进攻方所有坦克的防御兵器投入战场，把火炮及时用于决定性地点，那么坦克要想赢得胜利，势必付出重大代价，倘若对方的防御具有足够的密度和纵深，进攻方就很难获胜。如我们所知，剑与盾的斗争已有数千年历史，而且还会继续下去，装甲兵也不能幸免，这种情况还发生在筑垒工事、海军和近期的空军身上。斗争的现实和不断变化的前景，不能作为在地面作战中放弃坦克的理由，否则我们等于倒退到把羊毛军装作为进攻方唯一防护的时代，即便在第一次世界大战期间，也没人认为靠这身军装就够了。

运动

有人说"只有运动能确保胜利"，我们赞同这种说法，希望以我们这个时代的技术手段实现这种思想。运动的目的是让己方部队与对手接触，为此可以徒步，也可以借助马匹、铁路或近期装备的汽车和飞机来实现。一旦与对手接触，运动通常会在对方的火力作用下停止。要摆脱这种状况再次转入运动，就得消灭对手，或至少压制对方，或迫使对方弃守阵地。这一点可以利用优于对手的火力来实现，只要打哑对方的火炮和机枪，一切抵抗就会土崩瓦解。从固定阵地发射的火力，射程有一定的限度。这段距离内，步兵可以利用火力为掩护；重兵器和炮兵随后必须变更阵地，掩护步兵再次向前运动。这种战斗样式需要大量兵器和大批弹药，准备工作很费时间，而且难以伪装。突然性是取得胜利重要的先决条件，但这种战斗样式很难实现突然性。就算达成突然性，进攻方的企图也在进攻伊始暴露无遗，守军预备队不断开赴进攻地段，彻底挡住进攻方；预备队实现摩托化后，防御方构筑新防线比以前容易得多。因此，步兵和炮兵的协同仍受到时间限制，获胜的前景甚至小于第一次世界大战。

所以，一切取决于比先前更快的运动，然后面对防御火力继续运动，让防御方难以构设新防线，一举楔入对方的防御纵深。装甲兵的支持者相信，在有利条件下，坦克能做到这一点；而质疑者则认为，1918年发生过的突袭，"今天的坦克进攻已无法做到"。照这么说，坦克进攻再也无法对防御方达成突然性了吗？可战争史上采用新旧手段取得的突然性又是如何实现的呢？步兵上将冯·库尔1916年建议最高陆军统帅部，实施突破进攻时，要特别强调出敌不意，但他当时并没有新的进攻手段。尽管没有使用新式兵器，但1918年的米夏埃尔攻势大获成功，完全是实现突然性的结果。除了采用能达成突然性的其他手段，如果再投入新式兵器，那么成功的可能性会更大，但新式兵器不是达成突然性的先决条件。我们认为，以坦克实施进攻，推进速度比以往更快，更重要的是，达成突破后，进攻方仍能继续运动。我们还认为，只要符合某些前提条件，就能保持运动，坦克进攻成功与否目前取决于：把兵力集中到合适的地形；对手的防御不够完善；敌坦克处于劣势，只有寥寥几辆。也许有人会批评，我们不可能无条件地赢得每一场进攻，只配备机枪的坦克也无法攻克敌军堡垒。那么我们不得不遗憾地指出，其他兵种的进攻力在许多方面更加不济，还要补充一句，我们也不是万能的。

有人说，任何一款新式兵器，只有在刚刚诞生、不用担心相应的防御手段出现的这段时间，才能发挥最大效力。如果真是这样，那么已有数百年历史的炮兵就太惨了！空军也很可怜，因为飞机总是在防空武器上方翱翔，可以说"未老先衰"了！但我们认为，兵器的效力取决于当时与之对抗的兵器状况。坦克遭遇优势之敌（敌坦克或反坦克炮），会被对方击败，自身的效力会很低下；反之，坦克就能发挥致命的威力。可除了防御力量，一款兵器的效力还取决于使用者的意愿，也就是迅速利用技术成就，确保自己处在当代最高峰。就这方面而言，其他兵器很难超越坦克。有人说"防御方发射的炮弹，速度比坦克进攻射出的炮弹更快"，迄今为止没人质疑过这种说法。但早在 1917 年和 1918 年，数百辆坦克就部署在步兵线后方，这些坦克冲向敌人的弹幕，身后跟着几十个步兵师，甚至是骑兵师，在没有炮火准备的情况下遂行冲击，也就是说，进攻发起时，防御方的炮兵力量毫发无损。只有在特别不利的情况下，坦克的运动才会受到敌炮兵的严重阻碍；一旦坦克突入敌炮兵阵地，对方的若干炮兵连很快会被打垮，再也无法给进攻方的步兵造成伤害。"朝受威胁地域前方施以不间断的急袭炮火"，这种僵化的炮兵战术恰恰在第一次世界大战中以失败告终。地面突出物、尘埃、防御火力激起的烟雾和硝烟也许会给坦克的视野造成限制，但这种限制不是什么大问题，我们在平日已学会如何克服。即便在夜间和雾中，坦克也能靠罗盘继续行进。

　　如果进攻取决于装甲部队的成功，那么行动中唱主角的就是装甲兵，而不是步兵，因为装甲部队失利就意味着整个行动失败，装甲部队成功的话，整个行动也就大获全胜。

火力

　　装甲和运动不过是装甲兵作战特点的一部分，最重要的还是火力。

　　坦克在静止和运动状态都能开火。两种射击方式都能直接瞄准。如果在静止状态射击识别出的目标，使用出色的光学仪器在有效射程内直接瞄准，就能在最短时间内以少量弹药造成毁灭性效果。坦克行驶期间，由于观察受到限制，坦克炮手识别目标较难，但坦克较高的炮位又为识别目标提供了便利，特别是在遍布植被的地面；坦克的炮位较高，很容易沦为防御方的活靶，因而经常受到批评，但高高的炮位对坦克炮手来说还是有用的。如果在运动状态射击，近距离的命中率较高；随着目标距离加大、坦克速度加快、地面起伏加剧，命中率会下降。

　　不管怎么说，地面交战中只有坦克具备以下能力：凭借自身火力冲向敌人，哪怕对方的机枪和火炮还没被打垮。我们并不怀疑，静止兵器的命中率优于运动的兵器，但我们在两种状态下都能开火射击，所以确定一点就够了：只有运动能确保胜利！面对敌人纵深配置、装备反坦克兵器的步兵和炮兵据守的主战场，我们现在还能遵循第一次世界大战物质战的模式，以坦克进攻发起猛烈的冲击和炮击吗？当然不能。提出这种打法的人，都抱有"步兵坦克"的思想，他们认为装甲兵的任务仅限于在战斗中与步兵紧密协同，速度方面也要迁就步兵，可我们认为这种速度太慢了。我们不能也不想耗费数周乃至数月实施侦察——也得不到庞大的弹幕墙支援——而是希望在规定时间内，把敌人的整个防御体系同时打垮。我们很清楚，我方坦克获得的弹药补给有限，无法实施"预有计划的炮火准备"，也做不到"炮兵集火射击"；我们的企图恰恰相反，是对目标施以直接瞄准、准确的单发射击，特别是因为我们从多年的战争经验里获知，世界上最强大的炮兵历时数周的弹幕射击，无法确保步兵赢得胜利。但基于对手的经验，我们认为，以坦克发起具有足够宽度和纵深的进攻，对付敌人各种防御配系，也能大获成功，而且比遵照第一次世界大战的模式取得的有限渗透更有助于赢得深具决定性的全面胜利。我们目标明确的火力，不会像毫无意义地浪费弹药的面积射那样，从敌人头上"呼啸掠过"，而是在具有足够密度、宽度、深度的进攻中，准确摧毁识别出的目标，在敌军防线打开缺口，让预备队穿过缺口发展突破，速度比1918年更快。我们希望预备队也以装甲师的模式编组，因为我们无法让其他兵种获得进攻和追击所需要的战斗力、速度、机动性。因此，我们认为装甲兵不仅仅是"决定交战的辅助手段，只能与其他兵种协同，可能的情况下也许能协助步兵运动"。如果装甲兵只能起到这些作用，那么一切就与1916年没什么不同；倘若不摆脱这种状况，战事从一开始就会沦为阵地战，日后迅速赢得决定性胜利的一切希望将化为泡影。无论我们预测日后的敌人储备了多少弹药，无论各种口径的火炮增加了多少精度和射程，也无论对方的射击技术取得多么大的进步，都不能动摇我们的观点。相反，我们必须把装甲兵视为进攻的主要兵种，而且会继续保持这种观点，直到新技术带来更好的兵器。任何情况下，我们都不能仅仅为遵循"只有火力能为展开运动创造条件"的信条，在炮火准备上浪费时间，给实现突然性的想法造成危害。相反，我们认为不需要炮火准备，坦克引擎完全能让我们携带着武器冲入敌军阵地，但我们必须记住使用坦克最重要的先决条件：适合的地形、突然性、集中使用。

"集中使用"这个词让怀疑论者不寒而栗。他们在文章里写道："那么编组方面的问题来了，也就是说，集中使用所有装甲部队的原则是否正确，或者说，步兵原则上也应该获得装甲战车，以便他们遂行进攻，这种观点是否也应该考虑呢？"从这句话可以看出，他们承认没有坦克，步兵就无法获得任何突击势头，所以结论是，具备这种突击势头，而且能让其他兵种获得突击势头的兵种，无疑就是主要兵种。至于坦克是否该分配给步兵，这个问题可以用几个数字来说明：

红军和蓝军是战争的两方，各有 100 个步兵师和 100 个装甲营。红军把坦克配属给各步兵师；蓝军把装甲力量编为装甲师，担任统帅部预备队。我们假设战线长 300 公里，其中 100 公里坦克无法通行，另外 100 公里给坦克的运动造成严重限制，还有 100 公里适合坦克展开行动。进攻中很容易出现以下情形：红军把很大一部分配备坦克的步兵师部署在蓝军阵地前方坦克无法通行的地段，所以他们无法使用这些坦克；另一部分部署在坦克难以通行的地段，情况稍好些，但赢得胜利的机会不大。而在适合坦克行动的地段，红军只有部分装甲力量可以使用。相反，蓝军把所有装甲力量集中在寻求决定性交战的地段，那里的地形也适合这种交战。因此，他们至少能以两倍的坦克优势投入交战，而且仍能在其他地段实施防御，抗击红军寥寥无几的坦克。配备 50 门反坦克炮的一个步兵师，对付 50 辆敌坦克的进攻，比应对 200 辆敌坦克容易得多。所以我们认为，把坦克分配给步兵师的建议，等于重拾 1916—1917 年的英军战术，这种原始的战术当时就证明行不通，直到他们在康布雷集中使用坦克才取得成功。

能迅速冲入敌军阵地，能直接射击，还获得装甲防护，我们希望以这样的摩托化兵种赢取胜利。有人说："发动机不是新兵种，不过是以新的形式升级旧兵种而已。"人人都知道，不能用发动机射击；我们说装甲兵是个新生事物，意思是说这是个新兵种，就像海军用发动机打造了潜艇，飞机上安装了引擎，才有可能组建空军，这些都是大家说的军种。我们当然认为装甲兵也是个"兵种"，而且确信我们日后在战争中赢得的胜利，会在相关事件里留下浓重的笔墨。如果我们的进攻大获成功，其他兵种必须与我们保持同样的进攻速度。所以我们要求，发展战果的辅助兵种也得具备和我们相同的机动性，而且在和平时期就应当配属给我们。遂行大规模决战，需要集中装甲兵主力，而不是步兵主力……

1937 年晚秋，国防军举行了一场大规模演习，最后几天，希特勒和一群外国来宾赶来观摩，其中包括墨索里尼、英国的西里尔·德弗雷尔爵士元帅、意大利的巴多格里奥元帅，还有个匈牙利军事代表团。参演的装甲部队是费斯曼将军指挥的第 3 装甲师和第 1 装甲旅。我当时担任装甲调理组负责人。

演习的正面结果证明装甲师完全适用，但后勤供应和维修工作还有些不足，必须大力整改。我向军部提出改进建议，可惜他们没有立即加以考虑。结果，演习中出现的问题，1938 年春季再次暴露无遗。

此次演习的最后一天，我们为外国来宾专门组织了一场大规模总攻演练，我亲自指挥所有坦克参与其中。尽管我们当时只有小型一号坦克，但演习的场面还是给众人留下极为深刻的印象。

演习结束后，在柏林举行了阅兵式，冯·弗里奇男爵大将随后与外国军方来宾共进早餐，我也受邀出席。趁这个机会，我与英国的西里尔·德弗雷尔爵士元帅和意大利的巴多格里奥元帅展开饶有趣味的交流，他们还把我介绍给其他来宾。巴多格里奥谈到他在阿比西尼亚战役中的经历。西里尔·德弗雷尔爵士询问我对摩托化的看法。一群年轻的英国军官感兴趣的是，我们在演习场为墨索里尼展示的大批坦克的运动日后在战场上能否实现。他们对此深表怀疑，显然认为装甲兵是步兵的辅助兵种。但不管怎么说，会谈的气氛非常活跃。

注释

1. 英军装甲战车暂行条例翻译成德文，多年来一直是我们思想发展的理论指南。

2. 坦克底部距离地面的高度。

3. 指施利芬伯爵 1909 年在《德意志周刊》发表的文章《当代战争》。

第三章　权力巅峰的希特勒

布隆贝格—弗里奇危机

1938 年那个多事之秋，始于我 2 月 2 日夜意外地被擢升为中将，随后又接到命令，让我 2 月 4 日去柏林参加希特勒召开的会议。2 月 4 日早上，我搭乘电车驶过柏林街头，一个熟人看见我，赶紧把我从车上叫下来，告诉我，我已获得第 16 军军长的委任。我大吃一惊，赶紧买了份早报，这才震惊地获悉，一大批陆军高级军官被免职，其中包括布隆贝格、弗里奇和我的至交卢茨将军。我在帝国总理府得知了个中原因，至少是部分原因。国防军所有军长在总理府大厅站成个半圆形，希特勒走入大厅后告诉我们，他解除了帝国战争部长①冯·布隆贝格元帅的职务，原因是他的婚姻问题，另外，他还不得不解除陆军总司令冯·弗里奇男爵大将的职务，因为弗里奇触犯了刑法。希特勒没再详细说明其他人被撤职的原因。所有人都惊呆了。我们一直认为几位最高上司是无可挑剔的高尚人士，现在却受到希特勒的严重指控，我们对此震惊不已。谁也无法相信这些指控，但如此重大的事件，帝国元首不可能信口开河。希特勒说完后离开大厅，我们也解散了。众人沉默不语。尽管此事有可能造成严重后果，但此刻所有人震惊莫名，而且没调查过具体情况，又能说些什么呢？

布隆贝格的案子很清楚，他不可能再担任战争部长。但冯·弗里奇男爵大将的案件完全不同，需要军事法庭调查审理。戈林主持的军事法庭开庭，尽管军事法庭由戈林领导，可还是做出弗里奇无罪的明确判决。相关证据表明，大将受到的无耻控告纯属诬陷。这起臭名昭著的诽谤案过后几个月，我们奉命来到某军用

---

① 译注：帝国国防部 1935 年 5 月改为帝国战争部。

机场，听取帝国军事法庭庭长海茨将军宣读案件判决书和详细的律法解释。判决书宣读前，希特勒发表了简短的讲话，对这起事情深表遗憾，他还向我们保证，不会再发生此类事件。我们当场要求为大将彻底恢复名誉。经布隆贝格举荐，接替陆军总司令职务的冯·布劳希奇大将派冯·弗里奇男爵大将担任什未林第 12 炮兵团团长，保留了他的军籍。弗里奇再没获得其他任命。鉴于他蒙受的耻辱，这种补偿远远不够。希特勒下令处决了诬告弗里奇的假证人，但这一怯懦的行为，真相没有揭开，幕后的始作俑者也没受到惩处，处决诬告者不过是掩人耳目罢了。8 月 11 日在波美拉尼亚的大博恩军事训练区，冯·弗里奇男爵大将正式接掌第 12 炮兵团。希特勒 8 月 13 日观摩了这里举行的演习，但他们俩没有会面。

冯·弗里奇男爵大将高贵的克制态度确实令人钦佩。面对政治战场上的敌人，他的做法是否正确，这是另一个问题，因为此类评价都是基于对事件背景和涉事人物的事后认识。

1938 年 2 月 4 日，希特勒亲自担任国防军总司令。帝国战争部长的职务依然空缺。国防军局①局长威廉·凯特尔将军接管了战争部长的工作，但他的职权范围不超过国防军总司令，也没有任何指挥权。从这以后，凯特尔就自称"国防军最高统帅部参谋长"。

第 4 集群司令部设在莱比锡，辖 3 个摩托化军，目前指挥该集群的是冯·赖歇瑙将军，他是个思想进步的人，我和他结下了深厚的战友情谊。

继 1934 年的"6·30"事件后，1938 年 2 月 4 日成为陆军总司令部第二个黑暗日。整个德国将领圈对这两起事件无所作为，事后受到严厉谴责。其实，最该谴责的是高层权威人士，因为下面的大多数人并不了解事情的真相。就拿弗里奇案件来说，起初我们觉得不可信，甚至认为不可想象，但必须等军事法庭做出裁决，事情弄清了才能付诸行动。我们敦促新任陆军总司令采取措施，可他迟迟没有下定决心。在此期间，发生了具有重大影响的外交决策事件，也就是德奥合并。弗里奇案件束之高阁，采取行动的机会付诸东流。但整件事说明，帝国元首与陆军高层之间

---

① 译注：部长办公厅 1934 年 2 月改为国防军局。

存在信任危机。我虽然不了解具体原因，但清楚地意识到这种危机。

　　我出任第 16 军军长，接替了备受尊敬的前任、装甲兵上将卢茨。当时担任军参谋长的是我相识数年的保卢斯上校，他是个典型的总参军官，作风正派，善于思考，聪明机智，尽职尽责，勤勉有加，富有想象力，他纯洁的意志和爱国精神不容置疑。我们合作得非常好，气氛很融洽。保卢斯后来担任第 6 集团军司令，不幸在斯大林格勒兵败身俘，对他最恶劣的指责和猜疑一时间传得沸沸扬扬。在保卢斯亲自为自己辩解前，我不会相信这些流言蜚语。

　　在此期间，几个装甲师也换了师长：

　　鲁道夫·施密特将军指挥第 1 装甲师；

　　法伊尔将军指挥第 2 装甲师；

　　盖尔·冯·施韦彭堡男爵将军指挥第 3 装甲师。

合并奥地利

　　3 月 10 日 16 点左右，陆军总参谋长贝克将军突然召见我，他告诉我，元首正考虑把奥地利并入德国，所以必须给部分兵团下达行军令，贝克要求我对此事严格保密，还对我说道："您必须重新接掌您的老部队，也就是第 2 装甲师。"我不赞同这种安排，接替我担任第 2 装甲师师长的法伊尔将军非常能干，现在把他换下来，无疑会让他很难堪。贝克答道："眼下这个关头，您无论如何都得去指挥摩托化部队。"我随后建议，动员第 16 军军部，除了第 2 装甲师，再给军部配属另一支部队。贝克将军欣然同意，为此调拨了党卫队"阿道夫·希特勒"警卫旗队，该旗队也参加此次进驻。他最后说道："真打算合并奥地利的话，眼下可能是最有利的时机。"

　　我返回自己的办公室，下令视情况做好必要的准备，还考虑应当采取哪些措施来执行自己受领的任务。当晚 20 点左右，贝克再次召见我，要求我 21—22 点务必命令第 2 装甲师和党卫队"阿道夫·希特勒"警卫旗队进入警戒状态，集中到帕绍附近。我这次得知，进驻奥地利的所有部队统归冯·博克大将指挥。我这个军南面的步兵师会按计划渡过因河，其他部队直奔蒂罗尔。

　　23—24 点，我用电话给第 2 装甲师下达了警戒令，还亲自与警卫旗队的指挥官泽普·迪特里希碰了头。所有部队的行军目标定为帕绍。给警卫旗队下达警戒令没遇到什么波折，第 2 装甲师则不然，因为师部所有参谋人员在师长率领下去特里尔的摩泽尔河地区旅行考察了。所以命令送抵时，该师师长不在。师部人员不得不从摩泽尔河乘汽车火速返回。尽管遇到这些复杂的情况，但命令还是迅速传达了下去，第 2 装甲师辖内部队立即动身出发。

从维尔茨堡附近的第 2 装甲师驻地到帕绍，平均距离 400 公里，从帕绍到维也纳 280 公里，而从柏林到维也纳的距离是 962 公里。

我与泽普·迪特里希道别前，他告诉我，他还要去元首那里一趟。我觉得此次合并对两个国家都是可喜可贺的事，所以不会发生任何战斗。我想到个主意，在坦克上悬挂旗帜，再饰以绿叶，以此表明我们的和平意图。于是我请泽普·迪特里希把此事汇报给元首，请他批准，半小时后我如愿获得批准。

第 16 军军部 3 月 11 日 20 点左右到达帕绍。我们在那里接到命令，做好 3 月 12 日 8 点进驻奥地利的准备。午夜前后，第 2 装甲师师长法伊尔将军率领他的部队到达帕绍。可他既没有奥地利地图，也没有继续行军的油料。至于地图，我给他找了本供游客使用的《贝德克尔旅行手册》，而油料问题就难以解决了。虽然帕绍有一座陆军油料库，可那是为西墙的防御准备的，接到动员令才能使用。负责油料库的上级不知道我们受领的任务，所以夜间没赶到现场。没接到命令，油料库管理员坚决不肯把宝贵的库存物资交给我们，最后我们以武力相威胁，才让他乖乖就范。

由于没有动员后勤补给纵队，我们不得不采取应急措施。帕绍市长帮我们弄到些卡车，迅速组成必要的油料供应纵队。另外，我们要求途中的奥地利加油站供应油料，确保行动顺利进行。

尽管法伊尔将军百般努力，可第 2 装甲师没能在 8 点准时跨过边界。直到 9 点，该师首批部队才在奥地利居民兴高采烈的欢迎下驶过边界升起的栏杆。第 2 装甲师前卫编有第 5 装甲侦察营（科恩韦斯特海姆）、第 7 装甲侦察营（慕尼黑）、第 2 摩托步兵营（基辛根），中午前后穿过林茨，迅速赶往圣珀尔滕。

我驱车行驶在第 2 装甲师主力前方，"阿道夫·希特勒"警卫旗队从柏林长途跋涉而来，赶上第 2 装甲师，随即担任后卫。坦克悬挂的旗帜和装饰的绿叶发挥了作用。当地居民一眼看出我们抱着和平的意愿而来，极为热情地迎接我们。参加过第一次世界大战的老兵，胸前佩戴着勋章，站在路边朝我们敬礼。只要我们一停下，奥地利民众就用鲜花装扮车辆，还把各种食物塞给我们的士兵。握手、拥抱、喜悦的泪水随处可见。双方期盼已久、多次受挫的合并，没受到任何不和谐因素干扰。不幸的政治原因把同一民族的兄弟姐妹分隔了几十年，现在终于团聚了，双方都为此欢呼雀跃。

队伍沿通往林茨唯一的道路前进。中午 12 点过后不久，我到达林茨，拜会当地官员，匆匆吃了点东西。在离开林茨赶往圣珀尔滕的途中，我遇到党卫队全国领袖希姆莱、奥地利部长赛斯－英夸特和冯·格莱泽－霍斯泰瑙。他们告诉我，元首 15 点会赶到林茨，请我沿道路入口和市内广场布置警戒。于是我命令前卫停在圣珀尔滕，派主力的可用部队封锁林茨各条街道和广场。奥地利联邦陆军卫戍部队也自告奋勇地参加了警戒任务。很快，6 万多人挤满各条街道和广场，兴奋之情溢于言表，一再朝德意志帝国的军人发出热烈欢呼。

希特勒直到黄昏才姗姗而来。我在城市入口处迎接他，亲眼见了他以凯旋的姿态进入林茨的场面，还亲耳聆听了他在市政厅阳台上发表的讲话。此前我从未见过这般热烈的场面，此后也再没经历过。演讲结束后，希特勒去看望德奥合并前各场冲突的伤员，随后回旅馆休息。我到旅馆向他报告，部队继续开赴维也纳。我发现希特勒也被广场上的热烈场面深深感动了。

21 点左右我离开林茨，午夜前后到达圣珀尔滕，随即命令前卫冒着暴风雪再次出发，3 月 13 日凌晨 1 点左右到达维也纳。维也纳为庆祝德奥合并举行的大型火炬游行刚刚结束，各条街道上挤满了沉浸在节日气氛中的居民。所以第一支德军部队到来后立即引发排山倒海般的欢呼也就不足为奇了。在军乐队伴奏下，我们的前卫列队走过歌剧院，接受联邦陆军维也纳师师长施廷普弗尔将军检阅。部队通过后，民众的热情又一次爆发开来。他们把我抬到住处，就连大衣上的纽扣一时间也成了他们抢夺的纪念品。我们受到极为友善的招待。

睡了几个钟头，我 3 月 13 日上午去拜望奥地利联邦陆军几位指挥官，在各处都受到非常客气的接待。

3 月 14 日一整天，我忙着准备 3 月 15 日的大型阅兵式。此次阅兵式的筹备工作由我负责，所以我有幸和我们的新同事首次展开愉快的合作。我们很快达成一致，次日，我们满意地见到，维也纳回到德意志帝国怀抱后举办的首次公众仪式非常顺利。阅兵式上，首先出现的是联邦陆军部队，德国陆军和奥地利联邦陆军各部队尾随其后，交替列队通过。民众的热情空前高涨。

接下来的某个晚上，我邀请这几天结识的奥地利将领来布里斯托尔旅馆参加我举办的小型晚宴，希望以这种私人方式巩固与新战友的联系。随后我就去参观、了解奥地利联邦陆军的摩托化部队，研究如何把他们编入德国陆军。其间遇到的两件事给我留下特别深刻的印象。第一件事是参观奥地利摩托化猎兵营，该营驻扎在新锡德尔湖畔。第二件事是去莱塔河畔布鲁克参观联邦陆军的装甲营。营长泰斯中校是个特别能干的军官，因坦克发生严重事故而致残。我对他的部队印象非常好，很快就与营里的年轻官兵打成一片。两个摩托化营士气高昂，纪律严明，所以我很希望把他们编入德国陆军。

为了让德国军人了解奥地利，也让奥地利军人了解德国，加强彼此同一民族的归属感，奥地利联邦陆军派出几支部队短期访问德国。其中一支部队来到我昔日的驻地维尔茨堡，在我夫人的组织下，他们受到热情的迎接和款待。

没过多久，我的爱妻就到维也纳与我团聚，3月25日，我们一同庆祝了她的生日。

此次合并让德国装甲兵得到些重要的经验教训。

这场进军总的说来还算顺利，轮式车辆的故障率较低，而坦克发生故障的情况较多。准确的数据我不记得了，应该不超过30%，到3月15日举行阅兵式，几乎所有发生故障的坦克都已修复。考虑到路途遥远和行军速度，这种故障率并不高，但在不熟悉装甲领域的人，特别是冯·博克大将，在他看来，30%的故障率未免太高了。所以这场进驻结束后，年轻的装甲兵受到猛烈抨击。很多人认为装甲兵不具备长途行军的能力。但客观评价得出不同的结论。评价装甲兵进军维也纳期间的表现，必须考虑以下方面：

（a）此次受领的任务，部队没有任何准备。他们3月初刚刚开始连级训练。参谋军官的理论培训，当年冬季在第2装甲师驻地进行得如火如荼，本来要以上文提到的摩泽尔河旅行考察结束，谁都没想到突然来了场毫无准备的师级规模冬季演习①。

（b）上级领导对这起事件毫无准备，德奥合并的决定是希特勒做出的。所以整件事就是个即兴行动，对 1935 年秋季刚刚组建的装甲师来说，不啻为一场冒险。

（c）开赴维也纳的即兴行军，需要第 2 装甲师辖内部队在 48 小时内跋涉 700 公里左右，而党卫队"阿道夫·希特勒"警卫旗队要行进 1000 公里左右。我们基本上完成了这项任务。

（d）装甲兵最大的问题是维修力量不足，特别是坦克的维护。这个问题早在 1937 年秋季演习期间就暴露无遗。但解决问题的建议，直到 1938 年 3 月也没获得采纳。我们日后绝不会再犯同样的错误。

（e）油料补给问题至关重要。这方面暴露出的不足迅速得到解决。由于此次行动没使用弹药，相关经验只能以类推的办法获得，但足以让我们做好预防措施。

（f）不管怎么说，此次行动证明，装甲师完全可以执行作战任务的理论正确无误。他们的行军表现和速度都超出预期。部队增强了自信，指挥机构也学到很多东西。

（g）此次行军还告诉我们，摩托化师以上的兵团，沿一条道路行进毫无困难。摩托化军编组和作战使用的想法完全正确。

（h）但必须强调，以上经验仅限于装甲兵的警戒、运动、补给，不涉及作战。但日后的事实证明，德国装甲兵在作战方面同样走在正确的道路上。

温斯顿·丘吉尔在他杰出而又著名的回忆录里，对德奥合并所做的描述完全不同。我觉得应该引述这些段落：

　　凯旋进入维也纳向来是这位奥地利二等兵的梦想。3 月 12 日这个星期六的晚上，维也纳的国社党打算举行火炬游行，欢迎这位胜利的英雄。可左等右等也没人到来。只有后勤部队三个不知所措的巴伐利亚人乘火车到达，为进驻的德军安排营房。国社党人只好把这三名军官抬起来走街串巷，以示庆

---

① 译注：冬季演习指的是进军奥地利。

贺。延误的原因后来渐渐泄露出来。原来，德国的战争机器摇摇晃晃地越过边界，在林茨附近停了下来。尽管天气和路况很好，可大部分坦克抛锚，摩托化重型炮兵也出了故障。重型军用车辆把林茨通往维也纳的道路堵得水泄不通。希特勒青睐的第4集群司令赖歇瑙将军应对此事负责。这件事也暴露出，处于重建阶段的德国陆军还不成熟。

希特勒乘汽车经过林茨，见到交通拥塞的情形大为震怒。轻型坦克好不容易才驶离拥挤、混乱的道路，周日清晨陆陆续续驶入维也纳。重型坦克和摩托化炮兵只好用火车运载，这样才总算能及时参加庆祝仪式。希特勒乘车驶过兴高采烈或惊慌失措的人群，进入维也纳的照片，大家都看过。但神秘的光荣时刻却有个令人不安的背景。实际上，德国元首为他的军事装备显而易见的缺陷大动肝火。他厉声训斥身边的将领，这些将领反唇相讥。他们提醒希特勒，弗里奇警告过，说德国的军事状况目前还不能冒引发大战的风险，可他没听。不管怎样，面子保住了，还举行了正式的庆祝和游行……

温斯顿·丘吉尔显然受到误导。据我所知，3月12日那天，没有火车从巴伐利亚驶往维也纳。[1]"三个不知所措的巴伐利亚人"肯定是从空中飞过去的。我命令"德国的战争机器"停在林茨，是为了迎接希特勒，没有其他原因，否则我们当天下午就能到达维也纳。气候很恶劣，下午下起雨来，夜里又来了场很大的暴风雪。从林茨到维也纳只有一条公路，而且正在翻修，好几公里路面被掘开，其他地段的路况也很恶劣。但大部分坦克还是顺利到达维也纳，没发生任何意外。重型火炮出故障更是无稽之谈，因为我们就没有重型火炮。公路根本没堵塞。冯·赖歇瑙将军1938年2月4日才接掌第4集群，到任仅仅5周，所以对技术装备的故障不负任何责任。他的前任冯·布劳希奇大将在职时间很短，根本不能归咎于他。

如前文所述，我在林茨迎接了希特勒。他脸上丝毫没有动怒的神情，相反，这可能是我唯一一次见到他深受感动的样子。他在林茨市政厅的阳台上对欢呼的人群发表讲话时，我就站在旁边，他的表情看得清清楚楚。泪水从他面颊滚落，他绝对不是在演戏。

我们当时只有轻型坦克，既没有重型坦克，也没有重型火炮，所以根本谈不上用火车运载重装备。

没有哪位将军受到训斥，至少据我所知没有。所以丘吉尔说的"反唇相讥"纯属子虚乌有，反正我对这两个情况一无所知。就我个人而言，3月份这几天，无论在林茨还是在维也纳，希特勒对我的态度都很客气。我唯一受到的责备，是进驻军队司令冯·博克大将不赞成坦克悬挂旗帜，他认为有违军队条例。我解释此举得到希特勒批准后，他就不再追究了。

丘吉尔说我们的战争机器"摇摇晃晃地越过边界"，可这支力量稍事改进后，1940年就足以在很短时间内彻底打垮西方国家过时的军队。很明显，温斯顿·丘吉尔想在回忆录里说明，要是英法两国政治领导人1938年发动战争的话，胜算很大。可他们的军方领导人对此持怀疑态度，而且有充分的理由。他们很清楚己方军队的弱点，也没有踏上革新之路。德国将领也想要和平，但不是因为自身实力虚弱或害怕革新，而是因为他们相信，以和平手段完全能实现民族的目标。

第2装甲师留在维也纳周边地区，当年秋季开始接收奥地利补充兵。党卫队警卫旗队和第16军军部4月份返回柏林。1938年秋季，第4装甲师在维尔茨堡周围腾空的营区组建，赖因哈特将军任师长。另外还组建了第5装甲师和第4轻装师。

1938年夏季几个月，我作为军长，全身心投入和平时期的工作，主要是视察麾下部队。这让我得以了解自己的官兵，为日后战争中的互信关系打下了基础，我一直对这份战友情谊深感自豪。

当年8月，我在柏林终于搬入分配给我的官舍。匈牙利摄政霍尔蒂和他的夫人、匈牙利首相伊姆雷迪当月到访柏林。我参加了车站迎接、阅兵式、希特勒举办的晚宴、歌剧院的招待演出。晚宴结束后，希特勒到我的桌子旁坐了会儿，还和我谈起坦克的问题。

希特勒对霍尔蒂此次到访的政治成果深感失望。他可能想说服摄政缔结军事同盟，但没能如愿。他的祝酒词和晚宴后的态度毫不掩饰他的失望之情。

9月10—13日，我和妻子在纽伦堡参加了党代会。帝国与捷克斯洛伐克的紧张关系当月到达顶点，火药味十足。希特勒在纽伦堡国会大厅发表了重要的闭幕式讲话，充分体现出当时的气氛。众人只能怀着沉重的焦虑之情，观望局势的发展。

党代会结束后，我赶往格拉芬沃尔军事训练区，第1装甲师和党卫队警卫旗队驻扎在那里。接下来几周，接二连三的演练和视察让我忙得不可开交。临近月底，我们着手准备进驻苏台德区。由于捷克共和国不愿做出任何让步，战争爆发的危险与日俱增，气氛越来越紧张。

但《慕尼黑协定》为和平解决问题铺平了道路，我们兵不血刃地完成了合并苏台德区的任务。

我也不得不为政治做出些个人牺牲，因为 10 月 1 日是我的银婚纪念日，可我一个人待在格拉芬沃尔，而我亲爱的妻子独自在柏林，我们的两个儿子驻守在边境地区。当天最珍贵的礼物是暂存的和平。

10 月 2 日，我的军部迁到福格特兰的普劳恩，10 月 3 日开始进驻苏台德区。

合并苏台德区

进驻苏台德区的任务交给第 16 军，我的军编有第 1 装甲师、第 13 和第 20 摩托化步兵师。占领行动分三个阶段执行。

10 月 3 日，奥托将军指挥第 13 摩托化步兵师占领了埃格尔、阿施、弗兰岑斯巴德，10 月 4 日，第 1 装甲师占领卡尔斯巴德，10 月 5 日，三个师占领了卡尔斯巴德以东直到分界线的地区。

这场进驻的头两天，阿道夫·希特勒一直待在我的军部。第 1 装甲师从卡姆开赴萨克森州的艾本施托克，行程 273 公里；9 月 30 日夜到 10 月 1 日晨、10 月 1—2 日，第 13 摩托化步兵师从格拉芬沃尔向北开进，没费一枪一弹就占领了埃格尔地区，这场行军执行得非常漂亮。

10 月 3 日，我在阿施附近的边界等待希特勒，向他报告几个师已进驻。我随后驱车穿过阿施，在埃格尔镇外找到个战地厨房，和希特勒共进早餐。战地厨房提供的是军队常规伙食，牛肉熬的浓汤。希特勒看见汤里有肉，就吃了几个苹果充饥，还请我让战地厨房明天提供些素食。我们随后在埃格尔受到极为热情的迎接，大批当地民众身着埃格尔地区的传统服饰，为希特勒送上热烈的掌声。

10 月 4 日，我在第 1 装甲师师部的战地厨房与希特勒共进早餐，我坐在他对面，与他闲聊了一番，我们都对这场兵不血刃的进驻深感满意。希特勒随后乘车沿道路而行，停在路边朝他欢呼的部队给他留下很好的印象。到处是欢声笑语，与 3 月份在奥地利的情形如出一辙，我们的车辆也缀满鲜花和绿叶。我随后先行赶往卡尔斯巴德，去检查等在剧院前方的仪仗队，第 1 装甲团、第 1 步兵团、党卫队警卫旗队各抽调一个连组成仪仗队。装甲连右侧，站在连长身旁的是我的长子，目前担任第 1 装甲团第 1 营副官。

警戒工作刚刚完成，阿道夫·希特勒就到了。他穿过夹道欢迎的部队走入剧场，在剧场内又受到当地民众热烈欢迎。外面的雨势越来越大，但剧院前厅的场面令人动容。赶到这里的妇女和姑娘身着美丽的传统服饰，一个个泪流满面，许多人跪倒在地，欢呼声震耳欲聋。苏台德区的日耳曼人历经苦难，不仅失业、一贫如洗，还备受民族压迫，许多人早就失去了一切希望。现在，新的局面即将到来。我们立即把战地厨房的口粮分发给穷人，直到社会救济机构付诸行动。

10 月 7—10 日，我们占领了另一处日耳曼居民地。为此我取道卡登和萨茨，驱车赶往特普利茨舍瑙。德国军人在各处都受到同样感人的迎接，一把把鲜花覆满所有坦克和车辆。欢呼雀跃的青年男女把各条道路堵得水泄不通，我们的车队一时间难以行进。数千名具有日耳曼血统的士兵脱离捷克军队，步行返回各自的家园，大多数人仍穿着捷克军装，拎着箱子或背着背包：一支军队未经战斗就土崩瓦解了！捷克共和国第一道筑垒防线落入我们手里；我们觉得这道防线并不强大，但不用流血牺牲就征服它毕竟是件好事。

总的说来，所有人都为政治局势转向和平的一面深感高兴。真爆发战争的话，不仅会给德国本土造成最沉重的打击，德国的母亲们还要付出诸多牺牲。

我在特普利茨入住克拉里－阿尔德林根侯爵的疗养宾馆，侯爵和侯爵夫人亲切而又热情地招待了我们。我们结识了一些德意志—波西米亚贵族，他们仍保留着真正的日耳曼精神，这让我们深感高兴。我认为朗西曼勋爵对捷克共和国处境的判断完全正确，他的看法为维持当时的和平做出重大贡献。虽说这份和平方案没能保持下去，但不是他的错。

不管怎样，当前紧张的政治局势得到缓解，我们沉浸在喜悦中。我趁此机会去狩猎，两周内打了好几头鹿。

风云动荡的 1938 年即将落下帷幕，尽管先前有过种种风暴，但像我这种不问政治的军人，都希望随后会迎来一段和平发展期。我们认为，帝国新增的土地和人口需要一段较长的时间消化吸收，德国近期在欧洲赢得的地位，必须在没有战争的情况下巩固，我们的民族目标应当以和平手段来实现。我亲眼见过奥地利和苏台德区的情形，尽管当地居民对合并欢呼雀跃，但这两处的经济状况都很恶劣，新旧地区行政管理方面的差距非常大，从长远看，似乎迫切需要一段较长的和平期，才能把新旧地区融为一体。《慕尼黑协定》看上去能让我们顺利贯彻这种解放方案。

希特勒的对外政策大获成功，消除了众人对二月危机的坏印象。当年 9 月，哈尔德取代贝克出任陆军总参谋长，由于合并苏台德区的行动胜利完成，陆军总参谋长更迭一事没造成太大影响。贝克将军不赞成希特勒的对外政策，认为过于冒险，因而辞去职务。他还建议全体将领发表和平宣言，可惜冯·布劳希奇反对，而且没把此事告知其他将领。我从苏台德区返回柏林，还以为会在一个很长的和平时期从事工作，可我错了。

形势再度恶化

10 月底，大象饭店的新楼落成之际，魏玛区党部召开党代会，希特勒亲临会场，我作为第 16 军军长和魏玛地区驻军司令也应邀出席。党代会在城市宫隆重开幕，希特勒对拥挤的人群发表了露天演讲，把此次会议推向高潮。演讲中，希特勒对英国，特别是对丘吉尔和艾登的抨击极为尖锐。他先前在萨尔布吕肯发表讲话时，我在苏台德区，所以无缘得听，不免对近期的紧张气氛深感惊讶。希特勒结束演讲后，在大象饭店举办了茶会。他请我与他同桌，趁此机会，我和他畅谈了两个钟头左右。交谈期间，我问他为何要激烈抨击英国。希特勒解释道，张伯伦先前到戈德斯贝格与他会晤，却毫无诚意，另一些到访的知名人士也在他面前故意做出失礼的举动。他告诉英国驻德大使亨德森："要是你们再有谁衣着随意地跑来见我，我就让德国驻伦敦大使穿着套头衫去见你们的国王，请把我的话转告贵国政府。"希特勒觉得自己受到轻慢，事后仍对此愤怒不已，宣称英国方面根本不想达成真诚的和解。这件事让他备受打击，因为他原本很尊重英国，希望与对方不断加强合作。

尽管签订了《慕尼黑协定》，但德国仍处在高度紧张、不被信任的境地。这种状况不免让人倍感失望而又忧心忡忡。

区党部召开党代会当晚，魏玛歌剧院上演《阿依达》。我的座位安排在元首包厢，所以我坐在希特勒的桌旁，与他共进了晚餐。我们这次只是泛泛而谈，话题主要围绕艺术。希特勒谈了他的意大利之行，在那不勒斯欣赏《阿依达》演出的情形。凌晨2点，他去看望参加演出的艺术家。

我刚刚返回柏林，陆军总司令就召见我。他告诉我，他打算设立一个类似于总监的新职务，统管摩托化部队和骑兵，合称"快速部队"。他亲自草拟了新职务的勤务守则，还给我看了这份草案。草案赋予新职务视察权和提交年度报告权，但没有指挥权，也没有编写、出版勤务条令权，更没有组织权和人事权，所以我不愿接受这个有名无实的职务。

过了几天，陆军人事局局长博德温·凯特尔将军，也就是国防军最高统帅部参谋长的弟弟，受陆军总司令所托跑来，再次敦促我就任新职。我还是没接受，并陈述了自己的理由。凯特尔随后对我透露，设立这项新职务不是布劳希奇想出来的，而是希特勒的主意，所以我必须接受。陆军总司令居然不告诉我设立新职务的命令出自何处，我毫不掩饰自己的失望之情。尽管如此，我还是没接受，并请凯特尔把我拒不接受的理由转告元首，还告诉他，我想当面对元首解释这些理由。

没过几天，希特勒单独召见了我，询问我不愿接受新职务的原因。我向他解释了陆军总司令部的指挥结构，还汇报了陆军总司令为新职务拟制的勤务守则的主要内容。我随后指出，我现在是指挥3个装甲师的军长，对发展装甲兵起到的作用远远大于新职务。我非常了解陆军总司令部那些领导，也很清楚他们对发展装甲兵，以此作为大规模进攻兵种这个问题的态度，所以不得不把设立新职务视为一种倒退。我解释道，陆军总司令部倾向于把坦克配属给步兵，我们以前在这方面发生过冲突，所以我对装甲兵日后的发展深感担忧。把装甲兵和骑兵凑到一起，不符合骑兵这个古老兵种的意愿，他们视我为敌，对重新编组肯定会满怀猜忌。骑兵急需实现现代化，但此举势必引发陆军总司令部和传统的骑兵军官强烈抵制。我以下面几句话结束了这番详细解释："赋予我的权力不够，我没办法克服上述阻力，最后必然是持续不断的摩擦和争执，所以我请求留任。"希特勒听我滔滔不绝地说了20分钟，没有插话。待我说完，他解释了设立新职务的用意，是要统一管理所有摩托化部队和骑兵的发展，他否决了我的请求，命令我就任新职。希特勒最后说道："要是您提到的抵制情绪构成障碍的话，您直接向我报告，我们一同来推动必要的革新。所以我命令您就任新职。"

尽管种种困难很快就出现了，可我从来没向他直接报告过。

就这样，我出任"快速部队"司令，还被擢升为装甲兵上将，简朴的新办公室设在本德勒大街。总参军官冯·勒·叙尔中校和勒蒂格尔上尉被派到我身边，里贝尔中校担任我的副官。委托我"监督"的每支部队都有个负责人。我随后展开工作，这完全是吃力不讨好的活儿。装甲兵到现在还没有任何训练条例。我们起草了一份，把草案呈交陆军训练处审批。陆军训练处没有装甲兵军官，他们审核这份草案，不是考虑装甲兵的需要，而是从其他角度出发，给出的批注是："草案的章节与步兵不符，故此驳回。"章节和术语的一致性，是他们评判我们这份草案的重要标准，根本不考虑部队的实际需求。

我认为骑兵必须革新，故而建议把他们改编成几个机动灵活、配备现代化兵器的师，可这项建议遭否决，因为陆军办公厅主任弗罗姆将军不肯批准为骑兵购买2000匹马。结果直到战争爆发，骑兵的编组情况依然无法让人满意，除了东普鲁士一个旅，我们只能以骑兵为步兵师组建混编侦察营，每个侦察营编有1个骑兵中队、1个自行车中队、1个摩托化中队，配备少量装甲侦察车、反坦克炮、骑兵炮。这种奇特的混编部队指挥起来很麻烦。动员时，骑兵只能为和平时期的现役师组建这种侦察营。新建部队不得不与骑自行车的部队配合，只好采用不同的解决方案。骑兵早已陷入窘境，可上级仍对他们青睐有加，百般呵护。这就是理论与实践的差别。

另一件事很能说明我目前的处境：我作为快速部队司令发出的动员令，首先要请一名预备役步兵军军长提出；要想在装甲兵范畴内贯彻实施，还得向上级申请。

注释

1. 慕尼黑铁路局亲切地告诉我，当时的工作人员一致指出，德军进驻当天，没有搭载军方人员或军用物资的特别专列从德国驶往维也纳。如果需要运送的话，德国与奥地利铁路部门必须事先约定并统一调度。进驻前一天，德国步兵师就在边境附近的贝希特斯加登、弗赖拉辛、辛巴赫地区卸载。火车立刻返回，去运送下一批部队。进驻第二天，这些部队在萨尔茨堡下车，第三天才到达维也纳。

第四章　灾难的开始

走向战争

1939 年 3 月，捷克共和国以受保护国的形式并入帝国，造成极为严峻的外交局面，这件事的始作俑者是希特勒。

德国军队进驻的那天早上，陆军总司令把我叫去，向我通报了发生的情况，派我去布拉格，收集摩托化和装甲部队冬季进驻的经验，顺便再看看捷克人的装甲装备。

我来到布拉格，在第 16 军军部见到接替我担任军长的赫普纳将军，他向我汇报了进军期间的一些体会。为掌握一手资料，我又去视察了几支部队。我在布吕恩见到捷克的装甲装备，觉得这些车辆完全可以使用，这批装备后来在波兰和法国战场上发挥了重要作用，直到对苏作战期间才被德国重型战车取代。

继捷克共和国之后，梅梅尔也兵不血刃地并入帝国。

4 月 20 日，希特勒举行盛大的阅兵式，庆祝他的 50 岁寿辰。国防军所有旗帜集中到一个旗帜营，以此向元首致敬。希特勒的政治事业到达顶峰，他是否有足够的自制力，既能确保目前的地位，又能避免物极必反呢？

4 月 28 日，希特勒宣布废除与英国缔结的海军协定，还废除了《德波互不侵犯条约》。

5 月 28 日，意大利外交部长齐亚诺伯爵到访柏林，帝国外交部长为他举办了盛大的招待会。为容纳更多来宾，里宾特洛甫搭了两顶大帐篷，几乎覆盖了整个花园。但 5 月份的天气还很冷，所以帐篷内添加了供暖设施，的确大费周折。希特勒也亲临现场。来宾欣赏了一场歌舞表演，赫普夫纳兄妹的舞蹈也在其中。演员都待在一顶帐篷里，舞台也搭在里面。演出耽搁了一会儿才开始，因为希特勒想坐在奥尔加·切霍娃身边，所以先得找到这位女演员。希特勒向来偏爱艺术家，喜欢和他们待在一起。齐亚诺来访的政治目的，可能是想提醒希特勒不要轻启战端。至于他是否不遗余力地执行了墨索里尼交付的任务，我就不得而知了。

6月份，南斯拉夫摄政王保罗和他美丽的妻子到访柏林。我们又为此举办了一场大型阅兵式，受阅的主要是摩托化部队，由于参阅部队太多，场面也太大，似乎没给宾客留下深刻印象，反而把他们搞得疲惫不堪。值得注意的是，摄政王离开柏林后又前往伦敦。据我所知，南斯拉夫摄政王来访，没能达成希特勒的期望。

政治上的警告并不少，但希特勒和他的外交部长里宾特洛甫坚信，西方国家不敢下定决心对德国开战，所以德国可以放手大干，在东欧实现目标。

1939年夏季几个月，我的任务是做好派摩托化部队参加国防军秋季演习的准备。此次演习计划翻越厄尔士山脉进入苏台德区。但我们为演习做的大量准备工作都白费了。

波兰战局

1939年8月22日，我奉命赶往波美拉尼亚的大博恩军事训练区，出任新组建的第19军军长，军部的任务是打着"波美拉尼亚筑垒工事指挥部"的名义，沿帝国边界构筑野战筑垒工事，以防波兰发动进攻。第19军辖第3装甲师及第2、第20摩托化步兵师和军直部队。第3装甲师获得装甲教导营加强，该营配备我们最新式的三号、四号坦克。军直部队除了其他单位，还编有调自德贝里茨—科拉普尼茨地区的侦察教导营。经我请求，这些教导部队从学校调来，参加此次任务，这样就能获得一手实践经验，对他们日后的训练工作很有好处。

希特勒在上萨尔茨堡对军方高级将领发表了讲话，我没参加此次会议，之后才从第4集团军司令冯·克鲁格大将那里获知自己的任务。他告诉我，第19军隶属第4集团军。施特劳斯将军的第2军位于我军南面（右翼），考皮施将军指挥的边防部队在我军北面（左翼）。一旦爆发军事冲突，第10装甲师会立即支援边防部队，这个师是占领布拉格期间组建的，自3月份以来一直驻扎在该城周边地域。调自波茨坦的第23步兵师在我军身后担任集团军预备队。（参阅附件1）

我的任务是在泽姆波尔诺河（右）与科尼茨（左）之间渡过布拉赫河，迅速前出到维斯瓦河，分割、歼灭盘踞在所谓的"波兰走廊"内的波兰军队，尔后会收到继续运动的新命令。我右翼的施特劳斯军也朝维斯瓦河攻击前进，考皮施将军的部队在我左翼攻往但泽。

我们估计，波兰部署在走廊内的军队是3个步兵师和1个"波莫瑞"骑兵旅，可能配有少量菲亚特－安萨尔多型坦克，波兰一侧的边界线构设了野战工事。从我们这里望去，对方构筑工事的作业看得清清楚楚，我们认为波军在布拉赫河还没有后方防线。

进攻日期定于8月26日晨。

这个时期，希特勒与苏联缔结了协议，为战争争取到必要的支持。但受到里宾特洛甫的错误观点影响，希特勒对西方国家的反应抱有幻想，认为他们不可能干预。

我必须指出，陆军当时的心情非常沉重，要不是与苏联缔结了协定，我们可能会对此次战争顾虑重重，这绝非事后的想法。我们开赴前线时的心情一点也不轻松，没有哪位将领愿意打仗。经历过第一次世界大战的老军官和成千上万名士兵，都知道战争意味着什么，特别是战事一旦超出波兰国土会造成怎样的后果。这种担心完全合理，因为当年3月波西米亚保护国建立后，英国就为波兰的领土完整提供了保证。我们都想到德国军人的母亲和妻子，就算战争赢得胜利，她们也要付出重大牺牲。我两个儿子也在前线，长子海因茨·京特是第35装甲团的团副官，次子库尔特9月1日获得少尉军衔，在第3装甲师第3装甲侦察营服役，刚好在我麾下。

战争爆发前，我最后的宿营地是普鲁士弗里德兰附近的多布林，亲切的房东冯·维尔肯斯对我们无微不至。

8月25日夜到26日晨，进攻令撤销，各部队奉命返回，有些部队甚至已进入出发阵地。政治谈判显然还在继续，和平尚存一线希望。但前线部队一直没收到好消息。8月31日再次响起警报，这次似乎更加紧迫。各师沿边界进入出发阵地，展开情况如下：

盖尔·冯·施韦彭堡男爵将军的第3装甲师居右，任务是在泽姆波尔诺河与卡米翁卡河之间攻往布拉赫河，在哈梅尔米勒附近的普鲁什奇东面渡过该河，尔后继续攻往施维茨附近的维斯瓦河河段。

卡米翁卡河北面，巴德尔将军的第2摩托化步兵师居中，在格鲁瑙与菲尔肖之间展开，任务是渗透波兰边防阵地，尔后朝图赫尔方向攻击前进。

科尼茨西面，维克托林将军的第20摩托化步兵师居左，任务是占领该镇，尔后穿过图赫尔荒原，取道奥舍攻往格劳登茨。

主要突击任务交给第3装甲师，军直部队为该师提供加强，担任集团军预备队的第23步兵师尾随其后。

9月1日4点45分，全军同时越过边界。地面笼罩着浓雾，所以德国空军起初没能升空。我伴随第3装甲旅，作为第一波部队攻往泽姆佩尔堡北面，在那里首次遭遇小规模战斗。遗憾的是，第3装甲师的重型炮兵违背我的明确指示，朝浓雾中开火。第一发炮弹落在我的指挥车前方50米，第二发炮弹落在后面50米。我估计下一发炮弹就会直接命中我们，于是命令驾驶员赶紧向右转。可突如其来的剧烈爆炸把这位伙计吓得够呛，他猛踩油门，指挥车一头扎进沟里。这辆半履带车的前轴撞弯，严重影响操控。我的前线之行只好临时改变目标。我赶到军指挥所换了辆车，还与过分热心的炮兵谈了会儿。我想在这里指出，我是第一个乘坐装甲指挥车伴随坦克投入战场的军长。指挥车配有电台，完全能与军指挥所和辖内各师保持不间断的联络。

浓雾突然消散后，泽姆佩尔堡北面的大克洛尼亚附近，首次爆发了激烈交战，前进中的坦克遭遇波军防御阵地，几辆坦克被对方的反坦克炮直接命中，1名军官、1名候补军官、8名士兵阵亡。

大克洛尼亚过去是我曾祖父希勒·冯·格特林根男爵的属地，他和我祖父古德里安都葬在这里，我父亲也是在这里出生的。这是我有生以来首次踏上我的家族珍爱的这片土地。

我换了辆车，再次赶往第3装甲师前方，该师前卫已到达布拉赫河。师主力位于普鲁什奇与小克洛尼亚之间，正准备停下来休息。师长被集团军群司令冯·博克大将召去开会，所以不在师指挥所。于是我向第6装甲团的军官了解布拉赫河的情况。团长觉得今天无法渡河，正热切地盼望上级下达就地休息的命令，把军部要求进攻首日强渡布拉赫河的命令忘得一干二净。我恼怒地走到一旁，思忖该采取何种措施来扭转眼下令人不快的局面。这时，年轻的费利克斯少尉跑到我面前。

他没穿军装，衬衫袖子卷起，硝烟熏黑了他的脸和胳膊。"将军先生，我刚从布拉赫河过来。对岸的敌军兵力很弱。波兰人在哈梅尔米勒纵火焚烧桥梁，但我用坦克把火压灭了，桥梁完全可以通行。我们停在这里是因为没人率领，将军先生，您应该亲自去那里指挥。"我惊异地盯着这个年轻人，他的眼中流露出自信，给我留下的印象非常好。谁说年轻的少尉就找不出正确的解决之道呢？我采纳了他的建议，驱车穿过波兰和德国军队的车流，沿狭窄、多沙的林间道路赶往哈梅尔米勒，于16—17点到达那里。离河岸大约100米处，几名参谋站在一棵浓密的橡树后，见我过来就喊道："将军先生，这里在交火！"的确在交火，第6装甲团的坦克、第3步兵团的步兵正以轻重武器猛烈射击。可对手蜷缩在对岸的堑壕里，根本观察不到。我赶紧下令停止疯狂的射击，第3步兵旅旅长安格恩上校也赶来了，给我帮了大忙。我随后判明波军防御阵地的范围，命令尚未投入战斗的第3摩托车步兵营在对方火力区外的地段用橡皮艇渡河。摩托车步兵顺利渡河，我命令坦克从桥上驶过。他们俘获了遂行防御的波军自行车连，自身的伤亡很小。

我方所有可用部队立即渡河，在对岸设立登陆场。第3装甲侦察营接到命令，立即穿过图赫尔荒原，赶往施维茨附近的维斯瓦河河段，确定波军主力和预备队的去向。16点，渡河行动顺利完成，第3装甲师夜间到达进攻目标斯维卡托沃。

我返回设在察恩的军指挥所，午夜时才到达。长长的道路上空空荡荡，四下里听不见枪炮声。即将到达察恩时，我听见有人叫我，更令我惊异的是，我看见军部人员戴着钢盔，忙着把一门反坦克炮推入炮位。我问他们在做什么，他们告诉我波兰骑兵逼近，随时可能出现。我让他们保持冷静，随后投入案牍工作。

第2摩托化步兵师报告，他们的进攻在波兰人布设的铁丝网前方受阻。3个步兵团悉数投入正面交战，师里已没有预备队。我命令他们趁夜间把左翼团撤离前线，转移到右翼后方，次日部署到第3装甲师身后，朝图赫尔方向包围敌军。

第20摩托化步兵师艰难地攻克了科尼茨，但没能越过该镇取得重大进展。该师奉命继续攻击前进。

夜间，战争首日给官兵造成的过度紧张又发生了几次。例如午夜过后，第2摩托化步兵师报告，面对波兰骑兵的冲锋，他们被迫退却。我简直不知道该说些什么，可还是控制住情绪，问这位师长，他听说过波美拉尼亚掷弹兵面对敌骑兵逃之夭夭吗？他说没听过，随即向我保证，一定能守住自己的阵地。但我还是决定天亮后驱车去这个师看看。清晨5点左右，我来到师指挥所，发现他们仍有些不知所措。于是我来到夜间退却的那个团最前方，亲自率领他们赶到大克洛尼亚北面的卡米翁卡河渡场，准备从这里攻往图赫尔。第2摩托化步兵师迅速投入进攻，看来他们克服了战争首日的恐慌情绪。

第3装甲侦察营夜间到达维斯瓦河。遗憾的是，在施维茨附近的波莱德诺农庄，由于行动不够谨慎，伤亡了几名军官。布拉赫河把第3装甲师主力隔为两段，位于东岸的部队当天上午遭到波军攻击。该师中午发起反冲击，在森林内交战的同时，继续攻击前进。第23步兵师以强行军跟上第3装甲师。两个摩托化步兵师在图赫尔荒原也取得不错的进展。

9月3日，布罗克多夫伯爵将军的第23步兵师进入第3装甲师（该师已前出到维斯瓦河）与第20摩托化步兵师之间，遭遇数次危机，经过激烈战斗，终于把对手彻底包围在施维茨北部森林和格劳登茨西面。波兰"波莫瑞"骑兵旅对我方坦克的性能和威力全无了解，竟然以冷兵器发起攻击，结果遭遇毁灭性损失。我方坦克赶往维斯瓦河途中，追上波军一个炮兵团，一举歼灭了他们，对方只有2门火炮开火射击。波军步兵的损失也很惨重，部分后勤和舟桥纵队后撤期间被我们追上后就歼。

9月4日，我们收紧包围圈，走廊交战临近尾声。第23步兵师遇到些麻烦，施特劳斯军辖内第32步兵师派出一个团支援，化解了危机。

各部队战果辉煌，士气高昂。士兵的损失不大，可军官的伤亡率很高，因为他们总是以最大的奉献精神身先士卒。亚当将军、国务秘书冯·魏茨泽克男爵、冯·丰克男爵上校都失去了一个儿子。

9月3日我视察第23步兵师和第3装甲师，再次见到我的次子库尔特。我还看见库尔姆镇内的塔楼，似乎在维斯瓦河东岸向我招手，那是我的出生地，这让我非常高兴。9月4日，我赶去视察第2、第20摩托化步兵师，他们正在林间战斗，一路推进到格劳登茨西面的德国旧军事训练区。夜间我又来到第3装甲师，该师背靠维斯瓦河，从东面封闭了合围圈。

我们突破了波兰走廊，可以腾出手执行新任务了。就在我们忙着从事艰巨的战斗之际，政治局势严重恶化。英国和迫于英国压力的法国对帝国宣战，我们迅速恢复和平的希望破灭了，第二次世界大战就此爆发。这场战争显然会持续很长时间，我们必须以坚韧不拔的意志斗争到底。

9月5日，希特勒突然来我军视察。我在普莱夫诺附近的图赫尔—施维茨公路迎接他。我上了他的车，领着他沿我军追击路线而行，经过被击毁的波军火炮，一路赶往施维茨，再从那里沿我军封锁线前往格劳登茨，在那里，希特勒盯着维斯瓦河上炸毁的桥梁看了一会儿。见到被击毁的火炮，希特勒问道："这大概是我们的斯图卡干的吧？"我回答道："不是，这是我们的坦克干的！"他显然吃了一惊。第3装甲师没参加合围圈之战的部队，包括第6装甲团和我儿子库尔特所在的第3装甲侦察营，都在施维茨与格劳登茨之间整装列队，接受希特勒检阅。返程途中，我又陪希特勒视察了第23步兵师、第2摩托化步兵师部分部队。

途中我们谈起我这个军作战地域的战事进程。希特勒询问伤亡情况，我告诉他，就我目前收到的报告看，我指挥的4个师，走廊交战期间阵亡150人，另有700人负伤。这么小的伤亡数又让他大吃一惊，他以自己在第一次世界大战期间服役的"李斯特"团做了对比，该团参战首日的伤亡高达2000人。我告诉他，面对英勇而又顽强的对手，我军在交战中的伤亡这么小，主要归功于坦克的效力。坦克这种兵器能减少伤亡。走廊交战大获全胜，德军官兵对己方兵器的优势信心倍增。对手2—3个步兵师和1个骑兵旅全军覆没，数千人被俘，几百门火炮成了我们的战利品。

我们靠近维斯瓦河，一座城市的剪影在天空的映衬下显现出来。希特勒问我，那里是不是库尔姆。我回答道："没错，是库尔姆。去年3月，我有幸在您的故乡迎接您，今天我又在我的故乡迎接您。我是在库尔姆出生的。"多年后，希特勒仍记得这一幕。

我们的交谈随后转向技术问题。希特勒想知道我方坦克最大的优点是什么，还需要哪些改进。我告诉他，尽快为前线部队列装三号和四号坦克很重要，还要提高这两款战车的产量。至于坦克日后的发展，应当注意的是，目前的行驶速度已足够，但防护性能还要加强，特别是正面装甲，另外还要加大坦克炮的射程和穿透力，也就是采用更长的身管、更大装药量的药筒，这些要求也适用于我们的反坦克炮。

希特勒褒奖了部队的战绩，天黑时与我们道别，返回他的大本营。

值得一提的是，战事稍稍平息，当地居民就从藏身处跑出来，热烈欢迎希特勒，还给他送上鲜花。施维茨城挂起红白黑三色旗帜。希特勒的前线视察给部队留下的印象非常好。可惜，随着战争的发展，希特勒亲临前线的次数越来越少，最后几年甚至不再去视察，因而脱离了前线将士，无法对他们取得的战绩和经受的困苦感同身受。

9月6日，军部和各师前卫渡过维斯瓦河。军部设在芬肯施泰因，多纳－芬肯施泰因伯爵美丽的城堡内，腓特烈大帝当初把这座城堡赏赐给他的大臣冯·芬肯施泰因。拿破仑一世在这里住过两次。这位皇帝1807年首次来到这里，当时他对普鲁士和俄国开战，挥师渡过维斯瓦河，攻往东普鲁士。穿过单调、荒芜的图赫尔荒原，拿破仑看见这座城堡，不由得喊道："总算有座城堡了！"他当时的心情完全可以理解。拿破仑在这里策划了攻往普鲁士埃劳的后续作战计划，他来回走动，靴刺在地板上留下划痕。1812年远征俄国前，拿破仑又一次入住这里，与美丽的瓦莱夫斯卡伯爵夫人共度了几周。

我就住在拿破仑当年住过的房间。

遗憾的是，城堡的主人多纳伯爵在柏林住院，所以我无缘结识他和伯爵夫人。多纳伯爵非常客气，特地让人转告，我可以随意猎杀这里的鹿。由于我们仍未接到后续行动的指令，只知道我军调离第4集团军，直属冯·博克的集团军群，所以我觉得伯爵的好意不会耽误军务，麾下几个师7日夜间和8日上午渡过维斯瓦河之际，我跑去打猎，射中一头有12个角叉的肥鹿。伯爵林区的护林官非常尽责，执意要亲自给我当向导。

9月8日，我的几个师在梅韦和卡泽马克完成渡河作业，接下来的战事加快了速度。当天傍晚，我奉命去阿伦施泰因的集团军群司令部接受新指令。我19点30分离开芬肯施泰因，21点30分—22点30分收到下达给我的新指令。集团军群起初想把我军转隶冯·屈希勒尔将军的第3集团军，与他们的左翼紧密配合，从阿里斯地域出击，取道洛姆沙攻往华沙东部防线。依我看，与步兵集团军紧紧捆在一起，似乎不符合装甲兵的特点。我认为这样一来几个摩托化师就无法发挥速度优势，我们一旦放缓前进速度，华沙周围的波兰军队可能会趁机逃往东面，在布格河东岸重新组织抵抗。因此我建议集团军群参谋长冯·扎尔穆特将军，装甲军继续直属集团军群司令部，在屈希勒尔集团军左侧展开行动，取道布格河东面的维兹纳，攻往布列斯特－立托夫斯克。这样一来，我们就能粉碎波兰人在华沙地区重新实施抵抗的一切企图。扎尔穆特和冯·博克大将批准了我的建议，我接到相关指令，立即赶往阿里斯军事训练区，给麾下各师下达了命令。我原先的三个师，现在只剩第 3 装甲师和第 20 摩托化步兵师，第 2 摩托化步兵师暂时留作集团军群预备队。先前隶属屈希勒尔集团军的第 10 装甲师、以年龄较大的兵员组建的勒岑要塞步兵旅已在纳雷夫河附近和维兹纳北面投入战斗，他们现在配属给第 19 军。

9 月 9 日凌晨 2 点—4 点 30 分，我在阿里斯给麾下两个师下达了命令，随后赶往洛姆沙以北 19 公里的科尔泽尼斯泰，去找我的新右邻第 21 军军长冯·法尔肯霍斯特将军，了解他那里的状况，以及新配属给我军的两个兵团的情况。清晨 5—6 点我到达那里，叫醒几名同志，听他们介绍了迄今为止的战事进程。这才得知，由于波兰人顽强防御，德军突袭夺取洛姆沙的企图失败了，但行动失败的另一个原因，是我方士兵缺乏作战经验。第 21 军停在纳雷夫河北岸。

早上 8 点，我赶到维兹纳，找到第 10 装甲师师部，师长沙尔将军出了交通事故，目前由施通普夫将军指挥该师。据他报告，师里的步兵已渡河，还夺取了波军掩护该河段的几座碉堡，战斗仍在进行。我对这种态势深感欣慰，于是赶往勒岑旅，该旅原先的任务是驻守勒岑要塞，现在却渡过防御严密的纳雷夫河投入野战。我对这个旅和旅长加尔上校的印象非常好。渡河行动大获成功，他们进展神速。我批准了旅长的作战方案，随即返回第 10 装甲师。

待我回到维兹纳，却失望地发现，他们早上说师属步兵赢得胜利的报告完全不实。步兵确实渡过纳雷夫河，但没能攻克筑垒河岸的几座混凝土掩体，到现在也没取得进展。于是我渡河去找团长。我没找到团指挥所，各营的指挥所也伪装得太好了。我来到前线，没见到师里的坦克，他们仍在纳雷夫河北岸。于是我派随行人员回去，把装甲部队调来。前线发生的事情简直莫名其妙，问起原因，他们告诉我，前线几个连正在换防，一切按部就班，就像阅兵式。他们对进攻命令一无所知。重型炮兵营的观察员居然无所事事地趴在步兵旁边。他们不知道对手在哪里，也没对前线展开侦察。我命令他们停止这场莫名其妙的换防，让团长和营长来见我，随后命令重型炮兵轰击波军掩体。过了一会儿，团长跑来了，我带着他去侦察敌军防线，一直逼近到对方的火力射程。此时，我们离敌人几座混凝土掩体非常近，这才发现一名勇敢的德军炮长一直在独自指挥一门反坦克炮轰击敌人，于是我下令，就从这里发动进攻。必须承认，这里见到的情形令我非常恼火。

待我回到纳雷夫河，发现装甲团仍在北岸，于是敦促团长赶紧渡河。由于河上的桥梁尚未架设完毕，只能以渡轮把坦克运过河去。18点，部队终于投入进攻，不仅迅速取得胜利，伤亡还很小。要是我们积极展开目标明确的行动，本来当天上午就能取得这番战果。

返回设在维兹纳的军指挥所前，我给负责架桥的工兵军官下达了口头和书面命令，要求他尽快完成纳雷夫河上的架桥作业，因为第10装甲师和紧随其后的第3装甲师需要使用桥梁渡河。

回到指挥所，我拟制了次日的命令，规定第20摩托化步兵师在第10装甲师右侧、第3装甲师在第10装甲师身后渡过纳雷夫河。当晚我们在维兹纳牧师的新居过夜，这座屋子还没完工，不太适合居住，但其他地方的情况更糟糕。

9月10日清晨5点，我发现纳雷夫河上午夜前后已建好的桥梁竟然让第20摩托化步兵师师长下令拆除了，他要求在下游重新架桥，以便他的师渡河。这样一来，装甲师只能用渡轮渡河了。真让人绝望。看来工兵军官没把我的命令告知第20摩托化步兵师师长，他也是出于好意。我们只好等到傍晚，这才为坦克搭设了另一座桥梁。

维克托林将军的第20摩托化步兵师当天在赞布鲁夫附近卷入激战。师主力沿布格河开往努尔。我命令侦察教导营在该师最前方行动，迅速赶往布格河渡场，这个营顺利完成任务，途中没遭遇任何抵抗。第10装甲师赶往布兰斯克，途中与敌人展开一连串小规模战斗。我跟随该师一同行动到黄昏，然后在火焰四起的马佐夫舍地区维索凯过夜。军部傍晚前后就渡过纳雷夫河，一直跟在我身后，但黑暗中没能赶到我身边，只好住在维索凯北面一座起火燃烧的小村里，所以我们夜间失去联系，这种状况给我下达命令造成麻烦。都怪我过早下达了变更位置的命令，早知如此，我还不如待在维兹纳。

9月11日上午，我焦急地等待军部赶来。波兰军队企图从洛姆沙撤往东南方，结果在赞布鲁夫南面踏上第20摩托化步兵师的行军道路，给该师造成复杂的局面。师长决定，开赴布格河的部分部队转身折返，围歼这支敌军。我派第10装甲师部分力量返回，协助第20摩托化步兵师。在此期间，第10装甲师左侧的第3装甲师传言四起，说我被波兰人包围在维索凯，处境非常危险。第3摩托车步兵营立即转身赶往维索凯，想把我救出来。他们看见我安然无恙地站在路边，兴奋地欢呼起来。这群摩托车步兵展现出的战友情谊，令我深受感动。

军部当晚在马佐夫舍地区维索凯过夜。

9月12日，第20摩托化步兵师与提供支援的第10装甲师一部把波军包围在安杰耶沃附近。第10装甲师前出到立托夫斯克地区维索凯，第3装甲师到达别尔斯克。我亲自率领侦察营前卫驱车赶往别尔斯克，掌握了一手情况。当天下午，我见到次子库尔特。

军指挥所迁往别尔斯克。第2摩托化步兵师不再担任集团军群预备队，再次编入我军。我命令他们取道洛姆沙—别尔斯克推进，与全军保持联系。我还在命令中特地指出："师长靠前指挥。"9月13日晨，师长巴德尔将军带着电台执行这道命令，结果在布兰斯克与别尔斯克之间遭遇企图逃离安杰耶沃包围圈的敌军，他只好冒着对手的枪林弹雨煎熬了几个钟头。我们收到他发来的电报，这才获悉他的危险处境，赶紧派部队把他救出。这起事件也给快速部队上了一课。

当天，安杰耶沃附近的波军投降，波兰第18师师长被俘。第3装甲师到达卡缅涅茨 - 立托夫斯克，还对布列斯特 - 立托夫斯克实施了侦察。进攻这座要塞的命令已下达。我们留在别尔斯克过夜。

我们获悉部分波兰分队逃入著名的比亚沃韦扎森林。但我想避免林间战斗，因为我们的主要任务是攻往布列斯特，林间战斗会分散我们的注意力，还会牵制我军大批兵力。所以我只派少量兵力监视这片林地。

9月14日，第10装甲师部分力量（侦察营和第8装甲团）突入布列斯特要塞防线。为发展突袭战果，我赶紧命令全军攻往布列斯特。

当晚我们在立托夫斯克地区维索凯过夜。

9月15日，我们在布格河东岸封闭了布列斯特包围圈。以坦克突袭夺取要塞的企图没能成功，因为波兰人把一辆陈旧的雷诺坦克挡在要塞入口，我方坦克无法突入。

军指挥所在卡缅涅茨 – 立托夫斯克过夜。

9月16日，第20摩托化步兵师和第10装甲师奉命对要塞发起协同一致的冲击。这场进攻冲上城墙顶，可还是功亏一篑，因为第10装甲师的步兵团没有执行"紧跟在炮兵徐进弹幕后方"的命令。我当时就在该团最前方，他们先是延误了战机，随后又在没接到命令的情况下贸然出击，结果遭受了惨重的损失，也没能达成目标。我的副官布劳巴赫中校身负重伤，几天后伤重不治。他当时想阻止后方分队胡乱射击，误伤前面的己方部队，结果被100米外城墙顶部的波军狙击手射中。他的阵亡令我深感悲痛。

第3装甲师绕过布列斯特，向东攻往弗沃达瓦，第2摩托化步兵师紧随其后，向东攻往科布林。

军指挥所留在卡缅涅茨 – 立托夫斯克。

戈尔尼克上校的第76步兵师夜间渡过布格河西岸，9月17日清晨一举攻克这座庞大的要塞，适逢波兰守军企图跨过完好的布格河桥梁向西突围。这场交战就此落下帷幕。军部迁到布列斯特，住进省部宿舍。我们获悉，苏联人正从东面而来。

波兰战局对我的装甲兵团是个实战考验，我认为他们充分展现了自己的能力，还证明建设期间付出的种种努力都是值得的。我们正面朝西停在布格河畔，做好了肃清波军残部的准备。负责掩护军后方的第2摩托化步兵师，此时仍在科布林前方激战。我们随时等待与南面开来的装甲部队会合，派往最前方的侦察部队已到达卢博姆尔。

在此期间，冯·克鲁格大将的第4集团军司令部一直跟在我们身后，我军再次编入他麾下。先前英勇前出到纳雷夫河的勒岑要塞旅，数日来一直掩护我军左翼，随后也编入第4集团军。第4集团军现在命令，第19军以一个师向南进击，一个师向东攻往科布林，再以另一个师攻往东北方的比亚韦斯托克。这样就把全军分成几个部分，很难实施指挥。好在苏联人到来后，我们不再执行这道指令。

苏联人派来的联络员是个乘坐装甲侦察车的年轻军官，他告诉我们，红军一个坦克旅正朝这里而来。我们随后收到消息，两国外交部商定以布格河为分界线，这样我们就得把布列斯特要塞交给对方。我们觉得这种划分对德国没什么好处，可上级命令我们 9 月 22 日前离开分界线以东地区。时间太紧了，我们甚至没办法后送伤员、收回受损的坦克。关于分界线和停战的谈判，显然没有军人参与其中。

我们撤离布列斯特 – 立托夫斯克期间发生的小插曲值得一提。但泽主教奥罗尔克和波兰教区红衣主教赫隆德从华沙逃往东面，他们来到布列斯特，意外地遇到德国人。红衣主教逃往东南方，进入罗马尼亚。但泽主教踏上通往东北方的道路，结果遇到我方军队。主教想跟我谈谈，我很高兴地在布列斯特接待了他。他不知道何处安全，更不想落入苏联人手里，于是我建议他和我们的补给纵队同行，该纵队负责从柯尼斯堡为我们运送物资。到了柯尼斯堡，他就能找到埃尔姆兰德主教，获得他的庇护。但泽主教接受了我的建议，带着随从平安离开交战区，他后来给我写了封热情洋溢的信件，感谢我的帮助，还一再称赞德国军官团的传统骑士风度。

与苏联人交接那天，对方派来的代表是克里沃申准将 ①，他是个坦克兵，会说法语，所以我和他交流得很顺利。由于外交部没做出明确规定，于是我同苏联人直接达成双方都满意的协定。我们带走了一切，但缴获的波军物资留给苏联人，因为我们短时间内没办法运走这批战利品。最后我们举办了告别阅兵式，双方互换军旗，克里沃申将军也出席了仪式。我们在布列斯特 – 立托夫斯克的驻期就此结束。

离开这座我们付出大量牺牲换来的要塞前，9 月 21 日，我们安葬了我的副官布劳巴赫中校。我为失去这位英勇而又能干的部下深感悲痛。他负的伤并不致命，但败血症（蛋白血症）导致他心力衰竭，最终撒手人寰。

我们 9 月 22 日傍晚到达赞布鲁夫。第 3 装甲师已率先开赴东普鲁士，其他兵团尾随其后。第 19 军军部撤编。

9 月 23 日，我们在加林根入住博托 – 文德·楚·奥伊伦堡伯爵美丽的庄园。伯爵在前线服役，所以由他美丽的妻子和可爱的女儿招待我们。我们在这里休整了几天，波兰战局带来的疲惫一扫而空。

---

① 译注: 旅级。

我的次子库尔特在这场战争中安然无恙。我不知道长子海因茨的情况怎样，因为整个战争期间，部队就没有军邮勤务。这是个严重的弊端。我们现在只想尽快返回原驻地，让部队迅速恢复良好的状态。

我们还期盼，德军在波兰迅速赢得胜利也许能产生政治影响，促使西方国家接受合理的和平。我们觉得要是做不到这一点，希特勒就会迅速下定决心，在西面发动攻势。可惜两个希望都落了空。丘吉尔说的"奇怪的战争"开始了。

趁这段空闲期，我去东普鲁士探望亲属，遇到从西普鲁士赶来的侄子，他先前被迫加入波兰军队，从战俘营获释后，现在想加入自己国家的军队。

10月9日前后，军部返回柏林，途中我又遇到西普鲁士的几个亲戚，他们经历了一个艰难的时期，包括布龙贝格尔的血腥星期日。我还短暂游历了故乡库尔姆，找到了双亲和祖母住过的房子。这也许是我最后一次回故乡了。

回到柏林，我很快见到了长子，真让我高兴。他参加了华沙的激烈争夺战，先后获得二级、一级铁十字勋章。

结束波兰战场的描述前，我得谈谈我的军部。在内林上校领导下，军部干得非常出色，凭借他们的理解力和杰出的指挥技艺，为全军的胜利做出了重大贡献。

两场战争之间

10月27日，我奉命来到帝国总理府，24名荣膺骑士铁十字勋章的军官齐聚这里。这么早就获得这枚高级勋章，自然让我意气风发，但我认为，这主要是上级对我努力组建现代化装甲兵的肯定。我们以这么快的速度、这么小的伤亡打赢波兰战争，装甲兵无疑发挥了至关重要的作用。授勋后众人共进早餐，我坐在希特勒右手边，就装甲兵的发展和此次战争的经验与他热烈地交谈了一番。最后他突然问我："我很想知道，民众和军队怎么看我们与苏俄缔结的条约？"我回答道，我们这些军人8月底获悉与苏联缔结条约的消息，都长长地松了口气。因为这让我们觉得身后的安全得到保障，我们很高兴能避免可怕的两线战争，第一次世界大战，两线作战最终让我们大败亏输。希特勒惊讶地看着我，我觉得他不太满意我的回答。但他未置一词，没再谈论这个话题。我后来才知道，希特勒对苏俄抱有深深的敌意。他当时想听的回答，肯定是我对他与斯大林缔结条约震惊不已。

　　回家短暂休息期间，又发生了一件令我悲痛的事。11 月 4 日，亲爱的岳母在我们柏林的家中去世。我们把她葬在戈斯拉尔岳父的墓地旁。随后我接到新的命令，再次离家踏上征程。

　　11 月中旬，我的军部迁往杜塞尔多夫，随后突然调到科布伦茨，在那里隶属冯·伦德施泰特大将的 A 集团军群。

　　为加强军官团，特别是将领的政治立场，柏林举办了一连串讲座，戈培尔和戈林轮番上阵，最后，希特勒 11 月 23 日亲自发表了讲话。在场的听众主要是陆海军将领，也有军事院校的教官和主管，军衔最低的也是中尉。

　　他们三人的讲话，几乎都以同样的方式反复提到以下观点："在党内同志戈林目标明确的领导下，空军将领在政治上完全可靠；海军将领沿希特勒指明的方向前进，所以也是可靠的；但党无法毫无保留地信任陆军将领。"大获全胜的波兰战争刚刚结束，这番严厉的指责让我们所有人都接受不了。回到科布伦茨，我马上去找与我私交甚笃的集团军群参谋长冯·曼施泰因将军，商讨该采取何种措施。曼施泰因赞同我的看法，他也认为所有陆军将领都不该忍受这种侮辱。他同他的司令谈过此事，却发现对方无意采取任何行动。曼施泰因请我再次进言伦德施泰特。我立即照办了。冯·伦德施泰特大将已得知此事，说自己打算去见陆军总司令，把这种不公正的指责告诉他，但除此之外不会再做其他事。我告诉他，这番指责主要针对的可能是总司令本人，他自己也听到了，现在重要的是其他人对希特勒进言，请他收回这种无理的猜疑。但冯·伦德施泰特将军不打算采取更多措施。接下来几天，我又找了几位高级将领，劝他们不要袖手旁观，可一无所获。最后我去见冯·赖歇瑙大将，众所周知，他与希特勒和党的关系很好。可出乎我意料，赖歇瑙告诉我，他与希特勒的关系不像外界说的那么好，相反，他们俩还发生过激烈争执。出于这个原因，他去见元首起不到任何作用。但赖歇瑙认为，当务之急是让元首知道陆军将领的情绪，所以他建议我自己去见元首。我赶紧推托，说自己是资历最浅的军级指挥官，根本代表不了那些德高望重的将领。赖歇瑙却不这么认为，说这样也许更好。他立即打电话给总理府，替我预约了面见元首的时间，我奉命次日去柏林见希特勒。此次会晤让我知道了许多事情。

　　希特勒单独接见我，让我畅所欲言地说了大约 20 分钟，自始至终没有打断我的话。我首先指出，我在柏林聆听的三次讲话都对陆军将领做出同样的指责，然后我继续说道："我和许多将领谈过此事，他们都对帝国政府头面人物对陆军将领如此明显的猜疑深感震惊和愤慨，而他们刚刚在波兰战争中为了德国尽己所能、舍生忘死，短短三周就打赢了这场战争。考虑到我们与西方国家的严酷战争迫在眉睫，我认为最高领导层出现这么大的裂痕，德国军队根本没办法发动进攻。您也许会奇怪，为何是我这个最年轻的军长跑来找您，我请几位德高望重的前辈来见您，可他们都不愿意。所以我今天来见您，抗议那些既不公正，又深具侮辱性的话语，以免您日后说：'我确实表达了自己对陆军将领的不信任，可他们默然接受了，没人提出抗议。'要是您怀疑个别将领，也只能是个别将领，您完全可以解除他们的职务。即将到来的战争会持续很长时间，我们承受不起军事领导层存在裂痕，战争进入关键阶段前，我们必须确保互信关系，第一次世界大战期间，我们 1916 年就遇到过这种艰难的局面，直到兴登堡和鲁登道夫接掌最高陆军统帅部，情况才有所改善，可为时已晚。我们的最高统帅部必须谨慎行事，绝不能又一次过晚地采取最具决定性的措施。"

希特勒全神贯注地听着，待我说完，他才生硬地说道："这件事只关系到陆军总司令本人！"我回答道："要是您不信任陆军总司令，完全可以解除他的职务，派您最信任的将领担任陆军首脑。"希特勒随即提出的问题吓了我一跳："那么您建议由谁来担任这项职务呢？"我脑海里浮现了一连串将领的名字，我觉得他们都有能力担任陆军总司令。于是我先提出冯·赖歇瑙大将，希特勒立即否决了："他不在考虑之列。"这句话脱口而出时，希特勒的神情异常冷漠，我想起在杜塞尔多夫与赖歇瑙的交谈，他说自己与希特勒关系不佳，看来绝非夸大其词。我又提起包括冯·伦德施泰特大将在内的另一些将领，也被希特勒一一否决，我再也想不到还有哪位将领能担任陆军总司令，只好沉默不语。

现在轮到希特勒说了。他详细阐述了他不信任陆军将领的来龙去脉，最初是重整军备期间，他要求立即组建 36 个师，可弗里奇和贝克百般阻挠，建议他组建 21 个师就够了。这些将领还就进驻莱茵兰一事对他提出警告，没错，法国人刚一皱眉，他们马上想撤回开入莱茵兰的部队，幸亏帝国外交部长坚决反对这种让步。冯·布隆贝格元帅令他深感失望，而弗里奇危机让他极为恼怒。贝克在捷克问题上与他大唱反调，他只好打发贝克走人。重整军备期间，那么长时间里，现任陆军总司令就没提出过足够的建议，典型的例子是，他就增加轻型野战榴弹炮产量的建议很不像话，提出的生产数少得可怜。双方就指挥波兰战争的问题发生分歧，即将到来的西方战事该如何指挥，他认为自己很难与陆军总司令达成一致。

　　希特勒随后感谢我的坦率直言，此次会晤持续了一个钟头左右，就这样毫无成果地结束了。我失望地返回科布伦茨，对前景不免忧心忡忡。

第五章　西方战局

作战准备

　　对西方国家的战争（其实我们很想避免这场战争）开始前，我们充分利用了从波兰战争获得的经验教训。相关经历表明，组建轻装师纯属折中做法，我对这个结论一点也不意外。因此，几个轻装师奉命改编成装甲师，番号分别是第6、第7、第8、第9装甲师。另外，摩托化步兵师的编制过大，因而做出削减，每个摩托化步兵师裁撤一个步兵团。当务之急是为装甲团换装新式坦克，但由于三号、四号坦克产量有限，再加上OKH（陆军总司令部）囤积新式坦克，致使换装工作进行得非常缓慢。

　　我奉命接掌几个装甲师和大德意志步兵团，负责他们的训练工作。除此之外，我主要考虑的是西方战场的规划和作战路线。

　　希特勒急于发动进攻，在他敦促下，OKH打算再次采用1914年的旧方案，也就是所谓的"施利芬计划"。这份计划的优点是简单易行，但毫无新意，因而缺乏吸引力。所以我们很快开始构想新的解决方案。11月某天，曼施泰因请我去他那里，对我讲述了他的作战构想：以强大的装甲力量穿过卢森堡和比利时南部，攻往色当的马其诺防线延伸部，突破这道筑垒防线，尔后彻底突破法军防线。他请我从装甲兵的角度审核这份方案。我仔细研究了地图，再加上我第一次世界大战期间对这片地形的了解，因而明确无误地告诉曼施泰因，他拟制的方案完全可行。我只提出一个前提条件：这场行动必须投入足够数量的装甲和摩托化师，最好是全部投入！

　　曼施泰因随后起草了备忘录，送交冯·伦德施泰特大将批准、签署，1939年12月4日呈送OKH。可OKH对此毫无热情。他们起初只打算以1—2个装甲师攻往阿尔隆，于是我找他们交换意见。我认为投入的兵力太少，肯定起不到任何作用。

我们的装甲力量本来就不够雄厚，再分散使用的话，无疑会铸成大错。而 OKH 即将犯下的恰恰就是这种错误。曼施泰因据理力争，结果激怒了 OKH，被调去担任步兵军军长。他请求 OKH 至少让他指挥装甲军，但没获得批准。就这样，我们最具战略头脑的人物被打入冷宫，后来率领第三波一个步兵军投入西方战场，而此次战争的辉煌进程，主要归功于他的倡议。做事从容不迫的冯·佐登施特恩将军接替曼施泰因担任冯·伦德施泰特大将的参谋长。

在此期间，德国空军发生了一起意外事件，迫使统帅部放弃了施利芬计划。1940 年 1 月 10 日夜间，一名空军传令官违反规定，擅自携带标有施利芬展开方案的重要文件飞越边界，因飞机发生故障，紧急迫降在比利时境内。他有没有销毁这些文件不得而知，但不管怎样，我们必须假设比利时人已知晓我们的展开方案，他们很可能通知了法国人和英国人。

另外，曼施泰因出任军长，趁面见希特勒的机会，向他汇报了自己对后续作战事宜的看法。于是，希特勒要求 OKH 研究曼施泰因拟制的作战方案，1940 年 2 月 7 日在科布伦茨举行了兵棋推演，我当时的印象是，这场行动完全可行。此次兵棋推演，我建议投入强大的装甲和摩托化力量发动进攻，开战第五日在色当强渡马斯河，目标是强行达成突破，尔后朝亚眠方向发展突破。陆军总参谋长哈尔德也参加了兵棋推演，他认为我的想法"纯属胡闹"。在他看来，就算装甲兵团到达马斯河，甚至在对岸夺得登陆场，也得等待步兵集团军赶来，尔后才能发起"协同一致的进攻"，无论如何不会早于战争第九日或第十日。哈尔德称之为"一场牵制性全面进攻"。我强烈反对他的观点，还强调指出，集中使用有限的装甲力量出敌不意地投入决定性地点至关重要，这样就能以突击楔子深深插入敌军防区，根本不用担心翼侧，尔后立即发展初期胜利，完全不需要步兵军介入。

集团军群工兵顾问冯·施蒂奥塔少校的潜心研究，加强了我对边境筑垒工事重要性的看法。冯·施蒂奥塔先生的观点，主要基于他对航拍照片的细致评估，因而无法驳倒。

2 月 14 日，李斯特大将的第 12 集团军司令部在迈恩举行了另一场兵棋推演，哈尔德也在场，此次推演讨论的是争夺马斯河渡场的交战。摆在我面前的主要问题归纳如下：各装甲师是以自身的手段渡河，还是等待步兵赶到？如果是后一种情况，那么装甲师是参与渡河行动呢，还是先以步兵力量替换他们？马斯河北面的阿登山区，地形非常复杂，彻底排除了后一项解决方案。这场辩论让人灰心丧气，冯·维特斯海姆将军（他指挥的第 14 摩托化军在我身后跟进）和我最后声明，这种情况下，我们对此次行动的指挥部门毫无信心。我们还指出，如此使用坦克是错误的，倘若以这种方式命令我们执行，必然会引发信任危机。

实际上，就连冯·伦德施泰特大将对坦克的效力也缺乏明确的认知，他赞成谨慎行事，这就导致问题更加复杂。可惜曼施泰因不在这里！

该如何指挥这么多装甲兵团，似乎是个特别头疼的问题。经过反复商议，众人倾向于请冯·克莱斯特将军担此重任，但他对坦克似乎没太多好感。不管怎样，我的装甲军都要率先穿过阿登山区，这一点明确后，我就忙着为即将到来的任务加紧训练麾下的将领和参谋人员。交给我指挥的是第 1、第 2、第 10 装甲师及大德意志步兵团，还有些军直部队，包括一个迫击炮营。除了大德意志步兵团，我在和平或战争时期对另外几个兵团都不陌生，对他们的战斗力深具信心。现在我得以让他们为即将到来的艰巨任务做好准备，除了希特勒、曼施泰因和我，没人相信这场行动能赢得胜利。为推动我们的构想而展开的精神斗争很累人，所以我需要休息一下，3 月份下半月，上级批准我休假。

在此之前的 3 月 15 日，希特勒把 A 集团军群司令、冯·克莱斯特将军和我召到帝国总理府开会。与会者轮流汇报自己受领的任务和打算采取的解决方案，最后才轮到我。我的任务是，进攻令下达的当天跨过卢森堡边界，尔后穿过比利时南部攻往色当，在色当渡过马斯河，在左岸构设登陆场，以便跟进的几个步兵军顺利渡河。我简明扼要地解释道，我的军分三路纵队行进，穿过卢森堡和比利时南部，估计开战首日就能到达比利时边境阵地，可能的话突破这道阵地，次日取道讷沙托继续前进，第三天在布永渡过瑟穆瓦河，第四天前出到马斯河，第五天强渡马斯河，我希望当日傍晚前在对岸设立登陆场。希特勒随后问道："那么，接下来您会怎么做呢？"他是第一个问起这个关键问题的人。我回答道："要是我没接到相反的命令，次日就继续向西攻击前进。最高统帅部必须定下决心，我的军是攻往亚眠还是巴黎。依我看，最有效的突击方向是取道亚眠攻往英吉利海峡。"希特勒点点头，没再说什么。只有率领第 16 集团军在我左侧展开的布施将军嚷道："好吧，我可不信您能渡过马斯河！"希特勒神情紧张，想听听我作何回答。我说道："这就不用您操心了。"希特勒对此没做任何评论。

实际上，强渡马斯河夺得登陆场后，我没接到任何后续指令。直到我一路前出到阿布维尔的大西洋沿岸，所有决定都是我自己做出的。对我采取的行动，上级部门起到的主要是制约作用。

短暂的休假结束后，我又投入这场庞大行动的准备工作。漫长的冬季逐渐消退，妙不可言的春季到来，测试警报反复出现，说明局势越来越严峻。描述相关事情前，我觉得应该先说说为何我对即将发起的猛烈进攻满怀信心。这个问题得从头谈起。

第一次世界大战的西线战场，短暂的运动战过后，双方陷入阵地战。无论交战双方囤积多少战争物资，都无法让战线重新运动起来，直到 1916 年 11 月，敌人投入坦克，才让进攻回到正途。战车凭借装甲、履带、车载火炮和机枪，穿过我方弹幕，碾过铁丝网、堑壕、遍布弹坑的战场，把缺乏防护的战斗人员送到德军防线，这些人不仅活着，而且完全能从事战斗。

这种现象很奇特，值得我们重视。可惜，德国人在战争期间低估了坦克，造成这种情况的原因，究竟是权威人士不了解技术，还是德国军火工业缺乏生产能力，时至今日已无关紧要。

《凡尔赛和约》禁止德国拥有或制造可用于战争目的的装甲车、坦克和类似装备，如有违反就会受到惩罚，这充分说明了坦克的重要价值。

所以，我们的对手把坦克视为深具决定性的交战兵器，禁止我们拥有。我据此得出结论，必须认真研究这种决定性交战兵器的历史，密切观察它的后续发展。从局外人的理论角度看，如果我们就坦克和装甲兵的使用、组织、编制问题，提出不受传统束缚的理论，就能超越国外盛行的学说。经过多年激烈斗争，我终于在其他军队得出类似观点前，成功地把自己的信念付诸实践。我们在装甲兵编制和使用方面的领先地位，是我对胜利充满信心的第一个因素。甚至到 1940 年，德国陆军抱有这种信念的人，可能还是只有我一个。

我亲身经历过第一次世界大战，认真研究过那段历史，所以非常了解参战人员的心理，也很熟悉敌我军队的情况。我对西方对手的心理做出的准确判断，1940 年得到证实。他们 1918 年赢得的胜利，很大程度上归功于新式装甲兵，但主导他们思想的依然是阵地战。

法国拥有西欧大陆实力最强的军队，坦克数量在整个西欧居于首位。

1940 年 5 月，西线的英法联军约有 4800 辆坦克，而德国陆军的编制力量，只有 2800 辆战车，这个数字还包括装甲侦察车；进攻伊始，德军可用的坦克，实际上只有 2200 辆左右。所以，敌人在坦克数量方面占有两倍优势，与德国坦克相比，法国坦克在装甲厚度和火炮口径上更胜一筹，进一步加大了他们的优势，不过，他们在指挥方式和速度方面处于劣势。（参阅附件 2）尽管法国拥有最强大的机动作战兵器，可他们还是构筑了马其诺防线，这条防线堪称世界上最强大的筑垒防线。修筑防御工事的军费，为什么不用于军队实现摩托化、继续加强机动力量呢？

戴高乐、达拉第和另一些人就这方面提出过建议，但没人理睬。由此可见，法国最高统帅部没有认识到坦克对运动战的重要性，也许他们根本不想知道。不管怎样，我了解他们的所有演习和操练，据此得出结论，法国统帅部打算以下述方式指挥他们的军队：基于可靠的情报定下决心，展开可靠的运动和预有计划的进攻或防御。他们下定决心投入行动前，总是想方设法彻底弄清敌人的布势和兵力配置。一旦定下决心，他们会按计划实施，甚至可以说有些死板，接敌运动、占领出发阵地、炮火准备、展开进攻或建立防御都是这样。严格按计划展开的行动，不允许发生任何意外，所以他们必然把作为机动力量的坦克编入步兵师，以免打乱计划，仅以少量坦克用于战役目的。

所以德国统帅部完全可以确定，法国人会依据他们得自第一次世界大战、高估火力、低估机动价值的阵地战经验，依托筑垒阵地实施谨慎而又死板的防御。

法军 1940 年的战略战术原则，我们非常熟悉，与我提倡的交战方式截然相反，是我对胜利充满信心的第二个因素。

到 1940 年春季，德国对敌人的兵力分布和筑垒工事已了如指掌。我们知道，蒙梅迪与色当之间，固若金汤的马其诺防线防御能力逐渐减弱。我们把色当到海峡这段防御工事称为"马其诺防线延伸部"。我们也了解比利时、荷兰筑垒工事的走向和强度，这些工事面朝德国设防。

法国人仅以少量兵力据守马其诺防线，包括几个装甲师在内的法国陆军主力，与英国远征军一同集中在马斯河与英吉利海峡之间的法国佛兰德地区，他们的防线面朝东北方；而比利时和荷兰军队分别掩护各自的国土，准备抗击来自东面的进攻。

　　从这种兵力分布可以看出，敌人认为德军会再次采用 1914 年的施利芬计划，所以他们准备以联军主力对付我们穿过荷兰和比利时的攻势。我们没发现对方投入预备队，为德军攻入比利时这场运动的旋转枢纽提供充足的掩护，例如沙勒维尔或凡尔登。法国陆军统帅部似乎认为，我们除了沿袭旧有的施利芬计划，不会采用其他解决方案。

　　我们了解敌人的兵力分布，也清楚德军展开运动时对方会采取何种应对措施，这是我对胜利充满信心的第三个因素。

　　另外，我们对敌人的总体判断，还有些不完全可靠但仍值得一提的观点。

　　第一次世界大战让我们了解了法国人，对英勇而又顽强的法军官兵深感敬佩，他们以不屈不挠的精神保卫自己的祖国。他们日后会以同样的态度保家卫国，我们对此毫不怀疑。至于法国最高统帅部，我们惊异的是，他们居然没抓住 1939 年秋季的进攻良机，当时，德国陆军主力，特别是整个装甲力量，都投入波兰战场。我们当时并不清楚法国按兵不动的原因，只能做出种种猜测。不管怎样，法国最高统帅部的谨慎态度让我们深感惊讶，由此产生的想法是，对方可能想以某种方式避免严重的武力冲突。法国人 1939 年年底到 1940 年年初表现得很不积极，不免让人得出结论：法国对这场战争没太多兴趣。

　　基于上述分析，我们认为，以强大的装甲力量发动目标明确的突袭，取道色当攻往亚眠和大西洋沿岸，必然击中敌军纵深翼侧，因为对方正开赴比利时，而敌人的预备队不足以抗击我军的突击，所以成功的机会很大，如果我们立即发展初期胜利，就能一举切断开赴比利时的敌军主力。

　　现在的问题是说服我的上级和下属，让他们相信我的思路正确无误，争取上级赋予我自由行动权，下属满怀信心地予以配合。经过一番努力，我得到的自由行动权很有限，但下属全力以赴地配合了我的意图。

　　第 19 军接到命令，一旦发动进攻，就穿过卢森堡北部和比利时南端，前出到色当的马斯河河段，在那里控制登陆场，以便跟进的步兵师顺利渡河。这场突袭成功后该如何行事，命令里没有做出规定。

空军的协同，预先也做了安排。我奉命与英勇善战的冯·施图特海姆将军的密接支援航空兵、勒尔策将军的航空军展开联合作战。为了让双方的配合更具成效，我邀请空军人员参加我预有计划的演练，我也参与了勒尔策将军主持的空军兵棋推演。我们讨论的主题是强渡马斯河。仔细考虑后，我们一致决定把航空兵的行动扩大到整个渡河期间，也就是说，不能以轰炸机和斯图卡俯冲轰炸机发起单一的集中打击，而是从渡河行动开始，就对敌人暴露在外的发射阵地施以不间断攻击，从空中对敌炮兵连构成威胁，达到瘫痪对方的目的。攻击程序的时间安排和目标分布都标注在地图上。

部队展开运动前不久，我们还按照戈林的想法，以鹳式轻型飞机搭载大德意志步兵团一个营，目的是在进攻首日清晨把该营运到马特朗日西面的维特里，进入比利时防线后方，扰乱对方边境筑垒工事的防御。

为迅速而又有序地穿过卢森堡和比利时南部，我军辖内三个装甲师一字排开：第1装甲师居中，担任突击重点，军属炮兵、军部、高射炮兵主力部署在该师身后；第2装甲师居右；第10装甲师和大德意志步兵团居左。第1装甲师师长基希纳将军，第2装甲师师长法伊尔将军，第10装甲师师长沙尔将军，三位我都很熟悉，他们也清楚我的作战原则，知道装甲部队一旦踏上征程，就相当于拿到一张直达终点站的车票。在我们看来，目标就是海峡沿岸！全体将士对此心知肚明，哪怕运动开始后很长时间没接到命令，他们也会朝规定方向挺进。

朝海峡突破

1940 年 5 月 9 日 13 点 30 分，我们进入警戒状态。我 16 点离开科布伦茨，傍晚到达我们设在比特堡附近松嫩霍夫旅馆的军指挥所。部队已奉命做好准备，沿菲安登与埃希特纳赫之间的边界线展开。

5 月 10 日清晨 5 点 35 分，我和第 1 装甲师在瓦伦多夫附近跨过卢森堡边界，下午到达马特朗日附近的比利时边界。第 1 装甲师前卫突破敌人的边境防御工事，与大德意志步兵团空降人员取得联系，由于道路遭到严重破坏，部队无法从山地绕行，因而没能深入比利时境内。夜间必须修复这些道路。第 2 装甲师为争夺斯特兰尚普卷入激战，第 10 装甲师穿过新阿拜和埃塔勒，攻向法国军队（第 2 骑兵师、第3殖民地步兵师）。我军军部设在马特朗日西面的拉姆布鲁赫。

5月11日上午，我们排除了敌人沿比利时边界埋设的爆炸物和地雷。中午前后，第1装甲师投入行动。他们以坦克为首，攻往讷沙托两侧的敌防御工事，据守在那里的是撤离比利时边境阵地的阿登猎兵和法国骑兵。经过短暂的战斗，第1装甲师没遭受太大损失就突破敌军阵地，一举夺得讷沙托。他们立即展开追击，攻克贝尔特里，黄昏时到达布永，法军在城内坚守了一整夜。我军另外两个师进展顺利，只遭遇轻微抵抗。第2装甲师夺得利布拉蒙，第10装甲师在新阿拜附近遭受了一些损失。第69步兵团团长埃勒曼中校5月10日在圣玛丽附近阵亡。

5月10日夜到11日晨，我军隶属的克莱斯特装甲集群命令第10装甲师立即掉转方向开赴隆维，掩护装甲集群左翼，因为有报告称，法军骑兵正逼近那里。我请求上级撤销这道命令，因为抽调我军三分之一作战兵力去对付有可能出现的敌骑兵，会危及我军强渡马斯河，甚至会给整个行动的成败造成影响。不过，为防止他们对敌骑兵莫名其妙的恐惧引发其他问题，我还是把第10装甲师置于原先的行军路线北面，沿一条平行的道路推进，取道吕勒攻往屈尼翁与莫尔特昂之间的瑟穆瓦河河段，我命令该师继续前进。就这样，我们暂时避免了停止前进和变更方向的危险。装甲集群最终撤销了命令，法军骑兵也没有出现。（参阅附件3）

当日傍晚，大德意志步兵团经圣梅达尔加入我军建制。军部在讷沙托过夜。

5月12日是圣灵降临节，清晨5点，我率领军部直属连穿过贝尔特里、费莱韦讷尔、贝勒沃赶往布永，7点45分，巴尔克中校的第1步兵团发动进攻，迅速攻克布永。法国人炸毁了瑟穆瓦河上的桥梁，但我方坦克在几处泅渡过河，师属工兵立即搭设桥梁。我确认各项措施没什么疏漏后，跟随坦克渡过瑟穆瓦河，赶往色当方向。由于路上布满地雷，我被迫返回布永。在城市南部，我首次经历了敌机对第1装甲师架桥作业的空袭。幸运的是，架桥区毫发无损，只是附近几座房屋起火燃烧。

我驱车穿过树林赶往第10装甲师，该师已经在屈尼翁和埃尔伯蒙地段渡过瑟穆瓦河。到达他们的行军道路，我目睹了侦察营争夺边境筑垒阵地的战斗，英勇的旅长菲舍尔上校率领步兵紧跟在侦察营身后，师长沙尔将军很快也追了上来。各级指挥官身先士卒，第10装甲师的行动非常迅速，给我留下很好的印象。他们很快攻克了树林里的敌防御工事，取道拉沙佩勒继续攻往巴泽耶—巴朗。我放心地返回布永的军指挥所。

在此期间，参谋长内林上校已经把军指挥所设在全景旅馆，从这里望去，瑟穆瓦河河谷的美景尽收眼底。我们共用一间办公室，我的办公桌摆在里间，墙上挂着精心挑选的狩猎纪念品。我们投入工作。突然响起一连串爆炸声，敌机又来空袭了，还不止如此，一队工兵的近战武器、炸药、地雷、手榴弹起火后不断殉爆。墙上硕大的野猪头震落，差点把我砸死；其他狩猎纪念品也砸落下来，我座位旁漂亮的观景窗被震碎，玻璃碎片四散飞溅。此处已不适合办公，我们决定换个地方。于是我们搬到布永北面山丘上的一座小旅馆，第1装甲团团部就设在这里。我们到来时，密接支援航空兵指挥官施图特海姆将军刚好在这里视察情况，他提醒我，这座房子的位置过于暴露。就在我们交谈之际，一个比利时航空中队出现在空中，朝装甲兵宿营地投下炸弹。损失不大，但我们还是听从了施图特海姆的劝告，转移到北面贝勒沃—努瓦尔方丹地区的一个小村落。

我们刚要转移，一架鹳式轻型飞机到来，接我去冯·克莱斯特将军的装甲集群司令部听取新指令。我在那里接到命令，次日（5月13日）16点强渡马斯河。我麾下的第1、第10装甲师完全能在规定时间内做好准备，但第2装甲师在瑟穆瓦河遇到些麻烦，肯定赶不上来。缺一个师导致全面进攻的兵力太弱，于是我汇报了这个重要的情况。但冯·克莱斯特将军坚持己见，我不得不承认，不等全部兵力展开，立即从行进间转入进攻，可能更加有利。第二道命令更令人不快：冯·克莱斯特将军和航空兵将领施佩勒不知道我和勒尔策达成的约定，决定在炮火准备开始时实施一场密集轰炸。这样一来，就无法保证长时间压制敌炮兵，打乱了我的整个进攻方案。我强烈反对，要求按照我的原定计划行事，整个进攻的成败全系于此。冯·克莱斯特将军否决了我的请求，我只好搭乘另一名飞行员驾驶的鹳式飞机返回军指挥所。这个年轻人口口声声说他知道我先前起飞的地方，但朦胧的暮色下，他没找到着陆地点，我很快发现，鹳式飞机飞过马斯河和法军阵地，这架飞机没有武装，航速缓慢，真让人担心。我果断地命令他向北飞，终于找到着陆地，幸好一切顺利。

回到军指挥所，我抓紧时间拟制命令。可时间还是太紧迫了，唯一的办法是从存档的文件里找出我们先前在科布伦茨兵棋推演期间拟制的命令，更改日期和时间后下发各兵团。这些命令很符合眼下的实际情况，但计划中规定的进攻发起时间是10点，而上级现在要求我们16点发动进攻。于是我们稍做修改，就这样给第1、第10装甲师下达了命令，不出所料，整个过程迅速而又简练。（参阅附件4）

5月12日傍晚，第1、第10装甲师占领了马斯河北岸和历史悠久的要塞镇色当。部队利用夜间进入出发阵地，军属炮兵和装甲集群直属炮兵就位。突击重点置于第1装甲师，大德意志步兵团、军属炮兵、两个翼侧师的重炮营为该师提供支援。因此，进攻首日的第2、第10装甲师都只有两个轻型炮兵营。评价两个师5月13日的战斗表现，必须考虑到翼侧炮兵力量虚弱的事实。

5月13日，军指挥所迁到拉沙佩勒。（参阅附件5）

当天上午，我先赶到第1装甲师指挥所，查看他们的准备情况，随后驱车穿过一片部分埋有地雷的地带，军部直属连的司机正在排雷，我冒着法军阵地袭来的炮火，赶往位于叙尼的第2装甲师，该师前卫已到达法国边界。中午我回到拉沙佩勒的军部。

15点30分，我冒着法军炮火赶往第10装甲师的前进观察所，查看我方炮兵的火力效果和空军的投入情况。16点整，交战打响了，以我们的标准看，我军的炮火准备相当猛烈。我怀着紧张的心情，等待空军发起空中突击。德国战机准时出现，令我惊喜的是，几个轰炸机和斯图卡中队在战斗机掩护下展开攻击，而且是以我先前在兵棋推演期间与勒尔策商定的方式进行的。是冯·克莱斯特将军改了主意，还是航空兵没执行他下达的命令？不管怎样，航空兵的确按照我的建议，以最有利于我们进攻的方式展开行动，这让我如释重负。

我很想参与步兵强渡马斯河的进攻。但渡河行动即将结束，于是我赶往圣芒热，再从那里穿过弗卢万，前往第1装甲师计划中的架桥点。我搭乘第一艘突击舟渡过马斯河，在对岸遇到第1步兵团有勇有谋的团长巴尔克中校和他的团部。他们热烈欢迎我的到来，还朝我喊道："不得在马斯河上坐船嬉戏！"这句话其实是我在演练期间对他们说的，因为我当时觉得这帮年轻人太散漫了。现在看来，他们对情况的判断正确无误。

第 1 步兵团和他们左侧大德意志步兵团的进攻，看上去就像军事训练区的演习。斯图卡和轰炸机持续构成的威胁，几乎彻底瘫痪了法国炮兵。我方反坦克炮和高射炮击毁了马斯河畔的混凝土掩体，我们的重武器和火炮压制了敌人的机枪。尽管岸边宽大的草甸无遮无掩，但我们的损失依然很低。天黑前，我们已深深楔入敌防御工事。各部队奉命夜间继续进攻，我相信他们会执行这道重要的命令。23 点前，他们夺得谢沃热和马尔费森林一部分，还在瓦德兰库尔西面渗透了法军主防线。于是我满怀喜悦和自豪，返回我们设在拉加雷讷森林的军指挥所，待我到达那里，刚好目睹拉沙佩勒附近的道路遭到空袭，随后我审阅了翼侧发来的报告。

右侧，第 2 装甲师只有前卫力量投入交战，也就是他们的侦察营、摩托车步兵营、重型炮兵，无法以这么点兵力执行渡河任务。第 1 装甲师整个步兵旅已到达马斯河左岸，待桥梁搭设完毕，师里的火炮和坦克就会跟上步兵。大德意志步兵团已渡过马斯河。第 10 装甲师也顺利渡河，还在对岸控制了一座小型登陆场；由于缺乏炮兵支援，该师当日的处境相当艰难，杜济—卡里尼昂南面，马其诺防线袭来的侧射火力给他们造成很大麻烦。好在拂晓到来后，他们和第 2 装甲师的情况都得到改善。强大的军属高射炮兵夜间部署在马斯河几座桥梁旁，因为 5 月 14 日我们可能得不到空中力量支援。

夜间我打电话给勒尔策，询问航空兵不再提供支援的原因，同时感谢他为我们提供了出色的空中支援，我们的行动大获成功，勒尔策的航空兵对此贡献颇多。他告诉我，施佩勒的命令传达到各航空兵中队太晚，所以他取消了行动，此举合情合理。随后我给布施发了封电报，元首当初在柏林召开会议，他对我能否渡过马斯河深表怀疑，现在我的部队大获全胜，但布施随后发来的复电非常友好。最后，我感谢了军部全体人员以忘我的奉献精神为我提供的帮助。（参阅附件 6）

5 月 14 日晨，英勇的第 1 装甲师报告，他们夜间继续扩大渗透，目前已穿过谢姆里。所以我得去谢姆里！数千名俘虏聚集在马斯河畔。我在谢姆里找到第 1 装甲师师长。有报告称，法军强大的装甲力量正在逼近，于是我命令第 1 装甲师以手头现有的坦克攻往斯通通讷方向，我返回马斯河上的桥梁，派指挥小组现场指挥，确保第 2 装甲旅优先渡河，迅速跟上第 1 装甲师，这样我们就能以足够的兵力抗击法军的突击。敌人的进攻在比尔松失败了，损失 20 辆坦克，他们在谢姆里还折损了50辆坦克。大德意志步兵团夺得比尔松，从那里前出到维莱迈松塞勒。不幸的是，我离开没多久，德军斯图卡战机攻击了拥堵在谢姆里的己方部队，这种损失实在让人难过。

与此同时，第2装甲师在栋舍里附近渡过马斯河，即将登上南岸高地。我赶去察看那里的作战情况，发现指挥部队的冯·韦尔斯特上校和冯·普里特维茨上校身先士卒，于是我放心地返回马斯河。敌机此刻实施的空袭相当积极，英法飞行员非常勇敢，但没能击中桥梁，反而蒙受了惨重的损失。我方高射炮兵当日大显神通，干得非常出色，截至黄昏共击落150架敌机，这番壮举让高射炮团团长冯·希佩尔上校荣膺骑士铁十字勋章。

在此期间，第2装甲旅马不停蹄地渡过马斯河。中午前后，集团军群司令冯·伦德施泰特大将亲自赶来查看情况，这让我们所有人振奋不已。我站在桥中央向他做了汇报，此时敌人的空袭仍在继续。大将不动声色地问道："这里的情况一直是这样吗？"我毫不含糊地做出肯定的回答。大将热情洋溢地称赞了部队的杰出表现。

我随后再次赶往第1装甲师，遇到该师师长和他的作战参谋文克少校，我问他，是打算让全师转身向西，还是留下部分兵力掩护翼侧，防线向南，面对阿登运河东岸。文克想了想，突然蹦出一句我常说的话："集中，不要分散！"事情就这样决定了。第1、第2装甲师立即接到命令，辖内所有部队右转，渡过阿登运河向西攻击前进，目标是突破法军防线。为协调两个师的运动，我来到第2装甲师师部，他们把师部设在栋舍里上方马斯河高地的罗康城堡。从这里望去，第2装甲师5月13日、14日的接敌路线和进攻地域一览无遗。马其诺防线上的法国远程炮兵为何不以更猛烈的炮火轰击我方部队，阻止我们开进？我百思不得其解。看看这处位置，我们的进攻大获全胜似乎是个奇迹。

我下午返回军指挥所，安排各师5月15日的协同事宜。赖因哈特将军的第41军原本紧跟在我军身后，自5月12日起，该军在第19军右侧展开，攻往沙勒维尔－梅济耶尔方向。他们5月13日强渡马斯河，目前向西攻击前进。冯·维特斯海姆将军的第14军紧跟在我身后，很快就要到达马斯河。

傍晚前，第1装甲师已经以强大的兵力渡过阿登运河，面对敌人的激烈抵抗，他们到达桑格利和旺德雷斯。第 10 装甲师的坦克跨过迈松塞勒—罗库尔弗拉巴一线，主力到达比尔松—泰洛讷南面的高地，还缴获 40 门火炮。

前出到斯通讷居高临下的高地，对第 19 军至关重要，这样就能阻止敌人对马斯河上的桥梁造成影响，确保后续部队顺利渡河。大德意志步兵团和第 10 装甲师 5 月 14 日进攻高地，激烈的交战随之爆发。斯通讷村易手数次，直到 15 日，这场激战才落下帷幕。（参阅附件 7）

5 月 15 日清晨 4 点，冯·维特斯海姆将军来到军指挥所，商讨在色当南面的马斯河登陆场换防的问题。我们简短地研究了态势，随即赶往第 10 装甲师设在比尔松的指挥所。沙尔将军去前线视察部队了，杰出的师作战参谋冯·利本施泰因男爵中校不仅介绍了眼前的困难局面，还耐心回答了维特斯海姆提出的许多细节问题。至于换防问题，我们一致同意第 10 装甲师和大德意志步兵团暂时交给第 14 军指挥，直到该军辖内部队替换他们。接下来几天，我麾下的兵团只有第 1、第 2 装甲师。

第 10 装甲师和暂时编入该师的大德意志步兵团受领的任务是在阿登运河—斯通讷高地—维尔蒙特里南面的马斯河河曲部一线掩护第 19 军南翼。5 月 15 日，该师获得第 29 摩托化步兵师先遣部队加强。

离开第 10 装甲师指挥所，我驱车赶往斯通讷村的大德意志步兵团。那里遭到法军猛烈冲击，所以我谁也没找到。气氛有点紧张，但该团最终还是守住了阵地。我随后赶往军部设在马斯河南岸萨波涅附近林地的新指挥所。出乎我意料，当晚一点也不平静，但不是因为敌人的影响，而是出自我方指挥机构制造的麻烦。克莱斯特装甲集群命令我军停止行动，留在登陆场内。我不愿，也不可能接受这道命令，这意味着放弃已达成的突然性和目前取得的初期战果。所以我先联系装甲集群参谋长蔡茨勒上校，但没能达成目的，于是我直接打电话给冯·克莱斯特将军，想让他撤销停止前进的命令。我们激烈争论了好几轮，冯·克莱斯特将军最终批准我再前进一天，为步兵军的跟进扩大登陆场。争论中我提到亨奇的使命，让人想起 1914 年的"马恩河奇迹"。提到这段往事，可能会让装甲集群心生不快。

终于获得了行动自由，我非常高兴，5 月 16 日一早赶往第 1 装甲师师部。这段行程从旺德雷斯到奥蒙。前线态势尚不明朗，只知道夜间布韦勒蒙周围的战斗非常激烈，于是我赶往布韦勒蒙。燃烧的村内，我在街上遇到团长巴尔克中校，他向我汇报了夜里发生的事情。部队疲惫不堪，毕竟他们从 5 月 9 日起，夜里就没好好休息过，弹药也所剩不多。前线官兵睡在散兵坑里。巴尔克穿着件短风衣，拄着手杖，他告诉我，团里的军官一致反对继续进攻，他对他们说道："好吧，那我一个人去夺取村子！"说罢他就出发了，他的部下随后跟了上来，就这样，他们在夜间顺利夺得布韦勒蒙村。巴尔克的脸上满是灰尘，双眼熬得通红，说明他经历了艰难的白昼和无眠的夜晚。这番壮举为他赢得骑士铁十字勋章。敌人投入颇具战斗力的诺曼步兵师和斯帕希骑兵旅，打得非常英勇。敌机枪火力扫过村内的街道，但他们的火炮已经有一段时间没听到了。我和巴尔克都认为敌人的抵抗即将告终。

我们昨天缴获了法国人的一道指令，要是我没弄错的话，应该是甘末林将军亲自下达的，指令里写道："必须阻止德军坦克大潮！"这道指令加强了我以辖内全部兵力继续进攻的信念，因为法军的抵抗力显然让他们的最高统帅部深感担忧。我们现在决不能犹豫，更不能止步不前！

我让全体官兵按连队集合，给他们读了缴获的命令，目的是让他们明白立即展开行动、继续进攻的重要性。我感谢了他们迄今为止取得的战果，敦促他们齐心协力，彻底赢得胜利，随后命令他们上车出发。

遮住我们双眼的战争迷雾很快就消散了，眼前豁然开朗，我们迅速展开追击。我在普瓦泰龙找到第 2 装甲师作战参谋冯·夸斯特中校，给他简要介绍了态势，随后驱车赶往诺维永 - 波西安，再从那里转向蒙科尔内。我在途中超过第 1 装甲师的行军队列，这些官兵现在明白过来，知道自己已达成突破，即将彻底赢得胜利。他们朝我发出阵阵欢呼，军部几名参谋坐在我身后的第二辆车里，官兵的喊声听得清清楚楚。"伙计，干得真棒！""那是我们的老大！""快看，飞毛腿海因茨！"全是诸如此类的话。他们都是好样的。

在蒙科尔内的集市上，我遇到第 6 装甲师师长肯普夫将军，他的师隶属赖因哈特军，渡过马斯河后，该师和我的部队同时到达该镇。第 6、第 2、第 1 装甲师迅猛向西，涌入蒙科尔内，现在必须为三个师分配道路。由于装甲集群没对各军分界线做出规定，所以我们自行商量，就进军路线问题迅速达成一致，决定继续前进，直到耗尽最后一滴汽油。我的先遣分队已前出到马尔勒和德尔西。

与此同时，我让随行人员搜索集市周围的房屋，很快就抓获几百名俘虏，这些法国人来自不同的部队，对我们突然出现在这里深感惊讶。一个敌装甲连企图从西南面进入镇内，结果也被我们俘获。这个连隶属戴高乐上校的师，据我们所知，该师位于拉昂以北地域。我们随后在蒙科尔内东面的小村庄苏瓦兹设立军指挥所。我与第1、第2装甲师师部取得联系，随后用电台向装甲集群汇报了当日的进展，以及5月17日继续追击的企图。（参阅附件8）

我军5月16日赢得辉煌的战绩，第41军也大获全胜，可我没想到，上级仍抱有原先的偏见，仅仅满足于让我们待在马斯河对岸的登陆场内，等待步兵军开抵。希特勒3月份召开会议期间，我阐述过自己的想法，现在满脑子想的就是这个：彻底达成突破，一路前出到英吉利海峡。希特勒批准了曼施泰因大胆的进攻计划，对我径直突破到海峡的企图也没提出反对意见，现在怎么会突然丧失勇气，命令部队停止前进呢？我百思不得其解。但次日早上发现，我彻底弄错了。

5月17日一早，装甲集群通知我停止前进，7点在鹳式飞机起降场等候冯·克莱斯特将军，他要与我面谈。冯·克莱斯特将军准时到达，没有任何问候，就以最严厉的口气劈头盖脸地训斥我违背上级部门的作战企图，对我军的杰出表现只字不提。待他发了通火，暂时闭口之际，我请求他解除我的职务。冯·克莱斯特将军愣了下，随后点头同意，让我把指挥权移交给军里最资深的将领。会晤就此结束，我回到军指挥所，请法伊尔将军过来，暂时接掌全军指挥权。

我随后给伦德施泰特集团军群发了封电报，说我办完移交手续，中午前后去司令部汇报情况。集团军群司令部很快回电，指示我暂时留在军指挥所，等待李斯特大将赶来，大将指挥的第12集团军在我军身后跟进，他奉命调停此事。没等李斯特大将到来，停止前进的命令已下达给各部队。文克少校离开我这里返回师部，途中遭遇敌坦克火力，脚部负伤。法伊尔将军到来后，我简要介绍了相关情况。下午早些时候，李斯特大将赶到，问我究竟怎么回事，我向他做了汇报。他奉冯·伦德施泰特大将的命令，撤销了我的辞职请求，还告诉我，停止前进的命令是OKH下达的，所以必须执行。但他非常理解我要求继续前进的理由，因此代表集团军群，批准我"继续向前实施战斗侦察，但军指挥所必须留在原地，随时保持联络"。

情况总算有所转机，我非常感激李斯特大将的介入，请他居中调停我与冯·克莱斯特将军的冲突。随后我着手安排"战斗侦察"，军指挥所留在苏瓦兹，以军用电话线与我的前进指挥所保持联络，这样我就用不着电台，OKH 和 OKW（国防军最高统帅部）的监听部门再也不知道我的位置了。

收到停止进攻的命令前，5 月 17 日一早，第 1 装甲师已夺得瓦兹河畔的里布蒙和塞尔河畔的克雷西。第 10 装甲师在色当南面获得换防，先遣力量前出到弗赖利库尔和索尔斯蒙克兰。5 月 17 日傍晚，他们在瓦兹河畔的穆瓦顺利构设了登陆场。（参阅附件 9）

5 月 18 日 9 点，第 2 装甲师到达圣康坦。该师左侧的第 1 装甲师当日也渡过瓦兹河，攻往佩罗讷方向。第 10 装甲师在两个先遣师左后方呈梯次配置，也朝佩罗讷而去。5 月 19 日晨，第 1 装甲师在索姆河对岸的佩罗讷夺得登陆场，还俘虏了几名赶往该镇侦察情况的法军参谋。（参阅附件 10、11）

军前进指挥所迁往维莱勒塞克。

5 月 19 日，我们跨过第一次世界大战索姆河会战的旧战场。到目前为止，我们一直在埃纳河、塞尔河、索姆河北面推进，侦察部队和反坦克部队担任侧卫，工兵掩护我们敞开的左翼。我军翼侧遭受的威胁其实不大，我们知道戴高乐上校率领的法国第 4 装甲师是个新组建的兵团，如前文所述，该师 5 月 16 日首次出现在蒙科尔内附近。接下来几天，戴高乐这个师一直与我们纠缠，5 月 19 日，该师几辆坦克甚至逼近到距离我设在奥尔农树林的前进指挥所不到 2 公里处，此时掩护指挥所的只有几门 20 毫米高射炮。我提心吊胆了几个钟头，直到构成威胁的不速之客转向其他地方，这才松了口气。另外我们还知道，法国预备队集团军正在巴黎地区编组，可能辖有 8 个步兵师。我们认为，只要我军保持运动，弗雷尔将军就不会朝我们这里开进。从法国军队的作战原则看，他会等彻底弄清敌军的去向再采取行动。所以我们不能让他弄清我军动向，最好的办法就是不停地运动。

到 5 月 19 日黄昏，第 19 军已到达康布雷—佩罗讷—阿姆一线。第 10 装甲师负责掩护全军越来越长的翼侧，5 月 19 日夜到 20 日晨接替了第 1 装甲师原本承担这项任务的部队。军指挥所前出到马尔勒维尔。5 月 20 日，我军终于获得行动自由，当天开赴亚眠方向。第10装甲师现在奉命把他们掩护的左翼延伸到亚眠东面的科尔比，原先的阵地由第29摩托化步兵师接防。第1装甲师攻往亚眠，奉命立即在索姆河南岸构设登陆场。第2装甲师的任务是取道阿尔贝攻往阿布维尔，在索姆河对岸设立登陆场，肃清此处到海岸地带的敌军。第2装甲师与第1装甲师的分界线如下：孔布勒—隆格瓦勒—波济耶尔—瓦雷讷—皮舍维莱尔—卡纳普勒—弗利克斯库尔—索姆河。

各师据守的索姆河河段如下：

第2装甲师：索姆河河口—弗利克斯库尔（不含）；

第1装甲师：弗利克斯库尔—汇入索姆河的阿尔夫河河口（亚眠东面）；

第10装甲师：阿尔夫河河口—佩罗讷。

我估计第1装甲师9点左右能做好进攻亚眠的准备，于是命令司机5点出发，我想亲眼见证这个历史性时刻。军部人员觉得出发时间太早，因而建议我晚些时候再动身，但我认为自己的安排正确无误。（参阅附件12、13）

5月20日8点45分，我到达亚眠北郊，第1装甲师正要发起冲击。赶往那里的途中，我在佩罗讷遇到第10装甲师，他们言辞激烈地指责第1装甲师的换防很不负责。第1装甲师据守登陆场的部队，没等换防部队开抵就先行离开，因为指挥登陆场部队的巴尔克中校急于参加进攻亚眠的战斗，他显然认为这场进攻比守卫登陆场更重要。赶来接替他的兰德格拉夫上校对这种轻率的做法愤怒不已，不免指责了一番，可巴尔克的回复让他火冒三丈："您干吗不把登陆场再夺回来呢？您去还是我去又有什么区别！"幸亏敌人没有乘虚而入，兰德格拉夫未经战斗就轻而易举地收复了已肃清的地域。我从南面绕过仍驻有敌军的阿尔贝，穿过无数难民队伍，一路驶向亚眠。

第1装甲师的进攻取得不错的进展，到中午，该城和大约7公里深的登陆场都落入我们手里。我草草看了看既占地域和市区，特别是城内宏伟的大教堂，随后匆匆赶往阿尔贝，我估计会在那里遇到第2装甲师。我逆流而行，迎面而来的是开进中的我方部队和难民大潮，敌人的一些车辆也夹杂其间，浓厚的尘埃中，他们混入德军行军纵队，没被我们的人发现，可能想以这种方式逃回巴黎，以免被俘。很短时间内我就抓获15名英国官兵。（参阅附件14）

　　我在阿尔贝遇到法伊尔将军。第2装甲师在检阅场俘虏了一个英军炮兵连，该连只配备演习用的空包弹，因为他们没料到我们当天就出现在这里。各种国籍的俘虏聚在广场和街道上。由于油料短缺，第2装甲师担心无法继续前进，但这个问题很快解决了。我命令该师，今天必须到达阿布维尔，要求他们取道杜朗—贝尔纳维尔—博梅斯—圣里基耶，19点左右开抵目的地。但该师遭到己方战机误炸，一时间陷入尴尬的境地。我探望了第2装甲旅旅长，积极进取的冯·普里特维茨上校，确定他会赶往阿布维尔后，就驱车前往亚眠东北面的克略，军部已迁到那里。我们在那里遭到己方战机攻击，这种行为很不友好，我们出色的高射炮兵立即开炮还击，击落一架粗心大意的飞机。两名飞行员跳伞后，很快就见到我，不由得惊异而又尴尬。聊了聊这起令人不快的事件，我请两个小伙喝了杯香槟压压惊。可惜，那架崭新的侦察机报销了！

　　当晚，第2装甲师的施皮塔营穿过努瓦耶勒，成为第一支到达大西洋沿岸的德国部队。

　　这是个值得纪念的日子，可当天傍晚，我们不知道该朝哪个方向挺进，克莱斯特装甲集群没给后续行动下达指令。我们不得不等待命令，5月21日就这样白白浪费了。我利用这段时间，视察了我们占领的索姆河渡场和登陆场，还去阿布维尔游历了一番。途中我问部下，对迄今为止的战事有什么看法，第2装甲师一名奥地利人回答道："很棒，可我们浪费了两天时间。"不幸的是，他说的没错。

占领海峡沿岸

　　5月21日，我们终于接到命令：继续向北挺进，夺取海峡各座港口。我打算派第10装甲师取道埃丹、圣奥梅尔开赴敦刻尔克，第1装甲师赶往加来，第2装甲师奔向布洛涅。但我不得不放弃这份计划，因为装甲集群5月22日6点发来命令，把第10装甲师留作装甲集群预备队。这样一来，我只能以第1、第2装甲师执行5月22日的行动。为迅速夺取海峡各港口，我请求保留三个师，遗憾的是，上级没批准。所以我只好怀着沉重的心情，放弃以第10装甲师直扑敦刻尔克的企图。在此期间，大德意志步兵团从色当方向开来，第1装甲师和该团现在取道萨梅尔和代夫勒赶往加来，第2装甲师沿海岸线攻往布洛涅。

5 月 21 日，我们北面又发生了一件值得注意的事情：英军坦克企图朝巴黎方向突破。他们在阿拉斯遭遇党卫队骷髅师，这个师没经历过实战，不免有些慌乱。敌人没达成突破，但给冯·克莱斯特的装甲集群司令部造成些影响，他们突然变得神经兮兮。幸好恐慌情绪没有继续传播。5 月 21 日，第 41 军辖内第 8 装甲师到达埃丹，第 6 装甲师开抵勒布瓦尔。

5 月 22 日晨，我军再次展开行动，8 点跨过欧蒂河向北攻击前进。第 1、第 2 装甲师没有把所有兵力投入这场向北的进军，因为两个师（特别是第 2 装甲师）的警戒力量留在索姆河登陆场，等待冯·维特斯海姆将军的第 14 军赶来接替他们，就像当初在色当那样。（参阅附件 15、16）

5 月 22 日下午，代夫勒、萨梅尔附近和布洛涅南面爆发了激烈交战。我们面对的主要是法军，但也有英军和比利时军队，甚至还有被打散的荷兰军队。我们打垮了对方的抵抗，可敌人的空军非常活跃，不仅实施轰炸，还以机载武器扫射我方部队。空中见不到德国战机，这是因为他们的基地离得太远，似乎无法迅速向前转场。尽管如此，我们还是攻入布洛涅。

军指挥所迁到雷克。

第 10 装甲师再次隶属我军。第 1 装甲师已逼近加来，但我决定让该师立即开赴敦刻尔克，从杜朗地区赶来的第 10 装甲师接替第 1 装甲师，取道萨梅尔攻往加来，因为攻克加来不是件一蹴而就的事。午夜时，我用电台命令第 1 装甲师："5 月 23 日 7 点前开抵康什河北岸，第 10 装甲师在你师身后跟进。第 2 装甲师已攻入布洛涅，部分兵力 5 月 23 日取道马基斯攻往加来。你师首先要前出到欧德吕克—阿德尔—加来一线，尔后转身向东，经布尔堡维尔—格拉沃利讷攻往贝尔格—敦刻尔克。第 10 装甲师向南推进。收到'东进'代号，10 点展开行动。"

5 月 23 日清晨，我用电台下达了执行令："10 点东进，绕过加来南部，攻往圣皮埃尔布鲁克和格拉沃利讷。"

5 月 23 日，第 1 装甲师不断遭遇小规模交战，一路攻往格拉沃利讷，第 2 装甲师卷入布洛涅周围的激战。进攻布洛涅的战斗与众不同，因为这座古老城市的城墙一度挡住我方坦克和步兵的渗透。借助战地厨房梯和威力强大的 88 毫米高射炮，他们终于翻过教堂附近的城墙，一举攻入城内。港口随即爆发激战，我方一辆坦克击沉英军一艘鱼雷艇，击伤另外几艘。

5 月 24 日，第 1 装甲师到达奥尔克与海岸之间的阿运河，在奥尔克、圣皮埃尔布鲁克、圣尼古拉、布尔堡夺得登陆场；第 2 装甲师肃清了布洛涅；第 10 装甲师主力前出到代夫勒—萨梅尔一线。

"阿道夫·希特勒"警卫旗队现在也编入我军。我派他们开赴瓦唐，为攻往敦刻尔克方向的第 1 装甲师提供加强。第 2 装甲师也接到命令，把他们能腾出的兵力悉数调离布洛涅市区，开往瓦唐方向。第 10 装甲师包围了加来，准备进攻这座古老的海边要塞。我下午视察了该师，命令他们按计划行事，尽量减少伤亡。调离布洛涅的重型炮兵为该师 5 月 25 日的进攻提供加强。

赖因哈特将军的第 41 军已在圣奥梅尔附近的阿河对岸设立登陆场。

希特勒下达了后果严重的停止前进令

当天，最高统帅部介入战事，以最不利的方式影响到整个战争的进程。希特勒命令全军左翼停在阿河，禁止我们渡过该河。具体原因不得而知，但指令里有这样一句话："敦刻尔克让空军去解决；占领加来遇到困难的话，也交给空军。"指令里的内容是我凭记忆重述的。我们无言以对，因为不知道具体原因，所以很难反对这道指令。于是几个装甲师接到命令："守住运河线，利用这段停止前进的时间维修技术装备。"

敌机积极展开行动，没遭到我方战机反击。

5 月 25 日晨，我赶往瓦唐去视察警卫旗队，确保停止前进的指令已得到执行。待我到达瓦唐，却发现他们正渡过阿河。河对岸，平坦湿地里耸立的瓦唐山海拔只有 72 米，但足以控制整片地域。我在山上一座旧城堡的废墟里找到警卫旗队指挥官泽普·迪特里希。我问他为何不执行命令，他告诉我，从瓦唐山望去，对岸的情形"一览无遗"，所以他昨天就毫不犹豫地决定，一定要占领这座山头。警卫旗队和他们左侧的大德意志步兵团正开赴沃尔穆特和贝尔格。鉴于这种有利的态势发展，我当即批准了迪特里希的决定，还安排第 2 装甲师跟进，为这场推进提供支援。

布洛涅当日彻底落入我们手里。第 10 装甲师投入争夺加来城堡的战斗。我们呼吁守军投降，英军指挥官尼克尔森准将简洁地回答道："决不投降，因为英军的职责是像德国军队那样英勇奋战！"我们只好打下去。（参阅附件17）

5月26日，第10装甲师攻克加来。我中午赶到该师指挥所，问师长沙尔将军，是否想遵照上级的指示，把解决堡垒的任务交给空军。他断然否认，因为他觉得我方战机投掷的炸弹对厚厚的城墙和旧工事的土层起不到什么作用。另外，空军轰炸时，他的部队必须撤离堡垒边缘的既占地域，尔后还得重新夺回来。我只好同意他的主张。16点45分左右，英军投降。我们俘敌2万人，其中有3000—4000名英国官兵，其他都是法国、比利时、荷兰官兵，大多数人早就不想再打下去了，结果被英国人关入地窖。

我在加来遇到冯·克莱斯特将军，他对我军取得的战果大加称赞，这是自5月17日以来的首次。

当天，我们再次企图攻往敦刻尔克方向，封闭这座海边要塞的包围圈，但随后又接到停止追击的命令。我们只好停在敦刻尔克前方，观看德国空军发起空袭，可我们发现大大小小各种类型的船只，载着英国人逃离这座海边要塞。

冯·维特斯海姆将军当日来到我的指挥所，说他已做好以第14军接替第19军的准备。第14军最前方的第20摩托化步兵师转隶我军，部署到"阿道夫·希特勒"警卫旗队右侧。（参阅附件18）我们商讨换防事宜前，还发生了一个小插曲。警卫旗队指挥官泽普·迪特里希赶往前线途中，突然遭遇英军机枪火力袭击，对方隐蔽在我军进攻线后方一座孤零零的房屋里。迪特里希的座车中弹起火，他和随从赶紧躲入路边的排水沟。迪特里希带着副官钻入十字路口下方的排水管，燃烧的汽油流入水沟，把沟里的水烧得滚烫，两人赶紧把黏糊糊的淤泥抹到脸上和手上，以免烫伤。跟在他座车身后的通信小组匆忙呼救，我们这才得知迪特里希身处险境，立即派第2装甲师在该地段推进的第3装甲团去救他。没过多久，迪特里希来到我的指挥所，满身泥泞，狼狈不堪，还得忍受众人的嘲笑。

直到5月26日中午，希特勒才下达了攻往敦刻尔克的指令，可惜为时已晚，我们没能取得重大战果。（参阅附件19）

5月26日夜到27日晨，我军奉命再次发起进攻。第20摩托化步兵师率领警卫旗队和大德意志步兵团，在重型炮兵加强下攻往沃尔穆特。第1装甲师接到命令，待第20摩托化步兵师取得进展，就从右翼加入这场突击。

大德意志步兵团获得第10装甲师第4装甲旅卓有成效的支援，顺利到达目标，也就是克罗什特—皮加姆的高地。第1装甲师的装甲侦察营夺得布鲁凯尔克。

我们看见大批敌军搭乘船只从敦刻尔克渡海逃离。

5月28日，我们到达沃尔穆特和布尔堡维尔。5月29日，第1装甲师夺得格拉沃利讷。但占领敦刻尔克完全不需要我军介入，第14军5月29日接替了第19军。（参阅附件20）

要不是最高统帅部一再下令停止前进，致使第19军没能迅速赢得胜利，本来完全能缩短战事进程。倘若我们在敦刻尔克把英国远征军一网打尽，战争的进程会如何发展就很难说了。不管怎样，一场辉煌的军事胜利，能为深思熟虑的外交政策创造出色的机会。可惜，希特勒的神经质葬送了良机。他为何命令我的军停止前进，后来给出的理由是，佛兰德地区遍布沟渠和运河，不适合坦克行动，这种说法纯属无稽之谈。

5月26日，我满怀感激之情，给麾下英勇而又杰出的部队下达了军日训令：

第19军全体将士！

我们在比利时和法国的17个战斗日已告结束。我们从帝国边界向前推进了600公里，最终到达英吉利海峡和大西洋沿岸。一路上，你们攻破比利时筑垒工事，强渡马斯河，在值得纪念的色当旧战场突破马其诺防线，夺得至关重要的斯通讷高地，尔后穿过圣康坦和佩罗讷，迅速攻往索姆河下游的亚眠和阿布维尔。攻克海边要塞布洛涅和加来，一举征服海峡沿岸，更是让你们的赫赫战功到达顶峰。

我要求你们不眠不休48个钟头，而你们坚持了17天。我要求你们不顾翼侧和后方的威胁向前推进，你们对此从未动摇过。

你们怀着堪称典范的信心，坚信自己一定能完成任务，尽职尽责地执行了每一道命令。

德意志为有你们这样的装甲师深感自豪，我也很高兴能率领你们投身战场。

我们怀着深深的敬意缅怀阵亡的战友，坚信他们的牺牲绝非徒劳。

我们现在做好了迎接新任务的准备。

德意志万岁！我们的元首阿道夫·希特勒万岁！

签名：古德里安

温斯顿·丘吉尔在《第二次世界大战回忆录》里谈到，他怀疑希特勒让装甲兵团停在敦刻尔克前方，要么是想给英国提供更好的求和机会，要么是想加强德国与英国达成和平的希望。但无论当时还是后来，我都没得到证实这种观点的证据。丘吉尔还估计，德国装甲兵团停止前进，是伦德施泰特自行做出的决定，这种猜测更是无稽之谈。丘吉尔在书里描述了加来守军的英勇抵抗，作为战地指挥官，我可以证明这一点，尽管他们的顽强斗志值得赞赏，但对敦刻尔克前方发生的事情没什么影响。不过，丘吉尔有一点说的没错，他估计希特勒，特别是戈林，认为德国的空中优势足以阻止英军经海路逃离。他们的看法大错特错，因为只有消灭英国远征军，才能迫使大英帝国与德国缔结合约，或为我们日后成功登陆英国本土创造有利的条件。

我在佛兰德得知，我的长子负了伤，所幸没有性命之忧。法国战争期间，我的次子获得二级和一级铁十字勋章，尽管他在装甲侦察营服役，但毫发无损。

5月20日，基希纳将军荣膺骑士铁十字勋章。6月3日，法伊尔将军、第10装甲师的菲舍尔上校、第1装甲师的巴尔克中校、摩托车步兵部队的埃佐尔德中尉、第86步兵团的汉鲍尔少尉、第10装甲师工兵部队的鲁巴特中士也获得这项殊荣，之后又有许多将士得到其他级别的勋章。

朝瑞士边界突破

5月28日，希特勒下令组建一个装甲集群，由我来指挥。军部6月1日迁到沙勒维尔西南方的小锡尼，为继续遂行作战任务加以准备。6月份头几天，古德里安装甲集群在沙勒维尔西南地域组建。原先的第19军军部升级为装甲集群司令部，久经考验的内林上校仍担任参谋长，拜尔莱因少校任作战处长，里贝尔中校任副官。装甲集群目前编有：

第 39 军（施密特将军），辖第 1、第 2 装甲师及第 29 摩托化步兵师；

第 41 军（赖因哈特将军），辖第 6、第 8 装甲师及第 20 摩托化步兵师；

外加若干装甲集群直属部队。

我装甲集群现在隶属李斯特大将的第 12 集团军。

各兵团开赴新集中地域的行军表现非常出色，特别是从沿海地带赶来的第 1、第 2 装甲师。整个行程 250 公里左右，由于桥梁损毁，某些部队不得不绕行，这样一来，路程又增加了 100 公里。人员极度疲惫，技术装备也急需保养。幸亏部队得到几天时间休整，很快恢复了精神，还维修了技术装备，为执行新任务做好了准备。

西方战局的第一阶段进展非常顺利，我们彻底歼灭了荷兰、比利时、法国北部的敌军。解除了后顾之忧，我们就可以放心大胆地向南展开行动。先前的一连串交战，我们已歼灭敌装甲和摩托化部队主力。因此，即将到来的战局第二阶段，我们的主要任务是消灭法军野战力量残部，也就是包括 2 个英国师在内的 70 个师，尔后达成对德国有利的和平，至少我们当时是这样想的。

为继续从事战争，全军展开部署，索姆河畔右翼的行动，快于塞尔河、埃纳河畔的中央力量。因此，博克集团军群 6 月 5 日投入进攻，而伦德施泰特集团军群定于 6 月 9 日展开行动。

第 12 集团军隶属伦德施泰特集团军群，任务是在波尔西安堡与阿蒂尼之间渡过埃纳河和埃纳运河，尔后向南攻击前进。几个步兵军在 8 个地段强渡埃纳河和埃纳运河，他们建立登陆场并搭设桥梁后，我装甲集群的几个装甲师就越过步兵投入进攻，夺取开阔地域，尔后视态势发展攻往巴黎、朗格勒或凡尔登方向。我的首个目标是朗格勒平原，晚些时候会在那里接到后续指令。

我担心步兵军大批人马的通行会堵塞道路，给指挥工作造成麻烦，因而请求第 12 集团军司令批准我率领麾下几个师先行开赴指定渡场，凭借自身的力量强渡埃纳河。但集团军司令想把装甲兵团用于决定性突破，故此否决了我的请求。就这样，装甲集群部署在几个步兵军身后，待桥梁搭设完毕，就利用 8 座桥梁渡过埃纳河。两个摩托化步兵师在各自军里的装甲师身后跟进。但这份计划成功与否的先决条件是步兵军能否顺利渡河并设立登陆场。

第 39 军与第 41 军的分界线，从瓦西尼起，穿过勒泰勒—瑞尼维尔—欧维内—欧贝里夫—叙普—圣雷米—蒂卢瓦（归第 39 军）—瓦诺尔—索尼—帕尔尼（归第 41 军）。

6 月 8 日，我们把装甲集群司令部迁到贝尼。

6 月 9 日，第 12 集团军进攻首日，我赶往勒泰勒东北面的观察所，想亲眼看看步兵突击的进展，以免错过麾下部队投入进攻的时机。5—10 点，我什么也没看见，只好派副官赶往最近的几个架桥点，去看看步兵是否已渡过埃纳河。12 点前，我收到从勒泰勒两侧战线发来的报告，说我军对勒泰勒防线的进攻失败了。我派往其他战线的观察员报告，仅在波尔西安堡夺得一座 1—2 公里深的小型登陆场。我赶紧打电话给我的朋友，集团军参谋长冯·马肯森将军，请他报告集团军司令，当前情况下，我建议天黑后把坦克开入唯一的登陆场，以便次日晨在那里强行达成突破。我随后赶往哈泽将军的第 3 军军部，亲自听取简报，随即赶赴波尔西安堡。视察了登陆场后，我又赶往镇子北部的第 39 军军部，与施密特和基希纳将军商讨了部队开进、第 1 装甲师进入波尔西安堡登陆场的事宜。这场运动应当在黄昏后展开。

没过多久，我遇到集团军司令李斯特大将，他从北面而来，途中遇到第 1 装甲师一部，看见一群装甲兵没穿军装，甚至有人在附近的小河里洗澡，这让他深感不快。他厉声问我，部队为何没有开入登陆场。我根据刚刚掌握的情况报告道，步兵还没有彻底控制登陆场，而且登陆场也没扩大到足以容纳装甲力量的程度，所以我们暂时没有开进，另外，夺取并扩大登陆场也不是装甲兵的任务。李斯特大将很有骑士风度，听完我的解释，立即与我握手，心平气和地讨论起继续进攻的事宜。

在装甲集群指挥所短暂停留后，我又返回波尔西安堡登陆场，监督坦克的进驻，再设法联系这里的步兵师师长。我在登陆场内找到第 17 步兵师师长洛赫将军，与他就协同行动的事宜达成一致。我在前线待到凌晨 1 点，与架桥处等待后送的装甲兵、侦察兵伤员交谈了一番，感谢他们的英勇表现，随后驱车返回贝尼的指挥所，给麾下各兵团下达命令。

当天下午，波尔西安堡东西两侧各设立了一座浅近登陆场，第 2 装甲师和第 1

装甲师辖内其他部队顺利渡过埃纳河。

　　我的坦克定于6月10日6点30分发动进攻。我准时赶到前线，把第1步兵旅远远落在后面的几个营调到前方。令我深感意外的是，前线许多步兵认识我，询问后才得知，他们隶属第55步兵团，是从维尔茨堡调来的，当初我作为第2装甲师师长也驻扎在那里，所以许多军官和士官还记得我，可惜那座美丽的城市现在已沦为废墟。这是场愉快的重逢。坦克和步兵同时投入进攻，配合得很默契。进攻迅速取得进展，穿过阿旺松和塔尼翁，一路前出到讷夫利兹。坦克在开阔地遭遇的抵抗微乎其微，这是因为法国人对我方坦克敬畏有加，他们采用的新战术，把重点置于坚守村庄和林地，放弃了开阔地。因此，我们的步兵在各座村庄遭遇顽强抵抗，巷战和街垒战非常激烈，而我们的坦克却畅通无阻地突破到勒图尔讷河，在讷夫利兹跨过遍布积水、满是泥泞的河流，只遭到仍坚守勒泰勒防线的法国重型炮兵从身后射来的些许火力。第1装甲师目前在勒图尔讷河两岸继续进攻，第1装甲旅在南岸，巴尔克指挥的步兵位于北岸。下午早些时候，敌人以强大的装甲力量发起反突击，适逢我军到达瑞尼维尔。双方在瑞尼维尔南面展开坦克战，激战持续了大约两个钟头，我们击败了对方，下午夺得瑞尼维尔，巴尔克亲手缴获法军一面团旗。敌人退往拉讷维尔。坦克战期间，我想用缴获的法制47毫米反坦克炮击毁一辆夏尔B型坦克，但没能成功，所有炮弹都被这款坦克厚重的装甲弹飞。我们的37毫米和20毫米火炮同样无能为力。因此，我们也遭受了惨重的损失。

　　下午晚些时候，瑞尼维尔北面也爆发了激战，法军坦克从阿讷勒方向朝佩尔特发起反突击，但被我军击退。

　　在此期间，波尔西安堡西面，渡过埃纳河的第2装甲师向南挺进，傍晚前到达乌迪尔库尔—圣埃蒂安。赖因哈特军没能在指定地域渡过埃纳河，因而以部分力量在第1装甲师身后渡河。但不难预料，我们夺得瑞尼维尔，很快就能结束敌人在勒泰勒的抵抗，为赖因哈特军争取到行动空间。

　　装甲集群指挥所设在波尔西安堡东南面埃纳河畔的塞维尼树林内。我们在这里过夜。我累得够呛，没脱帽子就倒在一堆稻草上呼呼入睡。细心的里贝尔给我搭了顶帐篷，还派卫兵在旁边看守，确保我安安心心地睡上3个钟头。

　　6月11日清晨，第1装甲师在拉讷维尔附近发动进攻。巴尔克给我看了他缴获的法军战旗。这场进攻犹如在军事训练区展开的演习：炮火准备，坦克和步兵前进，包围目标，朝贝特尼维尔方向突破。第一次世界大战期间我来过这里，很熟悉贝特尼维尔村。敌人沿叙普河的抵抗有所加强，他们以50辆坦克发动进攻，这支力量可能来自法国第7轻装师，但此次进攻徒劳无获。我们夺得贝讷诺鲁瓦和小圣伊莱尔。

第2装甲师前出到埃普瓦，第29摩托化步兵师到达该镇西南面的树林。

赖因哈特将军的第41军在第39军左侧行进，不得不应对法国第3机械化师和第3装甲师的进攻，对方从阿戈讷地域而来，冲击该军左翼，解决这个问题后，第41军才得以继续向南推进。

我下午返回装甲集群指挥所，得知陆军总司令要视察装甲集群。我在指挥所见到冯·布劳希奇大将，向他汇报了前线的态势和我们的后续企图。他没给我下达新的指示。当日傍晚，装甲集群指挥所迁到瑞尼维尔。

6月12日，我们继续进攻。第39军以第2装甲师攻往马恩河畔沙隆，第29摩托化步兵师和第1装甲师攻往维特里勒弗朗索瓦，第41军以右翼穿过索默皮，一路攻往叙普。

急于跟进的步兵给我们的运动造成严重干扰，他们渡过埃纳河，在某些地段追上正从事战斗的装甲兵团，由于没划分交战地域分界线，致使步兵和装甲兵混杂在一起。我请集团军司令部出面整顿，却毫无结果。在叙普甚至出现了争夺道路先行权的现象，步兵和装甲兵都想投入最前方的交战。英勇的步兵昼夜兼程，朝敌人的方向而去，当天上午越过我1917年秋季来过的香槟山。我赶往第29摩托化步兵师，在大穆尔默隆营地北部边缘找到师长冯·朗格曼男爵将军。他刚刚给侦察营下达了命令，要求他们对敌人据守的营地发动进攻。所有军官亲临前线，师长的命令简洁明了，这一幕给我留下很好的印象。我放心地赶往马恩河畔沙隆的第2装甲师。

我赶到时，第2装甲师刚刚到达沙隆。担任前卫的侦察分队夺得马恩河上的桥梁，很不幸，他们没有立即搜索桥上是否有炸药，尽管我们就这个问题下达过明确的指示，要求部队谨慎行事，可他们还是疏忽了。结果，我方部队过河后，桥梁发生爆炸，这是个毫无必要的损失。

我同法伊尔将军商讨后续行动事宜时，装甲集群指挥所让我赶紧回去，迎接集团军群司令冯·伦德施泰特大将的到访。

第1装甲师傍晚前到达比西莱沙托，打算攻往莱茵河－马恩河运河畔的埃特雷皮。

敌人当天从阿戈讷向西进攻，赖因哈特军遂行防御作战。我下午在马绍尔地域找到该军辖内几个师，满意地发现他们采取的各项措施合情合理。苏安、塔于尔、芒尔都落入我们手里。我返回装甲集群指挥所的途中，再次见到步兵与装甲兵抢道而行的场面。第12集团军司令部设法解决问题，可惜毫无结果。

从这一刻起，装甲集群司令部每天都收到几道相互矛盾的指令，一会儿要求我们转身向东，一会儿又指示我们继续向南攻击前进。上级先是命令我们以突袭的方式夺取凡尔登，尔后转身向南，后来又要求我们攻往圣米耶勒，之后再转向南面。所以我派赖因哈特军执行上级反复变更的指令，以施密特军稳步向南推进，这样至少能以装甲集群半数兵力确保行动的连续性。

6月13日，我先去视察赖因哈特军和第6、第8装甲师，他们仍在抗击从凡尔登和阿戈讷地域而来的敌军。黄昏时我又赶到第1装甲师，他们在埃特雷皮到达莱茵河－马恩河运河。第39军接到的命令是不得渡过运河。这不是我的意思，我对这道命令一无所知。我在埃特雷皮找到第1装甲师先遣部队不知疲倦的指挥官巴尔克，问他是否已夺取运河上的桥梁，他回答是。那么他建立登陆场了吗？巴尔克犹豫片刻，这才做出肯定的回答。他遮遮掩掩的态度引起我的怀疑，于是又问他：车辆能开入登陆场吗？他的眼神飘忽不定，支支吾吾地说能开进去。那好，我们去看看！我在登陆场内见到能干的工兵军官韦伯少尉，他先前冒着生命危险排除了桥上的炸药；还有步兵营营长埃克金格上尉，是他夺得桥梁，设立了登陆场。我非常高兴，当场为这两位英勇的军官颁发了一级铁十字勋章。然后我问巴尔克为何不继续前进，这才得知第39军下达了停止前进的命令。巴尔克刚才之所以遮遮掩掩，是因为他发挥的主动性违背了命令，不想为此受到责难。

和先前在布韦勒蒙的情形一样，我们又一次即将达成突破，现在绝不能踌躇犹豫、止步不前。巴尔克介绍了敌人的情况：对面守卫运河的是黑人部队，配有少量火炮。于是我命令他立即攻往圣迪济耶，还向他保证，我会亲自告知他的师长和军长。巴尔克出发了。我赶往第 1 装甲师师部，安排全师行动起来，随后把下达给第 1 装甲师的命令告知施密特将军。

第 29 摩托化步兵师在布吕松附近到达运河，暮色降临，我穿过该师作战地域，在维特里勒弗朗索瓦北侧遇到第 2 装甲师第 5 侦察营，得知了该营的情况和第 2 装甲师的进展。

6 月 14 日 9 点起，德国军队开入巴黎。

古德里安装甲集群辖内第 1 装甲师夜间到达圣迪济耶。我们抓获的俘虏来自法国第 3 装甲师、第 3 北非师、第 6 殖民地步兵师，一个个显得疲惫不堪。第 39 军余部渡过运河继续向西。埃特雷皮东面，赖因哈特军在雷维尼附近到达莱茵河－马恩河运河。

我与第 1 装甲师师长协商后，中午赶到圣迪济耶，先在镇内广场找到我的朋友巴尔克。经历了几昼夜的行军和战斗，他坐在椅子上，显然想好好睡上一觉。可我没法让他如愿，我们必须继续前进，速度越快，战果越丰硕。就这样，巴尔克奉命毫不拖延地攻往朗格勒，整个第 1 装甲师在他身后跟进。我军夜间马不停蹄，6 月 15 日清晨，朗格勒这座古老的要塞投降，我们俘虏了 3000 名敌军官兵。

第 29 摩托化步兵师取道瓦西攻往瑞泽讷库尔，第 2 装甲师穿过蒙捷昂代尔—苏莱讷攻往奥布河畔巴尔。赖因哈特军奉命向南攻击前进。

OKH 让装甲集群取道茹万维尔—讷沙托转向南锡的企图，在他们下达的几道指令里表述得清清楚楚，但部队还是及时收到了相反的命令。

我 6 月 15 日一早赶往朗格勒，中午前后到达那里，立即命令第 1 装甲师攻往索恩河畔格赖—贝桑松，第 29 摩托化步兵师赶往格赖西南方的索恩河，第 2 装甲师开赴蒂勒沙泰勒，而马恩河东面的第 41 军继续向南推进。我们右侧，克莱斯特装甲集团的第 16 军在第戎交战，第 1 装甲师 13 点投入其中。我随后和直属连在军官食堂里坐了一会儿，从这里的花园望去，东面的美景一览无遗，但我对敞开的左翼担心不已，因为有报告称，法军正从东面而来。下午，维克托林将军的第 20 摩托化步兵师开抵朗格勒，随后赶往沃苏勒，承担起掩护我们左翼的任务。第 29 摩托化步兵师在朗格勒西面开进。态势逐渐稳定下来。傍晚前，我们已夺得奥布河畔巴尔、索恩河畔格赖、巴勒迪克。

格赖城防司令德库尔宗将军在守卫该城的战斗中阵亡。

装甲集群指挥所夜间迁往朗格勒。接下来何去何从，OKH 没有就这个问题下达指令，于是我让 OKH 派驻装甲集群司令部的联络官乘飞机回去，把我继续攻往瑞士边界的企图上报 OKH。

我们在朗格勒镇内几户态度友好的居民家里住下，这几天的行军和战斗把我们累得够呛，现在终于能享受舒适的住宿地了。第 29 摩托化步兵师到达索恩河畔蓬塔耶，他们打算 16 日攻往蓬塔利耶；第 2 装甲师的目标是欧索讷—多勒。第 41 军几个装甲师在第 20 摩托化步兵师身后跟进。

6 月 16 日，第 1 装甲师在格赖北面的基特尔夺得一座完好的桥梁，借此渡过索恩河。但己方战机对格赖的桥梁一连轰炸了几个钟头，给我们的行动造成延误。这群战机似乎是来自莱布集团军群，我们没法联系上对方，通知他们炸错了。幸好空袭没造成损失。

第 39 军下午到达贝桑松—阿瓦讷，第 41 军几个装甲师在第 20 摩托化步兵师身后跟进，相继夺得索恩河畔波尔、沃苏勒、布尔邦。我们抓获数千名俘虏，其中甚至有波兰人。我们还在贝桑松缴获 30 辆坦克。

6 月 17 日，我能干的参谋长内林上校把司令部人员召集到我们的住处与古老的堡垒城墙间的小平台，以暖心的话语祝我生日快乐。幸运的是，第 29 摩托化步兵师报告，他们已到达瑞士边界，给内林的祝福锦上添花。这份战果让我们喜形于色，我立即赶往第 29 摩托化步兵师，为这支杰出部队赢得的荣誉送上祝贺。漫长的行驶途中，我超过该师开进中的大多数部队，到处都受到师里官兵兴高采烈的迎接，12 点左右，我在蓬塔利耶找到师长冯·朗格曼男爵将军。收到我们在蓬塔利耶到达瑞士边界的报告，希特勒赶紧回电询问："你们的报告写错了吧，可能是索恩河畔蓬塔耶的笔误。"我回复道："绝对没错，我本人就在瑞士边界的蓬塔利耶。"这才消除了 OKW 的疑虑。

我简短地察看了边界的情况，与几名英勇的侦察巡逻队指挥官交谈了一番，正因为他们付出不懈的努力，我们才得以充分掌握敌情，能力出众的冯·比瑙少尉就是他们当中的一员，可惜他后来为国捐躯了。

我在蓬塔利耶用电报发出命令，要求第 39 军立即开往东北方：第 29 摩托化步兵师攻往波朗特吕的尖角，肃清汝拉山脉的残敌；第 1 装甲师从贝桑松出发，穿过蒙贝利亚尔攻往贝尔福；第 2 装甲师穿过上述两个师身后的行军路线，赶往摩泽尔河上游的勒米尔蒙。与此同时，第 41 军转向埃皮纳勒和沙尔姆。

第 39 军与第 41 军的分界线如下：朗格勒西南面的岔路口—沙兰德雷—皮埃尔库尔—芒布雷—迈雷—韦勒福克斯—吕尔—普朗谢尔（以上各城镇均归第 41 军）。

我们估计多尔曼将军的第 7 集团军正从上阿尔萨斯开来，我们这场运动的目标，就是与该集团军会合，一举切断阿尔萨斯—洛林地区法国军队与国内的联系。部队 90 度转向不是件容易的事，但我麾下几个装甲师，迄今为止的表现一直很出色，这次也不例外，他们准确地变更了进军方向。秩序井然的行军列队交错而过，没有造成任何麻烦。当晚我在装甲集群司令部收到莱布集团军群发来的指令，满意地发现装甲集群现在转隶该集团军群，他们命令我部攻往贝尔福—埃皮纳勒方向。我们立即回电，称已经朝规定方向开进。

6 年后，我在纽伦堡监狱和冯·莱布骑士元帅关在同一间囚室。我们在阴暗的牢房里谈起 1940 年的往事。冯·莱布元帅说，他当初让我攻往贝尔福—埃皮纳勒的命令居然执行得那么快，实在出人意料，他当时百思不得其解。我终于有幸在事后向他阐明这件事。相同的战略理念让装甲集群做出与集团军群同样的决定。

我们在贝桑松附近的阿瓦讷宿营，此处风景如画，位于杜河河谷上方。吃晚饭的时候，我再次见到次子库尔特，真让我高兴，他刚刚从第 3 装甲侦察营调到元首卫队营，特地在我生日当天，趁传达命令的机会来看我。

临近午夜，我接到第 1 装甲师作战参谋文克少校打来的电话，他报告，第 1 装甲师刚刚到达第 39 军指定的目标蒙贝利亚尔。但他们仍有足够的油料，完全可以继续前进。他联系不上军长，所以直接打电话给我，想让我批准第 1 装甲师夜间继续前进，直奔贝尔福。我当然批准了他的请求，因为停在蒙贝利亚尔根本不是我的意思，而是第 39 军自作主张，他们觉得第 1 装甲师无法遵照我的命令直奔贝尔福，因而设定了中间目标。眼下的关键时刻，军部正在变更位置，所以第 1 装甲师联系不上他们。还是那句老话，装甲兵的车票直达底站，必须彻底达成突然性。

短暂休息后，我 6 月 18 日一早赶往贝尔福，8 点左右到达那里。蒙贝利亚尔与贝尔福之间，法军车辆排成的长龙停在路上，许多重型火炮夹杂其间，他们已投降。这座古老的城堡，数千名俘虏在入口处宿营，但塔楼上见不到德军战旗，城内仍有枪声。我在贝尔福雄狮塑像前方的空地处拦下第1装甲师一名摩托车传令兵，问他师部在哪里。这个聪明的小伙知道他的师长在何处，于是把我领到巴黎旅馆。文克迎接了我，对我这么早赶到这里深感惊讶，我问他师长在哪里，他告诉我师长在洗澡。师部人员马不停蹄地奔波了数日，确实需要好好盥洗一番，我对此深表理解。等待基希纳将军期间，我品尝了旅馆原本为法国军官准备的早餐，然后听取了情况简报，这才得知第1装甲师只控制了部分镇区，各座堡垒仍在法军手里。双方就投降事宜展开谈判，但仅限于兵营驻军，各座堡垒的守军不愿不战而降，所以我们只好发动进攻。

为攻破各座堡垒和要塞，第1装甲师组建了战斗群，中午前后发起攻击。首先陷落的是巴塞佩尔谢，接下来是奥特佩尔谢和我面前的城堡。战斗群采用的战术很简单：第1装甲师的炮兵先施以短暂炮击，埃克金格步兵营随后乘坐装甲运兵车，携带一门88毫米高射炮冲向堡垒，高射炮抵近射击，步兵毫发无损地到达堡垒前沿，下车后翻越堑壕，攀爬城墙，88炮轰击堡垒的射孔。然后他们命令守军投降，面对这种快速突击，敌人通常会放下武器。守军投降后，堡垒升起德军战旗，突击队随后转向下一处工事。我们的伤亡很小。

内德维希上校率领第1装甲师另一部当日到达贝尔福北面的日罗马尼，俘敌1万人，还缴获40门迫击炮、7架飞机和大量其他物资。

装甲集群司令部当天迁到蒙贝利亚尔。

在此期间，法国政府总辞职，年迈的贝当元帅组建新内阁，6月16日提出停战请求。

我们目前的主要任务，是与多尔曼将军的部队会合，完成对阿尔萨斯—洛林地区之敌的合围。

第29摩托化步兵师攻击前进，穿过汝拉山脉攻往洛蒙、波朗特吕角之际，第2装甲师在吕镇和勒米尔蒙到达摩泽尔河上游。肯普夫将军的第6装甲师夺得埃皮纳勒，他们采用的战术与第1装甲师对付贝尔福的手法如出一辙。我们在每座要塞都俘敌4万人。

第7集团军先遣部队到达森海姆南面，上阿尔萨斯的下阿斯巴赫。

6月19日，装甲集群辖内兵团继续前进，在贝尔福东北面的拉沙佩勒与第7集团军会合。贝尔福几座东部堡垒仍在顽抗，但随后也放下了武器。第1装甲师一部攻往阿尔萨斯贝尔尚和塞尔旺斯山顶，午夜前后夺得勒蒂洛。第2装甲师攻克了摩泽尔河畔的吕镇。德军沿宽大正面攻入孚日山脉，在此过程中，第1军从北面调往埃皮纳勒的几个步兵师不得不停下，因为装甲部队占用了他们的行军道路，继续前进的话，肯定会造成拥堵。步兵也想在战场上一显身手，他们对眼下的状况恼怒不已，一气之下告到集团军群。我赶紧派作战处长拜尔莱因少校乘飞机去见莱布大将，向他解释步兵停止前进的原因。拜尔莱因到得很及时，这才没激化事态。

装甲集群司令部迁到普隆比耶尔的孚日山浴场，这座浴场很有些年头，早在古罗马时期就已闻名遐迩，我们在这里舒舒服服地过了三天。

法国军队的抵抗彻底土崩瓦解。6月20日，科尔尼蒙陷落，6月21日，孚日山区的比桑陷落。第2装甲师到达圣阿姆和托利，第29摩托化步兵师到达代勒和贝尔福。我们俘虏大约15万敌军官兵。确定俘虏人数时，C集团军群某些将领提出异议，冯·莱布骑士大将做出英明的裁决，把上述俘虏人数归功于装甲集群，还褒奖道：要不是装甲集群穿过贝尔福—埃皮纳勒积极介入，根本不可能抓获这么多俘虏！

自渡过埃纳河以来，装甲集群共俘虏25万敌军官兵，还缴获大批各类物资。

6月22日，法国政府签署了停战协定。我们起初对此并不知情。6月23日，我穿过孚日山山谷和凯泽贝尔，来到多尔曼将军设在科尔马尔的集团军司令部，又一次见到我度过美好童年的故地。

装甲集群司令部随后迁到贝桑松，我们先是住在旅馆里，后来搬入法国军级指挥部占用的房屋。西方战场的战事已告结束，趁此机会，我感谢了麾下将领和总参军官的杰出表现。我们配合得非常默契，没有任何矛盾和摩擦。各兵团英勇奋战，以最大的奉献精神完成了艰巨的任务，完全有资格为自己赢得的战果感到自豪。

6月30日，我签发了日训令，向全体官兵道别：

古德里安装甲集群　　　　　　　　　　　　　1940年6月30日，贝桑松

日训令

古德里安集群的建制变更之际，我要向即将调离，去执行新任务的所有指挥部和部队依依惜别。

从埃纳河到瑞士边界和孚日山脉，你们赢得的一连串胜利，会作为快速部队实现突破的英勇战例载入史册。

我要感谢你们取得的功绩，十余年来我的奋斗和努力，今天终于结出最丰硕的果实。

愿你们以同样的热情投身新的任务，不断成功，直到大德意志最终赢得胜利！

元首万岁！

　　　　　　　　　　　　　　　　　　　　　　　　（签名）古德里安

停战

时至今日，我还记得当时来到贝桑松的两位访客。6月27日傍晚，第19步兵团荣誉团长冯·埃普骑士将军赶去探望他的团，途中路过我这里，我和他是老相识，当初一同在施佩萨特打过猎。我们就德法停战和继续对英国作战的问题长谈了一番。由于我的观点比较孤立，从来没机会表述自己的看法，所以这番畅谈让我非常高兴。

7月5日的第二位访客是负责军备和战时生产的帝国部长托特博士，他来这里，是为改进坦克的结构收集前线资料，我们就同样的话题讨论了一番。

德法签订停战协议，德国民众欢欣鼓舞，希特勒也大为满意，但我对此不那么乐观。德国军队击败法国后，要想彻底解决问题，有几种选择。我们可以彻底解除法国的武装，完全占领这个国家，接收他们的海军舰队和殖民地。但我们也可以采用完全不同的做法，也就是达成谅解，确保法国领土和殖民地的完整，以及他们的主权独立，以此换取法国的合作，协助德国尽早与英法两国达成和平。

两条极端路线之间，还有许多不同的办法，但无论采用哪种方案，都得为德意志帝国尽早结束战争（包括对大英帝国的战争）创造最有利的条件。为结束对

大英帝国的战争，必须先寻求外交谈判。希特勒在帝国国会提出的主张无法达成这项目的。我现在才知道，英国当时是否愿意与希特勒谈判很值得怀疑。但不管怎样，我们必须尽量采用和平手段，以免遭受国际谴责。可如果外交措施没取得预期成果，我们就得诉诸军事手段，果断地投入所有军事力量。当然，希特勒和他的幕僚考虑过继续对大英帝国作战的问题，登陆英国本土，代号"海狮"的行动就是个明证。由于我们在海空力量方面的准备很不充分，根本不足以登陆英国本土，所以必须考虑其他解决方案，设法重创这个海上强国，迫使对方同意谈判，与我们达成和平。

我当时认为，迅速达成和平最有效的办法，是继续朝罗讷河河口展开行动，夺得法国在地中海的几座港口，与意大利人合作，尔后登陆北非，同时以德国空军的精锐伞兵夺取马耳他。要是法国愿意加入我们的行动，那就更好了。他们不参与的话，我们就得和意大利人单独从事这场战争，但必须立即行动。众所周知，英国此时驻守埃及的兵力非常虚弱，而阿比西尼亚的意大利军队实力仍很强大，另外，马耳他的对空防御力量不足。这一切似乎表明，我们继续朝这个方向展开行动非常有利，不会遭遇太大阻力。只要我们把4—6个装甲师运到非洲，就能迅速获得压倒性优势，就算英军援兵开抵也为时已晚。德意军队1940年登陆北非的话，可能比我们等意大利人惨败后1941年才赶往那里有利得多。

可能是因为意大利人心生猜忌，希特勒这才没有把战火引入非洲。但更大的可能性是希特勒受到大陆思维禁锢，没有充分认识到地中海地区对英国的重要性。

不管怎样，我提出的建议石沉大海，直到1950年才得知，冯·埃普骑士将军确实对希特勒阐述过这些想法，但据埃普将军的随从韦尼希海军上校说，希特勒没接受这些建议。

待在贝桑松期间，我有幸游历了汝拉山脉，7月1日还登上隆山俯瞰我心仪已久的日内瓦湖。我还去里昂探望了我的长子，他在此次战役期间再次负伤，出色的作战表现让他提前获得擢升。

我与贝桑松市长和行政官员建立起良好的关系，两位绅士表现得彬彬有礼。

装甲集群7月初撤编，几个师调回国内，另外几个师调到巴黎地区。装甲集群司令部也要调往巴黎，本来要在那里为元首举办一场盛大的阅兵式，幸好后来取消了。

在巴黎，我参观了凡尔赛宫和枫丹白露宫。枫丹白露宫是个美妙的古城堡，美景随处可见，而且承载历史的记忆。我最感兴趣的是马尔迈松的拿破仑博物馆，老成持重的馆长态度非常友好，亲自领我参观了博物馆，我和他聊得很愉快，他知识渊博，对这位伟大的科西嘉人的往事了如指掌，这番交流让我深受启发，获益颇多。不用说，只要战时条件允许开放的巴黎名胜古迹，我都去游历了一番。我起初住在兰开斯特旅馆，那里的条件不错，后来搬到布洛涅森林的一座私宅。

帝国国会 7 月 19 日的会议打断了我在巴黎的平静日子，我和许多将领奉命参加此次会议，希特勒在会上宣布，擢升我为大将。

由于阅兵式取消，装甲集群司令部自然没理由延长在巴黎的驻期。所以我们 8 月初调回柏林，悠闲自在地休整了一段时间。

在此期间，留在法国的部队忙着准备"海狮"行动，但这场行动可能从一开始就没得到重视，依我看，这是德国空军实力不足、船运力量不够、英国远征军逃离敦刻尔克造成的。海空力量不足是最好的证据，充分说明德国没打算向西发展战争，甚至没为此加强准备。秋季风暴 9 月份到来后，"海狮"行动随之夭折。

就装甲兵而言，参与"海狮"行动的准备工作，仅仅测试了三号、四号潜水坦克。到 8 月 10 日，这些战车在荷尔施泰因的普特洛斯坦克射击学校做好了实战准备。1941 年我军强渡布格河期间，这批战车派上了用场。

基于西方战场的经验，希特勒要求每个月生产 800—1000 辆坦克。但陆军军械局计算后发现，这需要耗资 20 亿马克、10 万名熟练工和专家。获知如此庞大的要求，希特勒只好放弃了自己的想法。

希特勒还要求为三号坦克配备 50 毫米 L60 火炮，替代目前使用的 37 毫米火炮。但三号坦克最终换上 50 毫米 L42 火炮，也就是说，火炮身管相对较短。军械局为何要做出改动，希特勒显然不知情，待他 1941 年 2 月发现，虽然技术上完全能做到，军械局却没有奉命行事时，不由得大发雷霆，一直没有原谅军械局自作主张的几名涉事官员，几年后还重提此事。

西方战场的战事结束后，希特勒下令大幅度增加装甲师、摩托化步兵师的数量。装甲师的数量很快就翻了一番，但每个师的装甲部队减半。因此，德国陆军通过这种方式，看似把装甲师的数量增加了一倍，但并不意味着装甲兵原先的战斗力也增强了一倍。与此同时，摩托化步兵师的数量也翻了一番，导致我们的汽车产量供不应求，为满足希特勒的要求，我们搜罗了所有库存车辆，包括从西欧国家缴获的战利品。但缴获的车辆质量不如德国造，最要命的是，根本无法满足东线和非洲战区的预期要求。

我当时负责部分装甲师、摩托化步兵师的组建和训练，为此忙得不可开交。战争很可能继续下去，偶尔有空的时候，我也会考虑该以何种形式尽快结束战争的问题。我的思绪飘向南方。正如我在贝桑松与友人交谈时提到过的那样，我认为尽快结束对大英帝国的战争，是最重要，也是唯一重要的事情。

我没有联系 OKH 或陆军总参谋部，他们也没有就装甲兵改组、继续进行战争的问题征询我的意见。

直到莫洛托夫先生 1940 年 11 月 14 日到访柏林，这个问题才豁然开朗，而且开朗得令人震惊！

第六章 1941年的苏联战局

战前的背景；准备工作；初期交战；强渡第聂伯河；斯摩棱斯克—叶利尼亚——罗斯拉夫尔；莫斯科还是基辅？基辅会战；奥廖尔、布良斯克战役；攻往图拉和莫斯科；我首次被免职。

战前的背景

1939年5月3日，莫洛托夫接替李维诺夫出任苏联外交人民委员。1939年8月23日，苏联与德国缔结互不侵犯条约，莫洛托夫为此发挥了积极的作用，这份条约打消了希特勒的顾虑，他放心大胆地对波兰发动进攻。1939年9月18日，红军攻入波兰东部。1939年9月29日，苏联与德国缔结友好条约和经济协定，极大地缓解了德国战时经济的压力。但苏联也趁机控制了波罗的海诸国，1939年11月30日攻入芬兰。他们还趁德国军队云集西线之际，强迫罗马尼亚割让了比萨拉比亚，这件事反过来促使希特勒1940年8月30日宣布为罗马尼亚的主权独立提供保证。

1940年10月，希特勒就继续从事战争的问题与法国人和佛朗哥商谈了一番。会晤结束后，他去佛罗伦萨见他的朋友墨索里尼。途中在博洛尼亚车站收到的消息让希特勒大吃一惊，他的盟友墨索里尼单方面对希腊发动战争，既没有预先告诉他，更没有征询他的意见。这引发了巴尔干问题，导致战争朝德国最不愿见到的方向发展。

希特勒后来告诉我，墨索里尼轻启战端的第一个后果，是佛朗哥退出与轴心国一切形式的合作，他显然不想与这种反复无常的伙伴打交道，以免卷入政治旋涡。

意大利入侵希腊的第二个后果，是导致德国与苏联的关系日趋紧张。近几个月的一连串事件加剧了苏联的猜忌，特别是德国对罗马尼亚和多瑙河流域的政策。为缓解两国的紧张关系，德国政府邀请莫洛托夫访问柏林。

莫洛托夫在柏林提出以下要求：

1. 将芬兰纳入苏联的势力范围。

2. 就波兰日后的政体达成谅解。

3. 承认苏联在罗马尼亚和保加利亚的利益。

4. 承认苏联在达达尼尔海峡的利益。

莫洛托夫返回莫斯科后，苏联人又以书面形式明确阐明了这些要求。

希特勒对苏联的主张愤怒不已，柏林会谈期间含糊其词，对莫洛托夫的书面声明根本不予理睬。莫洛托夫此次到访和会谈，让希特勒得出结论，德国总有一天会与苏联爆发战争。我上面谈到的柏林会谈的具体内容，希特勒后来一再对我提起。虽然他到 1943 年才对我说起这件事，但一连几次说的内容如出一辙，所以我毫不怀疑，他当时重述的这些情况确凿无疑。

但与苏联的主张相比，更让希特勒愤怒的是意大利 1940 年 10 月奉行的政策，我觉得从他的角度看，他是对的。意大利进攻希腊不仅鲁莽草率，而且毫无必要。10 月 30 日，这场进攻陷入停顿，到 11 月 6 日，主动权已转入希腊人手里。一如既往，糟糕的政策造成军事灾难后，墨索里尼迁怒于他的将领，特别是巴多格里奥，而巴多格里奥事先提醒过他，不要冒险发动战争，可墨索里尼听不进去。11 月中旬，意大利军队惨败，巴多格里奥成了政权的叛徒和敌人，他 11 月 26 日提交辞呈。12 月 6 日，卡瓦莱罗接替了他的职务。

12 月 10 日，意军在北非的西迪拜拉尼大败亏输。眼下更符合德意两国共同利益的做法，是意军立即停止在希腊的冒险，全力巩固非洲局势。派驻非洲的格拉齐亚尼元帅请求德国空军提供支援；而墨索里尼考虑的是，请德国派两个装甲师到利比亚。冬季期间，拜尔迪、德尔纳、图卜鲁格相继丢失。隆美尔指挥的德国军队开抵，这才扭转了北非的局面。

意大利草率行事，在巴尔干犯下错误，导致德国把大批兵力投入非洲，后来又往保加利亚、希腊、塞尔维亚派遣重兵，严重削弱了我们在决定性战区的兵力。

把阿尔卑斯山脊慷慨地定为德意两国从事战争的利益分界线，显然很不妥当。两个盟国配合得糟糕至极，简直空有其名。

莫洛托夫到访柏林后不久，我的参谋长冯·利本施泰因男爵中校和作战处长拜尔莱因少校出席了陆军总参谋长召开的会议，在会上收到"巴巴罗萨方案"的首批指令，这份方案针对的是入侵苏联的战争。会议结束后，他们俩向我做了汇报，还在我面前摊开苏联地图，我简直不敢相信自己的眼睛。我一直认为不可能发生的事情，现在真的要成为现实了吗？希特勒当初言辞激烈地批评过1914年的德国政治领导人，说他们不懂得如何避免两线战争。可现在，难道他想在对英国的战争结束前，主动发起侵苏战争，把我们引入一场两线战争吗？所有军人都就这个问题言辞恳切地提醒过他，他自己也常说，两线战争是错误的做法。

我的沮丧和愤怒之情溢于言表，反而让两位部下惊诧不已，因为他们彻底接受了OKH的思路，还告诉我，据陆军总参谋长哈尔德估计，我们以一场历时8—10周的战争就能击败苏联。哈尔德打算展开3个兵力相当的集团军群，深入苏联广袤的腹地，攻往分散的目标，不需要设立明确的作战目标。从专业角度看，这种想法毫无说服力。我让参谋长把我的顾虑告知OKH，却毫无结果。

就连门外汉也希望希特勒还没做出入侵苏联的决定，但愿他只是虚张声势而已。不管怎样，当年冬季和1941年春季在可怕的噩梦里度过。我重新研究了瑞典国王查理十二世和拿破仑从事的战争，充分认清了苏联战区摆在我们面前的种种困难，还意识到，我们为这场庞大的行动做的准备工作不足。可德国军队先前的战绩，特别是我们在西线赢得的胜利，耗费的时间短得惊人，冲昏了德国最高统帅部的头脑，他们甚至把"办不到"这个词从他们的词典里删掉了。与OKW和OKH任何一位成员谈谈就会发现，他们的乐观态度坚定不移，听不进丝毫反对意见。

考虑到日后的艰巨任务，我只得全力以赴地投入工作，训练并装备我负责监督的那些师。我向各部队强调指出，即将到来的战事会比波兰和西方战场艰难得多。出于保密的原因，我不能透露太多。但我希望自己的部下不要对即将到来的、无比艰巨的新任务掉以轻心。

遗憾的是，如前文所述，按照希特勒的命令新组建的快速师，装备的大多是法制汽车。这些车辆根本无法应对东欧战事的要求。德国汽车的产量不足以满足军方大幅度增长的需求，我们知道这方面存在问题，却无力解决。

我在前面提到过，各装甲师削减了编成内的装甲部队。但三号和四号坦克的数量增加了，几乎彻底淘汰了陈旧的一号和二号坦克，多多少少弥补了坦克数量的下降。我们认为，对苏战争初期，我方坦克在技术上优于目前已知的苏联坦克，能在一定程度上抵消红军坦克的数量优势（我们在苏联战场开始时投入 3200 辆坦克）。但一件特殊的事情，让我对德国坦克的技术优势产生怀疑：1941 年春季，希特勒明确批准苏联军事代表团参观我们的坦克学校和坦克工厂，还下令不必遮遮掩掩，对方想看什么都可以。苏联人看了我们的四号坦克，怎么也不相信这就是我们最重型的战车。他们一再指出，希特勒答应开诚布公，可我们把最新型的坦克藏了起来。对方纠缠不休，我们的厂商和军械局官员最后得出结论："苏联人似乎已经有了比我们更重型、性能更好的坦克。"1941 年 7 月底，T-34 坦克出现在我们面前，这才揭开苏联新型坦克之谜。

4 月 18 日的装甲兵器展示会我没有参加，希特勒去了，发现陆军军械局为三号坦克安装的是 50 毫米 L42 火炮，而不是他规定的 50 毫米 L60 火炮。他对军械局自作主张的做法大为光火，因为这降低了他的要求。4 月底，施潘道的阿尔克特公司生产出他想要的产品，军械局尴尬不已。几年后，只要有人为军械局说好话，希特勒就会旧事重提，指出他们当初做出的错误决定。

顺便说一句，这个时期我们的坦克年产量，各种型号加在一起稍稍超过 1000 辆。与对手的产量相比，这个数字实在太少了。早在 1933 年我就注意到，苏联仅仅一家坦克厂每天就能生产 22 辆仿制的克里斯蒂型坦克。

3 月 1 日，保加利亚加入三国同盟条约，南斯拉夫 3 月 25 日也加入其中。但贝尔格莱德 3 月 27 日发生政变，导致这份条约的计划化为泡影。4 月 5 日，苏联与南斯拉夫缔结友好条约。4 月 6 日，巴尔干战役打响。我没有参与这场战役，但投入其中的装甲兵又一次证明了自身的价值，为迅速打赢此次战役做出了贡献。

只有一个人对战争的扩大深感高兴，就是墨索里尼！这是他想要的战争，根本不符合希特勒的意愿。但在我们看来，苏联与南斯拉夫缔结友好条约，明确表明我们与东面那个庞大的邻国爆发战争已为期不远。

贝尔格莱德 4 月 13 日陷落，南斯拉夫军队 4 月 17 日投降；尽管获得英军援助，但希腊军队也于 4 月 23 日放下了武器。5 月底，德军在伞兵协助下夺得克里特岛，可惜没有占领马耳他！德国、意大利、匈牙利、保加利亚、阿尔巴尼亚瓜分了南斯拉夫的领土，还建立了克罗地亚独立国，意大利亲王斯波莱托公爵任国王，但他从未坐上摇摇欲坠的王座。另外，应意大利国王的要求，黑山再次独立。

新成立的克罗地亚独立国，国界线的划分并不符合传统的民族分界线，因而从一开始就与意大利发生摩擦。激烈的争执导致欧洲风雨飘摇的这个角落气氛不断紧张。

1941 年 5 月和 6 月，英军占领叙利亚和阿比西尼亚。德国企图在伊拉克控制一片立足地，却因为手段不足而失败。只有采取合理的地中海政策，我们才有望成功，1940 年夏季，西方战事结束后，这种机会的确出现在我们面前。现在展开孤立的行动已为时过晚。

准备工作

尽管巴尔干战局迅速结束，尽管我们以最快的速度把指定用于苏联战场但暂时投入巴尔干战场的部队调回，可还是给我们发动对苏战争造成延误。另外，1941 年春季异乎寻常地潮湿多雨，布格河和各条支流泛滥成灾，河畔的草甸变成沼泽，很难通行，这种状况一直持续到 5 月份。我去波兰视察部队期间，亲眼见到了这些情况。

为进攻苏联，德国组建了三个集团军群：

冯·伦德施泰特元帅指挥的南方集团军群，部署在普里皮亚季沼泽南面；

冯·博克元帅指挥的中央集团军群，部署在普里皮亚季沼泽与苏瓦乌基角之间；

冯·勒布骑士元帅指挥的北方集团军群，部署在东普鲁士。

三个集团军群奉命攻入苏联境内，目标是突破对方部署在边境地域的守军，以合围歼灭他们。几个装甲集群的任务是突入苏联境内纵深，阻止敌人构设新防线。作战重点尚未确定。三个集团军群的兵力大致相当，但中央集团军群编有两个装甲集群，而南方、北方集团军群各编有一个装甲集群。

我指挥的第 2 装甲集群，霍特大将指挥的第 3 装甲集群，都在中央集团军群辖内。

第 2 装甲集群的编制如下：

司令：古德里安大将

参谋长：冯·利本施泰因男爵中校

第 24 装甲军：装甲兵上将盖尔·冯·施韦彭堡男爵

第 3 装甲师：莫德尔中将

第 4 装甲师：冯·朗格曼·翁德·埃伦坎普少将

第 10 摩托化步兵师：冯·勒佩尔少将

第 46 装甲军：装甲兵上将冯·菲廷霍夫男爵

第 10 装甲师：沙尔中将

党卫队帝国摩托化步兵师：豪塞尔中将

大德意志步兵团：冯·施托克豪森少将

第 47 装甲军：装甲兵上将莱梅尔森

第 17 装甲师：冯·阿尼姆少将

第 18 装甲师：内林少将

第 29 摩托化步兵师：冯·博尔滕施特恩少将 [①]

装甲集群还编有若干直属部队；菲比希将军麾下的空中密接支援大队；冯·阿克斯特黑尔姆将军麾下的"赫尔曼·戈林"高射炮团。

海涅曼将军指挥炮兵力量；巴赫尔将军指挥工兵；普劳恩上校指挥通信兵；冯·巴泽维施中校指挥侦察航空兵（原先指挥侦察航空兵的是冯·格拉赫上校，但开战第三天，这位英勇的军官就因为飞机被击落而牺牲了）；交战头几周，默尔德斯上校指挥的战斗机部队负责掩护装甲集群进攻地域。（参阅附件21）

第 2 装甲集群接到的命令，是在进攻首日从布列斯特 - 立托夫斯克要塞两侧渡过布格河，突破红军防线，迅速发展初期胜利，前出到罗斯拉夫尔—叶利尼亚—斯摩棱斯克地域。在此期间，重要的是阻止敌人重新集结后构设新防线，为 1941 年战争的决定性胜利创造先决条件。待装甲集群实现首批目标，就会接到新指令。OKH 在进军令中称，第 2 装甲集群和霍特第 3 装甲集群随后有可能转身向北，赶去夺取列宁格勒。

---

① 译注：以上三个装甲军，此时的番号是摩托化军，1942年7月才改称装甲军。

德国控制的波兰总督辖区，与苏俄领土的分界线是布格河；这种划分把布列斯特－立托夫斯克要塞一分为二，城堡区属于苏联，只有布格河西岸的旧堡垒仍在我们手里。波兰战争期间，我征服过这座堡垒，现在又一次面临同样的任务，但这次的情况复杂得多。

尽管我们从西方战场上得到许多经验教训，但德国最高统帅部对如何使用装甲兵团的看法并不一致。这种分歧在近期的各场兵棋推演中暴露无遗，举行这些兵棋推演的目的，是为即将到来的任务统一认识，训练部队指挥官。非装甲兵出身的将领普遍认为，猛烈的炮火准备后，应当以步兵师实施初期渗透，待渗透到一定纵深再投入坦克，把渗透发展成突破。而装甲兵将领的看法不同，他们认为一开始就得把坦克投入最前线，因为坦克深具冲击力，能迅速取得纵深渗透，并以自身的速度立即发展初期战果。他们在法国战场得到的经验教训是，如果采用相反的突击程序，那么在赢得胜利的关键时刻，靠马匹拖曳、行速缓慢的漫长步兵队列会占用各条道路，严重阻碍坦克的运动。因此，他们认为应当把装甲师部署在预定达成突破的地段的最前线，而步兵师用于执行另一些任务，例如夺取要塞等。

第2装甲集群的进攻地域就是这种情况。布列斯特－立托夫斯克要塞，防御工事陈旧过时，但获得布格河、穆哈维茨河、潮湿的沟渠的加强，坦克难以通行，必须以步兵遂行进攻。使用坦克的话，只能像1939年那样采用突袭，但1941年的情况与当初大不相同。

因此我决定，辖内各装甲师从布列斯特－立托夫斯克两侧渡过布格河，同时请求上级为装甲集群调一个步兵军，派他们进攻要塞。这个步兵军只能从装甲集群身后的第4集团军抽调，另外，装甲兵强渡布格河期间，第4集团军还得暂时提供更多步兵，特别是炮兵力量。为统一指挥，我要求把这些部队纳入我麾下，但这段时间内，我愿意接受第4集团军司令冯·克鲁格元帅指挥。集团军群批准了我建议的指挥关系。在我看来，这是个很大的让步，因为冯·克鲁格元帅是个很难相处的上司。但为完成任务，我认为这种安排很有必要。

进攻地域正面就是布格河，我们的首要任务是在敌人眼皮下渡河。要是能达成突然性，渡河行动会容易得多。我无法指望立即攻克布列斯特－立托夫斯克要塞，所以必须考虑在要塞两侧进攻的几个装甲军会不会受到分兵进击的影响，另外还得确保装甲集群敞开的两翼。装甲集群右翼渡过布格河后，就面对难以通行的普里皮亚季沼泽，我打算以第 4 集团军少量步兵向前推进，穿越这片沼泽。装甲集群左翼，第 4 集团军部分兵力遂行进攻，第 9 集团军的步兵紧随其后。左翼遭受的威胁最大，因为我们发现红军在比亚韦斯托克地域集中了强大的兵力，另外，一旦敌人意识到我方坦克在他们身后构成的威胁，可能会沿主干道后撤，取道沃尔科维斯克—斯洛尼姆，逃离即将形成的合围圈。

我打算采取两项措施，消除两翼遭受的威胁：

（1）纵深配置兵力，特别是在受威胁最大的左翼；

（2）装甲集群辖内第 1 骑兵师用于右翼摩托化部队难以通行的沼泽地域。

第 4 集团军在各装甲师身后跟进的步兵师，以及远程空中侦察，可以为我们提供更多掩护。

据此，装甲集群做出以下进攻部署：

右翼：

第 24 装甲军（装甲兵上将施韦彭堡）

第 255 步兵师（仅在强渡布格河期间隶属该军）从弗沃达瓦攻往马洛里塔；

第 1 骑兵师从斯瓦瓦蒂切出发，取道马洛里塔攻往平斯克；

第 4 装甲师从科登攻往布列斯特—科布林公路；

第 3 装甲师从科登北面攻往布列斯特—科布林公路；

第 10 摩托化步兵师作为第二梯队跟进。

中路：

第 12 军（步兵上将施罗特）仅在进攻头几日隶属第 2 装甲集群，以第 45、第 31 步兵师从科登北面—内普莱一线出击，包围布列斯特 - 立托夫斯克，以不从事这项任务的其他兵力在布列斯特 - 立托夫斯克—科布林—贝雷扎卡尔图斯卡公路与莫蒂卡雷—皮利什切—普鲁扎内—斯洛尼姆公路之间推进，肃清第 24 装甲军与左侧第 47 装甲军之间的敌军，掩护两个装甲军的内翼。

左翼：

第 47 装甲军（装甲兵上将莱梅尔森）

第18、第17装甲师在莱吉与普拉图林之间推进，渡过布格河和列斯纳河，攻往维多姆拉—普鲁扎内—斯洛尼姆；

第29摩托化步兵师在他们身后担任第二梯队；

第167步兵师（仅在强渡布格河期间隶属该军）从普拉图林西面出击。

装甲集群预备队：

第46装甲军（装甲兵上将冯·菲廷霍夫），辖第10装甲师、党卫队帝国师、大德意志步兵团，留在拉曾—武库夫—登布林地域，待我军夺取布格河上的桥梁，就跟随第47装甲军，在装甲集群左翼后方跟进。

6月6日，陆军总参谋长视察了装甲集群司令部。他认为坦克的任务是突入敌阵地纵深，装甲师必须为执行这项任务保全实力，所以一开始应当以步兵师发动进攻。出于前面提到的原因，我没有变更自己的指令。

实现首批目标（对第2装甲集群来说，就是到达罗斯拉夫尔—叶利尼亚—斯摩棱斯克地域）后，最高统帅部的后续作战意图，装甲集群司令部只得到些许暗示。他们说，先要占领列宁格勒和波罗的海沿岸，与芬兰人建立联系，确保北方集团军群的海路补给。后来的进军令证实，最高统帅部的确抱有这种想法，他们要求霍特大将的第3装甲集群，可能还有我的装甲集群，到达斯摩棱斯克周边地域，就做好转身向北、支援北方集团军群作战行动的准备。这份作战方案最大的好处在于，它能一劳永逸地确保整个东线德军的左翼。我认为这是我们当时能付诸实施的最佳方案，可惜，后来再也没听谁提起过。

6月14日，希特勒把各集团军群、集团军、装甲集群司令召到柏林，解释了他决心进攻苏联的理由，还听取了各部队关于准备工作的最终报告。他这次的讲话内容大致如下：他无法击败英国，为实现和平，必须在欧洲大陆彻底打赢战争。要想在欧洲大陆获得无懈可击的地位，我们必须打败苏联。为何要对苏联发动先发制人的战争，希特勒详细解释了原因，但他的说辞不太令人信服。德国占领巴尔干地区，苏联进攻芬兰、吞并波罗的海诸国，这些情况确实导致局势日趋紧张，但与国社党的意识形态理论、苏联正准备发动进攻的某些军事报告一样，并不足以让他做出如此重要的决定。只要西线战事尚未结束，任何新的军事冒险都会把我们领入一场两线战争，应对这样的战争，阿道夫·希特勒的新德国绝不会比

1914 年的德国更高明。与会人员沉默地聆听了希特勒的讲话，会后没有安排讨论，于是众人怀着沉重的心情默默地离开了。

当天下午，在就进攻准备工作召开的军事汇报会上，希特勒只问了我一个问题：发动进攻后几天能到达明斯克。我回答道："五六天。"我们 6 月 22 日发动进攻，我 27 日到达明斯克，而霍特从苏瓦乌基出击，6 月 26 日就从北面攻克了这座城市。

话题回到第 2 装甲集群的情况前，我先简述决定性的苏联战事开始前德国陆军的总体状况。

以我手头掌握的资料看，1941 年 6 月 22 日，205 个德国师的分布情况如下：

38 个师留在西线；

12 个师驻守挪威；

1 个师留在丹麦；

12 个师驻守巴尔干；

2 个师在利比亚；

因此，145 个师可用于东线战事。

这种兵力分布过于分散，实在不是件好事，特别是西线部署 38 个师，所占的比例似乎过高，12 个师驻守挪威也太多了。

巴尔干战争的结果是，我们不得不把对苏联的战争推延到当年晚些时候。

但比以上两个情况更具灾难性的是，我们低估了苏联。希特勒不相信关于苏联这个庞大帝国军事实力的报告，特别是我们派驻莫斯科杰出的武官克斯特林将军发回的报告。他对苏联工业生产能力和体制凝聚力强大的报告也嗤之以鼻。另一方面，希特勒把他毫无根据的乐观情绪传给身边的军事亲信。OKW 和 OKH 坚信，此次战事会在冬季到来前结束，因此，陆军只有五分之一的人员配发了冬装。

直到 1941 年 8 月 30 日，OKH 才对陆军主力配发冬季装备的问题重视起来。他们在当天的日志里写道："鉴于态势的发展，即便在冬季，我们也得执行目标有限的局部作战行动，作战处必须就必要的冬季装备拟制一份备忘录，呈陆军总参谋长审阅后，委托组织处采取必要的措施。"

现在有人说，德国陆军 1941 年缺乏冬装都是希特勒的错。我不认同这种说法，因为空军和武装党卫队装备得很好，很充足，而且及时获得了冬装，这是个很好

的证明。关键是最高统帅部梦想 8—10 周内在军事上击败苏联，促使对方在政治
上土崩瓦解，他们对这种幻想笃信不疑，以至于 1941 年陆军很大一部分军工生产
转向其他领域。他们甚至考虑，冬季到来后，把东线陆军 60—80 个师调回德国，
因为他们相信，剩下的兵力足以在冬季遏制苏联红军。秋季作战结束后，留在东
线的部队可以依托支撑点防线上构设的住处安然过冬。他们似乎把一切安排得妥
妥当当，简单至极，还信心满满地否决了所有质疑。可后来发生的事情表明，这
些想法完全偏离了严酷的现实。

最后，我必须提一件事，这件事后来严重玷污了德国的声誉。

对苏战争开始前不久，OKW 就如何处置苏联平民和战俘的问题，直接给各军
各师下达了一道指令。指令里规定，德国官兵处置苏联平民和战俘时违反纪律的
话，不再采用军事刑法，由直属纪律长官酌情处理即可。这道指令会严重危害军纪。
陆军总司令显然也意识到这一点，因为和指令一同下发的，还有冯·布劳希奇元
帅书写的补充条款，他指出，如果危害到军纪，可以不执行这道指令。我和麾下
几位军长认为，OKW 的指令必然危害军纪，因而禁止把这道指令下达给各师，还
把它退回柏林。战后，我们当初的敌人对德国将领提起诉讼，这道指令起到重要
作用，但我的装甲集群从未执行过该指令，当时我还尽职尽责地报告集团军群司令，
装甲集群不执行这道指令。

所谓的"政治委员令"同样臭名昭著，但我的装甲集群对此一无所知，中央
集团军群显然没有传达这道指令。我的部队从未执行过"政治委员令"。

回顾往事，OKW 或 OKH 没能阻止这两道指令，实在让人痛心疾首。许多英
勇、问心无愧的军人本来可以免遭痛苦的煎熬，而德国的名声也不会受到严重玷污。
无论苏联人是否加入了《海牙陆战公约》，也无论他们是否承认《日内瓦公约》，
德国军人必须遵守国际法规，秉承自己信仰的基督教教义，以此规范自己的行为。
即便没有这些残酷的命令，战争给敌国民众造成的灾难也够深重的，对战争的爆发，
他们和德国人民一样，都是无辜的。

初期交战

我接下来描述的各种事件，有一部分精确到几点几分，目的是想告诉读者，

对苏作战期间，一场场交战对装甲集群司令的身心要求有多高。

希特勒 6 月 14 日对一众将领发表讲话后，我 6 月 15 日从柏林飞赴华沙，装甲集群司令部设在那里。6 月 22 日发动进攻前几天，我忙着视察部队和他们的出发阵地，还拜访了友邻部队，确定协同作战事宜。部队的展开和进攻准备工作进行得很顺利。6 月 17 日，我勘察了布格河河道，这条河流构成我们的前线。6 月 19 日，我拜访了冯·马肯森将军的第 3 军，该军计划在我装甲集群右侧展开。6 月 20 日和 21 日，我视察了辖内各军的前线，想亲自了解各项准备工作是否已完成。我密切观察了苏联人的动向，确信他们对我方的企图一无所知。我们看见布列斯特要塞的庭院里，卫戍部队一个个排正伴随军乐分列行进。他们没有进入布格河沿岸构设的防御阵地，最近几周，守军修筑工事的作业几乎没取得任何进展。据此判断，我们达成突然性的前景看好，但随之而来的问题是，这种情况下，是否还有必要按计划实施一个钟头的炮火准备。谨慎起见，我还是决定按原定计划实施炮火准备，以免渡河期间敌人采取出乎我们意料的举措，给我方部队造成不必要的损失。

1941 年 6 月 22 日这个命运攸关的日子，我凌晨 2 点 10 分赶往布列斯特 – 立托夫斯克西北方 15 公里，装甲集群指挥所设在博胡卡雷南面的瞭望塔。我 3 点 10 分到达那里时，天还未亮。3 点 15 分，我方炮兵发起炮击。3 点 40 分，斯图卡战机展开首轮空中突击。4 点 15 分，第 17、第 18 装甲师先遣部队开始强渡布格河。4 点 45 分，第 18 装甲师首批坦克泅渡布格河，这些战车安装了我们当初为"海狮"行动测试的装备，因而能在 4 米深的水下行驶。

6 点 50 分，我在科洛德诺乘坐突击舟渡过布格河。我的指挥小组以两辆装甲通信车、几辆越野车和摩托车组成，在我身后一直跟随到 8 点 30 分。起初我沿第 18 装甲师留下的坦克履带印行进，一路到达列斯纳河上的桥梁，控制这座桥梁对第 47 装甲军的挺进至关重要，但我们在桥上只遇到敌人一座岗哨。我刚刚接近，几个红军哨兵就逃之夭夭。我身边的两名助理参谋不顾我的劝阻，非要追赶敌人，结果送了命。

10 点 25 分，先遣装甲连到达列斯纳河，从桥上驶过。第 18 装甲师师长内林将军尾随其后。我伴随第 18 装甲师继续前进，16 点 30 分赶往科洛德诺的架桥点，

18点30分从那里返回指挥所。

装甲集群沿整条战线实现了突然性。布列斯特－立托夫斯克南面，第24装甲军完好无损地夺得布格河上的桥梁。要塞西北面，预设地点的架桥作业顺利进行。但敌人很快从最初的猝不及防恢复过来，在他们的营房里展开激烈抵抗。一连数日，对方顽强坚守重要的布列斯特要塞，封锁了穿过布格河、穆哈维茨河的公路和铁路线。

傍晚前后，装甲集群在马洛里塔、科布林、布列斯特－立托夫斯克、普鲁扎内周边激战。第18装甲师在普鲁扎内遭遇首场坦克战。

6月23日清晨4点10分，我离开指挥所，先赶往第12军，施罗特将军向我汇报了争夺布列斯特－立托夫斯克要塞的进展。我又从这里赶往第47装甲军，他们的军部设在布列斯特－立托夫斯克东北方23公里的比尔德伊基村。我在那里与莱梅尔森将军交谈了一会儿，随后打电话给装甲集群指挥所，了解了总体情况。我又赶往第17装甲师，8点到达那里，该师步兵旅旅长冯·韦伯骑士将军向我简要汇报了他采取的措施。8点30分，我遇到第18装甲师师长内林将军，很快又见到莱梅尔森将军。随后我驱车赶往普鲁扎内，装甲集群指挥所已前移到那里。19点，司令部指挥小组也赶到此处。

当天，第24装甲军沿科布林—贝雷扎卡尔图斯卡公路攻往斯卢茨克，军指挥所迁到贝雷扎卡尔图斯卡。

我认为，红军从比亚韦斯托克方向撤往东南面，第47装甲军很快会与对方发生更激烈的交战，因此我决定次日还是和第47装甲军一同前进。

6月24日8点25分，我离开指挥所，驱车赶往斯洛尼姆方向。在此期间，第17装甲师已进入该镇。但我在鲁扎内与斯洛尼姆之间遇到红军步兵，他们以火力封锁了行进道路。第17装甲师一个炮兵连和下车的摩托车步兵沿道路与敌人交火，但火力明显不足。我也投入战斗，用指挥车上的机枪猛烈射击，把敌人逐出阵地，这才得以继续前行。11点30分，我到达第17装甲师设在斯洛尼姆西郊的指挥所，不仅见到师长冯·阿尼姆将军，还遇到莱梅尔森军长。就在我们商讨战事之际，身后突然响起激烈的炮声和机枪射击声。一辆燃烧的卡车挡住我们的视线，看不见通往比亚韦斯托克方向公路上的情况，直到两辆敌坦克从烟雾中出现，我们才明白过来。敌坦克以火炮和机枪猛烈开火，朝斯洛尼姆冲来，德军几辆四号坦克紧追不舍，也以车载武器猛烈射击。敌坦克发现了我们这群军官，随即射来几发炮弹，炮弹落在几步开外，震耳欲聋，硝烟弥漫，一时间我们什么也看不见，什么也听不见。我们这些老兵赶紧趴倒在地，后备军司令派到我们这里的费勒中校没经历过实战，卧倒的速度慢了点，结果负了伤，反坦克营营长达尔默－策尔贝中校也身负重伤，几天后伤重不治。冲入城内的敌坦克最终还是被我们击毁了。

我在斯洛尼姆视察了战斗前线，随后乘坐四号坦克穿越中间地带，赶往第18装甲师。我命令第18装甲师攻往巴拉诺维奇，命令第29摩托化步兵师加快速度，赶往斯洛尼姆。15点30分，我又回到斯洛尼姆，随后返回装甲集群指挥所，途中意外地遇到一群红军步兵，他们乘卡车逼近斯洛尼姆，正要下车展开行动。我命令司机全速前进，指挥车风驰电掣地穿过这群红军士兵，他们惊呆了，根本来不及朝我开火。对方肯定认出了我，因为他们的报纸几天后宣布我已被击毙，于是上级催我在德国电台发表声明，纠正敌人的错误宣传。

20点15分，我回到司令部，这才得知我们的纵深右翼激战不断，自6月23日以来，第53军在马洛里塔附近击退了敌人多次发起的进攻。第12军一部，在第24装甲军与第47装甲军之间建立起松散的连接，但装甲集群左翼遭受的威胁日趋严重，逃离比亚韦斯托克的红军，对我们施加的压力越来越大。因此，必须尽快把第29摩托化步兵师和第46装甲军调来，为左翼提供掩护。

幸运的是，我们不知道希特勒当天又紧张起来，他担心强大的红军部队有可能在某处冲破我们的合围圈。所以他想让装甲集群停止前进，掉转方向，先歼灭比亚韦斯托克周边地域之敌。但OKH这次的态度非常坚定，力主按原定计划行事，让快速兵团一路前出到明斯克，完成对红军的合围。

维尔纳和科夫诺都被德国军队攻克。

芬兰人兵不血刃地占领了奥兰群岛，德国第1山地军未经战斗就夺得镍矿资源丰富的佩萨莫地区。

6月25日一早，我探望了战地医院的伤员，他们是敌人昨天轰炸装甲集群指挥所时负伤的，我当时去了前线，不在指挥所，因而逃过一劫。9点40分，我驱车赶往第12军，他们的指挥所设在普鲁扎内南面9公里的利诺沃，听取了他们汇报的情况，我又赶往斯洛尼姆以南37公里扎尔泽奇内的第24装甲军。我与冯·施韦彭堡男爵将军商讨了一番，视察了第4装甲师，16点30分回到装甲集群指挥所。

当天，包括坦克在内的又一支敌军从比亚韦斯托克地域撤往斯洛尼姆方向。第29摩托化步兵师开抵战场，立即接过阻击任务，拦截朝斯洛尼姆而来的敌军。这样就让第17、第18装甲师主力得以腾出，朝明斯克方向机动。第18装甲师已攻往巴拉诺维奇。

6月26日一早，我驱车赶往第47装甲军前线，监督他们开赴巴拉诺维奇和斯托尔布齐。第24装甲军接到指令，支援北面友邻军的进攻。

7点50分我赶到第17装甲师，命令他们立即赶赴斯托尔布齐。9点我来到第18装甲师指挥所，师长和军长都在这里。指挥所设在列斯纳河畔斯洛尼姆通往巴拉诺维奇的公路上，位于师先遣部队身后5公里处。我在这里联系了第24装甲军，确保他们为进攻巴拉诺维奇的行动提供支援。第4装甲师一部承担起支援任务，自6点起，他们就派出一个战斗群向北进击。

12点30分，第24装甲军报告，他们夺得斯卢茨克。该军指挥机构和辖内部队的表现非常出色。我立即给该军军长发了份贺电，随后赶往第18装甲师位于塔尔塔克的前线。下午早些时候传来消息，霍特位于明斯克北面30公里。

14点30分，我收到集团军群下达的命令，指示我以装甲集群主力攻往明斯克，以第24装甲军攻往博布鲁伊斯克。我报告集团军群，第24装甲军已奔赴博布鲁伊斯克，第47装甲军正取道巴拉诺维奇攻往明斯克。我随后命令指挥小组前往塔尔塔克，23点30分到达那里。

第17装甲师下午报告，他们沿可供通行的道路开赴斯托尔布齐，傍晚前后到达那里。师长冯·阿尼姆将军当天在战斗中不幸负伤，不得不把指挥权暂时交给冯·韦伯骑士将军。

装甲集群再次转隶第4集团军，我们接到的命令是，封锁扎德沃尔泽（斯洛尼姆以北9公里）—霍伦卡—泽尔瓦—泽尔维扬卡河一线，阻挡从比亚韦斯托克方向来的敌军。

当天，第46装甲军先遣部队开抵塔尔塔克附近的战场，从这一刻起，他们在第24装甲军与第47装甲军之间建立起联系。第24装甲军得以腾出所有兵力执行他们的主要任务，也就是攻往博布鲁伊斯克。

北方集团军群辖内第 8 装甲师一举夺得迪纳堡和那里的几座桥梁。

6 月 27 日，第 17 装甲师到达明斯克南郊，与第 3 装甲集群会合，该集群 6 月 26 日已攻入城内，苏联人把这座城市破坏得满目疮痍。在比亚韦斯托克地域陷入合围的红军，徒劳地企图突出目前已封闭的合围圈。只有少数敌军趁合围圈尚未合拢之际逃往东面。我们即将赢得对苏作战的首场重大胜利。

关于后续作战事宜，依我看，重要的是以几个步兵集团军歼灭比亚韦斯托克合围圈内的敌军，装甲集群仅以少量兵力参与其中，这样就能把快速运动的摩托化兵团用于此次作战的首个战役目标，也就是攻往斯摩棱斯克—叶利尼亚—罗斯拉夫尔地区。接下来几天，我采取的各项措施都围绕这项目标进行，因此，我的做法完全符合战役基本指令。我认为，坚定不移地贯彻自己的意图，不受交战期间各种意外事件影响，对胜利赢得整场战争至关重要。但我也知道，这种做法要承担一定的风险。

基于这些考虑，我 6 月 28 日再次赶到受威胁最大的第 47 装甲军，以便在紧急情况下及时介入。我在斯沃亚蒂切（涅斯维日西南方 23 公里）遇到第 47 装甲军军长，他向我汇报了辖内几个师的情况，我给装甲集群司令部发了份电报，让他们命令第 29 摩托化步兵师加速向北，同时对新格鲁多克—明斯克公路、新格鲁多克—巴拉诺维奇—图尔热茨公路实施空中侦察。我随后去视察第 18 装甲师，该师一个纵队驶错了道路，导致整场进军有些混乱，好在错误及时得到纠正，没造成严重后果。

在此期间，我的参谋长利本施泰因为各军辖内各师划分了封锁线，以防科伊达诺夫—皮亚塞奇纳（米尔西北面）—戈罗季谢—波隆卡以西之敌发起深具威胁的突围，我批准了这项措施。

第 24 装甲军当日逼近博布鲁伊斯克，军指挥所自 6 月 25 日起就设在菲利波维奇。

装甲集群指挥所 6 月 28 日迁到涅斯维日拉济维乌家族的一座城堡内，红军某高级指挥部原先设在这里。城堡里有许多古老的陈设，顶楼有一张狩猎协会的合影，德皇威廉一世作为嘉宾也在其中。涅斯维日民众请求我批准他们举行感恩礼拜，我欣然应允。

第 2 装甲集群辖内部队当日开抵以下地域：

第 3 装甲师到达博布鲁伊斯克；第 4 装甲师到达斯卢茨克；第 10 摩托化步兵师到达锡尼亚夫卡；第 1 骑兵师到达德罗西琴以东地域。

第 17 装甲师到达科伊达诺夫；第 18 装甲师到达涅斯维日；第 29 摩托化步兵师到达泽尔维扬卡河。

第 10 装甲师一部到达泽尔维扬卡河，师主力位于锡尼亚夫卡；党卫队帝国师到达贝雷扎卡尔图斯卡；大德意志步兵团位于普鲁扎内东北地域。

霍特装甲集群的第 7、第 20 装甲师位于明斯克附近。我装甲集群的纵深右翼，第 53 军在马洛里塔遂行的交战胜利告终，暂时消除了这一翼遭受的威胁。

6 月 29 日，装甲集群整条战线的交战仍在继续，泽尔维扬卡河河段的战斗尤为激烈，引发了第 4 集团军的焦虑，于是他们采取了一连串干预措施，我觉得这些措施只有坏处，没有任何好处，因为他们的某些做法甚至没有预先告知我。

北方集团军群攻占了雅各布施塔特、利文霍夫、里加南部，还夺得迪纳河上的铁路桥。

6 月 30 日，我飞赴第 3 装甲集群，与霍特商讨后续协同事宜。冯·巴泽维施中校亲自驾驶战斗机，带我飞过纳利波基森林，第 4 集团军一直认为，苏联人会从这片庞大的森林突出包围圈。但我的看法是，敌人没有在此处集结重兵，所以这个方向不存在危险。我和霍特商定，以我麾下第 18 装甲师与他的右翼协同，一路攻往鲍里索夫，在那里夺取别列津纳河对岸的登陆场。

OKH 当日下达指令，要求各作战部队前出到第聂伯河一线。

OKH 告诉中央集团军群，继续朝斯摩棱斯克方向展开行动至关重要，必须以做好战斗准备的部队，尽快在罗加乔夫、莫吉廖夫、奥尔沙夺取第聂伯河渡场，在维捷布斯克和波洛茨克夺取迪纳河渡场。

我们手头唯一的通信工具是电台，远距离通信性能太差，所以我次日（7 月 1 日）飞往第 24 装甲军。施韦彭堡将军觉得，当面之敌主要是七拼八凑的部队，铁路运输能力低下，对我们实现后续企图非常有利。博布鲁伊斯克上空昨天发生了空战，以红军大败亏输而告终。尽管如此，敌人还是一如既往地实施了顽强抵抗。

他们的技战术，特别是他们的伪装，非常出色，但他们的指挥似乎没做到协同一致。第24装甲军在斯维斯洛奇附近顺利夺得别列津纳河上的几座桥梁。9点30分，一个加强侦察营从博布鲁伊斯克东面的别列津纳河登陆场出发，径直赶往莫吉廖夫，第3装甲师主力尾随其后向东进击。突击重点置于罗加乔夫还是莫吉廖夫（这两处都位于第聂伯河畔），施韦彭堡将军打算视态势发展而定。10点55分，第4装甲师实力强大的一部从斯维斯洛奇向东进击。油料准备得很充足，弹药、口粮、医疗勤务也很完善。值得高兴的是，我方的损失很小。但我们缺乏舟桥纵列和工程构筑部队。默尔德斯上校的航空兵执行的协同行动非常出色。菲比希将军的密接支援航空兵与我们的联系不够快。第1骑兵师在战斗中经受了考验。

当日的空中侦察发现，红军部署在斯摩棱斯克—奥尔沙—莫吉廖夫地域。要想占领第聂伯河一线，我们就得抓紧时间，不能等待步兵开抵，这会浪费好几周时间。

在此期间，比亚韦斯托克合围圈封锁线上的战斗仍在继续，而且非常激烈。6月26—30日，仅第29摩托化步兵师第71步兵团就俘虏3.6万名敌军官兵，红军为突出包围圈投入了多少兵力，由此可见一斑。第4集团军司令部非常重视这种情况，主张继续加强绵密的封锁线。因此，冯·克鲁格元帅否决了我派第17装甲师攻往鲍里索夫的命令，而在此期间，第18装甲师孤军到达那里，还在别列津纳河对岸夺得一座登陆场，这座登陆场对第47装甲军继续攻往第聂伯河方向至关重要。尽管我对第4集团军司令部的命令深表怀疑，但还是把它传达给了辖内部队。

第5机枪营部署在米尔，负责连接第17装甲师与第29摩托化步兵师。为了对态势做出准确的判断，我7月2日视察该营，想亲眼看看封锁线的情况，还听取了几名军官对敌人的看法。我随后驱车找到莱梅尔森将军，命令他和在场的第29摩托化步兵师师长务必紧密封锁合围圈，然后我又赶往位于科伊达诺夫的第17装甲师。冯·韦伯骑士将军报告，他的师顺利击退了企图突围的敌军。我从这里驱车赶往装甲集群指挥所，我们的指挥所目前设在明斯克东南面的西尼洛。待我到达那里，这才得知给第17装甲师传达命令期间出了岔子，该师部分部队没收到留在封锁线上的命令，因而继续开赴鲍里索夫。我立即把这个情况报告第4集团军司令部，但已无法改变既成事实。次日早上8点，我奉命来到冯·克鲁格元帅设在明斯克的司令部，就这起事件接受质询。我做了必要的解释，冯·克鲁格元帅说道，他本来想把我和霍特送交军事法庭，因为霍特那里也发生了同样的事情，所以他以为我和霍特联合起来违抗他的命令，幸好我及时消除了他的怒火。结束交谈，我立即赶往斯莫列维奇（明斯克东北方35公里）的第47装甲军，但在那里没找到该军军部，于是我又去鲍里索夫的第18装甲师，视察了别列津纳河对岸的登陆场，还与师里一批指挥官交谈了一番。第18装甲师已派先遣支队开赴托洛钦。返回途中，我在斯莫列维奇遇到第47装甲军军长，与他商讨了第18、第17装甲师的使用问题。我们交谈之际，我那辆指挥坦克的报务员收到消息，敌坦克和战机对鲍里索夫附近的别列津纳河渡场发起攻击。第47装甲军已接到通知。敌人的进攻被击退，损失惨重，但这场交战也让第18装甲师深感震惊，因为敌人首次投入T-34坦克，我们当时配备的火炮无法给这款战车造成太大的破坏。

7月2日，第2装甲集群辖内各兵团的位置如下：

第1骑兵师位于斯卢茨克南面；第3装甲师位于博布鲁伊斯克，先遣支队在罗加乔夫前方；第4装甲师位于斯维斯洛奇；第10摩托化步兵师在斯卢茨克东面。

党卫队帝国师位于别列津纳河畔的巴卢谢维奇北面；第10装甲师位于切尔文；大德意志步兵团在巴拉诺维奇北面。

第18装甲师位于鲍里索夫；第17装甲师位于科伊达诺夫；第29摩托化步兵师位于斯托尔布齐；第5机枪营在巴拉诺维奇东南面。

7月3日，比亚韦斯托克合围圈内的红军投降。我现在把所有注意力集中于继续攻往第聂伯河的行动。

7月4日，我视察了第46装甲军。我从西尼洛出发，穿过斯莫列维奇、切尔文、斯洛博德卡，前往第10装甲师指挥所，随后从那里赶往党卫队帝国师。我在途中遇到第46装甲军军长，他问我大德意志步兵团在何处，我只能告诉他，这个团作为第4集团军预备队，目前仍留在巴拉诺维奇。我随后在圣列茨奇基找到党卫队帝国师，豪塞尔将军报告，他的摩托车步兵营经过艰巨的战斗，在布罗杰兹（别列津诺以南17公里）的别列津纳河对岸夺得一座登陆场。敌人炸毁了雅克希济附近的别列津纳河桥梁，我方车辆暂时无法渡河。为恢复通行，工兵仍忙着清理泥泞的道路。我赶到现场，看见工兵干得非常卖力，他们保证7月5日清晨前完成手头的工作。

第 24 装甲军当日到达罗加乔夫附近的第聂伯河河段，还在别列津纳河畔控制了更多渡场。装甲集群辖内各师当日的位置如下：

第 1 骑兵师位于斯卢茨克东面；第 3 装甲师在罗加乔夫前方；第 4 装甲师位于旧贝霍夫；第 10 摩托化步兵师位于博布鲁伊斯克。

党卫队帝国师位于巴卢谢维奇；第 10 装甲师位于别列津诺；大德意志步兵团在斯托尔布齐东面。

第 18 装甲师在纳恰地段以东；第 17 装甲师一部位于鲍里索夫，师主力在明斯克；第 29 摩托化步兵师位于科伊达诺夫—斯托尔布齐；第 5 机枪营在斯托尔布齐西面。

7 月 6 日，强大的红军在日洛宾渡过第聂伯河，冲击第 24 装甲军右翼。第 10 摩托化步兵师击退这支敌军。我方空中侦察报告，更多敌军正从奥廖尔—布良斯克地域开赴戈梅利方向。我们还发现，奥尔沙地域出现了红军一个新的集团军司令部。另外，敌人似乎在第聂伯河沿岸构筑新防线。这种情况要求我们迅速采取行动。

截至 7 月 7 日，我装甲集群到达以下位置：

装甲集群指挥所设在鲍里索夫。

第 24 装甲军位于博尔特尼基。

第 1 骑兵师位于博布鲁伊斯克；第 10 摩托化步兵师位于日洛宾；第 3 装甲师位于罗加乔夫—新贝霍夫；第 4 装甲师位于旧贝霍夫。

第 10 装甲师位于别雷尼奇；党卫队帝国师位于别列津诺；大德意志步兵团位于切尔文。

第 18 装甲师位于托洛钦；第 17 装甲师位于先诺；第 29 摩托化步兵师位于鲍里索夫。

第 17 装甲师在先诺附近与一支强大的敌军激战，对方投入大量坦克。第 18 装甲师也卷入激烈的战斗。由于第 24 装甲军已到达第聂伯河畔，我们现在必须就后续行动做出决定。上级没给我下达任何新指示，所以我只能认为，原先的进军令依然有效，也就是说，第 2 装甲集群应当前出到斯摩棱斯克—叶利尼亚—罗斯拉夫尔地域。我觉得没有任何理由更改这道指令。这段时间，希特勒与OKH的观点产生重大分歧，但我当时对此一无所知，直到很久后才知道这件事的原委。只有了解德国最高统帅部这个时期的幕后情况，才能明白迄今为止的作战行动引发的摩擦和分歧。

希特勒忘了，当初是他自己下达了迅速攻往斯摩棱斯克的命令。前一段时间的交战，他的目光紧盯着比亚韦斯托克附近的合围圈。冯·布劳希奇元帅不敢向中央集团军群表达自己的不同观点，因为他很清楚希特勒的主张。而冯·博克元帅指出，他想把第3、第2装甲集群交给冯·克鲁格元帅统一指挥，减轻自己对两个装甲集群的直接责任。冯·克鲁格元帅遵照希特勒的想法行事，打算严密封锁比亚韦斯托克附近的合围圈，待合围圈内的敌军投降后，再批准辖内部队继续向东挺进。霍特和我的观点与他们不同，我们认为，既然原先的指令没有撤销，我们的装甲力量就应该遵照指令继续向东，实现我们的首个目标。如我前文所述，我们希望以少量装甲兵力在比亚韦斯托克牵制敌人，把俘虏敌军的任务留给在我们身后跟进的步兵集团军。而OKH暗自希望两位装甲集群司令即便没接到命令也继续攻往原定目标，哪怕违抗命令也在所不惜，可他们不敢给集团军群和各集团军司令些许暗示，促使他们做出符合OKH意愿的决定。

这就是第2装甲集群下令以少量兵力据守比亚韦斯托克合围圈，以所有可用部队追击敌人，渡过别列津纳河，攻往第聂伯河，而冯·克鲁格元帅下达相反的命令，要求我们以所有兵力坚守合围圈封锁线，接到后续命令再向东推进的原因。但部分部队没有及时收到这道指令，因而继续开赴别列津纳河。这种情况造成令人不快的紧张和纷争，幸好没破坏我们的总体行动。

强渡第聂伯河

7月7日我面临抉择：是率领装甲力量孤军深入，继续向东迅速推进，强渡第聂伯河，遵照原定战役计划，尽快实现我的首个目标，还是鉴于红军已采取措施据守第聂伯河一线，命令部队停止前进，等几个步兵集团军开抵，再展开争夺第聂伯河河段的交战？

苏联人刚刚开始构筑工事，目前的防御力量较弱，立即发动进攻对我们有利。

诚然，敌人以重兵据守罗加乔夫、莫吉廖夫、奥尔沙登陆场，我们突袭夺取罗加乔夫和莫吉廖夫的企图以失败告终。另外，相关报告称红军援兵开抵，一支强大的敌军集中在戈梅利周边地域，另一支实力较弱的敌军位于奥尔沙北面的先诺附近，先诺已爆发激战，这也是实情。可如果我们等待步兵开抵，就得浪费 14 天时间，到那时，苏联人的防御肯定已得到极大加强。我方步兵能否攻克对方精心构设的河流防御，尔后恢复机动作战，似乎很成问题。更值得怀疑的是，我们能否实现首个战役目标，1941 年秋季胜利结束此次战局。而这恰恰是最重要的问题。

我很清楚这项决定的重要性，也估计到麾下 3 个装甲军强渡第聂伯河，敞开的翼侧有可能面临敌人猛烈反突击的危险。但我深知自己受领的任务至关紧要，也坚信能完成这项任务，另外，我对麾下装甲兵强大的效力和战斗力充满信心，故而下定决心，命令麾下部队立即投入进攻，强渡第聂伯河，继续攻往斯摩棱斯克。

为此，我命令中止日洛宾、先诺这两翼的交战，对盘踞在那里的敌军加以监视即可。

敌人重兵据守的几座登陆场，给我们的渡河地段造成限制。我与冯·施韦彭堡将军协商后，命令第 24 装甲军在旧贝霍夫渡河，7 月 10 日发动进攻；第 46 装甲军在什克洛夫、第 47 装甲军在科佩西渡河，这两处都位于莫吉廖夫与奥尔沙之间，两个军 7 月 11 日投入进攻。所有运动和展开都加以精心伪装，各部队只在夜间行军。英勇的默尔德斯上校指挥的战斗机部队确保了待机地域上方的制空权，他的野战机场就设在前线后方。默尔德斯所到之处，敌机根本不敢迎战。

7 月 7 日我赶去视察第 47 装甲军，打算亲口对他们阐述我强渡第聂伯河的企图，途中见到一列缴获的红军装甲列车。我们赶往第 47 装甲军设在纳恰（鲍里索夫以东 30 公里）的军部，又从那里前往托洛钦，第 18 装甲师正在那里与敌坦克交战。我告诉内林将军，肃清奥尔沙西面的科恰诺沃周边地域，压缩敌人设在那里的登陆场，对我们即将展开的行动至关重要。第 18 装甲师又一次给我留下很好的印象，我对他们的作战表现大加赞许。

出于同样的目的，我 7 月 8 日又去视察了第 46 装甲军。党卫队帝国师仍在第聂伯河西岸交战。

7 月 9 日，相关人员就拟议中的行动展开激烈争论。先是冯·克鲁格元帅一大早来到我的指挥所，了解前线态势和我的企图。他完全不同意我立即渡过第聂伯河的决定，要求我马上停止行动，等待步兵开抵。我对此深感惊异，竭力为自己的决定辩解。我解释了上面提到的种种理由，随后告诉他，准备工作即将就绪，现在已无法改变，第24、第46装甲军辖内大多数部队已进入出发阵地，再拖下去，我们集中的兵力很可能遭到敌空中力量打击。我还告诉他，我坚信此次进攻一定能获胜，甚至有可能决定对苏战争能否在年底前胜利结束。我坚定的话语显然打动了冯·克鲁格元帅，他说道："您的行动总是处于千钧一发之际！"最后，冯·克鲁格元帅勉强批准了我的计划。

这场激烈的争论结束后，我驱车赶往第47装甲军，该军处境艰难，似乎需要大力支援。我12点15分来到他们设在克鲁普基的指挥所，见到莱梅尔森将军。莱梅尔森对第18装甲师和施特赖希将军指挥的战斗群（由反坦克和侦察部队组成）能否夺取科恰诺沃地域深表怀疑，因为他觉得这些部队已筋疲力尽。我坚持自己的主张，命令第18装甲师完成这项任务后转向东南方，直奔第聂伯河，第17装甲师摆脱先诺之敌后，执行同样的命令。我从第47军军部驱车赶往前线，途中遇到施特赖希将军，给他下达了必要的指示。我随后又遇到内林，他与军部的看法完全不同，宣称占领待机地域没什么困难。我又与第29摩托化步兵师师长交谈了一番，他也指出，前出到科佩西的任务在他看来易如反掌。我反复提醒各师，当晚务必到达第聂伯河和指定待机地域。

当日昼间，第17装甲师继续与红军坦克鏖战，击毁100辆敌坦克，这份战果对英勇的第17装甲师极为有利。

7月9日傍晚，第2装甲集群辖内各兵团的位置如下：

装甲集群指挥所设在鲍里索夫（7月10日迁往托洛钦）。

第1骑兵师在博布鲁伊斯克东南面掩护装甲集群翼侧；第3装甲师集中在日洛宾—罗加乔夫—新贝霍夫地域，准备向北进击；第4装甲师位于旧贝霍夫；第10摩托化步兵师位于旧贝霍夫渡场。

第10装甲师在什克洛夫南面；党卫队帝国师在巴甫洛沃附近，部分兵力在莫吉廖夫南面掩护右翼；大德意志步兵团位于别雷尼奇。

第18装甲师在托洛钦南面；第17装甲师位于扎莫夏附近；第29摩托化步兵

师集中在托洛钦西南面，准备攻往科佩西。

在我们身后跟进的步兵，当日以几个实力虚弱的先遣支队开赴博布鲁伊斯克—斯维斯洛奇—鲍里索夫一线，主力刚刚到达斯卢茨克—明斯克一线。

霍特集群攻克维捷布斯克，赫普纳集群占领了普列斯考。

7 月 10—11 日，各兵团按计划渡过第聂伯河，损失轻微。

第 24 装甲军 7 月 10 日中午报告，他们在旧贝霍夫顺利渡河。获知这个消息，我当天下午再次赶往第 47 装甲军，打算亲自确认各部队的准备工作和战斗力。施特赖希将军已赶到奥尔沙西面红军登陆场对面的防线。在奥尔沙西北面，我们组建了另一个警戒战斗群，由乌辛格尔上校指挥。第 29 摩托化步兵师侦察营已经与右侧的党卫队帝国师取得联系。第 18 装甲师开入待机地域。第 17 装甲师前卫 10 点开抵科佳诺沃附近的公路，该师部分兵力已到达奥尔沙西南面，投入第聂伯河西岸的战斗。第 29 摩托化步兵师也到达指定地域。我再次对该师师长强调，顺利渡河后，迅速攻往斯摩棱斯克至关重要。就这样，第 47 装甲军顺利完成了艰巨的集中和展开任务，我对次日的行动充满信心。

各兵团渡过第聂伯河后该如何行事，我下达了以下命令：

第 24 装甲军攻往普罗波伊斯克—罗斯拉夫尔公路，注意掩护面朝日洛宾—罗加乔夫的右翼，以及面朝莫吉廖夫的左翼。

第 46 装甲军的任务是取道戈尔基—波奇诺克攻往叶利尼亚，注意掩护面朝莫吉廖夫的右翼。

第 47 装甲军的主要目标是斯摩棱斯克，但另一项任务是掩护自身左翼，该军左翼面朝奥尔沙与斯摩棱斯克之间的第聂伯河一线，也面朝奥尔沙方向。至于盘踞在奥尔沙和第聂伯河西面、西北面的敌军，交给施特赖希、乌辛格尔战斗群监视。

7 月 10 日傍晚，意大利武官马拉斯将军到访装甲集群司令部，我是在柏林认识他的，海军上校比尔克纳陪同他到来。我邀请他们次日和我一同去科佩西附近的第聂伯河渡场看看。除了他们俩，希特勒的空军副官冯·贝洛中校傍晚前后也来到我这里，想了解装甲集群的情况。

7 月 11 日阳光明媚，我和两位来宾 6 点 10 分离开托洛钦（1812 年，拿破仑的营地就设在这里）的指挥所，赶往科佩西附近的第聂伯河河段，去观看第 47 装甲军的渡河行动。我们跟随行进中的队列赶往第聂伯河，路上的尘埃遮天蔽日，这趟行程非常艰苦。浓密的尘埃持续数周，给人员、武器、车辆造成不同程度的影响。最要命的是，细细的尘埃磨损了坦克发动机的气缸，导致战车性能严重下降。在科佩西附近的第29摩托化步兵师指挥所，我们见到该师师长和第47装甲军军长，他们向我简要汇报了当前的情况。第15和第71步兵团已渡过第聂伯河，到达科佩西东面的森林边缘；我们看见他们投入战斗，对付敌人约两个师的兵力（辖步兵第18、第54师的红军步兵第66军）。对方虚弱的扰乱炮火落在指挥所附近，这片地域还遍布地雷。从我们这里望去，我方步兵的行动看得清清楚楚，河上的架桥作业也尽收眼底。意大利武官告辞后，我乘坐突击舟来到东岸，想亲眼看看部队的进展。我本打算从科佩西驱车赶往第46装甲军，但通往什克洛夫的陆地交通线目前无法保证安全，我只好作罢。

在此期间，第17装甲师在奥尔沙南面遭遇强大的敌军，这种情况表明，从该师夺取的小型登陆场继续在东岸展开进攻似乎不切实际。因此，身处前线的团长利希特上校做出正确的决定，下令撤离登陆场。第17装甲师眼下紧跟在第29摩托化步兵师身后穿过科佩西。

返回装甲集群指挥所途中，我在科恰诺沃附近遇到冯·克鲁格元帅，向他汇报了态势发展情况。他批准了我先前下达的各道命令，我请他敦促各步兵军先遣支队尽快开赴第聂伯河，封锁敌人重兵据守的几座登陆场。待我回到指挥所，见到希特勒的副官长施蒙特上校，与他讨论了装甲集群目前的情况。

我在托洛钦没待多久，18点15分又赶往什克洛夫的第46装甲军。路况很恶劣，临时修葺的桥梁勉强可供通行。我21点30分到达那里，敌人以猛烈的炮火轰击第10装甲师的架桥地点，还反复发起空袭，导致此处的渡河行动比第47装甲军那里困难得多。敌人的空袭也严重破坏了党卫队帝国师的桥梁。尽管如此，渡河行动还是大获成功，该军一个先遣支队已开赴戈尔基。我告诉第46装甲军，夜间务必继续前进，充分利用我们达成的突然性。我随后驱车赶往第10装甲师，亲自确认了他们的先遣支队已出发。事实证明，赶往该师很有必要，因为我到达那里时，部队还没有出发。

经过艰难的夜间行程，我7月12日清晨4点30分回到托洛钦。

到 7 月 11 日，装甲集群辖内各师的位置如下：

第 1 骑兵师位于日洛宾—罗加乔夫；第 4 装甲师和第 10 摩托化步兵师位于旧贝霍夫附近及其北面，在第聂伯河东岸控制了一座登陆场；第 3 装甲师在莫吉廖夫以南地域掩护装甲集群翼侧，面对红军登陆场。

第 10 装甲师和大德意志步兵团位于什克洛夫南面；党卫队帝国师位于什克洛夫附近，在第聂伯河东岸夺得一座登陆场。

第 29 摩托化步兵师位于科佩西东面，在第聂伯河对岸夺得一座登陆场；第 18 装甲师位于科佩西西面；第 17 装甲师在奥尔沙西南面。

施特赖希、乌辛格尔战斗群面朝红军登陆场，掩护奥尔沙西面和西北面。

步兵主力目前到达斯卢茨克以东—明斯克以东一线，几个先遣支队前出到别列津纳河。霍特集群在维捷布斯克附近。

7 月 12 日，装甲集群继续渡河。当日我飞赴第 24 装甲军，这场视察持续了 8 个钟头，之后我招待了施蒙特。

中央集团军群两个装甲集群当面之敌，是会继续实施顽强抵抗，还是会退却，OKH 当日没有得出明确的结论。尽管如此，他们还是希望两个装甲集群设法突破敌人在斯摩棱斯克以西地域构设的防线，粉碎盘踞在那里的敌军。另外，OKH 还考虑，是否以霍特第 3 装甲集群一部转向东北方，围歼第 16 集团军右翼当面之敌。

斯摩棱斯克—叶利尼亚—罗斯拉夫尔

7 月 13 日，我把指挥所转移到第聂伯河东岸的夏霍德（什克洛夫东南面 6 公里）。当天我视察了第聂伯河畔的第 17 装甲师，自东线战事开始以来，这个英勇的师已击毁 502 辆敌坦克。随后我又去渡场视察党卫队帝国师一部，与豪塞尔、冯·菲廷霍夫将军交谈了一番。我要求党卫队加快速度，对斯摩棱斯克南面的莫纳斯特尔希纳实施侦察，因为空中侦察报告，戈尔基西南方，苏联人朝第聂伯河方向突围的企图非常明显。

获得出色指挥的第 29 摩托化步兵师，当日距离斯摩棱斯克不到 18 公里。

我 17 点回到装甲集群新指挥所，指挥所设在这里的好处是离前线很近。南面的猛烈炮火表明，面朝莫吉廖夫掩护我们翼侧的大德意志步兵团卷入激战。他们夜间呼救，说弹药即将耗尽。该团还没习惯东线的战斗，因而请求上级补充弹药。我没理会他们的要求，大德意志步兵团很快停止了紧张过度引发的胡乱射击，四周平静下来。

当天，OKH首次萌生了让第2装甲集群转身向南或东南方的念头。他们之所以有这种想法，是基于南方集团军群作战地域的态势发展，该集团军群已到达德涅斯特河。同一天，OKH也研究了隆美尔遂行的非洲作战行动，以及穿过利比亚，穿过土耳其和叙利亚朝苏伊士运河继续展开行动的前提。另外，他们还开始考虑从高加索地区攻往波斯湾的方案！

7月14日，我命令第46装甲军和党卫队帝国师攻往戈尔基，随后亲自赶往那里。经过激烈战斗，第10装甲师到达戈尔基和姆斯季斯拉夫尔，损失很大，炮兵的损失尤为严重。第29摩托化步兵师攻往斯摩棱斯克，进展顺利，第18装甲师已渡过第聂伯河，从克拉斯内攻往北面和东北面，掩护第29摩托化步兵师左翼。

第24装甲军朝沃尔科维奇方向拓展登陆场，第1骑兵师在该军身后赶往旧贝霍夫。

当天，OKH就日后兵力分配和留在东方担任占领军的部队编制问题拟制了第一批文件。他们打算在最重要的工业区和交通枢纽部署兵力集群，这些部队除了执行占领任务，还要随时以快速力量攻入我们没占领的广袤地域，迅速粉碎敌人新形成的抵抗。另外，他们还研究了"巴巴罗萨"行动结束后德国陆军在欧洲的兵力分布问题，审核了陆军改组，甚至有可能裁减的事宜。

这种思路严重脱离了当前的严酷现实。眼下最重要的是，我们得尽早结束"巴巴罗萨"行动，打赢这场战争，一切工作必须着眼于这一点。

7月15日晨，我在装甲集群指挥所接待了赶来视察的冯·克鲁格元帅。随后我前往戈尔基的第46装甲军，又从那里赶往斯韦罗维奇（克拉斯内西南面12公里）的第47装甲军。第29摩托化步兵师到达斯摩棱斯克南郊，第18装甲师到达克拉斯内北面的第聂伯河河段。红军四五个纵队并排而行，从奥尔沙沿公路撤往斯摩棱斯克。第17装甲师在第聂伯河东岸夺得奥尔沙城区东部和南部。我17点找到内林将军，他指挥的第18装甲师在古西诺附近激战，据他报告，敌人企图在多布林（奥尔沙东南方24公里）突出合围圈向东逃跑，给他的后勤部队造成严重损失。

17 点 40 分，我继续赶往斯摩棱斯克方向。我率领的直属卫队在途中遭遇空袭，幸好没有伤亡。19 点 15 分，我在斯摩棱斯克城外与第 29 摩托化步兵师作战参谋、能干的弗朗茨少校交谈了一番，据他报告，尽管损失不小，但该师在斯摩棱斯克附近的进展还不错。从这一刻起，各部队纷纷请求补充兵员和装备，我觉得这些要求合情合理。

我 23 点回到装甲集群指挥所，在此期间，我们的指挥所前移到戈尔基。

7 月 16 日，第 29 摩托化步兵师攻克斯摩棱斯克，率先完成了受领的战役目标，这是个了不起的成就。从师长冯·博尔滕施特恩将军到普通士兵，全体将士恪尽职守，不愧是英勇的军人。

第 2 装甲集群辖内各兵团，7 月 16 日的位置如下：

第 1 骑兵师在旧贝霍夫东南方；第 4 装甲师在切里科夫与克里切夫之间；第 3 装甲师在乔瑟与莫利亚季奇之间；第 10 摩托化步兵师位于莫吉廖夫南面。

第 10 装甲师在希斯拉维奇与波奇诺克之间；党卫队帝国师在第 10 装甲师身后；大德意志步兵团位于莫吉廖夫北面。

第 29 摩托化步兵师位于斯摩棱斯克；第 18 装甲师位于克拉斯内—古西诺；第 17 装甲师位于利亚德—杜布罗夫诺。

几个步兵先遣支队到达第聂伯河。这些先遣支队以步兵师辖内的侦察营和少量摩托化分队组成，战斗力较弱。

自 7 月 13 日起，苏联人展开猛烈的反突击。大约 20 个红军师从戈梅利方向而来，攻击装甲集群右翼，与此同时，他们还从莫吉廖夫攻往南面和东南面，从奥尔沙陷入包围的登陆场向南突围。铁木辛哥元帅统一指挥的这些行动，显然是亡羊补牢，企图挫败我们已大获成功的渡河行动。

7 月 16 日，我们发现苏联人把更多兵力调往戈梅利和克林齐，向东通往斯摩棱斯克的交通线也很繁忙。因此，敌人接下来要做什么不难预料。尽管处境艰难，但我的决心未变，就是要迅速实现自己受领的目标。各个军毫不动摇，继续攻击前进。

7 月 17 日，我飞赴第 24 装甲军，视察了位于该军右翼、第聂伯河畔的第 1 骑兵师，该师卷入激战，抗击红军的猛烈冲击。

第2装甲集群辖内各兵团当日的位置如下：

第1骑兵师位于旧贝霍夫南面；第10摩托化步兵师在切里科夫西面；第4装甲师位于克里切夫；第3装甲师位于洛布科维奇。

第10装甲师在波奇诺克与叶利尼亚之间；党卫队帝国师在姆斯季斯拉夫尔；大德意志步兵团位于列科特卡。

第29摩托化步兵师在斯摩棱斯克；第18装甲师位于卡滕—古西诺；第17装甲师位于利亚德—杜布罗夫诺。

莫吉廖夫附近和东面、奥尔沙东面、斯摩棱斯克南北两面都出现了强大的敌集群。霍特集群进入斯摩棱斯克以北地域。在我们身后跟进的步兵逼近第聂伯河。

南方集团军群在德涅斯特河对岸设立了几座登陆场。

当天，我和霍特、里希特霍芬荣膺骑士铁十字勋章橡叶饰，我成为陆军第五位、国防军第二十四位获此殊荣者。

7月18日，我和第47装甲军待在一起。第17装甲师不再承担翼侧掩护任务，从奥尔沙东面开赴斯摩棱斯克以南地域，应对从南面攻往该城的红军。激战中，该师英勇的代理师长冯·韦伯骑士将军负了致命伤。

接下来几天，红军依托坚固阵地顽强抵抗，但第46装甲军还是夺得叶利尼亚和该镇周边地域。该军右翼和后方的战斗仍在继续。

到7月20日，第2装甲集群辖内各兵团的位置如下：

第1骑兵师在旧贝霍夫东南方；第10摩托化步兵师位于切里科夫西面；第4装甲师位于切里科夫—克里切夫；第3装甲师位于洛布科维奇。

第10装甲师在叶利尼亚；党卫队帝国师在库希诺；大德意志步兵团在希斯拉维奇西面。

第17装甲师位于斯摩棱斯克南面；第29摩托化步兵师位于斯摩棱斯克；第18装甲师位于古西诺。

红军对第24装甲军和斯摩棱斯克的反突击仍在继续，还对叶利尼亚发起新的进攻。在我们身后跟进的步兵，终于渡过第聂伯河。霍特集群即将包围斯摩棱斯克东北面的大批敌军，这就要求第2装甲集群协同行动，从南面攻往多罗戈布日。我很愿意助他一臂之力，于是7月21日赶到第46装甲军，就必要的行动做出安排。

斯摩棱斯克城南部和西部仍在敌军炮火打击下，所以我不得不在城外兜了个大圈。中午前后，我赶到第 17 装甲师位于斯洛博达附近的一个团，该团负责掩护东南翼。我随后在斯摩棱斯克东南方 45 公里的基谢列夫卡找到第 46 装甲军指挥所，听取他们汇报的态势，随后视察了大德意志步兵团的阵地，这处阵地位于罗斯拉夫尔以北 35 公里，瓦什科沃车站南面，当面之敌配有火炮，但实力较弱。第 46 装甲军卷入激战，所有兵力都受到牵制。接下来几天，第 18 装甲师在第聂伯河上游的古西诺没有太多战斗任务，所以我决定以该师替换大德意志步兵团，这样一来，第 46 装甲军就有足够的兵力支援霍特集群。我在第 46 装甲军指挥所用电台下达了必要的命令。第 46 装甲军奉命把所有可用兵力投入多罗戈布日方向，密接支援航空兵负责击退从斯帕斯杰缅斯克方向而来、对叶利尼亚东南部发起反突击的红军。返程途中，我收到装甲集群司令部发来的几份电报，说上级部门急于把党卫队帝国师投入多罗戈布日方向。可除了我刚才在第 46 装甲军做出的安排，现在没什么可做的。途中我再次来到第 47 装甲军，但也没找到其他解决之道。现在一切取决于第 18 装甲师迅速脱离古西诺的翼侧掩护任务，腾出兵力向北开进。值此关键时刻，冯·克鲁格元帅对装甲集群位于第聂伯河的左翼担心不已，一再亲自介入，还扣下第 18 装甲师，就像当初在比亚韦斯托克那样，他没有通知我就直接下达了命令。结果很不幸，我们攻往多罗戈布日的兵力不足。

傍晚前后，我赶往装甲集群设在斯摩棱斯克西面霍赫洛沃的指挥所，在城区附近遭遇敌军炮火，冲击波把我英勇的摩托车传令兵赫尔里格尔掀离车座，幸好没有负伤。

斯摩棱斯克周边的战斗没给城区造成太大破坏。第 29 摩托化步兵师攻占第聂伯河南岸的旧城区后，7 月 17 日渡河，一举夺得北岸工业区，与霍特集群取得联系。这几天视察阵地期间，我抽空参观了斯摩棱斯克城内的大教堂。教堂完好无损，进去后却发现入口和左侧半座教堂改成了无神论博物馆，不免让我们这些参观者大吃一惊。博物馆门前伫立着一尊伸手乞讨的乞丐蜡像，里面还有一个个真人大小的蜡像，造型极为夸张，旨在表现资产阶级对无产阶级的歧视和剥削，毫无美感可言。教堂右半部仍留作宗教用途。苏联人大概想把银质祭坛用具和烛台藏起来，可没等他们完成，我们就到了。不管怎么说，这些珍贵的物品就堆放在大厅中央。

我派人去找个苏联人来，打算把这些宝贵的物品交给他保管。他们很快找到个教堂司事，这位老人留着白色的大胡子，我让翻译告诉他，赶紧把这些宝物搬走，请他代为保管。圣幛宝贵的鎏金木雕完好无损。大教堂后来的情况如何，我就不得而知了。但不管怎么说，我们当时的确为保护这些古迹尽了全力。

7月23日，我在斯摩棱斯克以南15公里的塔拉什基诺遇到冯·托马骑士将军，他接替冯·韦伯骑士将军出任第17装甲师师长，冯·托马将军是我们当中最年长、经验最丰富的装甲指挥官之一，早在第一次世界大战和西班牙内战期间，他就以沉着冷静、英勇无畏而著称，现在又要接受新的考验。他的师确保了第46装甲军与第47装甲军之间的联系，还沿第聂伯河防范敌人向南突围的企图，第4集团军一直对此担心不已。第46装甲军指挥所设在叶利尼亚以西11公里的森林内，菲廷霍夫将军报告，红军在强大的炮兵力量支援下，从南面、东面、北面对叶利尼亚发起反突击。该军首次遇到弹药不足的情况，因而只能坚守最重要的目标。菲廷霍夫的想法是，待第18装甲师换下大德意志步兵团，就开赴多罗戈布日方向，全力支援霍特集群。到目前为止，我们在叶利尼亚西北面渡过乌沙河，攻往斯维尔科卢切方向的所有行动都以失败告终。从格林卡通往克里米亚季诺的道路，我们的地图上标为"良好"，其实根本就没有这条路。通往北面的各条道路满是泥泞，机动车辆无法通行。所有运动不得不靠徒步跋涉，不仅耗费体力，还严重耽误时间。

我随后驱车赶往第10装甲师，沙尔将军介绍了迄今为止叶利尼亚周边的战事，给我留下深刻的印象。他的部队一天内击毁50辆敌坦克，但随后还是被红军精心构筑的阵地挡住。沙尔将军指出，他损失了三分之一的车辆，弹药前运不得不跋涉450公里。

最后我来到叶利尼亚北面的党卫队帝国师。他们昨天俘敌1100人，但没能从叶利尼亚朝多罗戈布日方向取得任何进展，红军的狂轰滥炸阻滞了他们的行动。于是我赶往前线，想亲眼看看那里的地形和情况，一级突击队中队长克林根贝格率领的摩托车步兵守在那里。察看了前线的情形，我觉得必须等大德意志步兵团开抵，才能朝多罗戈布日方向发动进攻。

23点，我回到装甲集群设在普鲁德基南面2公里的新指挥所。

接下来几天，红军继续遂行猛烈的进攻，强度毫未减弱。尽管如此，我们还是在右翼取得进展，同时，第 18 装甲师和第 1 步兵师这些深受欢迎的援兵，终于开抵中央地段。但我们改往多罗戈布日方向的企图彻底失败了。

近日的侦察表明，红军 4 个新集团军司令部出现在诺夫哥罗德—布良斯克西面—叶利尼亚—勒热夫—奥斯塔什科夫一线东面，不出所料，他们在那些地方构筑了防御工事。

截至 7 月 25 日，第 2 装甲集群辖内兵团的位置如下：

第 1 骑兵师在新贝霍夫东南地域；第 4 装甲师位于切里科夫—克里切夫；第 10 摩托化步兵师在切里科夫；第 3 装甲师位于洛布科维奇。

第 263 步兵师、第 5 机枪营、大德意志步兵团、第 18 装甲师、第 292 步兵师在普鲁德基以南地域和沙塔洛夫卡机场，我方密接支援战机已进驻该机场，所以我们必须确保机场不受敌军火炮、迫击炮火滋扰。

第 10 装甲师位于叶利尼亚，党卫队帝国师在叶利尼亚北面。

第 17 装甲师位于琴佐沃及其南面；第 29 摩托化步兵师在斯摩棱斯克南面；第 137 步兵师在斯摩棱斯克。

博布鲁伊斯克的公路上出现了敌骑兵。

7 月 26 日，苏联人继续进攻叶利尼亚。我请求上级前调第 268 步兵师，加强叶利尼亚突出部防线，因为装甲部队经历了长时间行军和战斗，早已疲惫不堪，目前急需休整，坦克也需要维修。中午我来到第 3 装甲师，恭贺莫德尔荣膺骑士铁十字勋章，他获得这份殊荣可谓实至名归，莫德尔向我汇报了第 3 装甲师的情况。我随后在第 4 装甲师遇到冯·施韦彭堡男爵将军和冯·朗格曼男爵将军。傍晚前后传来的报告称，红军突破了第 137 步兵师设在第聂伯河北岸的斯摩棱斯克登陆场。

我方无线电侦测表明，红军位于戈梅利的第 21 集团军、位于罗德尼亚的第 13 集团军、位于罗斯拉夫尔南面的第 4 集团军已取得联系。

霍特集群当日从北面封闭了斯摩棱斯克东面的合围圈，大约 10 个红军师的残部落入第 3 装甲集群手中。我们身后，仍盘踞在莫吉廖夫附近的大批敌军灰飞烟灭。

我回到装甲集群指挥所，22 点接到集团军群的命令，让我次日中午 12 点去奥尔沙机场开会。此次会议非常必要，众将领对近期作战态势的看法发生分歧，因而急需澄清。第 4 集团军认为，斯摩棱斯克地域受到严重威胁，而我装甲集群的观点是，目前最危险的敌人在罗斯拉夫尔南面和叶利尼亚东面。罗斯拉夫尔地域近日发生的危机，部队遭受的损失，是各兵团固守斯摩棱斯克西面第聂伯河河段的结果，不利局面本来是可以避免的。这种意见导致第4集团军司令与我的关系恶化到谁都不愿见到的程度。

7月27日，我在参谋长冯·利本施泰因男爵中校陪同下，取道奥尔沙飞赴集团军群司令部驻地鲍里索夫，此行的目的，一是汇报辖内部队的情况，二是就后续作战事宜接受新指令。我期望上级命令我们攻往莫斯科，最起码要攻往布良斯克，可出乎意料，希特勒打算以第2集团军和第2装甲集群攻往戈梅利，合围盘踞在那里的8—10个红军师，对第2装甲集群而言，就是转向西南方，朝本国方向攻击前进。有人告诉我们，尽管大规模合围在西线大获成功，但陆军总参谋部这种理论是错误的，眼下重要的是以一场场小规模合围歼灭敌有生力量。出席会议的将领一致认为，这样做会让敌人获得时间组建新兵团，以源源不断的兵力拓展后方防线，还会导致对苏战事无法像我们希望的那样速战速决。

OKH几天前也提出完全不同的观点。为证明这种说法，我想从我得到的官方资料里引用部分内容，文件的日期是1941年7月23日，具体如下：

> 确定后续作战行动的指导方针，应当基于以下观点：我们实现进军令规定的首个战役目标时，已击败红军尚具战斗力的主力。但另一方面我们也要预料到，敌人借助庞大的人力资源，继续付出不懈的努力，有可能在他们认为重要的方向上顽强抵抗德军展开的行动。我们估计敌人会把抵抗重点置于乌克兰、莫斯科前方、列宁格勒前方。
>
> OKH的企图是粉碎尚存或新组建的敌兵团，迅速夺取伏尔加河西面乌克兰境内、图拉—高尔基—雷宾斯克—莫斯科地区、列宁格勒周边最重要的工业区，彻底消除敌人在物质上重新获得装备的可能性。据此分配给各集团军群的任务，以及兵力总体分配方案，会在电传电报里详细阐明，尔后再以指令做出更详细的规定。

无论希特勒最终作何决定，对第2装甲集群来说，首先要做的是解决右翼最危险的敌人。因此我对集团军群司令提出，我打算攻往罗斯拉夫尔，控制从这个交通枢纽通往东面、南面或西南面的路线，请求他为我配属必要的兵力。

我的请求得到批准，第2装甲集群配属的兵力如下：

（1）辖第7、第23、第78、第197步兵师的第7军，辖第263、第292、第137步兵师的第9军，用于进攻罗斯拉夫尔；

（2）辖第15、第268步兵师的第20军，用于替换叶利尼亚突出部内的装甲师，以便他们休整，维修技术装备。

在此期间，第1骑兵师转隶第2集团军。

第2装甲集群不再隶属第4集团军，接下来一段时间，我的兵团改称"古德里安集团军级集群"。

进攻罗斯拉夫尔，消除翼侧威胁的作战方案如下：

第24装甲军以第10摩托化步兵师和第7军辖内第7步兵师接掌掩护纵深右翼的任务，面朝敌军盘踞的克利莫维奇—米洛斯拉维奇地域；以第3、第4装甲师夺取罗斯拉夫尔，从那里确保与第9军的联系，该军部署在北面的奥斯捷尔河与杰斯纳河之间。

第7军以第23、第197步兵师展开行动，穿过彼得罗维奇—希斯拉维奇地域，与第3装甲师协同，攻往罗斯拉夫尔—斯托多利谢—斯摩棱斯克公路；第78步兵师在第二线跟进。

第9军以第263步兵师在上述公路与奥斯捷尔河之间展开行动，以第292步兵师在奥斯捷尔河与杰斯纳河之间由北向南攻往罗斯拉夫尔—叶基莫维奇—莫斯科公路，重点置于左侧。第137步兵师负责掩护军左翼。第47装甲军以部分兵力，特别是炮兵，加强第9军。

按照我们的计划，第24装甲军和第7军8月1日发动进攻，第9军可能无法及时做好准备，所以8月2日再展开行动。

接下来几天，我们忙着从事进攻准备。特别是刚刚纳入我麾下的几个步兵军，他们还没跟红军交过手，必须熟悉我的进攻方式。他们从来没同坦克打过交道，难免会对我的进攻方式心存疑虑，特别是第9军，该军杰出的军长盖尔将军早在帝国国防部部队局期间就是我的上司，他后来担任第5军区司令，又是我的上司，维尔茨堡隶属该军区，我和他很熟。盖尔将军素以"敏锐的理解力"著称，第一次世界大战期间，鲁登道夫将军对他这个特点赞赏有加。盖尔将军认为我的进攻计划存在种种缺点，我召集几位军长开会，他把这些问题和盘托出，对我的战术顾虑重重。为打消他的疑虑，我说道："这场进攻就是做数学题！"言下之意是必然赢得胜利。但盖尔将军全然不信，在我们召开会议的苏联小教室里，我与这位昔日的上司争得不可开交。直到后来上了战场，他才发现我下达的命令正确无误，随后以巨大的个人勇气，为此次进攻的胜利做出了重要的贡献。

7月29日，希特勒的副官长施蒙特上校为我送来骑士铁十字勋章橡叶饰，趁此机会，我对他谈了自己的看法。施蒙特却告诉我，希特勒有三个目标：

1. 东北方，也就是列宁格勒，无论如何必须夺取那座城市，这样就能确保波罗的海畅通无阻，既可以保障瑞典运来的原料，也能确保北方集团军群的后勤补给；

2. 莫斯科，那里的工业区至关重要；

3. 东南方，也就是乌克兰。

从施蒙特这番话能听出，希特勒还没下定决心进攻乌克兰。所以我敦请施蒙特向希特勒力陈，直接攻往苏联的心脏莫斯科，不要对敌人反复施以小规模打击，这种行动不仅会给我们自身造成损失，也起不到决定性作用。另外，我还请求元首不要扣留新坦克和零配件，否则我们无法迅速结束对苏战争。

7月30日，我们击退敌人对叶利尼亚的13次冲击。

7月31日，派往OKH的联络官冯·贝洛少校回来了，还带回以下指示："10月1日到达奥涅加湖—伏尔加河的原定目标已无法实现。但我们确信能到达列宁格勒—莫斯科一线及其南面。OKH和总参谋长的工作吃力不讨好，因为所有作战行动都由最高层直接指挥。关于后续作战行动的最终决定尚未做出。"

可现在一切取决于后续作战行动的最终决定，就连个别问题也不例外，例如我们不攻往莫斯科方向的话，是否该坚守叶利尼亚的阵地，这个突出部超出我方战线，不仅危险，还给我们持续造成大量伤亡。我们为这场阵地战提供的弹药远远不够，这一点不足为奇，因为这里与高效的铁路终端相距750公里。通往奥尔沙的铁路线已改成德国轨距，但运输能力有限。由于我们缺乏苏制火车头，尚未更改轨距的其他铁路线毫无用处。

不管怎样，我仍抱有一丝希望，期盼希特勒会做出不同的决定，推翻我们7月27日在鲍里索夫的中央集团军群司令部开会期间收到的指示。

8月1日，第24装甲军和第7军朝罗斯拉夫尔发动进攻。我一早赶往第7军，但沿行军道路行驶期间，既没找到军指挥所，也没看见第23步兵师。我一路寻找，9点前后才找到第23步兵师的骑兵前卫。军指挥所不可能在他们前面，于是我停了下来，向骑兵打听敌情。他们对我这个不速之客深感惊异。第67步兵团随后从我身旁经过，团长冯·比辛男爵中校是我的老朋友，当初我们在柏林施拉赫滕湖畔合住了很长一段时间。他的部下认出我，一个个显得既惊又喜。赶往第3装甲师途中，我遭遇空袭，我方战机误炸了第23步兵师的行军道路，给该师造成严重损失。第一颗炸弹落在我车辆前方50米开外。尽管地面部队有明显的标识，而且我们预先把各条行军道路明确通知了空军，可还是发生了不幸的意外，主要原因是年轻飞行员缺乏训练，实战经验不足。除此之外，第23步兵师这场进军没遭遇激烈抵抗。

当天下午，我在霍罗涅沃南面的奥斯捷尔河以西地段与第3装甲师前卫待在一起。莫德尔将军报告，他完好无损地夺得河上几座桥梁，还俘虏了敌人一个炮兵连。我与在场的几位营长交谈了一番，对部队的杰出表现大加称赞。

傍晚前后我赶到第24装甲军军部，听取了当日的整体战况，凌晨2点才回到集团军级集群指挥所。这趟前线之旅整整用了22个钟头。

我们占领了此次进攻的主要目标罗斯拉夫尔！

8月2日上午，我来到第9军。从第292步兵师第509步兵团指挥所望去，敌人后撤的情形看得清清楚楚。我命令部队向南进军，第9军军部提出反对意见，我没有采纳。我随后驱车赶往第507步兵团，他们正跟随先遣支队开赴科斯基。最后我又视察了第137步兵师师部和该师辖内几个团，指示他们夜间继续前进，尽快到达莫斯科公路。22点30分，我回到自己的指挥所。

第9军8月2日没取得太大战果，所以我决定8月3日再去该军，督促他们继续前进，确保这场进攻取得胜利。我先赶往科瓦利的第292步兵师指挥所，再从那里前往第507步兵团。我在途中遇到第9军军长，与他详细商讨了作战事宜。到达第507步兵团，我率领该团先遣连徒步行进，以这种以身作则的方式避免了毫无必要的停顿。我们距离宽阔的莫斯科公路还有3公里，从望远镜里望去，罗斯拉夫尔东北面的坦克看得一清二楚。我命令部队停止前进，让伴随步兵先遣力量的突击炮发射白色信号弹，这是己方部队的识别信号，意思是"我在这里"，莫斯科公路上随即做出回应，也射出白色信号弹。是我的部下，第4装甲师第35装甲团的装甲兵！

我赶紧上车，朝那些坦克驶去。最后一批红军士兵丢下火炮逃之夭夭，莫斯科公路上，横跨奥斯特里克河的桥梁已被炸毁，第35装甲团第2连的官兵攀过桥架和桥板，到对岸迎接我。我的长子不久前还在该连任连长，近期刚刚调职。他和部下的关系非常好，所以连里官兵把信任和爱戴之情转移到我身上。现任连长克劳泽中尉向我汇报了连队的战斗经历，我对他们取得的战果表示祝贺。

罗斯拉夫尔合围圈就此合拢，3—4个红军师陷入包围。我们现在要做的是守住封锁线，直到对方投降。盖尔将军半个钟头后赶到现场，我向他强调指出，守住莫斯科公路至关重要。为严密封锁合围圈，第292步兵师正面朝西，面对合围圈，第137步兵师沿杰斯纳河部署，正面朝东。

我返回指挥所，获知第7军俘虏3700名敌军官兵，还缴获60门火炮、90辆坦克、1部装甲列车。

在此期间，叶利尼亚附近的激战仍在继续，弹药消耗严重。集团军级集群指挥所的警卫连也投入战斗，这是我们最后的预备队。

8月3日，集团军级集群辖内各兵团的位置如下：

第4装甲师位于罗斯拉夫尔；第7步兵师和第3装甲师在克利莫维奇西面；第10摩托化步兵师位于希斯拉维奇；第78步兵师位于波涅托夫卡；第23步兵师位于罗斯拉夫尔；第197步兵师和第5机枪营在罗斯拉夫尔北面。

第263步兵师在普鲁德基南面；第292步兵师位于科斯基；第137步兵师位于杰斯纳河东岸。

第10装甲师、第268步兵师、党卫队帝国师、大德意志步兵团在叶利尼亚周围；第17装甲师在叶利尼亚北面；第29摩托化步兵师在斯摩棱斯克南面；第18装甲师在普鲁德基。

第20军军部刚刚到达。

8月4日一早，我奉命去集团军群司令部，向希特勒当面汇报情况，这是自对苏战争开始以来的首次。我们现在面临战争的决定性转折点！

莫斯科还是基辅？

希特勒在中央集团军群司令部驻地鲍里索夫召开会议。除了他和施蒙特，出席会议的还有冯·博克元帅、霍特和我，以及总参作战处处长霍伊辛格上校，他是OKH派来的代表。希特勒先让我们单独对他陈述自己的观点，每个人都不知道其他人说了些什么。集团军群所有将领一致认为，继续攻往莫斯科深具决定性。霍特报告，他的集群最早8月20日可以投入进攻；我报告，我的集团军级集群8月15日就能展开行动。希特勒随后把众人召集到一起，声称他的首要目标是列宁格勒周围的工业区，接下来攻往莫斯科还是乌克兰，他还没有最终决定。但希特勒似乎倾向于攻往乌克兰，一是因为南方集团军群已为那里的胜利打下基础，二是因为他觉得日后的战争需要乌克兰的原料和粮食，三是因为他认为必须占领克里木半岛，那里是"苏联对付罗马尼亚油田的航空母舰"。他希望冬季到来前拿下莫斯科和哈尔科夫。但究竟攻往莫斯科还是乌克兰，这个最重要的战略问题，当日没有做出决断。

会议随后转入具体问题。对我的集团军级集群来说重要的是，放弃叶利尼亚突出部的请求遭否决，因为眼下还无法确定该突出部是否会成为我们攻往莫斯科方向的出发阵地。我强调，浓厚的尘埃导致坦克引擎严重磨损，要是我们打算年底前以装甲力量展开深远的行动，就得赶紧更换新引擎，另外还要以新生产的坦克替换损坏的战车。经过一番讨价还价，希特勒答应为整个东线提供300台引擎，我觉得这个数字少得可怜。新坦克根本没我们的份儿，因为希特勒想用这些坦克装备国内组建的新兵团。争论这个问题时，我告诉他，苏联人在坦克方面占有巨大的优势，我们只有尽快补充战车的损失，才能与对方抗衡。希特勒这时候说了一句："您在书里提到过苏联人的坦克数量，要是我知道他们真有这么多坦克，我想我不会发动这场战争。"我在1937年出版的《注意，坦克！》一书里指出，苏联当时已经有1万辆坦克，但陆军总参谋长贝克和审查机构强烈反对我提出的数字。几经周折，这本书好不容易才出版，书里保留了1万辆坦克的数字。但就我当时掌握的资料看，苏联至少有17000辆坦克，这个数字确凿无疑，所以我写1万辆是很保守的估计，完全是为了让该书顺利出版。谁也不能以鸵鸟政策来逃避迫在眉睫的危险，可希特勒和他那些政治、经济、军事领域的权威顾问，恰恰是一次次这样做的。面对严酷的现实，他们装聋作哑，由此造成的严重后果却让我们来承担。

飞回指挥所的途中，我下定决心，无论如何必须做好攻往莫斯科的准备。

回到指挥所我才得知，第9军担心红军在合围圈东南边缘的叶尔莫利诺突围，因而放弃了莫斯科公路，一时间险象环生，红军有可能冲出8月3日封闭的合围圈。因此，我8月5日一早匆匆赶往第7军，从那里沿莫斯科公路驱车而行，想从南面重新堵上缺口。我在途中遇到第15步兵师一部，他们即将部署到叶利尼亚附近，于是我对师长简要介绍了这里的情况。我随后来到第197步兵师，师长迈尔-拉宾根将军报告，合围圈不再严密，不管怎样，莫斯科公路处在苏联人火力控制下。我在第4装甲师又得知，第35装甲团已换防。我立即致电第24装甲军，责成他们设法控制莫斯科公路，随后我驱车赶往第7军，该军已派第23步兵师侦察营阻止红军突出合围圈。但我觉得这项措施远远不够，于是和第7军参谋长克雷布斯上校一同赶往罗斯拉夫尔，克雷布斯是我当初在戈斯拉尔猎兵营的老战友，1945年春季接替我担任陆军总参谋长。我在那里遇到克劳泽中尉的装甲连（第35装甲团第2连），他们开往休整营地，而连长本人还在对付敌人。该连到早上才粉碎敌人的突围企图，击毁几门火炮，抓获几百名俘虏。他们随后奉命撤离。我立即命令这个英勇的连队返回，重新占据原先的防线。我又把第332步兵团第2营派往奥斯特里克桥，还命令罗斯拉夫尔城内的高炮部队做好战斗准备，随后亲自赶往前线。我刚到达奥斯特里克桥，大约100名红军官兵就从北面逼近桥梁。我们驱散了这支敌军。我方坦克驶过近日刚刚修复的桥梁，阻止了敌人的突围企图。坦克与第137步兵师取得联系后，我驱车返回第7军指挥所，把看管莫斯科公路危险地段的任务交给马蒂内克将军，这位久经考验、杰出的奥地利军人是第7军炮兵指挥官。我随后乘鹳式飞机返回自己的指挥所，在那里命令第9军与马蒂内克战斗群取得联系。

我命令集团军级集群司令部做好攻往莫斯科的准备，要求几个装甲军沿莫斯科公路部署在右翼，几个步兵军部署在中路和左翼。我打算把突击重点置于右翼，在莫斯科公路两侧突破红军目前相对薄弱的防线，穿过斯帕斯杰缅斯克攻往维亚济马，为霍特集群的行动创造条件，把进攻莫斯科的事宜纳入正轨。为实现这番构想，我 8 月 6 日拒绝了 OKH 的要求，他们让我腾出几个装甲师进攻罗加乔夫，而罗加乔夫位于第聂伯河畔，远远落在我这条战线后方。当日的侦察表明，罗斯拉夫尔周边的广阔地域几乎没有敌军，布良斯克及其南面 40 公里内也没见到敌人。我的判断次日得到证实。

到 8 月 8 日，我们终于可以大致统计罗斯拉夫尔交战的战果了。我们俘敌 38000 人，缴获 200 辆坦克和大量火炮，这份出色的战绩令人欢欣鼓舞。

但进攻莫斯科或展开其他行动前，必须满足一个前提条件：确保我们位于克里切夫的纵深右翼。肃清这一翼，对第 2 集团军进攻罗加乔夫同样不可或缺。和集团军级集群一样，中央集团军群也不想把装甲力量调拨给第 2 集团军，因为罗斯拉夫尔距离罗加乔夫 200 公里，来回就是 400 公里，这场长途跋涉会给技术装备造成毫无必要的损耗。两个司令部都把攻往莫斯科视为重中之重。尽管集团军群非常清楚这一点，可还是一再要求我们"把部分坦克用于普罗波伊斯克方向"，显然是因为 OKH 对他们施加了压力。冯·施韦彭堡男爵将军的建议解决了问题，他打算进攻克里切夫南面、米洛斯拉维奇附近的敌军，消除敌人对他右翼持续不断的滋扰。我同意他的决定，还征得集团军群批准，他们不再要求把坦克派往普罗波伊斯克。

8 月 8 日，我视察了罗斯拉夫尔附近和南面的各军各师，8 月 9 日，我在第 4 装甲师参加了第 24 装甲军的进攻行动。第 35 装甲团和第 12 步兵团的突击堪称典范，施奈德上校的炮兵为他们提供了卓有成效的支援。

有件事很能说明当地民众对我们的态度，交战地域内的某个村庄，几名妇女用木盘端着面包、黄油、鸡蛋走到我身边，我不吃的话，她们就不让我走。可惜，当地民众对德国人的好感仅限于仁慈的军政府统治期间，所谓的"帝国总督"接手后，很快扼杀了他们对德国人的友善，为激烈的游击运动铺平了道路。

先前一直留作 OKH 预备队的第 2 装甲师，8 月 10 日调往西线，也就是法国，个中原因不得而知。

第2集团军在戈梅利展开的行动，近日因为道路泥泞不堪而遇到巨大的困难，出于这个原因，上级没再把更多兵力投入该地域。

8月10日，集团军级集群辖内各兵团的位置如下：

第7步兵师位于霍托维奇以南地域；第3、第4装甲师进攻米洛斯拉维奇西南地域；第10摩托化步兵师位于米洛斯拉维奇；第78步兵师位于斯洛博达，先遣部队到达布坎；第197步兵师位于奥斯特罗瓦亚，先遣支队到达阿列什尼亚。

第29摩托化步兵师位于罗斯拉夫尔；第23步兵师在罗斯拉夫尔北面休整；第137、第263步兵师位于杰斯纳河前线。

第268、第292、第15步兵师位于叶利尼亚突出部。

第10装甲师在叶利尼亚西面；第17装甲师在叶利尼亚西北面；第18装甲师在普鲁德基东面；党卫队帝国师和大德意志步兵团在叶利尼亚西北面休整。

到目前为止，集团军级集群采取的一切措施都基于以下想法：中央集团军群和OKH都把攻往莫斯科方向视为决定性行动。尽管8月4日在鲍里索夫召开的会议没有就后续作战目标得出定论，但我还是希望希特勒会接受我们攻往莫斯科的观点，因为在我看来，这个观点顺理成章，甚至是不言而喻的。8月11日，我的希望破灭了。OKH否决了我从罗斯拉夫尔朝维亚济马发动重点进攻的计划，还称之为"不合常规"。他们不仅没提出更好的方案，接下来几天反而下达了一连串朝令夕改、相互矛盾的指令，下级指挥部门无所适从，根本没办法提前制订计划。尽管集团军群8月4日明确赞同我的主张，可现在迫于压力，不得不否决了我的进攻意图。可惜，我当时不知道希特勒几天后又同意攻往莫斯科，前提是满足某些条件。不管怎样，OKH没有抓住转瞬即逝的机会，果断采取行动，结果几天后情况又变了，一切恢复原状。

8月13日，我视察了罗斯拉夫尔东面莫斯科公路两侧的杰斯纳河前线。我怀着沉重的心情，见到部队在各处竖立的指示牌和路标，上面写着"通往莫斯科"，他们坚信接下来就要进军苏联首都。我与第137步兵师前线官兵聊了聊，话题都是立即恢复向东进军。

8月14日，第24装甲军在克里切夫周边地域的交战胜利结束，歼灭红军3个师，俘敌16000人，缴获大批火炮，还夺得科斯秋科维奇。

进攻莫斯科的建议遭否决，我顺理成章地提出，放弃叶利尼亚突出部，因为坚守此处已毫无必要，只会给我们不断造成伤亡。可集团军群和OKH又否决了我的提议，理由荒诞至极，居然是"敌人的情况比我们好不到哪里去"，全然无视这项建议的重点：避免无谓的伤亡，挽救我方官兵的生命。

8月15日，我好不容易打消上级的念头，他们想让刚刚赢得胜利的第24装甲军攻往戈梅利。我认为进军西南方不啻为后撤。集团军群又提出，抽调一个装甲师执行这项任务，可他们却没考虑到，仅凭一个师无法突破敌军防线。唯一的办法是投入整个第24装甲军，但必须派其他部队掩护该军左翼。另外，自6月22日对苏战争开始以来，第24装甲军就没休息过一天，现在急需休整，坦克也得维修保养。我好不容易才说服集团军群，不到半个钟头，OKH下达了指令，让我们派一个装甲师开赴戈梅利。第24装甲军奉命把第3、第4装甲师部署在第一线，第10摩托化步兵师在他们身后跟进，向南开往新济布科夫和斯塔罗杜布，待右翼师达成突破再转向戈梅利。

8月16日，第3装甲师夺得交通枢纽姆格林。中央集团军群把编有第12装甲师、第18及第20摩托化步兵师的第39装甲军交给北方集团军群。

接下来几天，我通过长途电话获知，中央集团军群司令部的态度摇摆不定。8月17日，面对敌人的激烈抵抗，第24装甲军右翼陷入停顿，而左翼第10摩托化步兵师，特别是第3装甲师，取得不错的进展，已越过铁路枢纽乌涅恰。这就切断了戈梅利—布良斯克铁路线，达成纵深突破。该如何发展胜利呢？照理说，应当投入在第24装甲军右翼后方跟进的第2集团军，让他们以强大的左翼进攻戈梅利。奇怪的是，实际情况并非如此。相反，第2集团军强大的兵力从他们的左翼开往东北方，那里远远位于第24装甲军战线后方，而第24装甲军正在斯塔罗杜布—乌涅恰附近激战。于是我请求中央集团军群命令第2集团军辖内部队先进攻我们右翼之敌，集团军群司令部答应了。可我询问第2集团军司令部是否收到了相关指示，却发现情况恰恰相反，是集团军群司令部命令他们开往东北方的。现在必须采取果断的行动，因为8月17日出现了敌人企图撤离戈梅利的迹象。当天，第24装甲军奉命在斯塔罗杜布和乌涅恰封锁敌人向东逃跑的道路。

8月19日，南方集团军群辖内第1装甲集群在扎波罗热附近夺得第聂伯河对岸一座小型登陆场。第 2 集团军攻占了戈梅利。我这个集团军级集群辖内，第 24 装甲军奉命穿过克林齐—斯塔罗杜布一线攻往新济布科夫，第 47 装甲军掩护第 24 装甲军东翼，在波切普遭遇敌人强有力的抵抗。

8 月 18 日，陆军总司令就东线后续作战事宜向希特勒提出建议。

8 月 20 日，第 24 装甲军在苏拉日—克林齐—斯塔罗杜布一线击退敌人的进攻。部分敌军在乌涅恰南面向东突围。我们击退了敌人对叶利尼亚的冲击。

8 月 20 日，冯·博克元帅打电话命令我，不要再向南攻往苏多斯季河畔的波切普，第 2 装甲集群左翼别再"继续深入"。他想让装甲集群辖内所有兵团在罗斯拉夫尔附近休整，届时以新锐力量攻往他一心期盼的目标莫斯科。他一直在催促第 2 集团军，不知道该集团军为何动作迟缓。

8 月 21 日，第 24 装甲军攻克斯塔罗杜布以南 40 公里的科斯托博布尔，第 47 装甲军夺得波切普。

8 月 22 日，第 20、第 9、第 7 军转隶第 4 集团军。为靠近辖内各师，集团军级集群指挥所迁到罗斯拉夫尔西面的舒米亚奇。当晚 19 点，集团军群司令部问我，能否投入克林齐—波切普地域做好战斗准备的装甲力量，在第 2 集团军左翼向南展开行动，与南方集团军群辖内第 6 集团军协同作战。看来 OKH 或 OKW 下达了指令，要求一个快速兵团参与第 2 集团军的进攻。我告诉集团军群司令部，我认为把集团军级集群用于这个方向大错特错，分散使用我们的兵力不啻为犯罪。

8 月 23 日，我奉命去中央集团军群司令部开会，陆军总参谋长也出席会议。他在会上宣布，希特勒已决定，暂时不朝列宁格勒或莫斯科展开行动，先夺取乌克兰和克里木。陆军总参谋长哈尔德大将原本指望进攻莫斯科，他的希望落空，对希特勒的决定震惊不已。我们商讨了很长时间，想找出办法，改变希特勒"不容更改的决定"。我们一致认为，现在攻往基辅，必然导致一场冬季战争，届时会遇到种种困难，OKH 完全有理由避免这场战争。我列举了道路和补给方面的困难，这些问题已暴露无遗，装甲兵团向南进军的话，势必遭遇种种难题，我们的坦克能否承受新的作战压力，以及随后朝莫斯科方向展开的冬季战争，我对此深感怀疑。我还谈到第 24 装甲军的状况，自对苏战争开始以来，该军没休息过一天，更没时间维修保养战车。这些理由让哈尔德萌生了新的希望，他觉得可以借此推翻希特勒的决定。冯·博克元帅赞同我的观点，因此，众人反复商量却毫无结果后，他建议我陪同哈尔德大将前往元首大本营，必要情况下，作为经验丰富的前线将领陈述这些理由，支持OKH说服希特勒的举措。众人一致赞同他的建议，于是我们下午晚些时候乘飞机出发，黄昏降落在东普鲁士勒岑机场。

飞机着陆后，我立即向陆军总司令报到。冯·布劳希奇元帅却劈头盖脸对我说了这样一番话："我不许您在元首面前提起莫斯科的话题，向南进军的命令已下达，眼下唯一的问题是如何执行，再说什么都没用。"既然他这么说，我就请求立即飞回集团军级集群，因为在这种限制条件下，我面见希特勒纯属多余，只会引发争论。可冯·布劳希奇元帅不许我回去，命令我去见希特勒，向他汇报集团军级集群的状况："但不能提莫斯科！"

于是我去见希特勒，汇报了集团军级集群的状况、目前的处境、地形情况。在场的人很多，包括凯特尔、约德尔、施蒙特和另一些人，可惜布劳希奇和哈尔德都不在，现场也没有任何OKH的代表。待我汇报完毕，希特勒问道："您认为您的部队完成当前任务后，还能再执行另一场大规模行动吗？"

我答道："要是让部队去完成全体将士都能理解的重大目标，那么我的回答是，能！"

希特勒说道："您指的肯定是莫斯科！"

我答道："没错，既然您提到这个话题，请允许我谈谈我的理由。"

希特勒同意了，于是我全面而又恳切地阐述了应当攻往莫斯科而不是基辅的理由。我解释道，从军事角度看，我们最近几场交战重创了敌军，现在必须彻底击败对方。我对他描述了苏联首都的地理重要性，莫斯科与巴黎那些城市完全不同，它是苏联的交通和通信中心，是政治中心，也是重要的工业区，这座城市一旦陷落，很可能给苏联民众乃至全世界造成猛烈的心理打击。我还谈到部队的情绪，他们一心期盼攻往莫斯科，已为此做好一切准备。我竭力向他说明，待我们在决定性方向赢得军事胜利，歼灭敌军主力，乌克兰的经济地区会更快地落入我们手里，因为我们控制了莫斯科交通网，苏联人由北向南调动兵力会非常困难。我指出，中央集团军群辖内部队已做好攻往莫斯科的准备，如果朝基辅方向展开行动，他们就得攻往西南方，也就是朝德国的方向攻击前进，势必耗费大量时间，如果随后再让他们攻往莫斯科，又得长途跋涉同样的距离，从罗斯拉夫尔到洛赫维察就有450公里，必然给我们的兵力和装备再次造成消耗和耗损。基于对苏战事伊始到乌涅恰这段经历，我描述了进军地域分配给我的各条道路的状况，以及后勤补给方面遇到的困难，如果我们攻往乌克兰，这些困难会与日俱增。我最后指出，倘若对苏战事不能像我们预期的那样迅速结束，而是拖到气候恶劣的季节，届时肯定会出现严重的不利局面，我们今年再想对莫斯科发动计划中的进攻就太晚了。结束发言时我提请他注意，其他一切考虑，无论看似多么合理，都得让位于迫切的必要性，我们首先要在军事上赢得决定性胜利，其他问题会迎刃而解。

希特勒静静地听着，没有打断我的话。待我说完，他才详细解释了他得出不同结论的原因。他说乌克兰的原料和粮仓对我们继续从事战争至关重要。谈到这个话题，他又一次提起克里木，认为必须消灭"苏联对付罗马尼亚油田的这艘航空母舰"。我首次听到希特勒说了这样一句："我的将军对战争经济一窍不通。"希特勒的讲话归结为一道严格的命令：基辅是下一个战略目标，立即朝那里发动进攻。现场首次出现了我后来多次见到的情形：除了我持相反的观点，其他人对希特勒说的每句话都点头称是。毫无疑问，希特勒此前多次为自己奇怪的决定辩解过。我深感遗憾的是，冯·布劳希奇元帅和哈尔德大将都没陪我出席会议，否则他们的观点也许能说服希特勒，就此改变战争的决定性走向。由于OKW一致反对我的观点，我没再继续争论，因为我当时觉得，不能在帝国首脑和他的亲信随从面前大吵大闹。

进攻乌克兰的决定再次确认，我只好奉命行事，但我觉得至少要以最佳方式来执行。所以我请求希特勒不要分拆使用我的装甲集群，而是把整个装甲集群投入新的任务，以便在秋季到来前迅速赢得胜利，因为秋雨会让无路可行的乡村沦为泥沼，彻底瘫痪摩托化兵团的运动。希特勒欣然答应，届时会满足我的请求。

待我回到住处，早已过了午夜。8月23日，OKH给中央集团军群下达了命令，这道命令指出，眼下重要的是"尽可能多地歼灭苏联第5集团军的兵力，尽快为南方集团军群打通第聂伯河渡场。为此，最好组建一个兵力集群，交给古德里安大将指挥，以其右翼穿过切尔尼戈夫攻击前进"。我面见希特勒时，对这道命令一无所知，哈尔德大将8月23日根本没对我提过。8月24日上午我去见陆军总参谋长，向他汇报，我没能说服希特勒改变主意。我本以为哈尔德不会对此感到意外，可出乎我意料，他似乎神经崩溃了，毫无道理地斥责了我一顿，还对我的动机心生猜疑。哈尔德打电话给中央集团军群司令部，对我大加诋毁，充分说明了他的精神状况，集团军群司令部某些人战后出版的著作，对此事的描述完全不属实。最让哈尔德生气的是，我从一开始就投入足够的兵力，全力以赴地执行已成定局的作战任务。他一点也不理解我的苦心，事后还不断给我设置障碍。我们没达成谅解，就这样不欢而散。我飞回集团军级集群，奉命8月25日攻往乌克兰。

8月24日，第24装甲军夺得新济布科夫，击退乌涅恰—斯塔罗杜布之敌。

基辅会战

希特勒8月21日的指令，构成即将到来的作战行动的基础，最重要的内容如下：

陆军8月18日就东线后续作战事宜提出的建议，不符合我的意图。

我特此命令：

1. 冬季到来前，我们要实现的最重要的目标不是莫斯科，而是占领克里木，以及顿涅茨的工业区和煤矿，切断苏联从高加索地区获得的石油供应，北路的任务是封锁列宁格勒，与芬兰人会合。

2. 我军到达戈梅利—波切普一线，创造了罕见的有利作战态势，南方、中央集团军群必须立即加以发展，以内翼发起向心行动。此次行动的目标，不仅要以第6集团军单独发动的进攻把苏联第5集团军逐过第聂伯河，还要在对方突破到杰斯纳河—科诺托普—苏拉河一线后方前歼灭这些敌军。这样就能确保南方集团军群在第聂伯河中游以东获得立足地，以中央和左翼力量继续攻往罗斯托夫—哈尔科夫。

3. 为此，中央集团军群不必顾及后续作战事宜，必须投入足够的兵力，实现歼灭苏联第5集团军的目标，同时依托节约兵力的阵地，击退敌人对防线中央地段的进攻。

4. 占领克里木半岛，对确保我们从罗马尼亚获得石油供应至关重要……

我 8 月 23 日面见希特勒时，根本不知道这道指令，它现在成为 OKH 和中央集团军群对我这个集团军级集群下达命令的依据。最令我失望的是，第 46 装甲军调离我麾下。尽管希特勒有过承诺，可集团军群还是把该军调到第 4 集团军战线后方，在罗斯拉夫尔—斯摩棱斯克地域担任预备队。集团军群司令部没理会我的反对意见，我只能以第 24、第 47 装甲军辖内部队投入新的行动。

我的首个进攻目标是科诺托普，与南方集团军群的协同问题，有待后续指令阐明。

以集团军级集群目前的兵力编组看，必然要把突破红军防御的任务再次交给此时位于乌涅恰周边地域的第 24 装甲军，另外，该军还要掩护右翼，防范从戈梅利向东逃跑之敌构成威胁。第 47 装甲军受领的任务，是以目前唯一可用的师，也就是第 17 装甲师，进攻苏多斯季河东岸波切普以南的大批敌军，以此掩护集团军级集群左翼。旱季的苏多斯季河无法形成任何屏障。

第 29 摩托化步兵师在杰斯纳河和苏多斯季河上游占据 80 公里长的地段。斯塔罗杜布东面，敌人仍盘踞在苏多斯季河西岸，位于第 24 装甲军翼侧。即便步兵力量接替第 29 摩托化步兵师，从波切普到我们首个进攻目标科诺托普，整个翼侧仍长达 180 公里，一旦那里爆发激战，主要威胁必然随之出现。敌人在东面的翼侧究竟有多少兵力，我掌握的情况很少。不管怎样，我们必须认识到，第 47 装甲军的兵力必须悉数投入翼侧掩护任务。而第 24 装甲军经历了持续不停的激战和行军，没得到任何休整和补充就投入新的行动，突击矛头的战斗力必然受到影响。

8 月 25 日，集团军级集群的进展如下：

第 24 装甲军，第 10 摩托化步兵师穿过霍尔梅和阿夫杰耶夫卡，第 3 装甲师穿过科斯托博布尔—诺夫哥罗德 - 谢韦尔斯基，到达杰斯纳河；第 4 装甲师肃清苏多斯季河西岸之敌，获得第 47 装甲军部分部队接替，在第 3 装甲师身后跟进。

第 47 装甲军，第 17 装甲师穿过波切普开赴苏多斯季河南岸，攻往特鲁布切夫斯克方向，尔后渡过杰斯纳河左岸，沿该河攻往西南面，为第 24 装甲军渡过这条宽阔的河流创造条件。该军余部仍从罗斯拉夫尔地域出击。

8 月 25 日一早，我赶往第 17 装甲师，亲自监督他们强渡苏多斯季河和南面的支流罗格河。这段行程驶过砂石路面，路况很差，几部车辆抛锚。12 点 30 分，我不得不从姆格林调来备用的装甲指挥车、人员运送车、摩托车。接下来一切顺利，14 点 30 分，我到达波切普北面 5 公里的第 17 装甲师指挥所。进攻任务很艰巨，我们投入的兵力似乎太少，正面也太窄，所以只能缓缓推进，无法与第 24 装甲军相提并论。我对师长冯·托马骑士将军和随后赶来的第 47 装甲军军长指出这种情况。为掌握敌军动向，我赶往第 63 步兵团战线，徒步参加了他们的进攻。当晚我在波切普过夜。

8 月 26 日一早，我带着副官比辛少校来到罗格河北岸的炮兵前进观察所，想亲眼看看斯图卡俯冲轰炸机对红军河岸防御的打击效果。炸弹投得很准，但破坏效果欠佳。不过，这场轰炸还是起到震慑作用，迫使苏联人趴在散兵坑里，我们的渡河行动几乎没遭受伤亡。由于我方一名军官的鲁莽举动，红军观察员发现了我们，随后射来一串迫击炮弹，打得很准。一发炮弹落在我们旁边，炸伤 5 名军官，坐在我身旁的比辛少校也在其中。我毫发无损，简直是奇迹。

当面之敌是红军步兵第 269、第 282 师。待我看见部队顺利渡过罗格河，在河上架起一座桥梁，下午就驱车穿过姆格林，返回集团军级集群设在乌涅恰的新指挥所。我在途中惊喜地获知，第 6 装甲团布赫特基尔希中尉果断采取行动，第 3 装甲师在诺夫哥罗德－谢韦尔斯基东面完好无损地夺得 700 米长的杰斯纳河大桥。这个幸运的战果对我们即将展开的行动更加有利。

直到午夜我才回到新指挥所。在哈尔德手下负责作战事务的总参第一军需长保卢斯将军下午来到这里，想了解前线的情况。不过，保卢斯没有决策权。我回来前，他已经与冯·利本施泰因男爵中校商讨了作战态势，还联系了 OKH，建议统一指挥第 2 集团军的左翼军和集团军级集群，还提出把第 1 骑兵师部署到集团军级集群左翼。可他得到的回复有点莫名其妙，OKH 称暂不考虑第 2 集团军部分兵力的转隶问题，第 2 集团军的运动"纯属战术行动"。第 1 骑兵师留在第 2 集团军，第 2 集团军必须把作战重点置于右翼。OKH 还批评集团军级集群的运动"过于超前"。可敌人部署在杰斯纳河畔的兵力非常强大，我们显然不能像 OKH 考虑的那样，对这支纵深左翼之敌置之不理。继续向南进军前，我们必须击败对方。第二天早上，我又与保卢斯商讨了一番，向他阐明我的作战思路。保卢斯把我的想法原原本本地转告陆军总参谋长，可哈尔德大将对我的成见很深，此事毫无结果。

8月26日傍晚，第2集团军左翼接近新济布科夫南面。该集团军与我这个集团军级集群的分界线从克林齐起，穿过霍尔梅，直抵索斯尼察（杰斯纳河畔马科希诺东北方），与第4集团军的分界线从苏拉日起，穿过乌涅恰和波切普，直达布拉索沃。

第24装甲军辖内，第10摩托化步兵师位于霍尔梅和阿夫杰耶夫卡，第3装甲师在诺夫哥罗德－谢韦尔斯基南面的杰斯纳河大桥，第4装甲师在斯塔罗杜布东南面与敌人交战。

第47装甲军辖内，第17装甲师在波切普南面的谢姆齐附近战斗，第29摩托化步兵师在波切普与茹科夫卡之间掩护集团军级集群左翼，随着第12、第53军各步兵师开抵，该师得以把兵力集中到右翼。第18装甲师从北面而来，先遣支队已穿过罗斯拉夫尔。

与集团军级集群这场运动相垂直的方向上，由西向东，第167步兵师穿过姆格林，第31步兵师位于他们北面，第34步兵师穿过科列特尼亚，第52步兵师穿过佩列拉济，第267、第252步兵师位于克里切夫—切里科夫—普罗波伊斯克公路上，这些师都隶属第2集团军。要是朝基辅方向发动进攻伊始就把这些步兵师里的一部分投向南面，第24装甲军完全能避免右翼不断出现的危机。

8月26日，第2集团军当面之敌依托杰斯纳河实施的抵抗愈加顽强。为迅速赢得胜利，我请求上级让第46装甲军归建，但OKH否决了我的要求。

8月29日，敌人投入强大的兵力，在航空兵支援下，从南面和西面猛攻第24装甲军。该军被迫命令第3装甲师、第10摩托化步兵师停止进攻。第4装甲师肃清苏多斯季河西岸的任务完成后，穿过诺夫哥罗德－谢韦尔斯基与第3装甲师会合。当天我先去第24装甲军军部，随后赶往第3、第4装甲师了解情况，继而定下决心，命令第24装甲军30日消除右翼遭受的威胁，31日继续攻往西南方；第47装甲军先在苏多斯季河东岸，尔后在杰斯纳河东岸继续攻往诺夫哥罗德－谢韦尔斯基。18点，我乘鹳式飞机返回指挥所。集团军级集群作战处长拜尔莱因中校最后一次与我同行，他很快就调到非洲战区，接替他的是沃尔夫少校。

到8月31日，杰斯纳河对岸的登陆场已大幅度拓展，第4装甲师顺利渡河。第10摩托化步兵师在科罗普北面渡过杰斯纳河，但红军发起猛烈的反突击，迫使该师退过河来，另外，他们的右翼也遭到实力强大的敌军猛烈冲击。第10摩托化步兵师的兵力捉襟见肘，就连面包烘焙连也投入战斗，好不容易才阻止了右翼的灾难。第47装甲军作战地域，红军先是投入坦克第108旅，9月1日又投入坦克第110旅，从特鲁布切夫斯克攻往西面和西北面，给英勇的第17装甲师造成巨大的压力。第29摩托化步兵师奉命退过诺夫哥罗德－谢韦尔斯基的杰斯纳河大桥，尔后向北进击，掩护第24装甲军登陆场的北翼，协助第17装甲师继续前进。苏多斯季河汇入杰斯纳河处与波切普之间，第18装甲师沿苏多斯季河河段接替了第4装甲师。自8月25日展开行动以来，第24装甲军已俘虏7500名敌军官兵，第47装甲军俘敌12000人。

由于两翼和正面都遭到实力强大的红军猛烈冲击，特别是第10摩托化步兵师，承受的压力特别大，依我看，手头这点兵力是否足以继续进攻很值得怀疑。所以我再次请求集团军群让第46装甲军归建。可上级8月30日只调回大德意志步兵团，9月1日调回第1骑兵师，9月2日又从斯摩棱斯克调回党卫队帝国师。叶利尼亚南面，红军在第23步兵师防区取得10公里深的渗透，第10装甲师不得不投入正面反突击。大德意志步兵团奉命开往诺夫哥罗德－谢韦尔斯基，党卫队帝国师赶赴第24装甲军右翼。大德意志步兵团9月2日到达诺夫哥罗德－谢韦尔斯基登陆场，党卫队帝国师9月3日开抵第24装甲军右翼。

这种零零碎碎调派援兵的做法，促使我9月1日致电集团军群，要求第46装甲军整体归建，另外再提供第7、第11装甲师及第14摩托化步兵师，我知道几个兵团目前尚未受领作战任务。我相信，凭借这些兵力足以迅速结束攻往基辅的作战行动。这份电报的直接结果是，集团军群给我们调来党卫队帝国师。但OKH的无线电侦听部门截获这份电报，引发了轩然大波。OKH联络官纳格尔中校9月3日获知此事，他汇报给希特勒，导致OKW采取了措施，我对此深感遗憾。我在后文还会再谈到这件事。

9月2日，航空队司令凯塞林元帅到访集团军级集群，与我商讨战事。他告诉我，南方集团军群的进展还不错，已经在第聂伯河对岸控制了几座登陆场，但后续行动方向尚未确定，可能是哈尔科夫，也可能是基辅。

莫德尔和冯·托马骑士将军当日都负了轻伤。

9月3日,我驱车驶过第10摩托化步兵师后方部队和投入战斗的面包烘焙连人员,一路赶到党卫队帝国师部署在阿夫杰耶夫卡附近的摩托车步兵部队。敌人位于西面,党卫队侦察营忙着挡住对方。这里的情况起初有些混乱,但师长豪塞尔将军采用任务导向式指挥,很快扭转了局面。我在阿夫杰耶夫卡找到豪塞尔,命令他做好9月4日攻往索斯尼察的准备。刚刚从罗斯拉夫尔开抵的第5机枪营交给他指挥。

中午我和第10摩托化步兵师待在一起,近日的激烈战斗致使该师损失惨重。他们注意到敌人正准备渡河,但第4装甲师部署到杰斯纳河南岸,阻止了对方的渡河企图,多少缓解了第10摩托化步兵师承受的压力。第10摩托化步兵师近日对付的是红军坦克第10旅及步兵第293、第24、第143、第42师,也就是说,敌人占有绝对兵力优势。我对师长冯·勒佩尔将军介绍了当前态势和友邻党卫队帝国师的任务,命令他以第10摩托化步兵师右翼加入党卫队帝国师次日的进攻。我随后赶往杰斯纳河南面的登陆场,据守在那里的第20步兵团第2营给我留下很好的印象,然后我又来到该团第1营,几天前他们在登陆场内受到些挫折,但很快恢复了士气。这个营给我的印象也不错,我告诉全营官兵,我相信他们日后依然会恪尽职守。

司令部发来电报,告诉我第1骑兵师再次转隶集团军级集群,正朝党卫队帝国师右翼前调。于是我又找到豪塞尔将军,要求党卫队帝国师掩护第10摩托化步兵师的后勤部队,随后返回指挥所。待我回到指挥所,得知我们进攻方向上的博尔兹纳和科诺托普镇依然是我们接下来的目标。第46装甲军军部和半数军直部队已重新加入集团军级集群。前线两个军报告,各俘虏2500名敌军官兵,集团军级集群工兵指挥官巴赫尔率领的后卫部队也俘敌1200人。第24装甲军强调指出,南翼越来越长,遭受的威胁与日俱增,突击楔子的冲击力不断遭到削弱。克罗列韦茨落入我们手里。

当天,OKH派驻集团军级集群的联络官纳格尔中校去鲍里索夫参加集团军群召开的会议,陆军总司令也出席会议。纳格尔在会上阐述了我对态势的判断,结果被扣上"传声筒和宣传员"的帽子,立即遭到撤换。这位目光敏锐、精通俄语的军官,就因为尽职尽责地陈述了前线将士的观点而受到惩处,我对此深感遗憾。

　　祸不单行，当日傍晚下起雨来，各条道路很快沦为泥沼，党卫队帝国师三分之二的部队陷入其中，难以前行。

　　9月4日我在第4装甲师前线度过，在那里遇到冯·施韦彭堡男爵将军。短暂的降雨浸透了各条道路，短短75公里路程，我用了四个半钟头。第4装甲师正攻往科罗普—克拉斯诺波利耶方向。该师当面之敌抵抗得非常顽强，甚至对我们的坦克发起攻击。但我们投入斯图卡俯冲轰炸机，一举打垮了敌人的主要抵抗。冯·施韦彭堡男爵将军研究了缴获的文件，他得出结论，攻往索斯尼察方向最有望取得胜利，因为那里是红军第13集团军与第21集团军的结合部，我们很可能在那里找到个缺口。第3装甲师报告进展顺利。我赶紧去找该师，发现他们穿过姆季诺和斯帕斯科耶攻往谢伊姆河河段。莫德尔将军也认为，就算第3装甲师击中的不是缺口，也是敌人的防御薄弱部。我指示莫德尔，渡过谢伊姆河后攻往科诺托普—别洛波利耶铁路线，截断这条铁路线。返回途中，我给司令部发了电报，就次日的作战行动下达命令。我随后获悉，希特勒很可能干预集团军级集群的作战行动。

　　集团军群司令部发来电报，说OKW很不满意集团军级集群的行动，对我把第47装甲军用于杰斯纳河东岸意见很大。他们让我提交态势研判和前景分析报告。OKH夜间下达指令，要求第47装甲军停止进攻，调到杰斯纳河西岸。指令的措辞非常粗暴，令我深感不快，也严重挫伤了第47装甲军的士气。第47装甲军军部和辖内各师觉得胜利在望，退到杰斯纳河对岸重新部署，肯定会比继续进攻耗费更多时间。自8月25日以来，该军已缴获155门火炮、120辆坦克，俘虏17000名敌军官兵，第24装甲军也俘敌13000人，可上级对此没有一句嘉勉的话。

　　9月5日，第1骑兵师奉命开赴波加尔，加入第4集团军。我们原本打算把这个师作为机动力量，掩护第47装甲军左翼。现在派该师在苏多斯季河河段掩护翼侧，根本发挥不了他们的机动性。

　　党卫队帝国师当日夺得索斯尼察。

　　第4集团军蒙受了重大损失，奉命撤离叶利尼亚突出部，要是采纳我8月份提出的建议，及时放弃该突出部，这些损失本来是可以避免的。

　　9月6日我再度视察党卫队帝国师，该师正在马科希诺附近进攻杰斯纳河上的铁路桥。我想方设法为他们提供空中支援。由于路况恶劣，该师没能集中兵力。

我在途中遇到开进中的兵团，有的在行军，有的在树林里休息。一支支部队纪律严明，都很高兴再次加入集团军级集群。下午，我方部队占领了铁路桥，还控制了杰斯纳河畔一座渡场。我的车队不得不数次穿越敌军炮火，但没遭受任何伤亡。返程途中，我们遇到第1骑兵师部分部队，由于路况恶劣，几支党卫队部队不得不徒步行进。到达师指挥所，我立即下令扩大杰斯纳河对岸的登陆场，这样，该师就能从那里出发，攻往谢伊姆河西岸，为第24装甲军的渡河行动创造有利条件。

9月7日，第3、第4装甲师在谢伊姆河南岸顺利构设了登陆场。集团军群当日命令我们朝涅任—莫纳斯特里谢一线展开行动，重点置于涅任。集团军群随后又修改指令，9月8日5点25分指示："新的攻击方向定为博尔兹纳—罗姆内，重点置于右侧。"当日在戈梅利的第2集团军司令部，陆军总司令与我商讨了计划10月初朝莫斯科方向发动的新攻势。另外，冯·布劳希奇元帅再次谈到第47装甲军在特鲁布切夫斯克方向交战的问题，极不赞成我9月1日发电报请调援兵的做法，因为OKW很可能截获电报，他还说集团军级集群当时发展作战行动毫无必要。我辩解道，强大的敌军位于我左翼，我不可能对此坐视不管，必须击败对方。截至当日，我们已俘虏4万名敌军官兵，还缴获250门火炮。我方先遣部队到达巴赫马奇—科诺托普铁路线。

第2集团军当日占领切尔尼戈夫，随后奉命攻往涅任—博尔兹纳方向。

当天，纳格尔中校与我们道别，他的继任者冯·卡尔登少校到任。与纳格尔和先前的贝洛一样，卡尔登兢兢业业地履行自己的职责，举止得体，理解力很强。

北方集团军群辖内，第4装甲集群和第18集团军准备进攻列宁格勒外围防御，行动定于9月9日发起。

9月9日，第24装甲军渡过谢伊姆河。我在第4装甲师目睹了当日的交战，还看见第33、第12步兵团辖内部队朝戈罗季谢展开行动。斯图卡俯冲轰炸机为步兵突击楔子和第35装甲团提供了卓有成效的支援。但参战部队的战斗力不高，充分说明经历了两个半月持续不停的征战，各部队损失惨重，疲惫不堪，急需整补。可惜现在无法让部队休整。下午晚些时候，冯·施韦彭堡男爵将军在第24装甲军军部告诉我，党卫队帝国师也投入进攻，第3装甲师准备攻往科诺托普方向。据俘虏交代，红军第40集团军插入了第13与第21集团军之间。我们的弹药所剩无儿，油料很紧张。

傍晚前后，我乘鹳式飞机返回克罗列韦茨的集团军级集群指挥所。在此期间，集团军群通知我，第1骑兵师不再留守苏多斯季河河段，而是要调到更北面。这样一来，第18装甲师就无法在集团军级集群身后跟进了，而我眼下正需要新锐力量发展谢伊姆河畔的胜利。夜里传来个好消息，第24装甲军在巴图林与科诺托普之间确实击中了敌人的防御薄弱部，第3装甲师先遣支队正赶往我们的进攻目标罗姆内。因此，该师进入敌军身后。眼下重要的是迅速发展胜利，但这项任务并不容易，因为我们兵力不足，路况恶劣，最要命的是，我们的东南纵深翼侧长达240公里。我手头没有可用的预备队，现在所能做的仅仅是亲临前线，激励第3装甲师奋勇向前。所以我决定9月10日重返前线。

待我到达克森多夫卡，冯·施韦彭堡男爵将军报告，第3装甲师已攻克罗姆内，还在罗缅河对岸控制了一座登陆场。该师绕过科诺托普，没有攻占这座城市。第4装甲师攻往巴赫马奇，党卫队帝国师位于博尔兹纳。俘虏的交代明确表明，在乌克兰境内作战的红军已丧失进攻力，但仍有足够的兵力遂行防御。我命令冯·施韦彭堡男爵将军尽快占领重要的科诺托普火车站，那是我们运送补给物资的必经之地，另外还要把第4装甲师从巴赫马奇调到南面，让党卫队帝国师从博尔兹纳开赴库斯托夫齐，该师必须与第2集团军保持联系。之后我继续赶往第3装甲师。

我们在谢伊姆河上的桥梁遭遇空袭，行军路线上不时落下敌人的炮火。下雨导致路况越来越差，陷入泥沼无法行进的车辆随处可见。与原先相比，行军纵队拉长了许多倍，就连火炮牵引车也得用卡车拖曳。

由于返程太远，当日无法赶回指挥所，我只好让第3装甲师师部为我准备在赫梅廖夫过夜的住处。随后我驱车赶往罗姆内，城市北面，罗缅河构成强大的屏障，苏联人还挖掘了防坦克壕，布设了铁丝网。可他们没能守住这道强大的防御阵地，第3装甲师的突袭显然大获成功，还达成了突破。我在罗姆内城外遇到莫德尔将军，他向我做了详细的汇报。第3装甲师夺得罗姆内，但各座花园仍有不少敌人的散兵游勇，只有乘坐装甲车才能安全穿过城区。该师计划17点展开清剿行动。我在城区北部遇到克勒曼上校率领的一群参谋军官。红军的空袭特别烦人，可我们没有足够的防御手段，这是因为敌机起飞的机场位于天气晴好的地域，而我们的机场在雨区内，降雨导致我方战机无法起飞。我们很快遭到3架敌机的机枪扫射，他们还朝其他地方投下炸弹。

我从罗姆内给集团军级集群司令部发了封电报，就次日的作战行动下达指示，命令在此期间开抵的第46装甲军，以第17装甲师和大德意志步兵团攻往普季夫利—希洛夫卡（普季夫利以南17公里）。我还请求空军出动战斗机，为莫德尔提供强有力的支援。

我军当日夺得巴赫马奇。大德意志步兵团到达普季夫利。我们收到集团军群下达的命令，让我们做好在普里卢基两侧攻往乌代河的准备。

南方集团军群准备在克列缅丘格附近渡过第聂伯河，从那里向北攻击前进，与我们在罗姆内会合。

倾盆大雨下了整整一夜，导致我9月11日返回指挥所的行程异常艰难。先是摩托车无法行驶，随后就连我那辆性能出色的四驱越野车也陷入泥沼，全靠我们的指挥坦克和从炮兵处借来的牵引车才脱困。我以10公里的时速穿过泥沼赶往吉罗夫卡，在那里找到奥德施中校的团部。由于电话通信中断，我无法了解眼下的具体态势。最后我从第3装甲师的摩托车步兵那里得知，我军占领了科诺托普。我在吉罗夫卡北面6公里处遇到第10摩托化步兵师侦察营。14点，我在科诺托普找到冯·勒佩尔将军，告诉他罗姆内的情况。15点30分，我又来到第24装甲军，获悉党卫队帝国师已攻占博尔兹纳。我命令第24装甲军以右翼穿过莫纳斯特里谢、左翼穿过皮里亚京攻往罗姆内。第46装甲军取道普季夫利向南攻击前进。

18点30分，我终于回到自己的指挥所。9月10日，我用10个钟头行驶了165公里，而9月11日，十个半钟头才行驶了130公里。湿软的路面上，根本无法加快速度。耗费时间的行程让我充分认识到，我们面临的困难有多大。我一次次沿泥泞的道路赶往最前方的部队，只有亲身经历过这一切的人，才知道部队和装备承受的压力有多大，才能准确评估前线的态势，据此得出正确的结论。可我们的军事领导人对这方面的情况没有任何切身体会，起初也不愿相信我们的报告，结果深受其害，我们也付出了惨重的代价，还遭受了某些本来可以避免的挫败。

集团军群当晚通知我，由于泥泞遍地，冯·克莱斯特大将的第1装甲集群无法到达预定目标，所以我这个集团军级集群还得继续向南推进。对我上文描述的路况有所了解的人，都不会对此感到惊讶。

第17装甲师9月10日到达沃罗涅日—格卢霍夫一线，9月11日到达格卢霍夫。

9月12日，第1装甲集群取道谢苗诺夫卡攻往卢布内，第3装甲师攻往洛赫维察，在该城北面夺得苏拉河上的桥梁。恶劣的路况给第2集团军造成妨碍，但他们已逼近涅任。

相关消息称，北方集团军群决定性地突破了列宁格勒防线。

9月13日，中央集团军群否决了我们的请求，没有派步兵接替仍在苏多斯季河河段掩护我们纵深左翼的第18装甲师，理由是此举为时过晚，起不到决定性作用。他们就没考虑到，我们的东翼态势不明，随时可能出现危险，因而迫切需要一支哪怕实力较弱的预备力量。

第1装甲集群当日夺得卢布内。

9月14日，集团军级集群指挥所迁到科诺托普。恶劣的天气没有好转，空中侦察彻底停止，由于道路泥泞，地面侦察难以为继。第46、第47装甲军担任翼侧掩护的兵团几乎寸步难行。绵长的东南翼，面临的危险与日俱增。尽管困难重重，但为确保与克莱斯特装甲集群顺利会合，我还是决定赶往第24装甲军。我选择的路线穿过克罗列韦茨、巴图林、科诺托普、罗姆内，直达洛赫维察。我在巴图林东南方6公里的米茨琴基遇到冯·施韦彭堡男爵将军，据他报告，敌人似乎在洛赫维察附近屯兵据守，现在重要的是，尽快封闭我们与克莱斯特装甲集群依然存在的缺口。他已命令辖内几个师赶往苏拉河，在那里封锁河段。相关报告确认，红军在洛赫维察以南11公里的森茨恰附近集结了重兵。我继续前行，途中穿过罗姆内，城内熙熙攘攘，居民穿着漂亮的服饰，安居乐业。除了波切普和科诺托普，罗姆内是我迄今为止见到的受损最轻微的苏联城市。夜幕降临时，我在洛赫维察找到莫德尔将军。他的师此刻只有一个团进入洛赫维察，余部远远落在后面，仍在泥泞中艰难跋涉。莫德尔报告，红军集结的重兵其实大多是后勤部队，只有部分部队具备战斗力。他还发现苏联人的坦克可能是从后方维修厂搜罗的，用于掩护后撤。基辅周围的庞大合围圈困住了苏联第21、第5、第37、第26、第38集团军部分兵团。

敌人在普季夫利南面和扬波尔附近多次对我们的东南翼侧发动进

攻，但都被击退。

我和比辛、卡尔登在洛赫维察一座校舍过夜，用电台通知利本施泰因，让第10摩托化步兵师加快速度，接防罗姆内，腾出第3装甲师后方部队开赴洛赫维察。这座校舍非常坚固，设施齐全，苏联境内的学校无一例外，各方面的条件都不错。苏联政府在学校、医院、儿童之家、体育设施方面下了很大功夫，这些地方干干净净，整齐有序，但除此之外，我们在各处见到的情形，充分证明他们的制度存在问题。

9月15日一早，我找到弗兰克少校指挥的第3装甲师先遣支队，他们昨天在洛赫维察南面把敌人逐向西面，夜间还击毁、缴获了15辆载满红军步兵的卡车。从弗兰克设在卢布内北面的观察所望去，前方地带一览无遗，由西向东行进的红军补给纵队清晰可辨。我方炮火阻止了对方的运动。我在第3步兵团第2营遇到莫德尔，他向我汇报了作战企图。我随后视察了第3装甲师辖内另外几支部队，还与第6装甲团团长蒙策尔中校交谈了一番，他告诉我，他手头现在只有1辆四号坦克、3辆三号坦克、6辆二号坦克，也就是说，整个装甲团只剩10辆坦克。这个数字令人震惊，表明部队急需休整，技术装备急需维修保养，但也证明这些杰出的将士为完成他们受领的目标已倾尽全力。

我用电台通知利本施泰因，让他命令第24装甲军，把党卫队帝国师向南调到库斯托夫齐与佩列沃洛奇诺耶之间的乌代河河段，再把第4装甲师部署到斯列布诺耶—别列索夫卡，让第10摩托化步兵师开赴罗姆内西面的格林斯克。随后我在罗姆内南面乘鹳式飞机返回集团军级集群指挥所。

第17装甲师当日开赴普季夫利。

傍晚前后，我在科诺托普见到利本施泰因，先前他飞赴集团军群司令部，就我们攻往莫斯科方向的新任务接受指示。这场新行动的目标是"歼灭铁木辛哥集团军群尚具战斗力的残部"，德国陆军为此投入四分之三的兵力。利本施泰因再次请求让第18装甲师归建，冯·博克元帅没答应，理由是他先前问过哈尔德大将，南面的作战行动与新行动的准备工作孰轻孰重，哈尔德说后一项任务更重要。

9月16日，我们把前进指挥所迁到罗姆内。对红军的合围取得进展，我们与克莱斯特装甲集群建立了联系。党卫队帝国师夺得普里卢基。第2集团军司令部调离前线执行新的任务。1708年12月，波尔塔瓦会战前几天，瑞典国王查理十二世的大本营就设在罗姆内。

9月17日，我去斯列布诺耶视察第4装甲师。由于该师与党卫队帝国师仍未建立可靠的连接，所以我决定去那里看看情况。我的行进路线穿过一片中间地段，道路两侧的树林里，红军新留下的大量宿营痕迹清晰可见。靠近佩列沃洛奇诺耶，我看见两根炮管虎视眈眈地瞄着我们，我们顿时紧张起来，但随后发现炮手早已逃之夭夭，还丢下拖曳火炮的马匹，任由它们在旁边的干草垛后面吃草。我在村内遇到党卫队摩托车步兵，他们正在争夺乌代河渡场。我从此处赶往乌代河畔的库斯托夫齐，另一支党卫队部队在那里战斗，比特里希上校汇报了交战的情况。我随后踏上100公里的返程，取道伊万尼察—亚罗舍夫卡，穿过中间地带返回罗姆内。路况恶劣至极，拂晓前后我才到达指挥所。

9月17日，我们与克莱斯特装甲集群商定，以第25摩托化步兵师接替第3装甲师，让这个英勇的装甲师趁此机会休整一番，检修他们的车辆。

红军当日对我们的东翼发动进攻。第10摩托化步兵师和大德意志步兵团不得不在科诺托普地域投入激战。诺夫哥罗德－谢韦尔斯基附近，我们设在杰斯纳河对岸的登陆场前方，敌人也加强了兵力。我方轰炸机几次炸断从东面通往基辅的铁路线，但苏联人展现出修复铁路的高超技艺，鉴于这种情况，我们必须料到，新锐敌军很快会出现在我们过度拉伸的翼侧。

北方集团军群攻占皇村后，停止了对列宁格勒的进攻。大批装甲师调往南面，转隶中央集团军群，包括第4装甲集群司令部，第41、第56、第57军军部，第3摩托化步兵师，第6、第20装甲师和随后调来的第1装甲师。

9月18日，我们在罗姆内遭遇危机。激战声一大早就从东翼传来，愈演愈烈，持续了整个上午。新锐敌军（骑兵第9师和另一个配备了坦克的师）分成三路纵队，从东面攻向罗姆内，逼近到距离城郊不到800米处。我站在罗姆内城郊监狱高高的瞭望塔上，红军的进攻看得一清二楚。负责罗姆内防务的第24装甲军，目前可用的兵力只有第10摩托化步兵师两个营，外加几个高射炮连。面对优势之敌，我们很难实施空中侦察。巴泽维施中校亲自驾机升空，差点被敌战斗机击落。敌人对罗姆内发起猛烈的空中突击，但我们最终守住该镇和前进指挥所。不过，红军继续沿哈尔科夫—苏梅铁路线运来援兵，在苏梅和舒拉夫卡卸载。为抵御这些敌军，第24装甲军从合围圈封锁线抽调了党卫队帝国师一部和第4装甲师，迅速开往科诺托普和普季夫利。罗姆内的局势险象环生，迫使我们9月19日把集团军级集群指挥所迁回科诺托普。冯·施韦彭堡男爵将军竭力打消我们做出这个决定的顾虑，他发来电报称："装甲集群把指挥所迁离罗姆内，部队不会视之为怯懦的表现。"指挥所设在科诺托普，其实对我们朝奥廖尔—布良斯克方向展开后续行动更有利。第24装甲军希望晚些时候再进攻敌人从东面调来的新锐力量，以便集中兵力展开行动。这个要求合情合理，但我不能同意，因为参加行动的党卫队帝国师只有几天参战时间，很快就要和大德意志步兵团一同调回罗斯拉夫尔，跟随第46装甲军转隶第4装甲集群。另外，敌人在中布达附近几个新卸载点，以及他们取道苏梅向北调运援兵的举动，都要求我们尽快展开行动。

基辅当日陷落。第1装甲集群辖内第48装甲军夺得戈罗季谢和别洛乌索夫卡。

9月20日，我们对东面之敌取得些许战果，但第3装甲师附近的合围圈封锁线上，激烈的战斗仍在继续，苏联第5集团军司令部就在该师前方，南面第25摩托化步兵师的防线上，部分敌军似乎已突出重围。

自9月13日以来，我们已俘虏3万名敌军官兵。

9月20日我视察了第46装甲军。冯·菲廷霍夫将军向我介绍了该军前几天穿过格卢霍夫向南进军的艰巨战斗。红军哈尔科夫军校学员，在他们的教官率领下，打得特别英勇。地雷和恶劣的天气给该军的行动造成延误。普季夫利、希洛夫卡、别洛波利耶周边地域仍有激烈的战斗。我随后在希洛夫卡东面找到大德意志步兵团，他们在新团长赫恩莱因上校指挥下，战斗得非常英勇。我军夺得别洛波利耶。

9月21日，敌人对格卢霍夫附近加大了压力。相关报告称，红军在该镇北面集结了重兵。我们朝涅德里盖洛夫方向单独发动了一场进攻。

自基辅会战开始以来，第1装甲集群俘敌43000人，第6集团军俘敌63000人。

9月22日，我再次赶往前线，穿过普季夫利驶往雷利斯克方向，去检查那片受威胁地段的警戒措施。我在维亚森卡的第17装甲师师部见到冯·阿尼姆将军，他在斯托尔布齐负的伤已痊愈，几天前接替了冯·托马骑士将军。敌人从东面、东北面进攻格卢霍夫和霍洛普克沃，还部分包围了两处的守军。第17装甲师当面，又发现红军两个新锐师。返回第46装甲军指挥所途中，我们被迫穿越敌人猛烈的炮火，幸好没有伤亡。我随后与冯·菲廷霍夫将军道别，向他表达了衷心的感谢，他的军部马上要转隶第 4 装甲集群，因此，第 17 装甲师直属集团军级集群，大德意志步兵团交给第 17 装甲师指挥。该师接到的命令是击败格卢霍夫附近的敌军，他们完成了这项任务。

基辅周围，敌军被俘人数上升到 29 万。

从 9 月 23 日起，我们开始为新的行动变更部署。为此，集团军级集群把重点置于格卢霍夫及其北面。

第 4 装甲师和党卫队帝国师的进攻，迫使卡姆利察附近的敌军退往东面。布良斯克—利戈夫铁路线繁忙的交通表明，红军调来了更多援兵。

9 月 24 日，我飞赴中央集团军群司令部所在地斯摩棱斯克，参加为新攻势召开的最终会议。陆军总司令和总参谋长都出席了此次会议。会议决定，中央集团军群 10 月 2 日发动主攻，最右翼的第 2 装甲集群 9 月 30 日展开行动。错开进攻日期的决定是按照我的要求做出的，因为第 2 装甲集群后续进攻地域没有硬质路面，我打算利用很可能转瞬即逝的好天气，至少要在泥泞期降临前到达奥廖尔附近的硬质路面，建立起奥廖尔到布良斯克的横向联系，确保自身的后勤补给。促使我提出这项建议的另一个原因，是我认为必须比中央集团军群辖内其他集团军提早两天发动进攻，第 2 装甲集群才能获得空军强有力的支援。

接下来几天，我忙于结束基辅附近的合围战，同时为新的进攻集结麾下几个军，让经历了几个月紧张行军和战斗的部队休整一番，维修保养技术装备。不管怎样，这些英勇的部队最多只能休整三天，就连这种短暂的休息也不是所有部队都能享受到。

此后几天，敌人投入新锐力量，猛攻格卢霍夫东面和诺夫哥罗德 – 谢韦尔斯基登陆场。9 月 25 日，敌人进攻别洛波利耶、格卢霍夫、扬波尔，但我们击退了这些进攻，还俘虏大批敌军官兵。

北方集团军群当日报告 OKH，仅凭现有的兵力，他们无法继续进攻列宁格勒。

到 9 月 26 日，基辅合围圈之战胜利结束。陷入重围的敌军投降，我们俘虏 665000 人。在最后的战斗中，苏联西南方面军司令员和他的参谋长突围期间阵亡，第 5 集团军司令员被我们俘虏。我与他进行了一场饶有趣味的交谈，问了他几个问题：

1. 您何时得知我的坦克到达你们身后的？

答："9月8日前后。"

2. 那么您为何不赶紧撤离基辅？

答："我们确实收到方面军撤出基辅向东退却的命令，可执行这道命令期间又收到相反的指令，要求我们重新占据防线，不惜一切代价保卫基辅。"

执行这道相反的命令，葬送了苏联整个基辅方面军。我们当时对敌人的做法深感惊讶，但他们后来再没犯过同样的错误，很不幸，我们却以类似的方式重蹈他们的覆辙。

基辅会战无疑是一场伟大的战术胜利，但战术胜利能否催生重大战略影响，这一点值得怀疑。一切取决于德军能否在冬季到来前，准确地说是在秋季泥泞期来临前，取得决定性战果。紧密封锁列宁格勒的进攻计划已放弃，但OKH期望，敌人已无力在南方集团军群当面构筑一道供他们顽强抵抗的绵亘防线。OKH想在冬季到来前，以南方集团军群夺取顿涅茨盆地，一路前出到顿河。

但主要突击是以获得加强的中央集团军群攻往莫斯科，时间还来得及吗？

奥廖尔、布良斯克战役

进攻奥廖尔—布良斯克，是我们攻往莫斯科的必要前提，为此，第2装甲集群的编组做出调整：

第46装甲军军部、党卫队帝国师、大德意志步兵团转隶罗斯拉夫尔方向的第4装甲集群。

第1骑兵师重新加入第2装甲集群，第2装甲集群辖内兵团如下：

装甲兵上将肯普夫指挥的第48装甲军，辖第9装甲师及第16、第25摩托化步兵师；

梅茨将军指挥的第34军级指挥部，辖第45、第134步兵师；

肯普费将军指挥的第35军级指挥部，辖第293、第262、第296、第95步兵师。

我决定以第24装甲军遂行主要突击，取道格卢霍夫攻往奥廖尔。第24装甲军右侧，第48装甲军穿过普季夫利发动进攻，第24装甲军左侧，第47装甲军从绍斯特卡出击。第34军级指挥部掩护右翼，第35军级指挥部和第1骑兵师掩护左翼，这些梯次配置的部队在各装甲军身后跟进。

为集中兵力发动进攻，我命令第48装甲军取道苏梅和涅德里盖洛夫，攻往普季夫利附近的集中地域，打击盘踞在那里的敌军。我想以这场行动先确保自身的右翼，这是个大胆的想法，可我低估了基辅战场外敌军的抵抗力。第48装甲军没能击退当面之敌，不得不中止交战，在大德意志步兵团战线后方进入集中地域。第25摩托化步兵师好不容易才脱离战斗，为此损失了一些车辆。要是我听从利本施泰因的建议，一开始就让他们在战线后方行军，情况会好得多。但这要求第35军级指挥部辖内步兵提前开抵，而他们5天后才能赶到。

我们终于得到上级答应调拨的100辆新坦克，用于补充各装甲师。不幸的是，其中50辆错误地运到奥尔沙，待它们重新运来已为时过晚。另外，我们需要的油料也没能足额配发。

为遂行总体作战行动，德国军队在罗斯拉夫尔周边地域集中了最强大的兵力。进攻伊始部署在战线后方的是第1装甲师、党卫队帝国师、第3摩托化步兵师、大德意志步兵团。先前担任预备队的第2、第5装甲师，随后也在那里投入交战。这么多装甲力量集中在进攻前线，正确与否值得怀疑。依我看，把第46装甲军留给第2装甲集群更好些，哪怕以两个休整的装甲师投入翼侧突击，也比用于正面进攻好得多。

9月27日，我去视察第48装甲军，打算亲自了解他们的状况。在罗姆内的军部开了个短会后，我驱车赶往涅德里盖洛夫东南方10公里的克拉斯纳亚，去视察胡比茨基将军的第9装甲师，然后从那里取道涅德里盖洛夫返回。

9月28日和29日，第48装甲军直接攻往普季夫利的企图显然已告失败，对该地域的进攻就此中止。但我们在什捷波夫卡附近采取的欺骗措施可能已见效，敌人对我们真正的突击方向一无所知。大德意志步兵团据守现有阵地，借助这种假象，第48装甲军在他们身后向北调动。

9月30日，第2装甲集群投入进攻：

第48装甲军从加佳奇—什捷波夫卡地域出击，取道涅德里盖洛夫攻往普季夫利，第9装甲师部署在最前方，第25和第16摩托化步兵师获得第34军级指挥部步兵力量接替，在第9装甲师身后跟进；

第24装甲军以第3、第4装甲师为先锋，第10摩托化步兵师紧随其后，从格卢霍夫出击，沿公路和公路东南面攻往谢夫斯克—奥廖尔；

第47装甲军以第18、第17装甲师从扬波尔出击，右翼攻往谢夫斯克，第29摩托化步兵师在左翼后方呈梯次配置，攻往中布达。

两个军级指挥部的翼侧掩护力量，分别穿过科斯托博布尔和罗姆内向前推进。第1骑兵师位于波加尔两侧的苏多斯季河西岸。

我们的进攻出敌不意。第24装甲军的进展尤为突出，前出到奇内尔高地。第47装甲军夺得舒拉夫卡，继续攻往东北方。

我9月30日一早赶往格卢霍夫，在那里设立新指挥所。我指示肯普夫将军，尽快把足够的兵力投入普季夫利周边地域，掩护第24装甲军东翼。肯普夫报告，在什捷波夫卡附近的交战中，苏联人突袭第119步兵团两个营，缴获了他们的车辆。敌人这场进攻投入了重型坦克。真是个令人不快的损失。为恢复态势，第9装甲师一部被迫折返。冯·施韦彭堡男爵将军报告，由于气候恶劣，斯图卡俯冲轰炸机无法起飞。他怀疑自己前方只有敌后卫部队。莱梅尔森将军报告，彻底达成突然性。

我请求中央集团军群暂缓调离大德意志步兵团，因为肯普夫军遭到实力强大的敌军攻击，第34军级指挥部先遣部队10月1日傍晚才能赶来换防，几个步兵师的主力还要4天才能开抵。

格卢霍夫的居民请求我们批准他们重新使用教堂，我们欣然应允，把教堂交还他们。

10月1日，第24装甲军占领谢夫斯克。我们突破了敌军防线，必须全力以赴地向前挺进，直到油料耗尽。我从格卢霍夫驱车出发，穿过埃斯曼，赶往位于谢夫斯克的第4装甲师。敌人被击毁的各种车辆，途中随处可见，证明我们的进攻把他们打得措手不及。我在进军道路旁一座设有风车的山丘上找到冯·施韦彭堡和冯·朗格曼男爵将军。第4装甲师大部已到达谢夫斯克。这里到处是激战留下的痕迹，死伤的红军官兵随处可见。从公路到风车山这段短短的路程，我和随行人员就俘虏了14名没负伤的红军官兵，他们躲在高高的草丛里，其中一名军官还忙着打电话联系谢夫斯克。谢夫斯克落入我们手里。在北面 4 公里处，我遇到埃贝巴赫上校，这位勇敢的指挥官是第 4 装甲师装甲旅旅长。我问他能否继续攻往德米特罗夫斯克，他做出肯定的回答。于是我命令继续追击，尽管几位将领先前错误地向我报告，由于缺乏油料，他们不得不停止前进。我和埃贝巴赫交谈期间，敌机几次朝我们的前进道路和谢夫斯克城内投下炸弹。我随后驱车追上装甲先遣分队，对冯·荣根费尔特少校和他的部下赢得的胜利和英勇的作战表现表达谢意。返程途中，我告诉第 24 装甲军军长，我已下令继续前进。第 24 装甲军的突击楔子当日挺进了 130 公里！

位于我们右翼的第 6 集团军，先遣支队到达加佳奇，余部开往米尔哥罗德，打算封闭我们与第 17 集团军之间的缺口。

10 月 2 日，我们以猛烈的势头继续进攻，彻底达成突破，还把敌第 13 集团军逼向东北方。我视察了第 10 摩托化步兵师和特劳特上校的第 41 步兵团。我们这几天的伤亡很小，真让人高兴！可要是谈到自战事开始以来的总伤亡，数字就很惊人了。各部队获得些补充兵，这些新兵勇气可嘉，但作战经验和韧性不如前线老兵。

第 4 装甲师占领克罗梅，终于到达通往奥廖尔的硬面道路。

当日晨，整个中央集团军群投入进攻，好天气帮了大忙，行动非常顺利。位于我们左侧的第 2 集团军，面对敌人的顽强抵抗，突破了苏多斯季河—杰斯纳河阵地。

10 月 3 日，第 4 装甲师到达奥廖尔。这样一来，我们就在硬质路面上获得立足地，还控制了重要的铁路、公路枢纽，这里很快会成为我们展开后续行动的基地。我们攻入奥廖尔，显然出乎敌人意料，德军坦克冲入城内时，街上的电车仍在营运。苏联人显然对疏散工业设施预先做了精心准备，但没来得及执行。各个工厂与火车站之间，各条道路上摆满了机器设备和装有工具、原料的箱子。

第 47 装甲军奉命攻往布良斯克方向。

位于我们右侧的第 6 集团军，右翼攻往哈尔科夫，左翼攻往苏梅和别尔哥罗德。这对掩护我们的右翼至关重要。第 4 装甲集群突破敌军防线，攻往斯帕斯杰缅斯克—莫萨利斯克，目标是合围盘踞在维亚济马西面的敌军。第 3 装甲集群在霍尔姆附近的第聂伯河上游对岸夺得一座登陆场。

10月4日，第24装甲军先遣部队占领了通往图拉公路上的莫因。第3、第18装甲师攻往卡拉切夫。第17装甲师在涅鲁萨河对岸设立登陆场，为继续向北进军创造了条件。

我们左侧的友邻部队渡过博尔瓦河，到达苏希尼奇—叶利尼亚铁路线。第3装甲集群夺得别洛伊。集团军群后方地域首次出现了游击队。

我打算次日视察第47装甲军，所以派随行车队先赶往德米特罗夫斯克，在那里的机场等我，届时我乘鹳式飞机赶到。这样，我就免受恶劣道路上的颠簸之苦，10月5日10点30分，我找到莱梅尔森将军。第18装甲师向北跨过奥廖尔—布良斯克公路，第17装甲师奉命突袭夺取布良斯克。我离开莱梅尔森设在洛巴诺沃的指挥所，乘鹳式飞机飞赴德米特罗夫斯克的第24装甲军军部。冯·施韦彭堡男爵将军抱怨油料不足，看来，油料补给问题给我们的后续行动造成严重影响。可惜，我们缴获的油料很少。但奥廖尔机场已落入我们手里，于是我请求第2航空队司令，让他们紧急空运500立方米油料，以解我们的燃眉之急。顺便说一句，苏联空军的行动当日给我留下深刻的印象。我的飞机刚刚降落在谢夫斯克机场，大约20架德国战斗机也降了下来，苏联空军的空袭随之而来，他们随后又轰炸军指挥所，震碎的窗玻璃从我们耳边呼啸掠过。我随后驶上第3装甲师的进军道路，途中又遭遇几次轰炸，3—6架敌机组成的编队投下一串串炸弹，但他们的飞行高度很高，命中率欠佳。航空队答应10月6日调派更多战斗机，改善我们的境况。

当天，第2装甲集群的番号改为第2装甲集团军。

第25摩托化步兵师奉命开赴谢夫斯克，接受集团军指挥。第48装甲军夺得雷利斯克，第24装甲军在奥廖尔北面扩大了祖沙河对岸的登陆场，第47装甲军夺得卡拉切夫。

右侧的友邻部队，10月6日有望到达我们设在普肖尔河的警戒线。我们左侧，第43和第13军开往苏希尼奇。尤赫诺夫落入德军手里。

10月6日，我们把指挥所迁到谢夫斯克。第4装甲师在姆岑斯克南面遭遇敌坦克攻击，一时间险象环生，苏联人的T–34坦克首次展现出显而易见的优势。我们不得不暂时放弃迅速攻往图拉的企图。

但令人欣慰的是，第 17 装甲师夺得布良斯克和杰斯纳河上的桥梁，为我们与攻往杰斯纳河西面的第 2 集团军取得联系创造了条件。我们的后勤补给很大程度上依靠奥廖尔—布良斯克之间的公路和铁路线。我们对盘踞在杰斯纳河与苏多斯季河之间地域的敌军已构成合围态势。博尔谢夫北面，我们在纳夫利亚河对岸夺得一座登陆场。

更令人鼓舞的是，我们暴露在外的翼侧一直平安无事，肯普夫军穿过泥沼，缓缓开赴德米特里耶夫，梅茨将军的第 34 军级指挥部赶往雷利斯克。

南方集团军群辖内第 1 装甲集团军，奉命攻往亚速海。我们右侧的友邻部队打算开赴什捷波夫卡方向。这样，一直驻守在那里的第 25 摩托化步兵师一部就可以腾出，跟随肯普夫军赶往普季夫利。我们左侧的友邻部队夺得日兹德拉，奉命赶往布良斯克，与第 2 集团军协同行动。

10 月 6 日夜间降下今年冬季的第一场雪。尽管雪花很快就融化了，但各条道路迅速沦为深不见底的泥沼，导致我们的车辆只能以慢似蜗牛的速度行进，耗损相当严重。我们一再要求上级尽快下发冬装，可他们说冬装会及时下发，以后不要再提出这种毫无必要的要求。我后来又催了几次，但一直没见到冬装运抵前线。

第 48 装甲军徒步穿过泥泞，赶往德米特里耶夫。红军对布良斯克的反突击以失败告终。第 29 摩托化步兵师到达列夫纳河河口。

我们右侧的友邻部队逼近什捷波夫卡，左侧的第 53 军从西面赶往布良斯克。我们希望此举能缓解第 47 装甲军的压力，肃清罗斯拉夫尔—布良斯克—奥廖尔补给线。第 2 集团军在北面夺得苏希尼奇和梅晓夫斯克。第 4、第 9 集团军在维亚济马附近合围了红军大约 45 个兵团。第 10 装甲师攻克维亚济马。

OKH 认为，目前的态势发展非常有利，可以朝莫斯科继续展开行动。他们想阻止红军在莫斯科西面站稳脚跟，重新建立绵亘防线。OKH 打算让第 2 装甲集团军穿过图拉，一路前出到科洛姆纳与谢尔普霍夫之间的奥卡河渡场，这个目标显然太遥远了！第 3 装甲集群在莫斯科北面推进，与我们的行动遥相呼应。中央集团军群司令部完全赞同陆军总司令的作战思路。

10 月 8 日，我乘鹳式飞机从谢夫斯克起飞，穿过德米特罗夫斯克，沿我们的"道路"上方飞往奥廖尔，在那里与我提前派去的车队会合。"道路"上的交通状况惨不忍睹，一直延续到克罗梅，从克罗梅起，我们获得通往奥廖尔的硬面道路，但这条路上满是弹坑。冯·施韦彭堡男爵将军报告，第4装甲师当面之敌获得加强，已确认对方调来一个坦克旅和一个步兵师。第3装甲师向北而去，受领的任务是夺取博尔霍夫。第4装甲师10月9日的任务是夺取姆岑斯克。报告里提到红军的行动令人不快，特别是他们的坦克改变了战术。我们当时配备的防御武器，只有在特别有利的条件下，才能有效对付T-34坦克。四号坦克的短身管75毫米火炮，必须从后方攻击T-34，射穿发动机上方的格栅，才能击毁对方。进入有利位置轰击敌坦克，的确需要高超的技艺。红军步兵对我们展开正面进攻，以大量坦克冲击我们的翼侧，他们确实学到很多东西。战斗的激烈度逐渐给我方官兵造成影响。冯·施韦彭堡男爵将军再次要求尽快下发各种冬装，眼下急需靴子、衬衫、长筒袜。这些报告表明情况很严重，我对此深感震惊，为获得直观感受，我决定去第4装甲师看看。在10月6日和7日交战的战场上，掩护前线的战斗群指挥官向我介绍了战斗经过。双方损毁的坦克仍留在原地，敌人的损失比我们少得多。

回到奥廖尔，我找到埃贝巴赫上校，他也向我汇报了最近这场交战的经过，随后我又与冯·施韦彭堡男爵将军、第4装甲师师长冯·朗格曼男爵将军谈了谈。这场紧张而又艰巨的战役期间，埃贝巴赫首次露出筋疲力尽的模样，但显然不是体力疲惫，而是精神上备受冲击。近期的交战给我们最优秀的指挥官造成如此沉重的打击，不免让人惊疑不定。

与之形成鲜明对比的是，OKH和中央集团军群司令部对目前的情况非常乐观，甚至可以说欢欣鼓舞！我们与他们的观点截然不同，鸿沟就此出现，后来发展到无法弥合的地步，特别是因为第2装甲集团军当时不知道上级醉心于胜利的态度。

当日傍晚，第35军级指挥部报告，他们觉得敌人对苏泽姆卡北面、谢夫斯克西面加大了压力。由此判断，在布良斯克南面陷入重围的红军企图向东突围。我立即联系仍在苏多斯季河西岸的第1骑兵师，问他们是否发现敌人的异动。该师称没有异常情况，但我还是命令他们发动进攻，控制河东岸。此举的目的是弄清敌人仍在坚守阵地还是已退却。第1骑兵师很快就在东岸夺得登陆场。

集团军群司令部傍晚打来电话，说他们打算把第35军级指挥部转隶第2集团军，缓解我们对左翼的担忧。我提出异议，因为杰斯纳河东南面，特鲁布切夫斯克合围圈的封锁线只能由一个机构指挥。集团军群司令部又提出，把第34军级指挥部转隶第6集团军，缓解我们对右翼的担忧，第6集团军也能借此攻占库尔斯克。这项建议无疑出自 OKH 或 OKW，目前似乎也不可行，因为这样一来，我们的右翼会失去掩护。德米特里耶夫当日落入我们手里，但恶劣的路况导致第48装甲军后方部队无法跟进，危机仍在继续。

10月9日，不出昨日所料，苏联人在苏泽姆卡附近突围。第293步兵师右翼遭到猛烈冲击，不得不穿过苏泽姆卡和希林卡退却。由于担任装甲集团军预备队的第25摩托化步兵师尚未开抵，我只好投入第10摩托化步兵师第41步兵团，暂时填补第29摩托化步兵师与第293步兵师之间的缺口。第48装甲军原本奉中央集团军群的命令攻往库尔斯克和利夫内，现在又接到命令，把所有可用兵力调回谢夫斯克。中午12点，第25摩托化步兵师师长克勒斯纳将军赶到谢夫斯克，接掌第29摩托化步兵师与第293步兵师之间的拦截部队。此处爆发激战之际，第1骑兵师主力渡过苏多斯季河，没有遭遇激烈抵抗，正朝特鲁布切夫斯克而来。他们先前受到敌人蒙蔽，现在急于弥补过错。当日，特鲁布切夫斯克—谢夫斯克公路、特鲁布切夫斯克—奥廖尔公路、特鲁布切夫斯克—卡拉切夫公路承受的压力最大，但只有少量敌军经中布达—谢夫斯克公路逃离，可惜敌第13集团军司令部大概也在其中。

冒着大雪，装甲集团军指挥所迁到德米特罗夫斯克。天气原因导致各条道路的状况越来越恶劣，无数车辆陷入这条所谓的"军用高速公路"。

尽管如此，我们还是占领了博尔霍夫。第18装甲师与第2集团军第43军协同，合围了布良斯克北面的敌军。

与此同时，东线南翼正准备攻往塔甘罗格和罗斯托夫。我们右侧的友邻部队，位于最前方的第6集团军逼近阿赫特尔卡和苏梅。

我们左侧的友邻部队，朝莫斯科方向渡过乌格拉河，还夺得格沙茨克。

10月10日，集团军群给我们下达了几道新指令：占领库尔斯克，消灭特鲁布切夫斯克合围圈，彻底封闭布良斯克东北面的合围圈，攻往图拉。这些命令显然出自高层，都要求立即执行。利本施泰因询问这些任务中的哪项最为紧迫，这个问题很合理，但我们没收到回复。

接下来几周，泥泞期给我们的行动造成严重妨碍。轮式车辆只能靠履带式车辆牵引前行，由于负载过重，履带式车辆磨损得很厉害，它们的设计目的本来就不是用于拖曳车辆。我们没有连接车辆的车钩和钢缆，只好派飞机给受困的车辆投下一捆捆缆绳。从这一刻起，数百部陷入泥沼的车辆和车组人员不得不靠空投补给维生，这种情况持续了数周。不管怎么说，我们几乎没有为冬季作战做好准备。8周来，我们多次要求上级下发引擎冷却液用的防冻剂，可一直没有运来，冬装更是不见踪影。接下来几个月，由于缺乏冬装，前线将士遭了大罪，而这个问题本来是很容易解决的。

敌人继续在第29摩托化步兵师和第293步兵师防区突围。第4装甲师攻入姆岑斯克。

位于我们右侧的第6集团军占领苏梅，我们左侧的第13军，在卡卢加西面渡过乌格拉河。恶劣的气候也严重影响到那里的作战行动。

10月11日，苏联人企图在纳夫利亚两侧突出特鲁布切夫斯克合围圈。他们在第29摩托化步兵师与第25摩托化步兵师之间打开个缺口，从那里突围，幸亏第5机枪营勉强堵住了缺口。与此同时，第24装甲军在奥廖尔东北面的姆岑斯克卷入激烈的巷战，第4装甲师攻入城内，由于遍地泥泞，他们没能迅速得到支援。红军投入大批T-34坦克，给德军战车造成严重损失。我方坦克此前一直占有性能优势，这种状况现在发生逆转。我们迅速赢得决定性胜利的前景堪忧。我就眼下的新情况给集团军群司令部写了份报告，明确指出T-34比四号坦克更具优势的地方，还就我们日后的坦克设计得出结论。我在报告里强调指出，必须以陆军军械局、军备部、坦克设计师、坦克生产厂的代表组成个委员会，尽快派他们来我这条战线，实地了解情况，考察战场上损毁的坦克，为设计、制造新型坦克提供参考意见。我还要求尽快生产能击穿T-34装甲板的重型反坦克炮。我建议的委员会11月20日来到第2装甲集团军。

10月11日，大德意志步兵团转隶第2装甲集团军，希特勒下令把该团用于卡拉切夫—赫瓦斯托维奇公路，加强第18装甲师相对薄弱的防线。我们还接到通知，上级打算变更部署，把第2集团军置于我们右侧，第34和第35军级指挥部转隶该集团军，第2集团军把另一些部队移交给我们。据此判断，我们接下来会继续攻往东北方。

压缩合围圈的战斗仍在继续。

东线南翼，亚速海会战以德军大获全胜而告终，俘敌 10 万人，缴获 212 辆坦克和 672 门火炮。德国最高统帅部认为苏联第 6、第 12、第 9、第 13 集团军灰飞烟灭，继续攻往顿河下游的条件已成熟。党卫队"阿道夫·希特勒"警卫旗队位于塔甘罗格西北方 20 公里，第 17 集团军进展较慢，目前在哈尔科夫南面，第 6 集团军位于苏梅。这些地段，红军配备坦克的新锐力量迫使德军就地转入防御，对我的右翼非常不利。由于第 11 集团军转身向南，赶去占领克里木，南方集团军群的突击已呈扇形展开。

中央集团军群北部的行动，因降雪而放缓速度。第 3 装甲集群在波格列洛耶附近到达伏尔加河上游。

10 月 12 日，降雪仍在继续。路上的泥沼深不见底，我们待在德米特罗夫斯克这座小镇，等待 OKH 下达变更兵力部署的指令。布良斯克南面较大的合围圈、北面较小的合围圈都已封闭，但各部队陷入泥沼，丧失了机动性，第 48 装甲军也在其中，新攻势开始时，我本打算派该军穿过苏梅踏上硬面道路，他们现在只能艰难地开往法捷日了。我们在姆岑斯克与新锐敌军的激战仍在继续。第 35 军级指挥部的步兵奉命肃清特鲁布切夫斯克合围圈的森林地域。

不光是我们，南方集团军群也陷入泥沼，只有第 1 装甲集群例外。第 6 集团军顺利攻占哈尔科夫西北方的博戈杜霍夫。我们北面，第 13 军占领了卡卢加，第 3 装甲集群夺得斯塔里察，继续攻往加里宁方向。

OKH 下达了包围莫斯科的指令，但我部没有收到。

10 月 13 日，苏联人继续在纳夫利亚与博尔切沃之间突围。我不得不从第 24 装甲军辖内第 3 装甲师、第 10 摩托化步兵师抽调部分兵力支援第 47 装甲军。尽管如此，由于我方部队丧失机动性，约 5000 名红军官兵组成的一个集群逃到德米特罗夫斯克地域，我们在那里挡住这支敌军。

第 3 装甲集群攻入加里宁，第 9 集团军到达勒热夫西郊。

10 月 14 日，我们把司令部迁到奥廖尔，设在苏维埃大厦，这里的居住条件不错。接下来几天，交战双方都没有采取大规模行动。姆岑斯克附近和西北面的泥泞中，第24装甲军好不容易才让第4、第3装甲师做好强渡祖沙河的准备，第47装甲军接到命令，结束合围圈之战后，沿奥廖尔—卡拉切夫—布良斯克公路集结兵力。大德意志步兵团转隶第24装甲军，调往姆岑斯克。第48装甲军变更部署，准备在第18装甲师部分力量支援下攻往法捷日，该师已穿过克罗梅，沿硬面道路开来，随后，第48装甲军就准备从西北面攻往库尔斯克。第34军级指挥部从西面攻往库尔斯克，任务是击败叶夫列莫夫将军盘踞在那里的强大兵力集群，消除第2装甲集团军右翼遭受的持续威胁。

面对敌人的激烈抵抗，第6集团军夺得阿赫特尔卡。但由于遍地泥泞，南方集团军群辖内其他部队的行动陷入停滞。

恶劣的气候也给中央集团军群的攻势造成不利影响。距离莫斯科80公里的博罗夫斯克落入第57军手中。

10月15日，第6集团军攻占了苏梅东面的克拉斯诺波利耶。

为做好穿过姆岑斯克继续前进的准备，我10月16日视察了第4装甲师。

罗马尼亚军队当日占领敖德萨，第46装甲军逼近莫扎伊斯克。

10月17日，布良斯克北面合围圈内的敌人投降。我们与第2集团军协同作战，俘敌5万多人，缴获400门火炮，苏联第50集团军主力覆灭。敌人在法捷日附近发起反突击。

10月18日，第11集团军开始进攻克里木。第1装甲集团军夺得塔甘罗格后攻往斯大林诺。第6集团军占领了格赖沃龙。

第2装甲集团军北面，第19装甲师攻占小雅罗斯拉韦茨，莫扎伊斯克也落入德军手里。

10月19日，第1装甲集团军准备攻往罗斯托夫，他们已进入斯大林诺。第17、第6集团军在哈尔科夫和别尔哥罗德方向取得胜利。恶劣的气候给德军的追击造成妨碍。中央集团军群同样如此。第43军占领了利赫温，随后转隶第2集团军，但仅限24小时。

10月20日，特鲁布切夫斯克合围圈内的敌军投降。泥泞给整个集团军群造成妨碍。

第1装甲集团军攻入斯大林诺。第6集团军逼近哈尔科夫，10月21日，他们在泥泞中艰难跋涉，进抵哈尔科夫西郊。

10 月 22 日，由于炮兵与装甲部队缺乏协同，第 24 装甲军越过姆岑斯克的进攻失败了。10 月 23 日，他们把所有坦克集中到第 3 装甲师，重新攻往姆岑斯克西北方，这次终于成功了。该军追击溃败之敌，10 月 24 日夺得切尔尼。我参加了这两天的进攻，目睹了湿软的地面和敌人大规模布设的地雷场给我们造成的困难。

第 18 装甲师 10 月 22 日夺得法捷日。

10 月 24 日，第 6 集团军占领了敌人弃守的哈尔科夫和别尔哥罗德。我们左侧，奥卡河畔的别廖夫落入第 43 军手里。

10 月 25 日，我和大德意志步兵团一同赶往切尔尼，还参加了埃贝巴赫集群在切尔尼北部的战斗。

到 10 月 25 日，布良斯克附近的交战基本结束。当日，中央集团军群右翼各集团军变更兵力配置的方案正式生效。第 34、第 35 军级指挥部及第 48 装甲军（不含第 25 摩托化步兵师）转隶第 2 集团军。第 1 骑兵师调回东普鲁士，准备改编为第 24 装甲师。作为交换，第 2 装甲集团军获得海因里齐将军的第 43 军（辖第31、第 131 步兵师），以及魏森贝格尔将军的第 53 军（辖第 112、第 167 步兵师）。第 296 步兵师后来也加入第 2 装甲集团军，第 25 摩托化步兵师仍留在我部。

第 2 装甲集团军现在的任务是攻往图拉，新改编的第 2 集团军转身向东，所以两个集团军就此分开了。

布良斯克和维亚济马合围战结束，中央集团军群又一次赢得辉煌的战术胜利。但集团军群是否还有足够的力量继续进攻，把战术胜利发展成战略胜利，是这场战争迄今为止摆在德国最高统帅部面前最为紧迫的问题。

攻往图拉和莫斯科

第 2 装甲集团军现在继续攻往图拉。奥廖尔—图拉公路是这场行动唯一可用的道路，根本无法承受重型车辆和坦克反复碾压，没过几天就不堪再用。另外，苏联人堪称破坏高手，后撤期间不仅炸毁了所有桥梁，还在道路两侧的适当位置布设了庞大的地雷场。我们不得不用圆木铺设了长达数公里的束柴路，好歹能给部队运送些许物资。前进中的部队要想保持突击势头，不仅取决于兵力多寡，更重要的是看油料补给状况。因此，我把目前能用的大部分坦克集中到第24装甲军，交给埃贝巴赫上校统一指挥，还让大德意志步兵团加入先遣支队，朝图拉方向攻击前进。10月26日，第53军到达奥卡河，第43军拓展了第31步兵师设在别廖夫的奥卡河登陆场。我们右侧的友邻部队，以第48装甲军攻往库尔斯克。我们左侧，第4集团军当面之敌发起反突击，迫使该集团军转入防御。

　　10月27日和28日，我和埃贝巴赫的部队一同前进。10月27日，OKW突发奇想，打算让我们转身向东攻往沃罗涅日，切断红军的交通运输。可我们这里没有通往沃罗涅日的道路。不管怎样，要执行OKW构想的行动，先决条件是占领图拉。我让利本施泰因把我的观点转告上级。10月27日夜到28日晨，我在切尔尼一所小小的儿童医院度过，这里已废弃，满是臭虫。我方先遣部队已到达普拉夫斯克地域。第53、第43军扩大了他们的奥卡河登陆场。第4集团军击退了敌人的猛烈进攻。

　　10月28日，利本施泰因告诉我，OKW放弃了让我们转向沃罗涅日的想法，所以我们继续攻往图拉。由于缺乏油料，埃贝巴赫让大德意志步兵团一个营搭乘坦克前进。我们前出到图拉以南30公里的皮萨列沃。第43军侦察部队到达奥多耶夫。我还是在切尔尼过夜，次日晨搭乘鹳式飞机赶赴集团军群司令部。

　　10月28日我们获悉，希特勒想以"手头可用的快速支队"控制谢尔普霍夫东面的登陆场。但我们能前进多远，完全取决于补给状况。彻底损毁的奥廖尔—图拉公路上，我们的最高车速偶尔能达到20公里，哪里还有什么"快速支队"？只能说希特勒活在梦幻世界里。

　　当日，第1装甲集团军夺得米乌斯河畔的渡场，第17集团军到达顿涅茨河。

　　10月29日，我们的装甲楔子距离图拉不到4公里。由于敌人部署了强大的反坦克炮、高射炮防御，我们以突袭夺取这座城市的企图失败了，战车和军官的损失很大。

　　第43军军长海因里齐将军素以清醒、务实的判断而著称，他跑来找我，汇报了辖内部队恶劣的补给状况，各种短缺暂且不提，自10月20日以来，他们就没得到过面包。

　　到10月30日，第53军已从西面逼近奥廖尔—图拉公路。结束布良斯克合围战后，魏森贝格尔将军10月19日率领该军攻往图拉方向，第167步兵师取道博尔霍夫—戈尔巴乔沃，第 112 步兵师取道别廖夫—阿尔谢尼耶沃—拉扎列沃。泥泞期给这场进军造成严重妨碍，他们无法带上所有车辆，特别是重型火炮。军里的摩托化部队不得不绕行，取道奥廖尔—姆岑斯克这条"硬面"道路。10 月 27 日有报告称敌人从东面调来援兵，促使我派第 53 军沿叶皮凡—斯大林诺戈尔斯克一线掩护我们的右翼。

奥廖尔—图拉公路的路况越来越恶劣，我们不得不为第 3 装甲师空运补给，这个师在埃贝巴赫集群身后跟进，已到达图拉前方。

由于正面冲击图拉无法取得进展，冯·施韦彭堡男爵将军建议从东面绕过这座城市。我同意了，下令继续攻往杰季洛沃方向，夺取沙特河渡场。冯·施韦彭堡男爵将军认为，霜冻降临前，我们无法使用摩托化部队，他的看法完全正确。我们现在的前进速度极其缓慢，技术装备损耗很大。鉴于这种情况，修复姆岑斯克—图拉铁路线显得越来越重要。虽然我尽了最大努力，但这项工作进展缓慢。由于缺乏火车头，我不得不考虑应急措施，建议使用轨道工程车，可最终也没弄到这种车辆。

11 月 1 日，第 24 装甲军前出到杰季洛沃西面。

11 月 2 日，第 53 军刚刚逼近乔普洛耶，就出乎意料地遭遇敌军。对方这个兵力集群的实力相当强大，编有 2 个骑兵师、5 个步兵师、1 个坦克旅，沿叶夫列莫夫—图拉公路推进，很明显，他们企图打击图拉前方第 24 装甲军辖内部队的翼侧和后方。苏联人似乎对遭遇第 53 军也深感意外。乔普洛耶周边地域的交战，从 11 月 3 日持续到 13 日，第 53 军获得埃贝巴赫装甲旅的坦克支援，最终击败敌军，俘虏 3000 余人，缴获大批火炮，残敌逃往叶夫列莫夫方向。11 月 3 日夜的霜冻，为部队的运动创造了条件，但也让我方官兵饱受严寒之苦。为掩护装甲集团军位于姆岑斯克—切尔尼地域及东面的纵深翼侧，我不得不使用第 17 装甲师刚刚从卡拉切夫开来的非装甲部队。为维修奥廖尔—图拉公路，我方工兵、建筑营、帝国劳工组织忙得不可开交。

第 48 装甲军近日占领了库尔斯克。

11 月 5 日，冯·博克元帅来第 2 装甲集团军短暂视察。中央集团军群司令部 11 月 4 日得出结论，苏联人正预有计划地撤离沃罗涅日与斯大林诺戈尔斯克之间的顿河以西地域，他们把这种判断上报 OKH。从第 2 装甲集团军遭遇的情况看，集团军群的观点并不正确，恰恰相反，敌人在乔普洛耶附近发动进攻！

11 月 6 日我飞赴前线。以下信件反映出我对此次行程的感受：

> 敌人赢得了时间，我们的企图越来越深地陷入严冬，部队饱受折磨，任务趋于绝望。所以我情绪低落，最好的意愿也敌不过大自然的力量。给予敌人沉重打击的天赐良机逐渐消失，我不知道日后是否还会有这样的机会。接下来的战事会怎样，只有天知道了。我们必须满怀希望，决不能丧失信心，但眼下的考验极为严酷……
>
> 我衷心期盼很快能写点让人高兴的内容。我不喜欢怨天尤人，可这些日子很难保持好心情。

11 月 7 日，我方官兵首次出现严重的冻伤。我们从第 1 装甲集团军获知，他们自 11 月 5 日起就攻往顿河畔的罗斯托夫。

11 月 8 日，第 53 军在乔普洛耶附近取得进展，第 24 装甲军击退了敌人从图拉发动的进攻。

11 月 9 日，我们觉察到敌人从图拉东西两面发动进攻的企图。第 24 装甲军已把埃贝巴赫装甲旅调给第 53 军，所以只好转入防御。没有坦克的第 17 装甲师转隶第 24 装甲军，开赴普拉夫斯克。由于新锐敌军出现在切尔尼东面，第 47 装甲军其他部队接替了姆岑斯克—切尔尼地域的师，担任翼侧掩护。图拉周边地域的态势，这几天极为紧张，充分说明这一点的是，第 4 装甲师不得不以 4 个实力虚弱的步兵营掩护杰季洛沃以西 35 公里的地域，确保第 53 军与在图拉作战的第 3 装甲师之间的联系。

11 月 12 日，温度降到零下 12 摄氏度，13 日又降到零下 22 摄氏度。当天，中央集团军群司令部在奥尔沙召集各集团军司令开会，陆军总参谋长亲自主持，会上颁发了"1941 年秋季攻势令"。这道指令赋予第 2 装甲集团军的目标是高尔基，以前叫下诺夫哥罗德，距离奥廖尔大约 600 公里。利本施泰因立即指出，鉴于眼下的种种困难，第 2 装甲集团军最远只能到达韦尼奥夫。现在不是 5 月份，我们也不是在法国！我完全赞同参谋长的看法，以书面形式报告集团军群司令，装甲集团军无力执行这道命令。撰写报告时，我借鉴了11月13日、14日赶赴前线视察第53军和第24装甲军得到的印象。

11月13日，我乘鹳式飞机从奥廖尔起飞，但在切尔尼北面遭遇暴风雪，不得不降落在切尔尼机场。冒着零下22摄氏度的酷寒，我从那里驱车赶往普拉夫斯克，去找魏森贝格尔将军。这是乔普洛耶交战的最后一天，魏森贝格尔汇报了战事进程。我命令他攻往沃洛沃—斯大林诺戈尔斯克方向，还让他继续指挥埃贝巴赫装甲旅，直到第18装甲师赶来掩护他的右翼，对付逃往叶夫列莫夫的敌军。我方步兵的战斗兵力大幅度下降，每个连只剩约50人。缺乏冬装的情况越来越严重。

结冰的路面给第24装甲军造成大麻烦，坦克没有防滑链的话，根本没办法沿冰冻的斜坡驶上山丘。冯·施韦彭堡男爵将军认为，11月19日前无法发动进攻。他需要埃贝巴赫装甲旅和4天的油料，目前的油料只够他用一天！我觉得应该把进攻日期定在11月17日，以便与第53军协同行动，阻止敌人沿沃洛沃—杰季洛沃一线重新构设防御。另外，第43军在图拉西面遭到攻击，急需增援。第47装甲军以第18装甲师及第10、第29摩托化步兵师掩护装甲集团军右翼。

我在普拉夫斯克过夜。

11月14日上午，我视察了第167步兵师，与前线官兵聊了聊。部队的补给状况很糟糕，缺乏雪地伪装服、靴油、替换衣物，特别是毛料长裤。零下22摄氏度的酷寒，大部分官兵仍穿着单裤！部队还急需长筒袜和军靴。中午我在第112步兵师见到的情形如出一辙。我方官兵穿戴着苏联人的大衣和毛皮帽，只能从徽标识别出他们是德国军人。装甲集团军现存的服装衣物立即运往前线，但纯属杯水车薪，解决不了实际问题。

埃贝巴赫骁勇善战的装甲旅只剩大约50辆坦克。按照编制，3个装甲师应该有600辆坦克。湿滑的路面给坦克造成严重妨碍，而履带用的防滑链还没有运来。严寒导致光学仪器起雾，防止这种情况发生的油膏也没有运抵。为顺利启动坦克引擎，必须提前在车身下方点火加热。燃料有时候会冻结，润滑油冻得黏糊糊的。另外，该旅也缺乏冬装和防冻剂。

第43军报告，他们在交战中损失很大。

我当晚还是住在普拉夫斯克。

11月15日，苏联人继续进攻第43军。

11月16日，海因里齐将军找到我，汇报了几件事：冻伤，缺乏冬装，虱子！

11月17日我们收到报告，调自西伯利亚的红军部队出现在乌兹洛瓦亚附近，敌人的更多援兵在梁赞—科洛姆纳铁路线卸载。第112步兵师遭遇敌人新锐的西伯利亚部队。与此同时，敌坦克从杰季洛沃方向朝他们攻来，实力虚弱的第112步兵师再也无法承受沉重的压力。评估该师的作战表现，必须考虑到每个团的冻伤减员多达400人、冻住的机枪无法发射、37毫米反坦克炮对付不了T-34坦克。该师突然爆发了恐慌情绪，一路蔓延到博戈罗季茨克。对苏战事期间首次出现的恐慌情绪，是个严重的警告信号，说明我方步兵的战斗力几近枯竭，再也无法承受重负了。第53军把第167步兵师调到乌兹洛瓦亚，这才恢复第112步兵师作战地域的态势。

在此期间，第47装甲军辖内部队开抵，承担起掩护装甲集团军纵深翼侧的任务。我在11月17日的信里写道：

> 我们只能冒着严寒，缓缓赶往最终目标，部队凄惨至极，住宿条件无比恶劣。以铁路线运送补给的困难与日俱增，这是我们陷入困境的主要原因，因为没有油料，车辆就无法行驶。否则我们早就逼近目标了。尽管如此，我们英勇的部队还是一再赢得胜利，以令人钦佩的耐力克服一切艰难险阻奋勇向前。我们必须对这些将士心存敬意，他们都是杰出的军人……

冬季作战继续之际，我们还得操心为国内居民、军队、苏联百姓供应粮食的问题。1941年秋季丰收后，乡村各地堆满谷物，可供宰杀的牛也不少。但由于铁路运输能力欠佳，从第2装甲集团军作战地域运回德国本土的粮食不多。部队的需求得到满足，苏联几座城市的居民，特别是奥廖尔，粮食供应问题交给当地行政部门负责，这种情况维持到1942年3月31日。为安抚民心，我们在奥廖尔的城墙上张贴公告，宣布了这方面的安排。苏联政府在这片肥沃的黑土地修建了许多巨大的粮仓，用于贮存金灿灿的谷物。尽管红军后撤期间焚毁了部分粮仓，但也有一部分幸免于难，我们还从起火的仓库抢救出不少粮食，至少可以供应给当地居民。

奥廖尔部分工厂，苏联人逃离时没来得及拆除机器设备，现在恢复生产，一是满足德国军队的需求，二是解决当地民众的工作和生计问题。其中包括一个钣金厂，以及制鞋厂的皮革和毛毡加工车间。

顺便说一句，这些日子我在奥廖尔与一位年迈的沙皇将领的交谈很能说明苏联民众对我们的态度。他告诉我："要是你们20年前过来，会受到我们热烈欢迎。可现在太晚了，我们刚刚开始复兴，你们来了，让我们倒退到20年前，一切又得从头再来。我们现在团结一致，为俄罗斯而战。"

11月18日，第2装甲集团军投入11月12日奥尔沙会议规定的进攻行动。辖内各兵团的任务和进展如下：

第47装甲军：

第18装甲师攻往工厂镇叶夫列莫夫，经过激烈的巷战，11月20日攻克该镇，随后坚守叶夫列莫夫，抵御敌人猛烈的反突击；

第10摩托化步兵师攻往叶皮凡—米哈伊洛夫；

第29摩托化步兵师攻往斯帕斯科耶—格列米亚奇，任务是掩护集团军东翼，抵御有可能从梁赞—科洛姆纳地域而来的新锐敌军；

第25摩托化步兵师继续执行OKW规定的打谷任务，腾出后作为军预备队跟进。

第53军：

第167步兵师穿过斯大林诺戈尔斯克攻往韦尼奥夫；

第112步兵师开赴斯大林诺戈尔斯克周边地域，由于他们兵力不足，担任集团军群预备队的第56步兵师从卡拉切夫运抵后，在那里接替该师，第112步兵师尔后在顿河对岸构设登陆场。

第24装甲军：

第17、第3、第4装甲师及大德意志步兵团、从南面开来的第296步兵师，从图拉两侧发动全面进攻，夺取该城。

该军和第53军前方，第17装甲师一个战斗群攻往卡希拉，在那里夺取奥卡河上的桥梁，阻止敌军援兵从莫斯科地域开抵。

第43军：

第31、第131步兵师取道利赫温、卡卢加，在乌帕河与奥卡河之间推进，任务是肃清该地域之敌，在图拉与阿列克辛之间确保第2装甲集团军与第4集团军的联系。

第2装甲集团军右侧的第2集团军，位于我们纵深右翼，奉命从奥廖尔东面向东推进。所以我们无法指望得到该集团军支援。他们近日发现，苏联人在叶列茨—叶夫列莫夫公路西面构筑工事，这个情况再次证明，集团军群认为敌人会撤到顿河后方的希望彻底落空。

第2装甲集团军左侧，第4集团军的任务是在阿列克辛北面渡过奥卡河，攻往谢尔普霍夫方向。该集团军的兵力约有36个师。

与第4集团军相比，第2装甲集团军只有12.5个兵力严重受损的师。我们的步兵仍未得到冬装，几乎彻底丧失了机动性，每天只能前进5公里，最多10公里！第2装甲集团军能否完成受领的任务，似乎很值得怀疑。

11月18日，在空军卓有成效的支援下，第47装甲军夺得叶皮凡，第24装甲军攻克杰季洛沃，11月19日又占领博洛霍沃。11月21日，乌兹洛瓦亚落入第53军手里。11月24日，第24装甲军夺得韦尼奥夫，还击毁50辆敌坦克。第43军朝乌帕河缓缓推进。这些行动进行之际，一支强大的新锐敌军11月21日出现在第47装甲军先遣部队正面，对方是重新组建的苏联第50集团军，他们以坦克第108旅、步兵第299师、骑兵第31师和另一些部队发动进攻。态势再次紧张起来。

南方集团军群，第1装甲集团军在泥泞和冰雪里艰难跋涉后，11月19日到达罗斯托夫北郊，随即与敌人展开激战。他们11月21日彻底攻占罗斯托夫，苏联人炸毁了顿河上的几座桥梁。第1装甲集团军判断，敌人马上会发动反突击，因而转入防御。11月20日，第2集团军辖内第48装甲军夺得季姆，11月23日，红军对他们发动反突击。

我在1941年11月21日的信里写道：

天寒地冻，住宿条件恶劣至极，缺乏冬装，人员和装备的损失居高不下，油料供应少得可怜，这一切导致眼下的战事沦为痛苦的煎熬，沉重的责任感给我的压力越来越大，就算说尽世上最美好的话语，也无法排解我的焦虑。

为准确掌握实际情况，我在前线奔波了3天，交战态势允许的话，我打算周日去集团军群司令部，听听他们对后续作战的想法，上级部门就没提过这方面的意图。我对他们的想法一无所知，也不知道明年春季我们能否重整旗鼓……

11月23日下午，我决定去找中央集团军群司令，请他更改第2装甲集团军受领的任务，因为我们已无法完成既定任务。我向冯·博克元帅汇报了第2装甲集团军目前的困境，告诉他各部队筋疲力尽，步兵的情况尤为严重，我们缺乏冬装，补给物资不足，可用的坦克和火炮寥寥无几，从远东调来的新锐敌军在梁赞—科洛姆纳地域卸载，对我们缺乏掩护的东翼纵深构成严重威胁。冯·博克元帅说，他已经把我先前呈交的报告里的内容告知OKH，他们非常清楚前线的实际情况。他随即打电话给陆军总司令，还递给我一副耳机，让我也听听他们的交谈。冯·博克元帅在电话里重复了我汇报的内容，请求陆军总司令更改下达给我的指示，取消进攻令，让部队在合适的冬季阵地转入防御。

陆军总司令显然没有决定权，对眼下最主要的困难避而不谈，拒绝了我的请求，命令我继续进攻。博克一再请求他，至少要提出个能够到达、距离不太远的目标，好让我转入防御。陆军总司令最后总算指定了米哈伊洛夫—扎赖斯克一线，还强调彻底摧毁梁赞—科洛姆纳铁路线至关重要。

我对此次到访集团军群的成果很不满意。当天，我让OKH派驻第2装甲集团军司令部的联络官冯·卡尔登中校把这里的情况汇报给陆军总参谋长。卡尔登竭力说服上级取消第2装甲集团军的进攻任务，可最终还是无功而返。从陆军总司令和陆军总参谋长的消极态度可以看出，不光希特勒，就连他们二位也希望继续进攻。不管怎样，上级好歹知道了我这个集团军眼下的困顿局面，我当时认为，他们会把相关情况如实汇报给希特勒。

11月24日，第10摩托化步兵师攻占米哈伊洛夫，第29摩托化步兵师从叶皮凡向北推进了 40 多公里。11 月 25 日，第 17 装甲师先遣战斗群逼近卡希拉，我们右侧的友邻部队夺得利夫内。

11 月 26 日，第 53 军到达顿河，以第 167 步兵师在伊万奥泽罗附近渡过顿河，对伊万奥泽罗东北方顿斯科伊附近的西伯利亚人发动进攻。英勇的第 167 步兵师俘敌 4000 人，缴获 42 门火炮和一些车辆。第 47 装甲军辖内第 29 摩托化步兵师从东面而来，一举合围这支敌军。

我当日待在第 53 军，决定次日先去第 47 装甲军军部，然后再去视察第 29 摩托化步兵师。第二天一早，我在叶皮凡听莱梅尔森将军说，第 29 摩托化步兵师夜里遭遇一场危机。西伯利亚步兵第 239 师主力丢下火炮和车辆向东突围。第 29 摩托化步兵师的封锁线很薄弱，不仅没挡住突围之敌，自身还遭受了较大伤亡。我从该师师部赶往受打击最重的第 71 步兵团，本以为疏于侦察、警戒不力是造成这场灾难的原因。可我听取了前线几位营长和连长的报告，这才得知部队已尽到职责，完全是被优势之敌打垮的。我方阵亡的大批官兵，军装整齐、手持武器倒在战场上，以震撼人心的方式证明了军官的报告真实无误。我竭力安抚沮丧的官兵，帮助他们摆脱低落的情绪。尽管西伯利亚人丢弃了重武器和车辆，可他们突出包围圈，我们没有足够的兵力挡住对方。这就是当日的不幸事件。我立即命令第 29 摩托化步兵师的摩托车步兵追击逃跑之敌，但徒劳无获。

我随后视察了侦察营，又赶往第 4 装甲师第 33 步兵团，最后在第 24 装甲军过夜。苏联冰雪覆盖的广袤平原上，刺骨的寒风卷过地面上每个凹凸不平处，在中间地带驱车行驶几个钟头，偶尔遇到衣衫褴褛、饥寒交迫的我方官兵，相比之下，新锐的西伯利亚部队不仅吃得好，冬季装备也很精良，只有亲眼见过、亲身经历过这些的人，才能正确评判眼下发生的严重事件。

巴尔克上校与我同行，他目前在 OKH 负责装甲兵事务，我请他把途中的所见所闻汇报给陆军总司令。

我们眼下最紧迫的任务是拿下图拉。只有占领这个交通枢纽和机场，我们才能继续向北或向东，去完成下一项目标。我深知这场进攻非常艰巨，为充分做好准备，我拜访了各军军长。我们协商后，打算以合围的方式夺取该城：第 24 装甲军从北面和东面展开行动，第 43 军从西面投入进攻。行动期间，第 53 军掩护北翼，防范莫斯科方向的敌军，第 47 装甲军掩护拉伸的东翼，抵御敌人从西伯利亚调来的援兵。该军辖内第 10 摩托化步兵师到达米哈伊洛夫，11 月 27 日奉命朝梁赞—科洛姆纳铁路线派出爆破队，可惜这场行动没能成功，敌人的防御太强大了。由于天寒地冻，第 18 装甲师大部分炮兵力量没能开赴叶夫列莫夫。11 月 29 日，优势敌军首次让第 10 摩托化步兵师倍感压力，故而撤离斯科平。

一连几个月持续不停的交战，导致第 24 装甲军辖内部队的战斗力严重受损，军属炮兵只剩 11 门火炮。

东线南翼，优势敌军 11 月 27 日开始进攻罗斯托夫，那里的态势岌岌可危。位于我们右侧的第 2 集团军，当面之敌也加强了兵力。我们左侧的第 43 军到达图拉—阿列克辛公路，随即遭遇强大敌军发起的反突击。

第 4 集团军辖内第 2 装甲师，到达莫斯科西北面 22 公里的红波利亚纳。

11 月 28 日，红军攻入罗斯托夫，第 1 装甲集团军不得不考虑撤离该城。

我们这里，第 43 军的进展依然缓慢。集团军群司令部当日撤销了 OKH 和 OKW 规定的深远目标，宣布当前的任务是"打赢图拉战役"。

11 月 30 日，OKW 对我们是否集中了足够的兵力进攻图拉提出质疑。增援力量只能从第 47 装甲军抽调，此举势必削弱我们的翼侧掩护，鉴于东面的威胁与日俱增，我觉得抽调翼侧掩护力量的做法过于冒险。当天，东线最南翼发生的事情犹如一道闪电，照亮了我们的总体局势：南方集团军群当日弃守罗斯托夫。冯·赖歇瑙元帅次日接替冯·伦德施泰特元帅出任南方集团军群司令。这是第一声警钟！可希特勒、OKW、OKH 对此充耳不闻。

自 1941 年 6 月 22 日以来，我们在东线的总损失达到 743000 人，相当于 350 万总兵力的 21%。

同一天，我们北翼的当面之敌在卡希拉加强了兵力。据此判断，敌人从莫斯科西部战线中央地段抽调了兵力，调往遭受威胁的翼侧。

我获知默尔德斯上校坠机身亡的消息，他是我夏季作战期间的亲密战友，失去这位杰出的军人，我深感悲痛。

巴尔干地区的游击战愈演愈烈，我们不得不把更多兵力投入那里。

就连南方集团军群新司令冯·赖歇瑙元帅也认为，撤离罗斯托夫，让第 1 装甲集团军退到米乌斯河防线后方不可避免。由此可见，希特勒仓促解除冯·伦德施泰特元帅的职务纯属多余。

在此期间，第2装甲集团军为进攻加以准备，我们打算与第4集团军协同行动，12月2日投入进攻。但我们12月1日获悉，第4集团军要到12月4日才能展开行动。我也想推迟进攻，一方面可以和第4集团军同时展开行动，另一方面可以等待第296步兵师开抵。但第24装甲军认为，他们的兵力集中在待机地域，不能再等下去，所以我决定12月2日以这个军发动进攻。

我们把前进指挥所设在亚斯纳亚波利亚纳，这里是托尔斯泰伯爵的庄园。我12月2日参观了庄园。亚斯纳亚波利亚纳位于图拉南面7公里处，就在大德意志步兵团指挥所身后。整个庄园由"住宅""博物馆"两套住宅楼和几座庄园建筑组成，都是19世纪下半叶的乡村别墅风格。我把住宅让给托尔斯泰家族使用，我们搬进博物馆。我们把托尔斯泰使用过的家具和书籍搬入两个房间，还特地上了锁。我们使用木板制成的简单家具，还从附近的森林弄来柴火取暖，没有烧毁一件家具，也没有碰过任何书籍或手稿。苏联人战后与此相反的说法都是胡扯。我亲自凭吊了托尔斯泰的墓地，那里保存得很好，德国官兵碰都没碰过。直到我们撤离庄园，那里始终保持完好。不幸的是，苏联战后的仇恨宣传罔顾事实，不遗余力地指责我们所谓的野蛮行径。但现在仍有很多证人，完全能证明我的说辞。在这位大文豪的墓地周围埋设地雷的，恰恰是苏联人自己！

12月2日，第3、第4装甲师及大德意志步兵团一举突破敌军前沿阵地。这场进攻完全出乎敌人意料。12月3日，我们冒着暴雪和狂风继续进攻。各条道路冻结，部队的运动越来越艰难。第4装甲师炸毁了图拉—莫斯科铁路线，还缴获6门火炮，最终到达图拉—谢尔普霍夫公路。但部队的兵力和油料也已耗尽。苏联人退往北面。形势依然紧张。

12月4日的侦察结果表明，我们沿图拉—谢尔普霍夫公路前进的突击楔子，南北两面都有强大的敌军。第3装甲师在图拉东面的林地激战。当日的进展很慢。

影响图拉总体局势的关键因素有两个：一是第43军是否还有足够的攻击力完成对图拉的合围，与该城北面的第4装甲师会合；二是第4集团军的进攻能否给敌人施加足够的压力，阻止他们朝图拉方向转移兵力。

12 月 3 日,我赶往格里亚兹诺沃的第 43 军,打算亲自了解该军目前的实力。12 月 4 日一早,我驱车来到第 31 步兵师指挥所,又从那里赶往第 17 步兵团和该团辖内第 3 猎兵营,这是我的老部队,我当初就是在这群戈斯拉尔猎兵中成长起来的,1920—1922 年我指挥过第 11 连。我与几位连长详谈了一番,提出个严肃的问题:部队是否还有足够的攻击力完成即将到来的任务。几名军官明确表述了他们面临的种种困难,但对攻击力的问题做出肯定的回答:"我们能把敌人逐出阵地!"第 43 军辖内其他部队,是否和我这些戈斯拉尔猎兵一样斗志昂扬,这一点无法确定。但第 3 猎兵营给我留下的印象,让我大胆地决定再次发动进攻。

雪堆和冰冻的山坡让返程之旅显得无比漫长,而且险象环生。我乘坐的指挥坦克最终翻落峡谷,因侵蚀作用形成的此类峡谷在这片沃土上很常见。黑黢黢的夜里,根本没办法把坦克弄出来。幸运的是,我在另一道斜坡遇到集团军司令部的通信车,他们连夜把我送回亚斯纳亚波利亚纳。

12 月 4 日,第 43 军做好了进攻准备,施特默尔曼将军指挥第 296 步兵师,继续朝图拉方向艰难推进。他们当日没有发动进攻,气温已降到零下 35 摄氏度。空中侦察报告,大批敌军从卡希拉向南而来。红军强大的战斗机力量阻止了我方飞机展开更密切的侦察。

12 月 5 日,第 43 军企图发动进攻,但只有第 31 步兵师取得些许战果,余部毫无进展。第 296 步兵师天黑后才到达乌帕河,累得筋疲力尽,我亲自去视察了他们的一个团。苏联人投入坦克,在韦尼奥夫东北方进攻第 29 摩托化步兵师。第 24 装甲军位于图拉北面的部队,翼侧和身后遭受威胁,再加上零下 50 摄氏度的酷寒导致该军辖内部队几乎彻底丧失机动性,我现在不得不考虑,继续进攻是否还值得。我部继续进攻的前提,是第 4 集团军也投入进攻,而且要取得战果,可情况并非如此,甚至可以说恰恰相反:第 4 集团军攻往奥卡河的突击力量只有两个连,执行完任务又退回出发阵地。这场行动对第 43 军当面之敌毫无影响。第 4 集团军已转入防御!

鉴于翼侧和后方遭受威胁,以及天寒地冻导致部队丧失机动性,12 月 5 日夜间,我决定停止这场孤立无援的行动,把先遣部队撤到顿河上游—沙特河—乌帕河一线转入防御，这是我在战争期间首次做出停止进攻的决定，也是迄今为止最难定下的决心。参谋长利本施泰因和资深军长冯·施韦彭堡男爵将军都赞同我的决定，可我还是情绪低落。

当晚我打电话给冯·博克元帅，向他汇报了这项决定。他马上问道："您的指挥所到底在哪里？"他大概以为我待在远离前线的奥廖尔，但装甲兵将领绝不会犯这种错误。为准确判断态势和部队的作战表现，我离战场和前线官兵非常近。

陷入困境的不仅仅是我的第2装甲集团军。12月5日夜到6日晨，赫普纳将军指挥的第4装甲集群，以及赖因哈特将军位于莫斯科北面、距离克里姆林宫不到35公里的第3装甲集群，都被迫停止进攻，因为他们没有足够的兵力继续前进，夺取近在咫尺的目标。第9集团军作战地域，红军甚至在加里宁两侧发起反突击。

我们对莫斯科的进攻失败了，部队的英勇牺牲和努力付诸东流。我们遭遇惨败，接下来几周，最高统帅部固执己见，使我们的灾难雪上加霜。尽管我们提交了各种报告，可OKW和OKH人员远在东普鲁士，对我方部队在冬季战争中的真实处境一无所知，正是这种无知，促使他们不断对部队提出完全不切实际的要求。

把部队及时撤入地形有利、预有防御的阵地，似乎是恢复、巩固态势，坚持到来年春季的最佳办法，而且能最大限度地保全实力。第2装甲集团军作战地域，我们10月份部分扩建了祖沙河—奥卡河阵地，那里很适合我们转入防御。可希特勒恰恰不想这么做。除了他的固执己见，外交政策是否对这些日子的决定起到至关重要的影响，我无法确定。但我觉得可能有点关系，因为日本12月8日参战，为响应日本的行动，德国12月11日对美国宣战。

我们这些军人当时大惑不解的是，希特勒对美国宣战了，可日本却没有对苏联宣战。正因为如此，红军继续从远东抽调兵力，用于对付德国军队。一列列火车把新锐部队运到我们当面，速度之快前所未见。德国奇怪的政策没能缓解前线的压力，反而增添了无法忽略的重负，受罪的是我们这些前线将士。

战争现在终于发展成"总体战"。世界上大部分国家，充分发挥经济和军事潜力，联合起来对付德国及其弱小的盟友。

我们把话题拉回图拉战场。接下来几天，第24装甲军按计划与敌人顺利脱离接触，第 53 军遭到敌人从卡希拉方向施加的强大压力，第 47 装甲军作战地域，红军 12 月 7 日夜到 8 日晨突袭米哈伊洛夫，一举夺回该城，还给第 10 摩托化步兵师造成严重损失。位于我们右侧的第 2 集团军，当日丢失了叶列茨；敌人攻往利夫内，还加强了叶夫列莫夫前方的兵力。

我在 12 月 8 日的信里谈到我当时的看法：

我们面对可悲的事实，最高统帅部好高骛远，不愿相信部队战斗力下降的报告，不断提出新的要求，没有为严酷的冬季做好准备，现在被苏联零下 35 摄氏度的严寒搞得手忙脚乱。部队的兵力已不足以执行攻占莫斯科的任务，因此，12 月 5 日傍晚，我怀着沉重的心情，决定中止已然无望的交战，撤到预先选定、相对较短的防线，希望能以剩余的兵力守住这道防线。苏联人紧追不舍，我们必须做好准备，防范各种意外。我们的损失很大，病患和冻伤减员尤为严重，尽管部分伤病员过段时间有望归队，可眼下的情况实在让人沮丧。严寒对车辆和火炮造成的破坏，远远超出我们最担心的情况。作为应急措施，我们使用了俄罗斯矮种马拖曳的雪橇，但效力很低。幸亏我们手头还有些性能出色的坦克，这些战车目前仍能使用，可它们在酷寒气温下能用多久，只有天知道了。

我们的灾难始于罗斯托夫，这是个不祥之兆，尽管如此，那里的进攻仍在继续。我 11 月 23 日飞赴集团军群司令部，此行毫无结果，上级也没说明后续作战企图，我满心疑惑地回来了。位于我北侧的友邻部队土崩瓦解，南侧的友军也耗尽了战斗力，所以我最后别无选择，因为仅凭我的兵力无法扭转整个东线的颓势，更何况是在零下 35 摄氏度的酷寒下。

我请巴尔克把我们目前的状况告知陆军总司令，但我不知道他是否转达了我的意见。

里希特霍芬昨天来看我。我们长谈了一番，发现我们对总体局势的看法完全一致。我后来又在同一个房间会晤了施密特将军，他指挥我右侧的集团军。他也赞同我的观点。看来，吾道不孤，可又有什么用呢？上级根本不在乎我们的看法……

> 我怎么也不相信,近乎辉煌的战争局势会在短短两个月内逆转……要是我们及时定下决心,停止进攻,在适当的防线转入防御安然过冬,就不会发生任何危机。接下来几个月,一切都是问号……我担心的不是我个人,而是全体将士和德国的命运。

12月9日,第2集团军作战地域,敌人发展他们在利夫内赢得的胜利,包围了第45步兵师一部。第2装甲集团军辖内,第47装甲军退往西南方,第24装甲军击退了敌人从图拉发动的进攻。

12月10日,我写信给希特勒的副官长施蒙特和陆军人事局局长小凯特尔,汇报了我们的处境,以免他们对前线仍抱有不切实际的幻想。当天我还写信给妻子:

> 但愿我的信件(上面提到的两封信)能及时送交,因为清醒的认知和坚定的意志仍能起到亡羊补牢的作用。我们低估了对手,也低估了苏联疆域的辽阔和气候隐患,现在只能自食其果……幸亏我12月5日自行决定停止进攻,否则必然遭遇灾难。

12月10日,我们发现红军援兵在卡斯托尔诺耶和叶列茨附近卸载。第2集团军作战地域,敌人发展突破,跨过利夫内—切尔纳瓦公路。第2装甲集团军作战地域内,第10摩托化步兵师据守叶皮凡,第53军和第24装甲军退守顿河—沙特河—乌帕河一线。

这几天,第296与第31步兵师之间出现了个令人不安的缺口。

12月11日,位于我们右侧的军队继续向西退却。叶夫列莫夫遭受威胁,我们12月12日弃守该城。

为填补第43军的缺口,第4集团军把第137步兵师交给第2装甲集团军。由于路途遥远,气候恶劣,该师过几天才能开抵。12月12日,第2装甲集团军不得不投入所有可用机动力量,支援右侧陷入困境的友邻部队。

12月13日,第2集团军继续后撤。面对这种情况,第2装甲集团军固守斯大林诺戈尔斯克—沙特河—乌帕河一线的企图破灭了,特别是因为第112步兵师没有足够的兵力，无法抵御新锐敌军的冲击，不得不渡过普拉瓦河继续西撤。我们左侧的第4集团军，以及第4、第3装甲集群，都无法守住各自的阵地。

12月14日，我前往罗斯拉夫尔面见陆军总司令冯·布劳希奇元帅。冯·克鲁格元帅也出席会议。为参加此次会晤，我冒着风雪驱车行驶了22个钟头。我向陆军总司令详细汇报了辖内部队的状况，请求把第2装甲集团军撤到祖沙河—奥卡河一线，10月份交战期间，那里一度是我们的前线，我们后来扩建了防线上的工事，陆军总司令批准了我的请求。此次会议我们还讨论了以下问题：如何封闭第24装甲军与第43军之间宽达40公里的缺口。为此，第4集团军必须把第137步兵师交给第2装甲集团军。但冯·克鲁格元帅起初只派该师师长率领4个营赶来。我说这么点兵力根本不够，请他立即把该师另一半兵力派来。第137步兵师师长，英勇的贝格曼将军，后来在封闭缺口的战斗中阵亡，但致命的缺口还是没堵上。

罗斯拉夫尔会议的结果，是以下这道命令："第2集团军交由第2装甲集团军司令统一指挥，两个集团军务必坚守库尔斯克前方—奥廖尔前方—普拉夫斯克—阿列克辛一线，必要情况下守住奥卡河。"我理所当然地认为，陆军总司令会把这项决定告知希特勒，可后来发生的事情，不免让人怀疑他有没有这样做。

红军12月13日发起纵深突破，穿过利夫内攻往奥廖尔方向，12月14日给第2集团军造成影响，第45步兵师陷入重围，部分部队遭歼灭。结冰的路面严重妨碍了部队的运动。冻伤减员远远多于敌军火力造成的伤亡。由于右侧第2集团军辖内第293步兵师撤离叶夫列莫夫，第47装甲军也被迫后撤。

经我一再请求，恰好在附近的施蒙特12月16日赶到奥廖尔机场，我们在那里谈了半个钟头。我以严肃的语气向他介绍了眼下的情况，请他务必转告元首。我估计希特勒夜间会打电话给我，就我对施蒙特提出的建议做出答复。会谈中，我从施蒙特那里获悉，陆军总司令部的人事即将发生变动，冯·布劳希奇元帅会离开。我当晚写道：

> 这几天我难以入眠，苦思冥想能为我可怜的部下做点什么，恶劣的严冬气候下，他们无遮无掩地露宿户外。太可怕了，简直无法想象！OKH和

OKW那帮家伙从来不到前线看看，对这里的情况一无所知。他们总是下达不切实际的指令，否决我们提出的一切请求和建议。

不出所料，希特勒当晚打来电话，命令我们坚守阵地，不得后撤，还答应为我提供补充兵，我没听错的话，他说给我空运500人！由于通话质量很差，希特勒在电话里一次次重复他的话。至于部队后撤的问题，我们已遵照冯·布劳希奇元帅在罗斯拉夫尔做出的决定执行，现在根本不可能停下。

12月17日，我找到第24、第47装甲军及第53军军长，再次了解部队的状况，还和他们商讨了目前的态势。三位军长一致认为，凭我们现有的兵力，无法在奥卡河东面长时间坚守。眼下重要的是保全部队的战斗力，待新锐援兵开抵，才有望实施卓有成效的防御。据他们报告，部队开始对最高统帅部产生怀疑，认为他们彻底误判了敌情，这才下达了毫无成功希望的最终进攻令。几位将军指出："要是我们仍具备机动能力和先前的战斗力，一切不在话下。但道路结冰，致使我们的一切运动难以为继。苏联人在组织和装备方面早就为冬季作战做好了准备，而我们什么都没有。"

第2集团军当日担心敌人会在诺沃西利达成突破。

鉴于这种情况，我决心获得集团军群批准就飞赴元首大本营，向希特勒当面陈述我这个集团军的状况，因为所有书面报告和电话交谈毫无结果。会见时间安排在12月20日，到了那天，冯·博克元帅称病辞职，冯·克鲁格元帅接替他出任中央集团军群司令。

12月18日，第2集团军奉命守住季姆—利夫内—韦尔霍维耶一线，接下来几天跟随第2装甲集团军右翼撤往大列卡—祖沙河一线。第2装甲集团军打算退守莫吉尔基—维尔什·普拉维—索洛琴卡—丘尼纳—科斯米纳一线。

第43军转隶第4集团军。

12月19日，第47装甲军和第53军开入普拉瓦河阵地。我决定把第47装甲军撤到奥谢尔基—波季西尼奥夫卡西北面一线，把第24装甲军集中在奥廖尔周边地域担任集团军预备队，短暂休整后用作战役机动力量。

第4集团军右翼遭到敌人猛烈冲击，个别地段失守。

我首次被免职

　　我告诉身边的同事，我决定飞赴元首大本营面见希特勒，他们对我说："小教士，小教士，你的路不好走啊！"①这句话很切合我们此刻的处境。我知道，说服希特勒接受我的观点绝非易事。但我当时认为，具有前线经历的将领做出的合理陈述，我们的最高统帅部还是能听得进去的。抱着这种想法，我从奥廖尔北面风雪弥漫的前线飞赴遥远的东普鲁士，前往设施齐全、温暖如春的元首大本营。

　　12月20日15点30分，我降落在拉斯滕堡机场，与希特勒的会谈持续了5个钟头左右，中途只休息了两次，每次半个钟头，一次是吃晚饭，另一次是看新闻纪录片，希特勒经常独自看这些纪录片。

　　希特勒18点左右召见我，在场的还有凯特尔、施蒙特和另外几名军官。陆军总参谋长没参加会谈，也没有OKH其他代表出席，冯·布劳希奇元帅辞职后，希特勒亲自兼任陆军总司令职务。所以，就像1941年8月23日那样，我独自面对OKW一群人。希特勒走过来和我打招呼，我惊愕地注意到他不无敌意的眼神，这种情况还是首次，我觉得肯定有人在他面前说了我的坏话。小房间里昏暗的灯光，加剧了不愉快的感觉。

　　会谈开始后，我汇报了第2装甲集团军和第2集团军的作战态势，然后谈到把两个集团军撤入祖沙河—奥卡河阵地的意图，还说12月14日在罗斯拉夫尔召开的会议上，冯·布劳希奇元帅批准了这项建议。我以为希特勒知道这件事，可出乎我意料，他突然情绪激动地喊道："不行，我不允许这样做！"我报告道，后撤行动已经开始，更何况上述河流防线前方没有合适的地方充当永备阵地。要想保全部队，获得过冬的永备阵地，就必须批准我们退守这道防线。

　　希特勒说道："您应当就地挖掘战壕，固守每一平方米土地。"

　　我回答道："各处都没办法挖掘战壕，因为冻土深达1—1.5米，凭我们手头这点挖掘工具，根本挖不了冻土。"

　　希特勒说道："那你们就该用重型野战榴弹炮炸出漏斗形阵地，第一次世界

------

　　① 译注：1521年，查理五世在沃尔姆斯召开帝国议会会议，要给马丁·路德定罪。马丁·路德不顾危险，毅然前往，这句话是他动身时送行者对他说的。

大战期间，我们在佛兰德地区就是这样做的。"

我回答道："第一次世界大战期间，我们部署在佛兰德的各个师，防御正面宽度4—6公里，配备2—3个重型野战榴弹炮营，弹药也很充裕。而现在，我那些师的防御正面宽达20—40公里，每个师只有4门重型榴弹炮，每门火炮只有50来发炮弹。如果我用火炮轰击地面，每门火炮只能制造50个周围黢黑、脸盆大小的浅弹坑，绝不可能炸出漏斗形阵地！佛兰德地区的温度，也没有低到我们目前经历的这种程度，更何况我还要用那些炮弹击退苏联人。我们现在就连架设电话线的杆子都无法插入地里，必须用炸药在地面炸出个坑才行。我们从哪里能弄到大量炸药来构筑这么庞大的阵地呢？"

但希特勒完全听不进去，一再命令我们就地据守。

我说道："那么此举意味着在不适合的地形转入阵地战，就像第一次世界大战期间的西线。届时我们会像当年那样，经历一场物质战，遭受高昂的损失，却无法决出胜负。今年冬季采用这种战术的话，我们会牺牲大批军官和士官，就连适合担任军官和士官的候补人员也难逃厄运，这种损失是无法弥补的，而且换不来任何好处。"

希特勒说道："您认为腓特烈大帝的掷弹兵想死吗？他们都想活下去，可国王有权要求他们献出生命！我认为我也有权要求每个德国军人做出牺牲。"

我说道："每个德国军人都知道，战争中必须冒上为国捐躯的风险，到目前为止，我们的将士充分证明，他们愿意付出这种牺牲。可我们不能让前线将士牺牲得毫无价值。而我现在接到的指示，势必造成与战果完全不成比例的损失。只有把部队撤到我先前建议的祖沙河—奥卡河阵地，我们才能凭借秋季交战期间构筑的工事抵御敌军，度过严酷的冬季。我恳请您注意，我们的惨重伤亡，不是敌人而是天气造成的，酷寒带来的减员两倍于敌军火力。去战地医院看过冻伤者的人，都知道这意味着什么。"

希特勒说道："我知道您工作得很努力，而且经常和前线官兵待在一起，我很欣赏您的作风。但您过于接近前线发生的事情，官兵的不幸遭遇给您留下的印象太深，所以您给予他们的同情太多了。您应当稍稍站远些，相信我，从远处能更清楚地看明白问题。"

我说道："尽我所能减轻麾下官兵遭受的苦难，这是我的职责。但确实很难做到，因为前线官兵到现在也没得到冬装，大部分步兵还穿着单裤。军靴、换洗内衣、手套、护头衬垫要么根本没有，要么就是破烂不堪。"

希特勒吼道："这不是实情，军需总监向我报告，冬装早就下发了。"

我说道："的确下发了，但没运到前线，我一直在紧密关注此事。由于火车头不足，再加上铁路线堵塞，这些冬装目前仍在华沙火车站，已经在那里停留了好几周。我们9月和10月提出的要求，都被粗暴地回绝了，现在想补救已为时过晚。"

希特勒马上把军需总监找来，他证实了我的说法。戈培尔1941年圣诞发起为前线募集冬装的活动，就是源于此次会谈。但他募集到的冬装，1941年年底到1942年年初没能送到前线官兵手里。

我们随后谈到部队的战斗力和后勤补给问题。泥泞期和酷寒天气下，机动车辆损失严重，我们现在没有足够的车辆运送补给物资、部队、辎重。损坏的车辆没得到补充，各部队只好因地制宜，采取各种应急措施。但马拉大车和雪橇的载运量有限，需要很多大车和雪橇才能替代损失的卡车，这就要投入大量人手来操作这些运输工具。希特勒认为后勤部队和各部队的辎重队过于庞大，他现在要求大力裁撤，把腾出的人员纳入作战部队。其实我们在不影响后勤补给的前提下早就这样做了。要想腾出更多人手，唯一的办法是改善后勤补给手段，特别是铁路线。要让希特勒明白这个简单的事实，却不是件容易的事。

话题随后转到部队的住宿条件。几周前，柏林举办了一场展览会，会上的展品包括OKH打算用于冬季的福利设施。冯·布劳希奇元帅力邀希特勒亲临展场，展览会办得很漂亮，还拍了新闻纪录片。可惜，前线部队就没得到过这些好东西。由于运动战持续不停，我们根本没办法修建营房，再说苏联境内也很难弄到建筑材料。总之，我们的住宿条件相当恶劣。希特勒对这些情况一无所知。军备部长托特博士参加了这部分会谈，他是个明事理的人，具有正常的人类情感。他很重视我介绍的情况，还送给我两个他打算向希特勒展示的战壕炉，让我带回去作为样板，部队可以就地取材自行制造。这好歹算此次长谈我获得的积极成果。

共进晚餐时，我坐在希特勒身旁，趁机对他讲述了前线生活的细节。可结果非我所愿，希特勒和他身边的亲信显然觉得我危言耸听。

餐后我们继续会谈，我建议把此次战争中亲身经历过前线战事的总参军官调到 OKW 和 OKH。我说道："从 OKW 诸位先生的反应看，我觉得我们呈交的消息和报告没有得到正确理解，因而也没及时向您汇报。所以我认为，有必要把具备前线经历的军官调到 OKW 和 OKH 的参谋岗位，来一场轮岗。自战争爆发以来，两个部门的军官高高在上，已经有两年多没去过前线了。此次战争与第一次世界大战完全不同，参加过上一次世界大战的人，不等于了解眼下这场战争。"

我的话犹如捅了马蜂窝，希特勒怒气冲冲地说道："我现在离不开身边的人员。"

我答道："您不用更换贴身副官，我不是这个意思。我是说，把那些参加过此次战争，有前线经历，特别是有冬季战事经历的军官，派到两个指挥机构的关键岗位非常重要。"

可就连这个要求也被希特勒粗暴地拒绝了。此次会谈就这样结束了，可以说我一无所获。离开会议室时，我听见希特勒对凯特尔说道："我没能说服此人！"我与希特勒的裂痕就此出现，而且再也没能弥合。

次日上午，乘飞机返回驻地前，我打电话给国防军指挥参谋部参谋长约德尔将军，再次对他重申，目前的做法必然造成我们难以承受的人员伤亡，我无法承担相应的责任。我们现在急需预备队，在远离敌军的后方阵地稳固态势。可这通电话也没取得什么效果。

结束了与约德尔的电话交谈，我12月21日飞回奥廖尔。按照希特勒的指示，第2装甲集团军的左侧分界线必须移到日兹德拉河与奥卡河交汇部。这番变更极大地加剧了装甲集团军承担的责任。为符合希特勒的意图，当天剩下的时间，我忙着修改原先的指令，还下达了新的命令。

为确保部队贯彻命令，我12月22日赶往第47装甲军辖内各师。在军部简短商讨后，我前往切尔尼的第10摩托化步兵师，向师长冯·勒佩尔将军解释了希特勒下达这种命令的理由和目的。出于同样的用意，我下午又视察了第17、第18装甲师。经过一场冰雪之旅，临近午夜我才回到奥廖尔。不管怎样，我亲自向最主要的前线指挥官详细解释了希特勒的命令有可能给态势造成的变化，就算接下来几天发生什么不测，我觉得自己也问心无愧了。

12月23日，我向另外几位军长通报了相关情况。第53军报告，第167步兵师遭到敌人猛烈冲击。第296步兵师退到别廖夫。第53军的战斗力等级只能评为"虚弱"。该军左翼与第43军之间仍有个很大的缺口，凭我们现有的部队根本无法封闭缺口，一旦离开道路，这些部队在难以通行的地带几乎寸步难行。于是我决定，第3、第4装甲师沿图拉—奥廖尔公路返回奥廖尔，休整三天，转隶第24装甲军，取道卡拉切夫—布良斯克向北攻击前进，打击渡过奥卡河向前推进之敌的翼侧。可是，敌人在第2集团军作战地域达成纵深突破，迫使第24装甲军把部分力量投入新的危机发生地，耽误了朝利赫温方向的集中。第24装甲军的非摩托化部队编入警戒力量，用于守卫奥廖尔。

12月24日，我去几所军医院参加了一连串圣诞庆祝活动，好歹给这些优秀的军人带去些慰藉。但我的情绪很低落，傍晚前后一直埋头工作，直到利本施泰因、比辛、卡尔登赶来，战友情谊终于纾缓了我的心绪。

12月24日，第2集团军丢失了利夫内。敌人在利赫温北面渡过奥卡河。遵照OKH的指令，第4装甲师开往别廖夫阻挡敌军。我本打算以第24装甲军发起协同一致的反突击，现在也许只能改成零零碎碎的行动了。

12月24日夜到25日晨，红军发动全面进攻，第10摩托化步兵师丢失了切尔尼。敌人取得的战果大得出人意料，完全是因为第10摩托化步兵师左侧第53军辖内部队没能守住阵地，这才让敌人在那里取得突破。第10摩托化步兵师一部在切尔尼陷入包围。我赶紧向集团军群报告这起不幸事件。冯·克鲁格元帅厉声申斥我，最过分的是，他一口咬定我下令撤出切尔尼，而且不是当晚，至少24小时前我就下达了命令。简直是颠倒黑白！如上文所述，我亲自向部下传达了希特勒的坚守令，所以我愤怒地驳斥了克鲁格毫无根据的责难。

12月25日，第10摩托化步兵师被围部队冲出红军包围圈，带着几百名俘虏顺利到达己方防线。各部队奉命撤往祖沙河—奥卡河阵地。傍晚前后，我和冯·克鲁格元帅又发生了激烈的争吵，他指责我呈交假报告，还威胁"要把此事报告元首"，说完就挂了电话。太过分了！我立即打电话告诉集团军群参谋长，受到这种不公正的对待，我不愿继续指挥第2装甲集团军，请求他们解除我的职务。我随后用电报发出辞职报告，但冯·克鲁格元帅抢先一步，要求OKH解除我的职务，12月26日上午我接到通知，希特勒下令让我转入OKH军官预备役。接替我的是第2集团军司令鲁道夫·施密特将军。

12月26日，我与司令部人员道别，还给部队下达了一道简短的日训令。12月27日我离开前线，在罗斯拉夫尔过夜，12月28日夜到29日晨在明斯克，12月29日夜到30日晨在华沙，12月30日夜到31日晨在波森，除夕到达柏林。

我给麾下将士的道别令，又引发了冯·克鲁格元帅与集团军司令部的争执。集团军群司令部想阻止第2装甲集团军司令部下发这道日训令，因为冯·克鲁格担心我借机发难。其实这道日训令的内容无可指摘，利本施泰因没理会集团军群司令部的要求，把我的道别令下发给各部队。

道别令全文如下：

第2装甲集团军司令　　　　　　　　　　　　司令部，1941年12月26日

集团军日训令

第2装甲集团军全体将士！

元首兼国防军最高统帅今天解除了我的职务。

即将与你们告别的这一刻，我想起6个月来我们共同为祖国的荣耀和军队的胜利从事的斗争，也满怀崇敬地想起那些为德国流血牺牲的战友。全体战友，我衷心感谢你们这么长时间来一次次展现出的忠诚、奉献、诚挚的手足情谊。我们生死与共，休戚相关。关心你们、保护你们是我最大的快乐。

再见了！

尽管天寒地冻，敌人占尽优势，但我知道，你们会一如既往地英勇奋战并赢得胜利。艰巨的征程上，我的心与你们同在。

你们是为德意志而战！

希特勒万岁！

签名：古德里安

第七章　赋闲

　　起初我对自己受到不公正的对待气愤不已，这不难理解。所以 1942 年 1 月初，我在柏林提请军事法庭介入调查，目的是驳斥冯·克鲁格元帅的无端指责，澄清我采取各项措施的理由。可希特勒驳回了我的请求，我不知道具体原因是什么。他们显然知道我是冤枉的，但不想弄清任何问题。我离开奥廖尔前，施蒙特上校受希特勒所托来这里了解情况。他从利本施泰因和一众前线将领那里获悉了真相，因而对元首大本营的副手说道："此人受到不公正的对待，整个集团军站在他一边，所有人都替他说话，我们得想办法纠正错误。"施蒙特是个理想主义者，他真诚的意愿毋庸置疑，但由于其他人从中作梗，施蒙特的好意没能如愿。

　　我在柏林无所事事，而我那些将士仍在冰天雪地里艰苦鏖战。我知道自己的一言一行都受到监视，所以最初几个月行事低调，几乎足不出户，只接待了寥寥几位访客。最先来看我的是党卫队警卫旗队指挥官泽普·迪特里希，他从帝国总理府打来电话，与我约定到访时间。迪特里希告诉我，他这样做的目的就是要告诉"上面那些人"，他们冤枉我了，他不会和他们沆瀣一气。就算在希特勒面前，迪特里希也毫不隐瞒自己的观点。

　　陆军指挥机构的人事变动，并不仅限于冯·伦德施泰特元帅和我。诸多久经考验的将领被解除职务，理由很牵强，甚至根本没有理由，施韦彭堡、弗尔斯特、赫普纳将军都在其中。冯·莱布骑士元帅和库比尔将军主动递交辞呈，施特劳斯大将称病辞职。

　　这场"清洗"受到诸多抗议。赫普纳大将的案件引发的后果尤为严重，希特勒解除了他的职务，褫夺了他穿军装和佩戴勋章的权利，取消了他的退休金，还收回政府分配给他的住宅。赫普纳拒不服从这些非法的命令，就连 OKW 和 OKH 的法务人员也很有男子汉气概地告诉希特勒，他无权采取这种措施，只能对赫普纳启动纪律惩戒诉讼程序，诉讼的结果无疑对赫普纳有利。赫普纳自作主张地缩短了防线，与顶头上司冯·克鲁格元帅电话交谈时，他对"外行的指挥"深表愤慨，克鲁格把这些言论报告希特勒，希特勒怒不可遏。一连串烦人的事件促使帝国国会 1942 年 4 月 26 日全体通过一项法规，解除了立法、执法、司法领域的最终限制。1933 年 3 月 23 日通过的授权法本来就深具灾难性，现在这项法规大开方便之门，进一步扩大了授权法，为德国独裁者各种独断专行提供了法律依据。德国再也不是现代法治国家了。两项法案的出台，军人没有参与其中，却要承担相应的灾难性后果。

过去几个月的烦心事加重了我的心脏病，于是我听从医嘱，1942 年 3 月底和妻子去巴登韦勒疗养 4 周。平静而又美丽的春季风光，疗养地的温泉，抚慰了我备受东线战事摧残的身心。回到柏林，我的爱妻患了严重的败血症，一连数月卧床不起，让我倍感焦虑。另外，络绎不绝的访客和恼人的"包打听"也令我不胜其烦，于是我们决定动用一笔小小的遗产，在博登湖畔或萨尔茨卡默古特买一座小房子，远离帝国首都的氛围。9 月底，我打电话给负责此事的后备军司令弗罗姆将军，向他提出休假申请，他请我去面谈此事。几天前我接到隆美尔从非洲发来的电报，说他很快要回国治病，因而向希特勒推荐我代理他的职务。但希特勒没采纳他的建议。弗罗姆问我想不想东山再起，我说不想。我从萨尔茨卡默古特返回的当天，弗罗姆又打来电话，请我去面谈。弗罗姆告诉我，他昨天跟施蒙特谈过了，施蒙特告诉他，我肯定会重新获得任用。元首听说我想去德国南部买房子，他知道我出生在瓦尔特高或西普鲁士，所以希望我去那里，而不是德国南部定居。希特勒打算以国家馈赠的方式，奖励骑士铁十字勋章橡叶饰获得者，馈赠的主要是地产。我还是想去故乡选择合适的住处，不管怎样，我很快就能脱下这身灰军装，彻底成为平民百姓了。

但这个目标暂时实现不了。1942 年秋季，我的心脏状况显著恶化。11 月底我终于倒下了，一连数日没有进食，始终处于昏迷状态，幸亏柏林的心脏专家冯·多马鲁斯教授医术高超，我才慢慢恢复过来。圣诞节的时候，我已经能起床活动几个钟头。（1943 年）1 月份我的健康状况渐渐有了起色，所以 2 月底的时候，我打算去瓦尔特高找一处农庄，就此开始农夫生活，但这一切没能实现。

1942 年，东线德军再次发动攻势，从 6 月 28 日持续到 8 月底，战果相当丰硕，南翼的克莱斯特兵团前出到高加索山地，位于他们北面的保卢斯第 6 集团军到达伏尔加河畔的斯大林格勒。但这些行动又一次背离了计划。1941 年年底到 1942 年年初的冬季作战期间，德国军队的实力遭到严重削弱，显然无力完成赋予他们的目标。和 1941 年 8 月一样，希特勒没等德军粉碎敌人的军事力量，就急于寻求经济和意识形态目标。他的行动方向是占领里海油田、切断伏尔加河航运、摧毁斯大林格勒工业区，这些目标从军事角度看难以理解。

这些消息是我从报纸、广播和来访的朋友那里得知的，尽管支离破碎，但足以说明态势严重恶化，1943 年 1 月底的斯大林格勒灾难后，就算西方国家不介入，德国军队的处境也已岌岌可危。另外，英军 1942 年 8 月 19 日在法国迪耶普附近的登陆行动，意味着对方已着手开辟第二战线。

1942 年 11 月，盟军登陆北非。德国部署在那里的作战部队处境相当危急。

顺便说一句，希特勒 9 月 25 日解除了哈尔德大将的职务，派蔡茨勒将军出任陆军总参谋长。同时，原本由陆军总参谋长掌握的总参人事任免权，移交给直接对希特勒负责的陆军人事局。这项意义深远的措施，剥夺了陆军总参谋长在领导总参谋部方面最后的权力。蔡茨勒提出抗议，却徒劳无获。撤换哈尔德，希特勒终于做到了 1939 年秋季他没能做到的事情，当初他就对陆军高级领导人抱有深深的、无法消除的不信任感。三年来，双方同床异梦，虽然一同工作，但互不信任，争执不休。换上蔡茨勒能改变这种状况吗？与布劳希奇和哈尔德相比，希特勒会更信赖蔡茨勒吗？他现在会听取专业人员的建议吗？这些问题的答案，关系到德国人民的命运。

不管怎么说，新任陆军总参谋长怀着极大的热情投入工作，还开诚布公地向希特勒阐明自己的观点，为坚持自己的主张一次次据理力争。蔡茨勒五次提出辞呈，每次都被希特勒驳回。最后，希特勒与蔡茨勒之间的分歧越来越大，只好打发他走人。与希特勒的一次次争执，蔡茨勒始终没能占据上风。

第八章 1942年1月—1943年2月，
装甲兵的发展

　　希特勒1941年12月兼任陆军总司令后，愈发关注陆军兵器的技术发展，他最感兴趣的是装甲兵。我在下面列举的数字，部分来自军备和战时生产部长阿尔贝特·施佩尔前任首席助理绍尔的记录。这些数字证明了希特勒推动技术发展的迫切心情，但也反映出他反复无常的性格和他的兴趣所在。

　　如前文所述，一批坦克设计师、工业家、陆军军械局官员1941年11月到访我的装甲集团军，现场了解情况，参考我们对付T–34的作战经验，采取相应的措施，帮助我们重新获得技术优势，打败红军的坦克。为尽快扭转德军装甲兵的不利局面，前线军官建议仿制苏联人的T–34坦克，但设计师没有采纳。他们的自尊心固然是原因之一，更重要的是，我们短时间内无法仿制T–34的重要部件，特别是铝制柴油发动机。另外，我们原料短缺，在合金钢方面无法与苏联人相比。所以，设计师提出的方案是继续生产虎式坦克，这款重约60吨的坦克已投产，另外再设计一款较轻的黑豹坦克，重量为35—45吨。1942年1月23日，黑豹坦克的设计草图呈送希特勒审阅。此次会议上，希特勒下令把德国的坦克月产量提高到600辆。1940年5月，我们各款坦克的月产量只有125辆。战争打了快两年，坦克这种最重要的作战兵器，我们的产量却没有大幅度增加，足以说明希特勒和陆军总参谋部都没有充分认清坦克对我们从事战争的重要性。德国装甲兵1939—1941年赢得的辉煌胜利也没能改变他们的观点。

　　1942年1月23日的会议上，希特勒提出个观点，又一次妨碍到坦克的技术发展和战术、战役使用。他认为，炮兵即将装备新研发的空心装药炮弹，能极大地提高装甲穿透力，装甲兵日后的作用会大幅度下降。他觉得这项技术真能用于实战的话，就得考虑增加自行火炮的数量，还希望为此使用坦克底盘。因此，此次会议上，希特勒要求展开这方面的研发工作。

1942 年 2 月 8 日，帝国军备和战时生产部长托特博士因飞机失事身亡，施佩尔接替了他的职务。

3 月份，克虏伯公司和波尔舍教授奉命设计重达 100 吨的坦克。研发工作加速进行，1943 年春季制造出样车。要想加快坦克的研发速度，就需要更多设计师参与其中，为抽调设计人员，许多汽车厂不得不停止民用车辆的研发。1942 年 3 月 19 日，施佩尔报告元首，到 1942 年 10 月能生产出 60 辆波尔舍虎式坦克和 25 辆亨舍尔虎式坦克，到 1943 年 3 月还能再生产 135 辆，倘若这些战车都能使用的话，届时我们就有 220 辆虎式坦克！

4 月份，希特勒要求为虎式坦克的 88 毫米火炮、黑豹坦克的 75 毫米火炮研发穿甲弹。亨舍尔和波尔舍公司很快展示了各自的样车。当月，希特勒显然萌生了远征马耳他的念头，因为他要求生产 12 辆正面装甲厚达 80 毫米的四号坦克，用于进攻岛上的要塞。这场行动很有必要，可惜后来没了下文。

1942 年 5 月，希特勒批准了曼公司提出的黑豹坦克设计方案，还下令生产运送超重型坦克的铁路车辆。他还要求把突击炮的月产量增加到 100 辆，三号坦克增加到 190 辆。

1942 年 6 月，希特勒又担心起坦克装甲的厚度。他下令把四号坦克和突击炮的车首装甲增加到 80 毫米，还说他不确定新式黑豹坦克 80 毫米厚的车首装甲到 1943 年春季是否还具备足够的防护性。因此他命令相关部门研究黑豹坦克的车首装甲能否加强到 100 毫米，还提出至少要把所有垂直装甲增加到 100 毫米。至于虎式坦克，他要求相关部门研究车首装甲增加到 120 毫米的可行性。

1942 年 6 月 23 日的会议上，相关人员对 1943 年 5 月的战车产量做出以下估计：

使用旧式二号坦克底盘的装甲侦察车	131 辆
黑豹坦克	250 辆
虎式坦克	285 辆

希特勒对这项方案非常满意。他希望加速研发坦克用的风冷柴油引擎，卢茨将军早在 1932 年就提出过这种想法，但只有克虏伯公司推出的轻型一号坦克搭载了风冷柴油引擎。希特勒继续探讨研发坦克的基本问题，同意了专家提出的几项原则，也就是火力第一，车速第二，装甲防护第三。但希特勒的想法有点自相矛盾，

他认为厚重的装甲是绝对必要的。他随后展开信马由缰的幻想，委托工程师格罗特和哈克设计一款重达 1000 吨的巨型坦克。对设计中的波尔舍虎式坦克，希特勒提出底部装甲要达到 100 毫米，搭载 150 毫米 L37 或 100 毫米 L70 火炮。波尔舍教授答应 1943 年 5 月 12 日前交出以他的名字命名的首批战车。

1942 年 7 月 8 日，希特勒要求尽快生产一个连的虎式坦克，准备用于列宁格勒附近的战事。但 15 天后的 7 月 23 日，他又改了主意，要求最迟到 9 月份做好把这批虎式坦克用于法国前线的准备。他当时显然很担心西方国家会大举登陆。

为改进陈旧的三号坦克，希特勒下令为这款战车换装 75 毫米 L24 火炮。他急于提高坦克产量，但此次会议上，他也提出以坦克底盘生产自行火炮的问题，而增产自行火炮，意味着削减坦克产量。

1942 年 8 月，希特勒派人调查，多久才能为虎式坦克安装 88 毫米长身管火炮，这款火炮能射穿 200 毫米厚的装甲板。他还下令为返修的四号坦克换装长身管火炮，提高这款战车的性能。

1942 年 9 月，相关部门提出新的生产计划，按照这份计划，到 1944 年春季能实现以下产量：

猎豹（轻型侦察坦克）	150 辆
黑豹坦克	600 辆
虎式坦克	50 辆
坦克产量总计	800 辆
突击炮	300 辆
轻型自行火炮	150 辆
重型自行火炮	130 辆
超重型自行火炮	20 辆
使用坦克底盘的火炮总计	600 辆

希特勒下令以未淬火钢制造自行火炮，以免影响坦克产量。但生产重点显然从坦克转向火炮，也就是说，从进攻转为防御，而且防御手段不足，因为即便在初期阶段，部队就抱怨，以二号坦克和捷克 38t 坦克底盘制造的自行火炮无法满足要求。

讨论波尔舍虎式坦克时，希特勒说，他认为这款战车安装了电传动系统和风冷引擎，特别适用于非洲战场，但50公里的作战半径远远不够，必须增加到150公里。这项要求无疑是正确的，但应该在最初设计时就提出。

9月份对战车问题的商讨，无疑受到斯大林格勒及其周边激烈战事的影响。经过反复斟酌，他们决定改进突击炮，换上长身管75毫米L70火炮和100毫米正面装甲。突击炮或四号坦克应当安装重型步兵炮。目前制造的波尔舍虎式坦克，部分改为突击炮，也就是取消炮塔，安装88毫米长身管火炮和200毫米厚的正面装甲。他们还考虑为这款战车安装210毫米臼炮。毫无疑问，我们目前的坦克不适合巷战，但不断下令更改量产坦克的设计方案，这种做法很不妥当，会导致战车的型号过多，需要大量不同的零配件，还会给坦克的战地维修造成难以解决的问题。

虎式坦克1942年9月首次投入实战。第一次世界大战的经验告诉我们，任何一款新式兵器批量生产和大规模投入前，必须有耐心，不能急于使用。第一次世界大战期间，英法军队过早地把他们的坦克小批量投入交战，结果丧失了本来能赢得的巨大战果。军事评论家注意到这种错误，早就对此大加批评，我也经常谈到这个问题，还专门撰写了文章。希特勒对此心知肚明，可还是急于验证他的"大杀器"。于是他选定了一项次要任务，也就是在完全不适合的地形展开局部进攻：列宁格勒附近泥泞的森林，重型坦克只能排成单路纵队前行，结果沦为敌军火炮的猎物，对方的反坦克炮就部署在小径两侧。这场重大损失本来完全可以避免，不仅如此，我们还泄露了新型战车的机密，日后也无法凭借这款战车达成突然性。地形不利导致进攻失败，相关人员对新式坦克的失望之情远远大于失利本身。

10月份，为提高突击炮产量，坦克的产量被进一步削减，按照希特勒的命令，突击炮使用四号坦克底盘搭载长身管75毫米L70火炮，还以黑豹坦克底盘搭载长身管88毫米L71火炮，另外还有40—60辆战车以四号坦克底盘搭载重型步兵炮。希特勒还想在四号坦克底盘上安装臼炮，以这种短身管火炮发射高爆弹。这些五花八门的设计也许很有意思，但给我们当时唯一可用的主战坦克，也就是四号坦克的生产造成影响，这款坦克当月的产量首次降到100辆。不仅如此，除了计划生产的猎豹侦察坦克，军备部还建议用黑豹坦克底盘制造侦察坦克，幸亏这项计划没有付诸实施。

与战车研发的这些乱象截然相反，希特勒表述了正确的观点，他认为必须给虎式坦克配备弹道平直的88毫米长身管火炮，而不是口径更大但初速较低的火炮。坦克炮的主要用途是打击敌坦克，一切次要用途必须让位于主要任务。

11月，希特勒要求把虎式坦克的月产量从13辆提高到25辆。他提出的要求实现了，当月生产了25辆虎式坦克，突击炮产量首次达到100辆。

1942年12月初，如何使用坦克的问题又引发了新的争论。希特勒注意到，零碎使用虎式坦克非常不利。于是他指出，东线可以零碎使用虎式坦克，但在非洲战区必须集中使用。这种观点难以理解，我实在不清楚背后的依据是什么。

三号坦克现在彻底停产，这部分产能用于制造突击炮。到1943年6月，突击炮月产量要增加到220辆，其中24辆安装轻型野战榴弹炮。这款火炮初速较低，弹道弯曲，完全符合支援步兵作战的要求，但对付敌坦克的能力再次减弱了。

某次会议上，希特勒告诉波尔舍公司的工程师和克虏伯公司的米勒博士，他希望1943年夏季完成重达100吨的鼠式坦克样车，还要求克虏伯公司届时能月产5辆。

相关报告称，由于战车型号不断增加，变款繁多，给零配件采购工作造成很大的困难。

1943年1月，相关部门继续讨论装甲、坦克炮、巨型坦克等问题。他们决定，为旧式四号坦克安装倾斜的车首装甲，黑豹坦克也换上100毫米厚的正面装甲。猎豹轻型侦察坦克还没投产就取消了生产计划，理由是"这款战车的装甲和武器，无法应对1944年可能会出现的情况"。

他们还决定，为虎式坦克安装88毫米长身管火炮、150毫米厚的正面装甲、80毫米厚的侧面装甲。波尔舍公司的鼠式坦克定型，还把月产量增加到10辆，但希特勒和他的追随者想象出来的这款庞然大物，当时就连木质模型也没做出来。尽管如此，他们煞有介事地决定，1943年年底投产这款战车，安装128毫米火炮，还要研究安装150毫米火炮的可行性。

为应对巷战，希特勒下令以波尔舍公司的底盘制造3辆撞击虎。这款战车最终没有投产，但办公室战略家的"奇思妙想"可见一斑，他们居然想以这种新型战车展开骑士风格的战斗！为了给用于巷战的这些庞然大物提供足够的油料，希特勒下令制造油料拖车和辅助油箱。另外，他要求为坦克制造火箭弹发射装置，还宣称直升机是最适合炮兵观察和装甲部队的机型。

敌人没有推出名目繁多的 T–34 变款，而是源源不断地生产这款性能优异的坦克，面对这种状况，希特勒对德军装甲部队日趋下降的战斗力深感担忧。为提高坦克产量，他 1943 年 1 月 22 日对"所有坦克制造者"发出呼吁，还赋予施佩尔部长新的权力。

尽管意识到眼下的情况，可希特勒还是在 2 月初下达命令，以四号坦克底盘制造两款自行火炮，也就是所谓的"熊蜂"（安装重型野战榴弹炮）和"大黄蜂"（安装 88 毫米火炮）。他还把二号坦克和捷克 38t 坦克的产能都用于制造自行火炮，以二号坦克底盘搭载轻型野战榴弹炮，以 38t 坦克底盘搭载 40 式反坦克炮。另外，他命令尽快完成以波尔舍公司虎式坦克底盘打造的 90 辆"费迪南德"坦克歼击车。为应对红军步兵的穿甲弹，四号坦克、黑豹坦克、突击炮配备了所谓的"裙板"，也就是在战车车身两侧安装可拆卸的装甲板，用于防护车身的垂直部分和行走机构。

各种新式战车层出不穷，局面极为混乱，陆军总参谋部最后不得不介入相关讨论，要求放弃一切新型战车的研发工作，但虎式坦克和尚未量产的黑豹坦克除外。希特勒同意了这项建议，军备部也深表欢迎，因为此举有助于简化生产。但这项建议忽略了一个问题，那就是四号坦克停产后，德国陆军每个月只能获得 25 辆虎式坦克，很可能在短时间内被敌人彻底打垮。苏联人不需要西方盟友帮助就能赢得战争，席卷整个欧洲，没有哪个国家能挡住他们。欧洲的问题会极大地简化，届时我们就会领教真正的民主了。

眼下的威胁实在太大，装甲兵和希特勒军事圈里的某些有识之士都在寻找能在紧要关头挽救危局的人。他们把我战前撰写的著作放在希特勒的桌上供他阅读，随后又建议他把我召来，最终打消了希特勒对我的不信任，最起码让他同意再跟我谈谈。就这样，1943 年 2 月 17 日，陆军人事局出乎我意料地打来电话，请我去文尼察的元首大本营面见希特勒。

第九章　装甲兵总监

任命和初步措施

陆军人事局 1943 年 2 月 17 日打来电话时，我根本不知道他们找我有何贵干。几周前，我的心脏病好转后，去找过陆军人事局局长博德温·凯特尔将军，打听总体局势和各种人事变动的详情。他当时告诉我，上面没有重新起用我的迹象。可现在，凯特尔的副手林纳茨将军却通知我，立即去文尼察向元首报到。他没有说明希特勒召见我的目的，但我很清楚，若非迫不得已，希特勒绝不会找我。斯大林格勒失陷，整个第 6 集团军投降，这场史无前例的惨败给我们的民族造成灾难，轴心国联军大败亏输，无力守住与覆灭的第 6 集团军相连的防线，这一切引发了严重的危机，军队和民众的士气一落千丈。

除了军事上的灾难，我们在外交和内政方面遭受的打击也随之而来。

西方国家的军队登陆北非后，迅速取得进展。1943 年 1 月 14—24 日，罗斯福和丘吉尔在卡萨布兰卡会晤，充分说明了非洲战区与日俱增的重要性，在我们看来，此次会议最重要的成果是他们要求轴心国无条件投降。这项粗暴的要求给德国人民，特别是给德国军队造成很大影响。德军将士从现在起不再抱有任何幻想，他们深知敌人一心毁灭德意志民族，对方从事的斗争，并不像他们当时宣传的那样，只针对希特勒和所谓的纳粹主义，而是要消灭精明能干，因而让他们难以应付的经济对手。

在卡萨布兰卡提出这种毁灭性想法的始作俑者，长期以来一直大肆吹嘘他们这番"杰作"。1945 年 1 月 5 日 [①]，温斯顿·丘吉尔在英国下院发表讲话时宣称："对

---

① 译注：应为 1943 年 2 月 11 日。

关乎我们生存和自由的所有问题做出全面、深入、清醒、成熟的考虑后，美国总统决定召开卡萨布兰卡会议，我作为战时内阁领导人对此深表赞同，会议要求我们的所有敌国全面、无条件地投降。我们坚决要求敌人无条件投降，并不是说以不公正、残酷的方式对待战败国全体民众，以此玷污我们战无不胜的武装部队。"

　　之后的 1944 年 12 月 14 日，温斯顿·丘吉尔答应把东普鲁士交给波兰人，但日后由红军占领的柯尼斯堡除外，他还承诺把但泽和波罗的海沿岸 200 英里地区让给波兰人，准许他们"把边界线向西面的德国境内推移"。丘吉尔言辞凿凿地宣称："届时会有数百万人由东向西或向北迁徙，那里的德意志族人会被驱逐，因为这恰恰是我们倡议的，没错，波兰在西面和北面获得的领土，必须把德意志族人彻底驱逐出去，我们不想搞多民族融合。"

　　这样对待德国东部居民不算残酷？这种做法公正吗？英国下院对丘吉尔的观点显然不是一致赞同，因为 1945 年 1 月 18 日，他再次为自己辩护道："我们正与穷凶极恶的敌人展开殊死斗争，对他们该持何种态度？是要求他们无条件投降呢，还是通过谈判达成和平，让他们得到几年后再次发动战争的机会？无条件投降的原则是美国总统和我在卡萨布兰卡共同宣布的，在那里，自那时起，我为此，也为我的国家承担责任。我确信我们做得没错，尽管许多问题仍未解决，但当时的决定对我们有利。我们现在实力强大，胜利在望，难道反而要更改我们实力虚弱时做出的声明吗？我很清楚，我们没有理由背离无条件投降的原则，也没有理由与德国或日本展开任何超出无条件投降原则的谈判……"

　　时至今日，温斯顿·丘吉尔不那么确信他当时"做得没错"了。他和贝文都避而不谈当初的主张，甚至刻意淡化 1945 年 2 月雅尔塔会议的结果。雅尔塔宣言指出："我们的目标不是消灭德国人民，但只有根除纳粹主义和军国主义，德国人才有望过上体面的日子，在国际社会中占有一席之地。"这种愿望最终实现了吗？

　　很明显，早在 1943 年 2 月，几个中立国对欧洲事务未来发展的看法，远比西方国家的内阁更具远见卓识。1943 年 2 月 21 日，西班牙国家元首佛朗哥在发给英国大使塞缪尔·霍尔爵士的照会里写道：

　　　　如果无法决定性地扭转战争进程，苏联军队就会攻入德国腹地。倘若真发生这种情况，难道不会对欧洲和英国构成重大威胁吗？走上共产主义道路的德国，会把他们的军事机密和战争工业交给苏联。德国的技术人员和专家，会帮助苏联建起从大西洋到太平洋的庞大帝国。

我自问：中欧各个国家和五花八门、分歧严重的种族，被战争弄得一贫如洗，实力严重受损，还有哪个国家能遏制斯大林的野心？没有，一个都没有！因此，我们认为形势极为严峻，恳请英国人民仔细斟酌态势。如果任由苏联占领德国，届时就没有任何一个国家能阻挡苏联继续进攻。

倘若德国抵抗不住，我们就得采取措施。有人认为拉脱维亚人、波兰人、捷克人、罗马尼亚人组成的联盟能替代德国，这种想法荒唐可笑。此类联盟很快会落入苏联控制下。

塞缪尔·霍尔爵士 1943 年 2 月 25 日做出回复，我们估计他受政府所托，而且获得上级批准：

我无法接受苏联战后会对欧洲构成威胁的理论。我也不接受苏联战后会对西欧发起政治运动的想法。阁下断言，共产主义是欧洲大陆最大的威胁，苏联赢得胜利会导致整个欧洲共产主义化。我们对此的看法完全不同。战争结束后，哪个国家能凭一己之力统治欧洲？苏联届时会忙于重建，很大程度上还得依靠英美两国的援助。盟国为赢得胜利而展开的斗争，苏联并没有居于领导地位。各国在军事上付出的努力完全相同，胜利是全体盟国共同奋斗的结果。战争结束后，杰出的英美军队会占领欧洲大陆，他们都是优秀的军人，而苏联红军早已筋疲力尽，元气大伤了。

我不揣冒昧地预测，英国军队届时会成为欧洲大陆实力最强的武装力量。英国对欧洲的影响力，会像拿破仑垮台时那般强大。以强大的军事力量为后盾，我们的影响力会遍及整个欧洲，我们会参与欧洲的重建。

这就是大英帝国代言人塞缪尔爵士对中立国西班牙的国家元首做出的回答。这番话听上去非常自信。似乎是出于本能，希特勒不愿从事外交谈判，他非常清楚，他与西方国家无法达成任何协议。他和德国人民的命运，都系于刀尖上。

内政方面，雷德尔和沙赫特被解除职务，加剧了德国国内的紧张气氛，此时的局势到了岌岌可危的地步。

这些事件的压力下，1943 年 2 月 18 日，贝克中尉陪同我乘火车前往东普鲁士的拉斯滕堡，再从那里乘飞机去见希特勒。我在火车上遇到老战友肯普夫将军，从他那里获悉了去年的许多作战情况。凯特尔的副官魏斯少校在拉斯滕堡接我，但他丝毫没有透露希特勒召见我的原因。我和肯普夫，以及和平时期我在运输兵总监部和第 2 装甲师的老同事夏勒斯·德·博利厄将军一同飞往文尼察，2 月 19 日下午到达那里，入住"猎人山"部队招待所。

2 月 20 日上午，希特勒的副官长施蒙特将军来看我，就希特勒的意图和实现这些意图的可能性与我长谈了一番。他告诉我，红军坦克力量的优势与日俱增，而德国装甲部队每况愈下，已经到了非革新不可的地步。陆军总参谋部与军备部的观点大相径庭，特别是装甲兵，他们对指挥机构丧失了信心，因而急需一位精力充沛、内行的兵种领导人。所以希特勒决定把装甲兵交给我。施蒙特问我，对履行这项职责有何建议。我告诉他，鉴于德国人民和德国装甲兵面临困境，我准备听从希特勒的召唤。但我只能在一定的条件下才能顺利展开工作，特别是我大病初愈，实在不想再像过去那样，把精力耗费在无谓的争权夺利上。所以我不得不提出，赋予我的职务既不隶属陆军总参谋长，也不听命于后备军司令，而是直接对希特勒负责。另外，装甲装备的发展问题，陆军军械局和军备部必须尊重我的意见，不赋予我这种权限，就无法恢复装甲兵的战斗力。和陆军一样，隶属德国空军和武装党卫队的装甲部队，组织和训练工作由我负责。不用说，后备军和军事院校的装甲部队也听命于我。

我请施蒙特把这些意见转告元首，他答应的话再召见我。否则，最好取消我的任命，让我返回柏林。我与施蒙特的会谈持续了两个钟头。

施蒙特返回元首大本营没多久，我就接到电话，请我 15 点 15 分去见希特勒。希特勒准时接见我，施蒙特起初也在场，但希特勒很快就请我去他的办公室单独谈话。自 1941 年 12 月 20 日那个晦暗的日子以来，我再没见过希特勒。这 14 个月，他老了许多，举止不再像当初那么稳当，说起话来有点犹豫不决，左手抖个不停。

希特勒的办公桌上放着我的几本著作，他以这样的开场白开始了我们的会谈："我们1941年分道扬镳，当时有很多误会，我对此非常抱歉，我现在需要您！"我回答道，要是他能为我顺利展开工作创造先决条件，那么我愿效犬马之劳。希特勒这才告诉我，他打算任命我为装甲兵总监。施密特已经把我对这个问题的看法向他做了汇报。希特勒批准了我的建议，要求我以此为基础，拟制一份勤务条例交给他审阅。他还说，他最近重读了我战前撰写的几部关于装甲兵的著作，发现我那时候就准确地预见到装甲兵的发展进程，现在我应该把自己的想法付诸实施。

希特勒随后谈起眼下的战争局势。他非常清楚，斯大林格勒惨败后，东线德军不断退却，我们在军事、政治、士气方面受到沉重打击，但他表示（从他的角度看这是理所当然的），他决心坚持到底，扭转战争局势。我们谈了45分钟，16点左右结束了此次会晤。

与希特勒道别后，我去见陆军总参谋长蔡茨勒将军，他为我介绍了目前的军事态势。当晚我和前驻莫斯科武官克斯特林将军、文尼察卫戍部队指挥官冯·普里恩将军、第15步兵师师长布申哈根将军小聚，我和他们很熟，他们向我介绍了我赋闲期间发生的许多事情。普里恩告诉我，占领区的德国管理部门让人火大。德国的占领政策，特别是帝国总督科赫的做法，硬是把乌克兰人从德国人的朋友变成了我们的敌人。不幸的是，军方无权过问占领区政策。这些政策通过党和行政手段贯彻实施，军方无法插手，通常是在他们不知情，甚至违背他们意愿的情况下执行的。事情弄大了，出了纰漏，他们才告知军方。

2月21日，我与约德尔、蔡茨勒、希特勒的副官恩格尔上校讨论了装甲兵总监勤务条例的主要内容。

2月22日我飞赴拉斯滕堡，与凯特尔元帅共同完成这份勤务条例，此时他不在文尼察的元首大本营。2月23日，后备军司令弗罗姆大将奉命参与我们的工作。接下来几天，我们完成了这份条例，2月28日交给希特勒审批签署。这份勤务条例对我接下来几年的工作至关重要，所以我把全文引述如下。

装甲兵总监勤务条例

1. 装甲兵总监对我负责，职责是让装甲兵发展成对战争具有决定性意义的兵种。

装甲兵总监直接隶属于我，他的职位相当于集团军司令，是装甲兵[1]的最高兵种负责人。

2. 与陆军总参谋长达成一致后，装甲兵总监全权负责装甲兵、陆军大型快速兵团的组织和训练工作。

他有权代表我，就装甲兵的组织和训练问题给空军和武装党卫队下达指令。

我保留最终决定权。

他就兵器的后续技术发展和生产计划提出的要求，与帝国军备部长密切协商后，呈交我做出决定。

3. 作为装甲兵最高长官，他也是后备军的装甲兵司令。他的任务是确保为野战军不断提供合格的补充兵和装甲战车，包括单车、部队的整补和重建。

按照我的指示，为野战军和后备军分配坦克和装甲车辆也是他的职责。

4. 装甲兵总监应当确保，按计划及时新建、整补装甲部队和快速兵团。另外，他与陆军总参谋部达成一致后，负责安排野战军没有坦克的组员。

5. 装甲兵总监负责评估装甲兵的作战经历、武器装备、训练和组织。为此，他有权视察、检阅国防军和武装党卫队所有装甲部队。

野战军的装甲部队，直接向装甲兵总监汇报各种经验。装甲兵总监把自己的看法和经验告知各相关部门，包括负责军备的帝国部长。

装甲兵总监负责指导装甲兵修订各种条令。涉及兵团指挥，需要与其他兵种协同的条令，下发前应征求陆军总参谋长的意见。

6. 装甲兵总监作为兵种最高长官，以下部队隶属于他：

（a）快速兵团的补充和训练部队（骑兵和自行车补充部队除外），这些部队统归特别指挥部指挥；

（b）野战军和后备军快速兵团的各类学校（骑兵和自行车训练机构除外），以及相关的教导队。

7. 装甲兵总监有权在他的权限范围内，给陆军各勤务机构下达具有约束力的指令。各部门必须为装甲兵总监提供他需要的各种文件。

元首大本营，1943年2月28日

元首签名：阿道夫·希特勒

　　这份勤务条例赋予我的权力，远远超过OKH其他兵种总监，我那些同僚受陆军总参谋长节制，就连视察部队也得预先得到他批准，对后备军和军事院校没有任何影响力，更无权下发任何条令。那些可悲的兵种总监，取得的成就自然很有限。这也是前任装甲兵总监没有重大建树的唯一原因。有经验的前线指挥官都不愿出任这项职务，就算勉强就职，也总是想方设法重返前线，因为他们在前线好歹能做出些成绩。但至少就装甲兵而言，我出任总监后，改变了上述状况。陆军总参谋部和OKH对这份条例很不满意，认为侵犯了他们神圣的权力，陆军总参谋长的意见特别大，我对此一点也不意外。但我不得不忍受他们故意设置的障碍和困难，这种情况一直持续到战后，对方甚至不惜以歪曲事实的手段来诋毁我。不管怎样，新条例没有损害我们的伟大事业，直到德国最终战败，装甲兵始终是我们最具战斗力的兵种，居于时代前列，忠实地履行了自己的职责。

　　装甲兵总监勤务条例从拉斯滕堡发往文尼察，呈送希特勒审阅，我这才发现段落里的一个重大错误：第一段关于装甲兵的脚注，我把隶属炮兵的突击炮兵也纳入装甲兵范畴。我有充分的理由这样做，因为装甲战车的总产量，突击炮占了很大一部分；但突击炮配备的火炮威力不足，反坦克能力较弱。而专门用于反坦克防御的"坦克歼击"部队，作战效力更低，他们目前依然使用半履带车牵引的火炮，穿透力不足以击毁敌坦克，所以派不上太大用场。我想改变这种局面。可不知是谁背着我在脚注里加上"重型"两个字，结果，本该隶属装甲兵总监的突击炮兵，就仅限于该兵种的重型部队了，这些重型部队刚刚组建，配备以虎式和黑豹坦克底盘打造的坦克歼击车。待我发现问题，立即意识到他们对我耍了花招，受影响的不仅仅是我个人，还包括陆军的反坦克防御，换句话说，整个陆军深受其害。

　　这份勤务条例在各部门传阅之际，我返回柏林组建总监部，准备投入工作。我还是选择了本德勒大街的老办公楼，战前我担任快速部队负责人期间就在这里办公。我请经验丰富的前线军官托马勒上校当我的参谋长，他是个满腔热情的装甲兵，怀着最大的奉献精神投入新工作，始终恪尽职守，一直坚持到德国战败。为总监部几个重要岗位选派人手，我最看重的是人品和实际能力。负责组织和执行工作的两名总参军官，分别是负过重伤、不适合前线服役的弗赖尔中校，年轻、充满朝气的考夫曼少校。冯·韦尔瓦特男爵少校后来替换了考夫曼。我的副官是有亲王头衔的马克斯·楚·瓦尔德克中校，他也在前线负过重伤。

总监部各部门负责人都由实战经验丰富的装甲兵军官担任，通常说来，这些较年长的军官负过重伤，需要休养一段时间，待他们康复后想回前线，我就以调自前线的新人替换他们，人员就这样不断更新。这种轮换制度让总监部与前线密切保持鲜活的联系。我给后备军设了个国内装甲兵监察长，这项职务暂时由埃贝巴赫将军担任，办公地点设在柏林。他的参谋长博尔布林克上校同时担任后备军司令办公厅装甲兵处（第6处）处长，这是我与弗罗姆协商后做出的安排，目的是就共同的利益协调双方的措施，这种联系很有价值，一直保持到战争结束。装甲兵各所院校由院校司令负责，长期担任这项职务的是在前线负过重伤的冯·豪恩席尔德将军。我还在总监部设了几名机动军官，这些康复中的伤员暂时不适合前线服役，但执行国内勤务没问题，我派他们收集、评估作战经验，调查前线发生的特殊事件。

条令方面的工作交给泰斯上校，我1938年就认识他，他那时候是奥地利装甲营营长。泰斯一直从事这项工作，直到德国战败，另外，他在收集战史资料方面也做了很多工作。

我在柏林拜访了日后要打交道的若干军事机构，还特地去航空部看望米尔希元帅，我们俩战前就是好友，我非常尊敬他。米尔希为我介绍了当时那些大人物的个性，可谓入木三分，对我很有帮助。他认为国社党达官显贵的大圈子里，真正重要、对希特勒有影响力的人不多，建议我去拜望他们，其中包括戈培尔、希姆莱，另外还有我肯定要去拜访的军备部长施佩尔。

按照米尔希的建议，我3月6日拜望了戈培尔博士，以装甲兵总监的新身份向他做了自我介绍。他非常友好地接待了我，我们立即就德国的政治和军事局势进行了长谈。戈培尔博士无疑是希特勒的亲信里最聪明的人。我觉得也许能寄希望于他，帮助我改善目前的局面。这就是我想让他明白前线和战事必要性的原因。

虽然这是我们首次会面，但戈培尔博士显得通情达理，于是我提请他注意，我们的最高军事领率机构组织欠佳，人事安排更是不尽如人意。我请他考虑，OKW、国防军指挥参谋部、OKH、空军、海军、武装党卫队、军备部长，各种机构并存，导致指挥系统混乱不堪，再加上元首不断设立各种临时性职务，从长远看，这种多样性必然会让他不堪重负。另外，希特勒不是个训练有素的总参军官，所以他身边需要一位国防军总参谋长，这位总参谋长应当知道如何指挥作战行动，而且要比凯特尔元帅更能胜任这项任务。我请戈培尔博士以适当的形式，把我说的这些内容转告希特勒，因为我觉得这么重要的问题，由希特勒亲信圈里的文官说出来，效果比其他将领去说更好，以我过往的经验看，没有哪位将领是希特勒完全信任的。戈培尔博士说，这件事很棘手，但他会试试看，找个合适的机会提出来，说服希特勒更有效地组织最高军事领率机构。

我随后又去拜访施佩尔，他坦诚而又友好地接待了我，就像对待同志那样。我后来经常与这位聪明、朴实的人打交道。施佩尔的想法和决定都出自理性，不受病态心理、个人野心、部门利益影响。诚然，他当时依然是希特勒的忠实信徒，但他的独立判断力很强，看到了体制的错误和缺陷，不断努力加以纠正。

为深入了解坦克的生产状况，没过几天我就去视察了施潘道的阿尔克特公司，以及柏林马林费尔德的戴姆勒－奔驰公司。

最后，我为装甲师和装甲掷弹兵师设计了 1943 年的新战时编制表，情况允许的话，这份编制表也许能用到 1944 年，设计新战时编制表是为了节约人力和物力，同时以现代化兵器和新的作战方式提高战斗力。这份编制表成为我 3 月 9 日首次向希特勒汇报工作的基础。为此，我和托马勒上校一同飞赴文尼察。16 点，我发现聚集到会场的人非常多，他们都想听听我的首次工作汇报。我本打算在小范围陈述自己的观点，一下子来了这么多人，真让我大吃一惊。看来我犯了个错误，不该把工作汇报简要预先告知希特勒的副官。结果，对这份报告感兴趣的人都跑来了，OKW 全体人员、陆军总参谋长和他的几位部门领导、步兵和炮兵总监、副官长施蒙特，把会场挤得满满当当。所有人都对我的方案多多少少提出了些批评意见，但反对声最大的是我把突击炮兵纳入装甲兵总监部的想法，以及为步兵师反坦克营配备突击炮，替代以半履带车牵引、威力不足的反坦克炮的主张。我没想到会有这么多反对意见，此次报告持续了4个钟头，我筋疲力尽，走出会场就失去知觉，一头倒在地上。幸亏我只昏迷了片刻，没太多人注意到。

汇报前我准备了一份讲义，带在身上作为提示，以免汇报的内容有疏漏，幸运的是，这份讲义保存了下来，我把它摘录如下，因为我后来与希特勒多次会谈的内容也就是这些。

工作汇报讲义

1.1943年的任务是提供一定数量的装甲师，他们充分具备战斗力，能实施目标有限的进攻。

1944年我们必须具备大规模进攻的能力。装甲师配备的装甲战车，数量必须与其他兵器和车辆达到适当的比例，才能具备充足的战斗力。就此而言，德国装甲师的标准编制是4个装甲营，应该有400来辆坦克。如果坦克数量大大少于400辆，就算兵力和轮式车辆再多，装甲师也不具备真正的冲击力。从这个意义上说，很遗憾，我们目前还没有充分具备战斗力的装甲师。

但今年，甚至是明年，会战的胜利取决于装甲师的重建。要是我们顺利完成这项任务，就能与空军和潜艇部队配合，赢得战争。反之，地面交战会变得旷日持久，我们会为此付出高昂的代价。（我引述了利德尔·哈特的文章，可惜这篇文章已遗失。）

因此，现在重要的是舍弃一切特殊利益，毫不拖延地组建充分具备战斗力的装甲师，最好组建数量较少但实力强大的师，而不要数量众多但装备欠佳的师。后一种师占用大批轮式车辆、油料、人员，却不具备相应的战斗力，不仅给指挥和后勤补给造成重负，还会堵塞道路。

2.为实现既定编组目标，我拟制了1943年的装甲师编制表（草图1，可惜遗失了）。

关于坦克装备，有以下几点：

我们目前只装备四号坦克。考虑到东线陆军和非洲战区持续补充的需求，以及训练工作需要的装备，我们每个月可以新建或补满一个装甲营。另外，我们估计1943年能组建数量有限的黑豹、虎式装甲营，但就黑豹坦克而言，7—8月前可能无法投入前线。

尽管如此，为了让重建的装甲师多多少少具备充足的战斗力，必须为他们配备目前产量较多的轻型突击炮。

我认为当务之急是每个月组建一个配备轻型突击炮的装甲营，把这些营编入装甲师，直到坦克产量足以满足装甲师的需求。

另外，1944—1945 年，我们必须全力以赴，继续生产四号坦克，但不能影响黑豹和虎式坦克的产量。

3. 我按照草图 2（可惜这份草图也已遗失）拟制了 1944 年的装甲师编制表。与草图 1 相比，唯一的变化是把装甲团扩编为辖 4 个营的装甲旅。

4. 我拟制的编制表，坦克数量可通过增加四号、黑豹、虎式坦克的产量来实现，获得足够的坦克前，可以用轻型突击炮替代，这种突击炮使用四号坦克底盘，搭载 75 毫米 L48 火炮。

实现上述目标的前提是提高坦克的使用寿命，这就要求：

（a）新设计方案更加成熟（例如黑豹坦克）。

（b）彻底培训车组人员（参加车辆总装、单车训练、联合训练）。

（c）为训练机构配备足够的教学设备（参阅附件，可惜附件已遗失）。胡贝将军关于前线作战经验的信件（信件已遗失）。

（d）保持不间断的训练，确保必要的训练时间（训练期间，新建兵团不得调离驻地和工厂附近）。

5. 要想赢得会战，不可或缺的条件是投入全部装甲力量，最大限度地集中到地形有利的决定性地域，在数量和装备方面达成突然性。

这就要求：

（a）次要战区不配发新式坦克，投入这些战线的兵团，只使用缴获的坦克。

（b）所有装甲分队（包括虎式、黑豹、四号坦克分队，目前还包括部分轻型突击炮分队）合并到装甲师和装甲军，交给专业人员指挥。

（c）进攻前必须考虑地形条件。

（d）新式装备（目前指的是虎式、黑豹坦克及重型突击炮）获得足够的数量前，暂时不要投入使用，确保这些装备达成出敌不意的效果。过早暴露我们的新式装备，只会让敌人来年采取有效的防御手段，而我们届时却无法及时做出应对。

（e）不要组建新兵团，旧有的装甲师和摩托化师里训练有素的人员和既有装备对重建工作的帮助不可或缺，新兵团无法与之相比。目前继续以装甲师从事防御纯属浪费，此举会延误整补工作，耽搁进攻准备。眼下重要的是把诸多装甲师的基干力量调离前线，尽快整补。

6. 反坦克防御会逐渐成为突击炮的主要任务，因为对付敌人的新式装备，我们的其他反坦克兵器效力太差，遭受的损失也太大。

因此，部署在主战线上的各个师，应当配备一些突击炮；而次要战线必须组建高级指挥部掌握的突击炮兵预备队，各个师暂时为反坦克分队配备自行火炮。为节约人力和物力，逐渐合并突击炮营和反坦克营势不可免。

新式重型突击炮只用于主战线和特殊任务，主要作为坦克歼击车使用。

配备 75 毫米 L70 火炮的突击炮，战斗效力尚未得到验证。

7. 各装甲师的装甲侦察营受到忽视，他们在非洲战场充分证明了自身的价值，而在东线发挥的作用并不明显。但我们不能被这种现象蒙蔽，要是我们想在 1944 年重新发动大举进攻，就需要卓有成效的地面侦察。

这就要求：

（a）数量足够、重 1 吨的轻型装甲运兵车（目前仍在生产，但正逐步淘汰）。

（b）一款高速（60—70 公里 / 小时）装甲侦察车，配备充足的装甲和武器。

我们目前没有制造这种车辆，我请求批准我会同施佩尔部长调查这个问题，并提出相应的建议。

8. 就装甲掷弹兵而言，重要的是大批量生产 3 吨重的装甲运兵车，不需要任何改进。

这款车辆也能满足装甲工兵和装甲通信兵的需求。

9. 现在应当为装甲师、摩托化师的炮兵配备自行火炮，他们期待这款兵器已有 10 年。具体编制参阅附件（已遗失）。炮兵观察员不用配备最新式的装甲战车。

10. 基本决策方面，我要求：

（a）批准装甲兵总监部的编制，办公地点设在元首大本营；批准国内装甲兵监察长司令部的编制，办公地点设在柏林。

（b）批准战时编制。

（c）把整个突击炮兵置于装甲兵总监麾下。

（d）陆军和武装党卫队不再新建装甲师和摩托化师，现有的这些师，以及空军的"赫尔曼·戈林"师，都应当采用新的战时编制。

（e）批准为 1944 年、1945 年继续生产四号坦克。

（f）生产一款装甲车，可能的话，利用现有的部件。

（g）重新审核是否有必要设计一款搭载 75 毫米 L70 火炮的轻型突击炮，如无必要，则取消该项目，以搭载 75 毫米 L48 火炮的轻型突击炮和装甲运兵车取而代之。

与会人士对报告里的每一点展开激烈讨论，最终同意了我提出的各项观点，至少在理论上赞同，只有一点除外，就是突击炮兵隶属装甲兵总监。这个问题在会议室引发了轩然大波，除了施佩尔，在场人士无一赞同，不仅炮兵人员强烈反对，就连希特勒的副官长施蒙特也投下反对票，理由很简单：突击炮是唯一能让炮兵获得骑士铁十字勋章的兵器！最后，希特勒一脸歉意地看着我说道："您看，所有人都反对，我也没办法支持您了。"这种决定的后果深具灾难性，从现在起，突击炮兵继续独立存在，而反坦克营依然使用效力不足的牵引式火炮，各步兵师仍缺乏有效的反坦克防御。9 个月后，希特勒才认识到这个错误，直到战争结束，我们一直没能为所有师配备他们急需的防御兵器。除此之外，给我们的事业造成危害的是，就连获得批准的提案，执行期间也不断受到刁难和阻碍，特别是我一再提出的紧迫要求：把各装甲师调离前线及时整补，以便为最高统帅部提供一支机动预备力量。德国军队艰苦奋战到最后一刻，可最高军事领率机构始终对机动灵活、战斗力强大的战略预备队的重要性缺乏理解，他们要为我们最终战败承担很大的责任。希特勒和他的军事顾问难辞其咎，因为他们不仅不支持我组建预备队的努力，反而百般掣肘。

3 月 10 日，我飞回柏林重新投入工作。3 月 12 日，我视察了温斯多夫装甲兵学校，3 月 17 日去卡塞尔视察亨舍尔厂，该厂制造虎式坦克和黑豹坦克的主要部件、43 式 88 毫米反坦克炮。3 月 18 日，我去爱森纳赫视察第 300 装甲营，这个营负责测试遥控坦克，当天我还视察了爱森纳赫的装甲兵士官学校。3 月 19 日，我去吕根瓦尔德参加兵器展示会，希特勒也到场，会上展示了古斯塔夫铁道炮、费迪南德坦克、装有裙板的四号坦克。

费迪南德坦克是波尔舍教授设计的虎式坦克的变款，配备电传动系统，在固定炮塔上安装了一门88毫米L70火炮，颇具突击炮风格。可除了这门长身管火炮，车上没有其他武器，因而缺乏近战防御能力，这是个弱点，哪怕整车配备了厚重的装甲和威力强大的火炮也无济于事。这款战车已投产，目前制造了90辆，我不得不投入使用，尽管希特勒对他青睐的波尔舍教授设计的产品充满热情，但我从战术角度着眼，并不看好这款战车。90辆费迪南德战车编为一个装甲团，辖两个营，每个营45辆。

裙板就是挂在三号和四号坦克、突击炮车身周围的装甲板，用途是让红军反坦克步枪射出的子弹偏移，或降低子弹的冲击力，以免击穿上述战车相对较薄的车身垂直装甲板，这项创新很有价值。

古斯塔夫是一门口径高达800毫米的巨型铁道炮，只能沿双轨铁路线运动。这款兵器和我真没什么关系，待它装填、发射演示完毕，我转身离开，但希特勒突然叫住我："您听听！（克虏伯公司的）米勒博士刚才告诉我，古斯塔夫铁道炮还能打坦克，您怎么看？"我愣了下，可想到古斯塔夫铁道炮已投入批量生产，马上镇定下来，回答道："发射没问题，但肯定打不中！"米勒博士情绪激动地反唇相讥。但这门火炮每发射一次，重新装填炮弹需要45分钟，如何能打坦克呢？最短射击距离的问题也让米勒博士意识到，他的主张无法成立。

3月22日，我与"赫尔曼·戈林"伞兵师师长商讨合理改编的问题，这是我们当时唯一用于前线的伞兵师，全师共计34000人。师里的大多数官兵在荷兰过得怡然自得。以我们1943年的补充兵状况看，这种情况再也不能继续下去了。

3月底，我们根据近期获得的经验，终于确定了装甲掷弹兵师的新编制。

格德勒博士到访

这些日子我忙得不可开交，老朋友冯·拉贝瑙将军带格德勒博士来见我，说他想跟我谈谈。格德勒博士告诉我，希特勒无法胜任帝国总理兼国防军最高统帅的职务，所以应当限制他的权力。他随后对我详细介绍了组建政府、展开革新的方案，这份方案充满伟大的理想主义，意图革新当前的社会，当然是可取的，但格德勒博士教条主义的做法，可能会让问题的解决难上加难。另外，就算他的计划取得成功，外国是否会支持，格德勒博士也不确定。显然，很长一段时间来，他一直设法与国外建立联系，但四处碰壁。依我看，就算格德勒博士谋划的行动大获成功，我们的敌人也不会放弃"无条件投降"的要求。

我问格德勒博士，他打算如何限制希特勒的权力。他回答道，把希特勒软禁在上萨尔茨堡或某个安全的地方，继续担任名义上的国家元首。我又问他，如何除掉国社党高级领导人，要是做不到这一点，计划中的体制改革从一开始就会胎死腹中。他却告诉我，这是国防军的事。可到目前为止，格德勒博士没能争取到任何一位军方在职指挥官支持他的想法。他请我去前线视察期间调查一番，看看哪些将领愿意响应他的主意，回来把调查结果告诉他。我问他，这件事是谁在负责，他告诉我是贝克大将。我对此深感意外，因为我很了解贝克优柔寡断的性格，他居然会参与此事，真是不可思议。贝克可能是最不适合从事政变的人选，因为他做不到当机立断，而且在军队里毫无影响力，没人买他的账，他是个哲学家，但不是革命者。

当时，包括我在内的许多人，都清楚地看出国家社会主义体制的缺陷和弊端，以及希特勒本人犯下的种种错误，推翻现任政权合情合理。但斯大林格勒的惨败，再加上敌人提出无条件投降的要求，甚至让我们向苏联投降，帝国已陷入危险的境地，面对这种情况，我们必须想方设法让国家和人民避免迫在眉睫的灾难。要想拯救帝国，就得考虑到天大的责任和困难。格德勒博士的计划危害到国家和人民的整体利益，也没有可行性，所以我最终决定不参与其中。和全体陆军将士一样，我觉得效忠誓言对我仍有约束力。我还请格德勒博士放弃他的计划。

尽管我持保留态度，但格德勒博士还是请我替他打探消息。我答应了，目的是想向他证明，不光是我，其他将领也持同样的观点，借此让这位理想主义者放弃不切实际的幻想。4月份我又见到格德勒博士，非常肯定地告诉他，没有哪位将军愿意照他的计划行事。我试探过的将领，都表示要恪守效忠誓言，再加上前线态势严峻，所以没人愿意参与格德勒博士的计划。我再次请求格德勒博士放弃他的想法。

　　格德勒博士在交谈中明确指出，他没打算暗杀希特勒，最后请我不要泄露谈话内容。我恪守了承诺，直到 1947 年读了律师法比安·冯·施拉布伦多夫《反对希特勒的军官》一书，这才知道，格德勒博士或冯·拉贝瑙将军没有遵守我们相互许下的承诺。施拉布伦多夫在书里对我的描述，也与事实不符。

　　1943 年 4 月后，我再没和格德勒博士交谈过，对他的意图也就一无所知了。

　　接下来的话题还是回到我的工作。

堡垒行动

　　3 月 29 日，我飞赴扎波罗热的南方集团军群司令部，去拜望冯·曼施泰因元帅。他刚刚在那里赢得一场重大胜利，他对装甲兵团的战役使用正确无误，一举夺回哈尔科夫。我同曼施泰因讨论了此次战役的经验教训，特别是大德意志师和党卫队"阿道夫·希特勒"警卫旗队虎式装甲营的使用问题。在他的司令部，我还遇到了老朋友，第 4 装甲集团军司令霍特，他也向我介绍了作战经验。我又一次想到，希特勒居然无法容忍曼施泰因这种能力出众、军人风范十足的人留在身边，实在太可惜了。他们俩的个性截然不同：希特勒意志坚定，想象力丰富，但在军事方面是外行；而曼施泰因具有杰出的军事才能，受过德国总参谋部严格训练，做出的判断清醒而又冷静，堪称我们最优秀的战略大脑。后来我担任陆军总参谋长期间，多次建议希特勒，让曼施泰因替代凯特尔出任 OKW 参谋长，可惜始终没能如愿。当然，凯特尔对希特勒俯首帖耳，善于揣摩上意，没等希特勒开口，他就把事情办得妥妥当当；而曼施泰因不太讨喜，他有自己的主见，屡屡在希特勒面前直言不讳。我一再举荐曼施泰因，希特勒不得不做出回复，他告诉我："曼施泰因也许确实是总参谋部诞生的最佳战略大脑，但他只能统帅战斗力强劲的新锐兵团，不擅长指挥我们目前的残兵败将。我没办法为他组建战斗力强大的新锐兵团，所以派他担任这项职务没什么用处。"这种荒谬的说法纯属借口，他根本不想任用曼施泰因。

　　我随后飞赴波尔塔瓦的肯普夫集团军级支队，3 月 30 日从那里赶往大德意志师，3 月 31 日又去视察党卫队"阿道夫·希特勒"警卫旗队装甲师，以及冯·克诺贝尔斯多夫将军的装甲军。我的目的是收集部队使用虎式坦克的最新经验，了解这款战车的战术和技术性能，这样才能更好地确定虎式坦克分队日后的编制。4月1日，我在扎波罗热与曼施泰因道别，结束了作为装甲兵总监的首次前线视察。

利用此次前线之行的成果，我与施佩尔商讨了增加虎式、黑豹坦克产量的问题，4月11日去上萨尔茨堡的贝希特斯加登向希特勒汇报，这是我第一次来这里。元首的山间别墅叫作"伯格霍夫"，与众不同之处在于，允许我们进入的区域，每个房间独立存在，没有互通的门。宽敞的客厅和观景窗让我叹为观止，地上铺着价值不菲的地毯，墙上挂着名贵的油画，其中一幅是费尔巴哈的杰作，壁炉前方有一块高出地面的平台，希特勒结束夜间态势研讨会，就和他的亲信、军事副官、党务助手、女秘书在这里打发漫漫长夜。我从来就不属于这个小圈子。

当天我还拜访了希姆莱，与他商讨武装党卫队装甲兵团的问题，想让他们采用与陆军装甲兵团相同的编制，但我只达成部分目的。我迫切希望别再组建新兵团，希姆莱在这个问题上不愿让步。我3月9日做工作汇报时指出，新建兵团存在种种缺点，希特勒的确赞同了我的观点，但在武装党卫队的问题上，却背着我们这些军人与希姆莱沆瀣一气。他从来就没有充分信任过陆军领导人，总想组建一支彻底效忠于他、不属于陆军的私人武装，这支禁卫军的任务是做好应对一切意外的准备，以防陆军忠于昔日的普鲁士—德意志传统，不再听从他的命令。希特勒和希姆莱的分裂行径，导致武装党卫队战后陷入尴尬的境地，因为他们不得不为党卫队其他机构，特别是保安处特别行动队的犯罪行为承担后果。可即便是战争期间，武装党卫队在补充兵的数量和人员选择以及武器装备方面始终享有特权，这种情况自然引起陆军部队不满。尽管如此，前线的战友情谊还是克服了各种矛盾，这主要归功于德国军人的无私品质，他们毫不计较军兵种的异同。

4月12日我拜访了空军总参谋长耶顺内克大将，发觉他筋疲力尽，有种自暴自弃的情绪。我们没有开诚布公地讨论空军和装甲兵的问题，当然也没能建立亲密的私人关系。没过多久，希特勒和戈林为空军作战失利迁怒于他，耶顺内克心酸不已，1943年8月自杀身亡。乌德特将军1941年11月绝望自杀后，耶顺内克步了这位战友的后尘，因为他在公认的战争必要性与戈林的无能和不作为之间，实在找不到出路。我也想同戈林面谈，可这位空军总司令的社交活动太多，根本没时间接见我。

回到柏林，我 4 月 13 日与施蒙特长谈了一番，非洲战场的态势已然无望，我劝他帮我把那里多余的许多坦克车组撤出来，特别是久经考验、不可多得的车长和技术人员。要么是我没能说服施蒙特，要么就是他没有把我的请求转告希特勒，反正我不久后向希特勒汇报工作时亲自提出这项请求，他没有答应。一如既往，声望的原因战胜了理智。那么多飞机空机飞回意大利，要是把非洲战场的宝贵人才捎回来，我们在国内和前线组建、整补兵团的工作会轻松得多。4 月 29 日在上萨尔茨堡召开的会议上，我再次提出这个问题。当天我和布勒、凯特尔、施佩尔讨论了装甲兵的组织和装备问题。

继续运往非洲的部队，在那里灰飞烟灭，包括我们新组建的虎式装甲营。我一再反对，可没人理会，后来保卫西西里岛期间又发生了同样的事情。我当时想把虎式坦克撤回欧洲大陆，戈林插话道："古德里安大将，要知道老虎可不会撑竿跳，没办法跳过墨西拿海峡！"我反唇相讥："要是您能确保墨西拿海峡上方的制空权，老虎怎么去的西西里，就能怎么回来。"这位空军专家不吱声了，可那些虎式坦克仍留在西西里岛。

4 月 30 日，我从贝希特斯加登飞赴巴黎，去拜访西线总司令伦德施泰特元帅，这是我就任装甲兵总监后首次拜望他。另外我还想视察部署在西线的装甲兵团，了解大西洋壁垒抵御敌坦克登陆的能力。我在鲁昂的第 81 军军部与孔岑将军讨论了海岸防御的问题，他是我在法国战役期间的老战友。我还去伊托沃视察了第 100 装甲团，该团装备的是缴获的法制坦克。随后我接到希特勒发来的电报，让我去慕尼黑开会。

我 5 月 2 日到达慕尼黑。首次会议 5 月 3 日召开，5 月 4 日的第二次会议，我的参谋长托马勒也出席了，他带着新材料从柏林赶来。会议的主题是，东线战场的南方集团军群和中央集团军群是否应当在不久后（也就是 1943 年夏季）发动攻势，参加会议的有 OKW 人员、陆军总参谋长和他的重要幕僚、南方集团军群司令冯·曼施泰因、中央集团军群司令冯·克鲁格、第 9 集团军司令莫德尔、军备部长施佩尔。东线德军是否要发动进攻的问题，是陆军总参谋长蔡茨勒将军提出的建议引发的，他想从两翼包围红军伸向西面的库尔斯克突出部，歼灭大批红军师，决定性地削弱对方的进攻力量，为德军继续在东线作战创造有利条件。

我们4月份热烈讨论过这件事，可当时德军刚刚在斯大林格勒惨败，东线南翼随后遭受了一连串挫败，重新发动大规模攻势的可能性微乎其微。现在的情况大不相同，陆军总参谋长想以新型虎式、黑豹坦克夺回主动权，他对这些战车寄予厚望，认为肯定能大获全胜。

希特勒发表了大约45分钟的开场白，客观地描述了东线的态势，随后介绍了陆军总参谋长提出的建议，以及莫德尔将军的反对意见。莫德尔以详细的侦察报告，特别是航拍照片，来说明苏联人正在我方两个集团军群准备发动进攻的地段精心构设纵深防御。敌人此时已把他们的机动部队主力撤出前沿阵地，还在我们计划中的钳形攻势有可能达成突破的地段部署了异常强大的炮兵和反坦克防御力量。莫德尔据此得出正确的结论：对方正等待我们发动进攻，要是我们不愿放弃行动，就得采用不同的战术才能赢得胜利。

希特勒提出莫德尔的意见，说明他对此深以为然，不想按照蔡茨勒的建议发动进攻。于是他请冯·曼施泰因元帅先发言，谈谈他对蔡茨勒这项建议的看法。曼施泰因情绪不高，每次面见希特勒他都是这样。曼施泰因指出，要是4月份发动进攻的话，赢得胜利还是很有希望的，现在展开行动，成功与否就不太好说了，他还要求给他调拨两个齐装满员的步兵师，这样才能执行进攻任务。希特勒说目前没办法弄到两个师，曼施泰因只能以手头现有的兵力展开行动；他随后重复了自己的问题，可曼施泰因依然没做出确切的回答。希特勒又询问冯·克鲁格元帅的意见，克鲁格明确支持蔡茨勒的建议。

我请求发言，获准后指出，这场进攻注定徒劳无获。我说道，要是按照总参谋长的建议发动进攻，我方坦克势必遭受严重损失，彻底破坏我们刚刚在东线完成的整补工作；我们1943年间无法再为东线补充新锐兵力，现在必须考虑把新式坦克部署到西线，组建机动预备队，抗击盟军发起的登陆行动，对方1944年肯定会实施登陆。我还指出，陆军总参谋长对黑豹坦克的期望太大，这款新设计的战车仍有许多缺陷，进攻开始前不太可能彻底解决这些问题。施佩尔支持我从军备角度提出的观点。但与会人员中，只有我们俩明确反对蔡茨勒的进攻建议。支持进攻的意见没能彻底说服希特勒，他当日没做出最终决断。

慕尼黑会议期间，除了讨论军事问题，我还遇到件私事：自1941年12月与冯·克鲁格元帅发生冲突以来，这是我首次见到他。他毫无战友情谊的问候方式，重新揭开了我身上的旧伤疤，所以我的态度也很冷淡。会议结束后，冯·克鲁格先生请我去隔壁房间，质问我为何要这么反感他。我只好把自己对他的看法坦诚相告，我耿耿于怀的主要原因是，1941 年 12 月的事情早已澄清，他却没有为自己的所作所为向我道歉。结果，我们俩又一次不欢而散。

几天后在柏林，施蒙特来看我，还带来冯·克鲁格元帅写给希特勒的一封信，他在信里提出，要与我决斗。冯·克鲁格先生明明知道决斗是禁止的，而且希特勒也决不允许他的将领在战争期间决斗，可他还是请希特勒担任决斗中间人。

施蒙特代表希特勒转告我，元首不想见到决斗，还希望我俩妥善化解矛盾。于是我按照希特勒的要求，给冯·克鲁格元帅写了封信，对我在慕尼黑的态度冒犯了他表示歉意，但我之所以这样做，完全是因为他 1941 年严重侮辱了我，却始终没有任何表示。

坦克生产领域，按照我的要求，相关部门决定 4 月份继续生产四号坦克，直到绝对确保黑豹坦克的量产加速进行。坦克的月产量会增加到 1955 辆。我还下令加强几个最重要的坦克生产厂的防空措施，例如卡塞尔、腓特烈港、施韦因富特。5 月 4 日的慕尼黑会议上，我要求为这些工厂建造备用生产厂，但施佩尔的首席助理绍尔先生反对这项建议，声称敌机只是集中力量轰炸我们的飞机生产厂，他认为从人道主义判断，敌人炸毁我们的飞机生产厂后，不会把目标转向我们的坦克生产厂。

5 月 10 日，希特勒在柏林请我去总理府开会，讨论黑豹坦克的生产问题，因为工业部门无法按期完成生产计划。为弥补落后的进度，我们商定 5 月 31 日前完成 324 辆黑豹坦克，而不是 250 辆。会议结束后，我握着希特勒的手问他，能不能允许我开诚布公地说几句。他同意了。于是我恳请他放弃东线的进攻，他清楚我们面临的种种困难，在东线展开大规模行动肯定得不偿失，必然严重影响我们在西线的防御准备。我最后问道："为何您今年一定要在东线发动进攻呢？"一旁的凯特尔插话道："出于政治原因，我们必须进攻。"我答道："您认为有谁知道库尔斯克在哪里吗？我们是否攻占库尔斯克，对这个世界没有任何影响。我还是重复我的问题：为什么我们今年一定要在东线发动进攻呢？"希特勒逐字逐句地说道："您说得很对，每次我想到这场进攻，总是觉得心里没底。"我答道："您对态势的直觉完全正确，那就放弃进攻吧！"希特勒向我保证，他还没有决定发动进攻，就这样结束了交谈。除了已不在世的凯特尔元帅，我的参谋长托马勒和军备部的绍尔先生都是此次交谈的见证者。

　　次日我乘火车前往勒岑，我的司令部暂时设在这里，我察看了我们的宿舍。5 月 13 日，我会晤了施佩尔，下午向希特勒汇报工作。5 月 14 日，希特勒终于见到鼠式坦克的木质模型，这款战车是波尔舍教授和克虏伯公司设计的，配备 150 毫米火炮，全重 150 吨。但我们必须考虑到，按照希特勒一贯的做法，他肯定会修改设计方案，届时，这款坦克的实际重量会达到 200 吨。眼前的木质模型，没有为近距离作战配备哪怕一挺机枪，仅仅出于这个原因，我就得否决这份设计方案。它和波尔舍设计的费迪南德战车一样，都存在不适合近战的缺陷，而近距离作战对坦克而言不可避免，对步坦协同更是不可或缺。现场的争论非常激烈，因为除了我，其他人都觉得鼠式坦克设计得很棒。看来，这款战车注定要成为庞然大物。除了鼠式坦克，现场还展示了沃马格公司设计的坦克歼击车木质模型，这款战车使用四号坦克底盘，高度只有 1.7 米，再低的话，就没办法用于可供机动的地形了。现场还展示了搭载重型步兵炮的突击炮，以及装有 37 毫米双联装高射炮的防空坦克模型。

　　展示会结束后，我飞回柏林。

　　5 月 24 日和 25 日，我去莱塔河畔布鲁克视察第 654 装甲营。该营配备的就是上面提到的费迪南德战车。我随后去林茨视察尼伯龙根厂，该厂生产黑豹坦克和反坦克炮。5 月 26 日我从林茨飞往巴黎，视察装甲兵营长学校。5 月 27 日我去亚眠视察第 216 装甲营，28 日去凡尔赛视察装甲兵连长培训班，还去南特见了第 14、第 16 装甲师师长。最后，我 5 月 29 日视察圣纳泽尔要塞，深入了解大西洋壁垒的防御意图。但我见到的筑垒工事，与大张旗鼓的宣传相差甚远，不免让我深感失望。5 月 30 日我飞回柏林，31 日去因斯布鲁克会晤施佩尔，6 月 1 日去格拉芬沃尔视察第 51、第 52 装甲营，当日返回柏林。

　　在此期间，OKW 萌生了奇怪的念头，想把第 1 装甲师派到伯罗奔尼撒半岛，防范英军登陆希腊。这个师刚刚获得整补，还率先配备了黑豹装甲营，堪称我们实力最强的预备队，现在却随随便便地投入非决定性地区。我强烈反对，认为希腊的地形更适合派个山地步兵师过去，用不着装甲师，可凯特尔说，我们的运输能力不足，无法为山地师的大批驮畜提供充足的粗饲料，他的荒诞言论让我无言以对。我没办法阻止他们调派第 1 装甲师，但好歹扣下了该师的黑豹坦克。没过多久，乘飞机前往希腊侦察地形的一名装甲兵军官就向我报告，那里的山区道路和桥梁很窄，配备宽大履带的黑豹坦克难以通行。基于这份报告，希特勒批准了我先前做出的决定。但第 1 装甲师暂时无法用于东线战场了。

6 月 15 日，我又去检查我们的"问题宝宝"黑豹坦克，发现这款战车的侧减速器存在问题，光学设备也有缺陷。希特勒急于把黑豹坦克投入东线，依我看为时过早，于是次日向他汇报了我的顾虑，我觉得这款战车还没做好实战准备。

我在慕尼黑四季饭店见到隆美尔元帅，与他探讨了非洲战区的作战经验。当晚我飞回柏林，6 月 18 日去于特博格参观炮兵兵器，当天又飞赴贝希特斯加登，向希特勒汇报工作。途中在格拉芬沃尔短暂停留，我乘机察看了第 51、第 52 黑豹装甲营的不足之处，随后向希特勒做了汇报：黑豹坦克还不成熟，存在种种技术缺陷，另外，车组人员和车长对这款新式战车不够熟悉，有些车组甚至缺乏足够的实战经验。遗憾的是，这些问题没能阻止希特勒和陆军总参谋长在东线发动命运多舛的"堡垒"行动。

突尼斯的德国军队 5 月 12 日投降，非洲战区的战事就此结束。7 月 10 日，盟军登陆西西里岛。7 月 25 日，墨索里尼遭罢黜后身陷囹圄，巴多格里奥元帅受命组阁，因此，意大利退出战争只是时间问题了。

南方发生的这些事件，导致战火离德国本土越来越近，可希特勒却在东线发动了策划和执行都存在问题的攻势。德军从南面的别尔哥罗德周边地域，以 10 个装甲师、1 个装甲掷弹兵师、7 个步兵师投入进攻；从北面的奥廖尔以西地域，以 7 个装甲师、2 个装甲掷弹兵师、9 个步兵师展开行动。德国陆军把目前能调用的所有进攻力量悉数投入此次攻势，希特勒当初在慕尼黑说的没错，行动必须获胜，哪怕退回出发阵地，也意味着我们失败了。我不知道希特勒决定发动进攻的原因何在，可能是陆军总参谋长一再敦促，让他最终定下决心。

德军 7 月 5 日发动进攻，苏联人经历了过往的战事，对我们的战术了如指掌，因而预先做好了防御准备。希特勒本来有两套备选方案，要么取道谢夫斯克打击红军突出部防线的顶端，要么从哈尔科夫朝东南方突破、卷击红军防线，可他都没采用，而是选择了蔡茨勒的方案，从南北两面发动钳形攻势，企图在季姆会合，一举切断库尔斯克突出部，重新夺回东线主动权。

7月10—15日，我视察了两条进攻战线，先去南部，随后又赶往北部，与前线的坦克车长交谈后，大致了解了战事进程，以及我们的进攻样式和技术装备存在的缺陷。我先前就担心黑豹坦克没有为实战做好准备，果不其然。另外，莫德尔集团军使用的90辆费迪南德战车无法满足近距离作战的需求，因为这款战车的携弹量太少，也没有装备机枪，突入故步兵阵地后只能使用火炮，简直是高射炮打蚊子。他们无法压制敌步兵和机枪阵地，更别说消灭对方，掩护己方步兵跟进了。所以，这些战车冲到敌军炮兵阵地，却发现自己孤立无援。尽管魏德林师的步兵英勇奋战，付出了重大牺牲，却没能发展战车达成的渗透。莫德尔的进攻，取得大约10公里进展后陷入停顿。南部的战果更大些，但不足以切断突出部或迫使苏联人退却。7月15日，红军对奥廖尔发动反突击，北路德军先前为加强进攻力量，削弱了那里的防御。8月4日，德军弃守奥廖尔，同一天，别尔哥罗德陷落。

到目前为止，奥廖尔东北方的祖沙河—奥卡河阵地挡住红军的一切冲击。1941年12月，我为第2装甲集团军选择的就是这道防线，我率领麾下部队撤到此处。由于我的决定违背了希特勒的命令，冯·克鲁格元帅趁机发难，导致我被解除了职务。

"堡垒"行动受挫，致使德国军队遭遇决定性失败。我们耗费大量心血，克服种种困难才整顿改编好的装甲兵团，人员和装备损失惨重，恐怕很长一段时间都无法重整旗鼓了。这些兵团能否及时恢复实力，用于东线的防御，更重要的是用于西线，抵御盟军来年春季的登陆，现在看来很成问题。当然，苏联人趁机发展胜利。东线自此再无宁日，主动权彻底落入敌人手里。

1943年下半年有争议的问题

7月15日后，我前往法国，视察那里的装甲部队。7月底，我去帕德博恩附近的森讷军事训练区，视察虎式装甲部队。希特勒发来电报，让我去东普鲁士开会。

在那里出席首次会议我就病倒了。我先前在苏联染上痢疾，起初没太在意，硬是扛着，结果现在不得不住院治疗。病情稍稍稳定，我就飞回柏林，以为稍事休养就能彻底康复，没想到 8 月初不得不接受手术，然后卧床到月底。

动手术前，冯·克鲁格元帅的前作战处长冯·特雷斯科夫将军来探望我，还说他代表冯·克鲁格元帅。特雷斯科夫告诉我，要是我采取主动的话，元帅愿意与我和解。然后他想和我一同采取行动反对希特勒，限制他作为国防军最高统帅的指挥权。我很清楚冯·克鲁格元帅摇摆不定的性格，根本不想接受这项提议，所以我拒绝了冯·特雷斯科夫将军。

我的病情恢复得很慢。从 1943 年 8 月起，敌人对柏林的空袭越来越猛烈，我根本没办法安心休养。于是我和妻子接受了施佩尔的建议，他请我们去上奥地利的政府招待所休养，那里位于风景宜人的山区。我们 9 月 3 日到达那里，9 月 4 日就听说，直接命中的炸弹基本炸毁了我们在柏林的寓所，那里已无法居住。我们残存的物品抢救出来后，存放在温斯多夫军营的地下室里。这对我们是个沉重的打击。我们考虑是否干脆迁居上奥地利，就在这时，我们收到电报，宣布帝国政府 1942 年秋季赠与的地产兑现了。原来，施蒙特获悉我们的住处毁于轰炸，抓紧时间安排了此事。鉴于眼前的情况，我们别无选择，只能接受这份善意的馈赠。1943 年 10 月，我妻子搬到霍亨萨尔察县的代彭庄园，一直住到红军 1945 年 1 月 20 日到来。

在此期间，有人想趁我休养之际，停产四号坦克，改为制造突击炮。负责修筑大西洋壁垒和其他防御工事的托特组织建议把黑豹坦克的炮塔固定在混凝土掩体上，由于我们的产能不高，这项建议无疑会给装甲兵灵活机动的指挥造成沉重打击，充分说明某些人对坦克战一窍不通。

休养结束后，我立即着手研究防空坦克的问题。希特勒批准了双联装 37 毫米高射炮的设计方案。但他没批准把四联装 20 毫米高射炮装在四号坦克底盘上的应急方案，耽误了我们立即投产这款重要的防空兵器。

1943 年 10 月 20 日，希特勒在阿里斯军事训练区见到虎 II 式坦克的木质模型，我们的敌人后来把这款非常出色的新型虎式坦克称为"虎王"，另外还有沃马格公司的猎豹坦克歼击车、装有 128 毫米火炮的猎虎钢制模型、装在虎式坦克底盘上的 380 毫米装甲臼炮、便于铁路运输的三号坦克，以及各种轻型和重型铁路巡道车。

10 月 22 日，卡塞尔的亨舍尔厂遭到猛烈轰炸，生产暂时中断。春季的时候我就说过，敌人届时会空袭我们的坦克生产厂，这番预测果然应验了。我立即赶往卡塞尔兵工厂，慰问厂里的工人，他们中的大多数人已无家可归，亲友的死伤让他们悲痛不已。在被炸毁的大型装配车间里，我对厂里的工人发表了讲话。我没说当时常见的陈词滥调，这么严肃的场合，官样文章显得特别不合适。在场的工人对我也很热情，看来我们相互理解了对方。事实的确如此，因为我经常收到工人友好的问候，我对此不胜欢喜。

11 月 26 日，柏林的阿尔克特厂、莱茵金属公司的博尔西希厂、维马格厂、德意志军械厂也遭到猛烈轰炸。

12 月 7 日，我们决定把捷克 38t 坦克的产能改为生产轻型坦克歼击车，这款战车以旧型 38t 坦克为基础，增添了倾斜装甲、1 门无后坐力炮、1 挺遥控机枪，可以说是个非常成功的设计。这款坦克歼击车很快成为步兵师反坦克营的技术装备，我 3 月 9 日提出的建议，现在总算实现了。

面对苏联人越来越多的坦克，德国步兵缺乏抵御手段，遭受的损失与日俱增。某次夜间态势研讨会上，希特勒大发雷霆，发表了冗长而又激烈的独白，怒斥没有为步兵师配备充足的反坦克兵器愚不可及。我当时恰巧也在场，希特勒发火之际，我就站在他对面，脸上的神情可能不无讥讽之意。他突然停下话头，默默地盯着我，然后说道："您是对的！您 9 个月前就对我说过这件事，可惜我没听您的话！"我现在终于能贯彻自己的意图了，可惜为时已晚，红军发动 1945 年冬季攻势时，我们只有三分之一的反坦克连配备了这款新式兵器。

以上就是截至 1943 年年底德国装甲技术的发展情况，1943 年下半年，作战态势继续朝不利于我们的方向发展。

倒霉的库尔斯克攻势中止后，东线从亚速海岸边的塔甘罗格起，穿过伏罗希洛夫格勒西部直抵顿涅茨河，沿该河通往哈尔科夫南面的河曲部，穿过别尔哥罗德—苏梅—雷利斯克—谢夫斯克—德米特罗夫斯克—特罗斯纳—姆岑斯克（奥廖尔东北方）—日兹德拉—斯帕斯－杰缅斯克—多罗戈布日—韦利日—大卢基以西，再跨过伊尔门湖，沿沃尔霍夫河通往东北方的丘多沃，在施吕瑟尔堡南部—列宁格勒南部—奥拉宁包姆南部一线到达芬兰湾沿岸。

苏联人现在对这条战线发动进攻，重点打击 A 集团军群、南方集团军群、中央集团军群。7 月 16—24 日，红军朝斯大林诺方向发起的进攻失败了。但另一方面，他们以 52 个步兵兵团和 10 个坦克军遂行突击，在哈尔科夫和波尔塔瓦方向达成纵深突破。德军挡住对方的突破，但哈尔科夫 8 月 20 日前后丢失。8 月 24 日，红军又从塔甘罗格—伏罗希洛夫格勒一线发起进攻，顺利取得突破。9 月 8 日前，德军不得不撤到马里乌波尔—斯大林诺以西—斯拉维扬斯克以西一线。到 9 月中旬，我们被迫弃守顿涅茨河防线。当月月底，红军已到达梅利托波尔—扎波罗热前方，再从第聂伯河这一处延伸到普里皮亚季河口。

中央集团军群作战地域，苏联人 7 月 11 日从库尔斯克北面发动反攻，到 8 月 5 日已夺回奥廖尔。8 月 26—9 月 4 日，敌人深深地楔入科诺托普—涅任方向，接下来几天继续发展胜利。9 月底，苏联人到达普里皮亚季河河口的第聂伯河河段。战线从这里起，穿过戈梅利，沿第聂伯河东岸向北延伸到韦利日。

10 月份下半月，红军在第聂伯罗彼得罗夫斯克与克列缅丘格之间渡过第聂伯河。扎波罗热南面的德军防线当月月底土崩瓦解，到 11 月中旬，德军已撤到第聂伯河西岸。但我们在东岸仍有两座登陆场，较大的一座位于尼科波尔，较小的一座在南面的赫尔松附近。北面，红军 11 月 3—13 日之间夺回基辅，一路前出到日托米尔。

希特勒决心发起反突击，按照他以往的坏习惯，此次行动的兵力依然不足。因此，我和陆军总参谋长达成一致，趁 1943 年 11 月 9 日汇报坦克问题之际，建议希特勒放弃这场分散兵力的反突击，集中基辅以南所有可用的装甲师，经别尔季切夫朝基辅方向遂行反突击。为此，我还建议抽调尼科波尔登陆场内的装甲师，以及克莱斯特集团军群辖内几个装甲师，此时舍尔纳将军负责据守尼科波尔登陆场，而克莱斯特集团军群守卫赫尔松附近的第聂伯河河段。我在希特勒面前提到我常说的旧原则："集中，不要分散！"他记得我这句话，却从未付诸实践。希特勒也看了我呈交的简短的备忘录，可由于战地指挥官反对，他没能按照我的建议行事。德军在别尔季切夫附近发起反突击，经过激烈的冬季交战，最终因为兵力不足，12 月间陷入停顿。我们夺回基辅，重新控制第聂伯河一线的企图就此破灭。1943 年 12 月 24 日，红军再次发动进攻，德军防线经别尔季切夫撤到文尼察。

第 25 装甲师的使用，很能说明希特勒进攻战术的特点。谈到这个问题前，我必须追溯些往事。

德军兵败斯大林格勒后，我重建了损失在那里的部分装甲师，使用的骨干人员是这些师因负伤、患病或其他原因没有陷入合围圈的官兵。非洲沦陷后，我又以侥幸逃脱的残兵败将重建了几个装甲师。在法国组建的第 21 装甲师，使用占领区部队和缴获的技术装备。第 25 装甲师以同样的方式在挪威组建，由冯·舍尔将军指挥，1927—1930 年，我在帝国国防部研究以汽车运送部队的问题，舍尔是我的同事。他随后奉命去美国公干，在亨利·福特的国家待了很长一段时间，潜心研究摩托化问题，带回来这方面的很多设想和建议。战争爆发前不久，舍尔出任运输兵总监部参谋长，成为陆军摩托化的主要顾问。由于希特勒对这个问题非常感兴趣，他们俩必然产生密切的联系。舍尔是个聪明、果断的人，口才也很好。他顺利说服希特勒接受了他就简化型号、大规模生产和另一些事情的看法，很快出任帝国交通运输部副国务秘书，负责德国汽车工业的发展，这种升迁速度相当罕见。但工业界不愿放弃传统的生产方式，故而联合相关党务部门，对舍尔的工作百般刁难。他们在希特勒面前大进谗言，希特勒不再信任舍尔，最终解除了他的职务。舍尔被打发到挪威，在那个平静的国度，他无法立下任何赫赫战功。但舍尔是个积极进取、不知疲倦的人，很快就以手头寥寥几个占领区部队组建了一支很有用的作战力量。我全力支持他的工作，帮他把这支力量扩编成装甲师。"堡垒"行动失利后，东线陆军不得不从法国抽调援兵，严重削弱了法国境内的驻军，那里急需补充兵，于是我将舍尔这个师调往法国。当然，这个刚刚组建的新兵团需要新式武器，换掉原先那些缴获来的技术装备。更重要的是，师里的部队必须接受训练，这样才能掌握他们刚刚获得的武器装备。他们还得熟悉东线作战经验，然后才能胜任与训练水准相当的作战任务。

可结果怎样呢？1943 年 10 月初，按照希特勒的指示，该师不得不把他们刚刚获得的 600 多部车辆移交给第 14 装甲师，第 14 装甲师也是新组建的，即将开赴东线战场。OKW 和 OKH 认为，第 25 装甲师还得在法国待上很长一段时间，使用性能低劣的法制技术装备完全可以应付。交出这批车辆后，第25装甲师的后勤补给能力受到严重影响，只能用于西线战场。当时，师属装甲侦察营正在换装装甲运兵车，工兵也获得部分新式车辆。第146装甲掷弹兵团第1营得到新式装甲运兵车，第9装甲团尚未充分装备起来。第91装甲炮兵团淘汰了缴获的波兰火炮，换上德制轻型野战榴弹炮和100毫米加农炮。师属高射炮营缺一个连，反坦克营只配备了一个突击炮连。师里的无线电设备还不齐全。这些不足众所周知，必须在法国境内逐步解决。

尽管如此，该师10月中旬还是收到调往东线的命令。我立即向希特勒提出反对意见，请他批准我再去这个师视察一番，弄清他们的战斗力，待我回来再做决定，不能把他们贸然投入东线的激烈交战。我随即赶往法国，视察了部队，与舍尔和各级指挥官讨论了具体情况，随后给希特勒发了份报告，称第25装甲师至少还要4周时间换装新式装备，接受相应的训练。我刚用电报发出报告，第25装甲师就收到开拔令。希特勒、OKW、OKH既没考虑部队的报告，也没采纳装甲兵总监的建议，就这样把第25装甲师开赴东线的日期定于10月29日。

第25装甲师没完成换装，仅仅是问题的一个方面。开赴东线的运输顺序，既未满足该师的希望，也不符合前线态势，途中还几次变更。反坦克营拆散后运输。为加强该师的战斗力，我把新组建的第509虎式装甲营调拨给他们。可这个营的技术装备也没有彻底到位，另外，营长偏偏这个时候换了人。部队出发时，原先的营长已离开，新营长还没到来。

第25装甲师就这样仓促分配到南方集团军群。集团军群司令部指示师里的轮式车辆部队在别尔季切夫—卡扎京地域卸载，履带式车辆部队在基洛沃格勒—新乌克兰卡地域卸载，但命令里没有说明，火炮牵引车和装甲运兵车究竟算轮式车辆还是履带式车辆。两处卸载区相距大约三天的行程。师作战参谋率领先遣人员取道别尔季切夫赶往新乌克兰卡，师长前往文尼察，向集团军群司令部报到。在别尔季切夫，一名负责卸载作业的军官监督师里轮式车辆部队的卸载和集中。11月6日，部队开往集中地域。由于卸载部队没有电话联系，不得不派专人乘坐汽车传达命令。

11月5日，敌人在基辅附近达成纵深渗透。集团军群司令部11月6日下达命令：

"第25装甲师隶属第4装甲集团军,可用的轮式车辆部队11月6日开赴白采尔科维,集中到白采尔科维——法斯托夫地域,集中期间自行负责掩护工作。履带式车辆部队从基洛沃格勒开赴集中地域。"

集团军群非常清楚该师的状况。

16点,师长召集此时已到达的各级指挥官传达命令。每位团长和营长只得到一份1 : 300000的地图。

师长目前掌握的部队如下:

第146装甲掷弹兵团:团部,2个营部(部分),每个营2个连。

第147装甲掷弹兵团:团部,2个营部(部分),每个营2个连。

第9装甲团:团部,第2营营部,各连部分力量,共30辆四号坦克和15辆虎式坦克。

第91装甲炮兵团:团部,第1营营部,第1和第2连,第3营人员(没有火炮)。

反坦克营:营部和一个合成连。

装甲通信营:基本满编,但营长缺席,他和先遣人员在一起。

装甲工兵营:满编,但缺乏轻型工兵纵列和舟桥纵列。

高射炮营:营部和一个连。

师长身边只有副官、两名勤务官、几辆汽车、几名摩托车传令兵。

鉴于情况紧急,师长决定,根据各部队的准备状况和他们与师出发地点的距离,组建几个行军集群,取道卡扎京——斯克维拉,开赴白采尔科维以西地域。他打算在那里等待师里的余部开抵,同时掩护辖内部队集中。他认为11月6日22点前无法完成集中,因为用汽车传达命令很耽误时间。部队仍缺乏无线电设备,不过目前实施了无线电静默。

这些指挥官返回各自的部队,第4装甲集团军终于和第25装甲师建立了电话通信,随即下达命令:"第25装甲师加速开赴法斯托夫,不惜一切代价守住该城。第25装甲师师长担任法斯托夫卫戍司令,负责指挥2个后方守备营、1个休假者营、党卫队帝国装甲掷弹兵师一个团,该团会在傍晚前后开抵。"上级指定的行军路线是卡扎京——斯克维拉——波佩利尼亚——法斯托夫,由于游击队炸毁了途中一座桥梁,这条路线不得不放弃,改为斯克维拉东面的一条土路。

师长决定在第一行军集群最前方驱车而行。这场行军准时开始，起初一切顺利。下半夜，后撤的残兵败将潮水般涌来，几乎都是空军人员，造成严重堵塞，师长不得不大力整顿交通秩序。此前一直很干燥的天气突然恶化，持续不停的降雨开始了，接下来几天一直在下雨，导致地面变得难以通行。履带式车辆继续前行，但轮式车辆被迫绕道而行，各行军集群失去了联系。

11月7日中午12点前后，前线逃下来的溃兵说，敌人已攻入法斯托夫。师长立即带上一名勤务官赶往前方，组织对法斯托夫的突击。由于途中几次遭到步枪火力袭击，师长换乘装甲运兵车，他的勤务官乘坐另一辆战车行驶在最前方。这种情况下，他们突然遭遇敌人的T-34坦克，第146装甲掷弹兵团第9连带着4门重型步兵炮跟在师长身后，遭到火力打击，一时间惊慌失措。师长正赶往行进中的第146装甲掷弹兵团第2营，途中遇到这支退下来的部队，他赶紧阻止了后撤，重组部队后，率领他们赶往特里利希。为稳定军心，他一直和部队待在一起，夜幕降临后命令他们挖掘战壕。黑暗中，敌坦克冲入第2营辎重队，击毁辎重队部分车辆。师长决定趁夜间突出敌坦克构成的包围圈，攻往法斯托夫[①]方向，与师里已开赴那里的其他部队会合。他在这个战斗群的头尾各安排了一个徒步跋涉的连队，把车辆和重武器部署在队伍中间。冯·舍尔将军行进在最前方。就这样，11月8日清晨4点左右，他率领部队冲出敌坦克包围圈，14点左右到达第47装甲军[②]设在白采尔科维的军部，第25装甲师目前隶属该军。

在此期间，冯·韦希马尔男爵上校率领师里其他部队，取道格列边基—斯拉维亚开赴法斯托夫。11月9日一早，冯·舍尔将军赶去找他们。敌人以重兵据守法斯托夫东面的法斯托维茨村，必须进攻该村。师长亲自指挥战斗，中午夺回村庄，尔后继续攻往法斯托夫。敌人损失惨重。11月10日，舍尔的部队攻到法斯托夫东郊，随即遭遇城内和南部的优势之敌，所以最终只肃清了斯拉维亚，但至少阻止了敌军继续前进。

尽管冯·舍尔将军身先士卒，可他的师准备不足，在极为困难的条件下分散

---

① 译注：原文如此，下文写的是白采尔科维。
② 译注：疑为第48装甲军。

投入交战，这种情况下，他们很难取得太大的战果。第 25 装甲师给敌人造成重大损失，但自身的伤亡也不小。这支年轻的部队缺乏实战经验，起初不免有些惊慌失措，但后来逐渐习惯了东线冬季交战的复杂局面。由于形势所迫，前线指挥部门（集团军群、集团军、装甲军）不得不以上述方式仓促投入该师。真正要批评的是最高统帅部，他们本该比下级指挥部门更加爱惜这支年轻的部队。

1943 年 12 月 24—30 日的交战中，倒霉的第 25 装甲师又一次被置于不利的位置，在宽达 40 公里的战线上遭到优势之敌的猛烈冲击，该师损失惨重，几乎到了必须彻底重建的地步。希特勒和 OKH 想撤销他们的番号，我当时竭力阻止，因为该师是无辜的，不该为这场遭遇负责。冯·舍尔将军身患重病，不得不调离前线。他对第 25 装甲师本不该遭受的败绩痛心不已，这个师是他耗时数月、付出大量心血组建的。希特勒不信任舍尔，此后再也没有起用他。舍尔杰出的能力、组织和训练才干就这样葬送了。

为了让西线至少获得些装甲预备力量，我下令集中各所学校的教导队，把他们编为"装甲教导师"，在法国训练。该师获得了新式装备和我们选定的军官，师长是我以前的作战处长拜尔莱因将军。希特勒 12 月批准组建该师时说道："真是个好主意，我怎么就没想到呢？"

在此期间，前线的激烈交战持续进行，几乎就没中断过。中央集团军群作战地域，苏联人穿过列奇察，在普里皮亚季河与别列津纳河之间达成突破。维捷布斯克和涅韦尔争夺得非常激烈。戈梅利和普罗波伊斯克失陷，但莫吉廖夫和奥尔沙东面，我军在第聂伯河东岸仍控制着一座登陆场。

我们重新向东发动攻势的可能性几乎荡然无存，这种情况下，坚守第聂伯河对岸的登陆场还有什么意义？希特勒想开采尼科波尔的锰矿，好歹算战争经济方面的理由，但这个理由并不充分，如我们所见，坚守尼科波尔登陆场在军事上是有害的。除了希特勒，其他人都认为最好放弃该登陆场，撤到宽阔的第聂伯河西岸实施防御，腾出装甲师构成预备队，以机动作战的形式展开行动。可希特勒听到"行动"这个词就大发雷霆，他认为前线将领总是把"行动"理解为后撤，因而固执地要求坚守各处阵地，哪怕地形不利也在所不惜。

一场场激烈、损失惨重的冬季交战，让 OKH 忙得焦头烂额，根本没办法为西线提供兵力，也无暇考虑盟军 1944 年春季必然会在那里发动的攻击。所以我反复提醒他们，及时把装甲师撤离前线，调到后方整补，我认为这是我的职责所在。西线很快会成为最重要的战区，负责该战区的 OKW 本该重视此事，可他们没为我提供任何帮助。就这样，为西线抽调兵力的事宜一拖再拖，直到有一天，我当着蔡茨勒的面，再次对希特勒提到此事。这次的话题是调离一个装甲师，蔡茨勒说，他已明确命令该师撤出前线。我不得不反驳道，OKH 下达的命令存在许多漏洞，自私自利的前线将领完全可以充分利用这些漏洞。我的话立即遭到陆军总参谋长愤怒的抗议。但 OKH 近期下令撤出某个师，命令的措辞如下："只要作战态势允许，就尽快把某装甲师撤离前线。战斗群暂时与敌人保持接触。部队撤出时向我报告。"OKH 的命令里出现了"暂时"这个词，其实这个词用得非常频繁，几乎成了惯例。此类命令的结果是，本该交出作战师的集团军或集团军群司令宣称，前线的作战态势暂时不允许调离该师。待情况允许了，可能已过去好几周。而留在前线的战斗群，往往是全师最具战斗力的部队，特别是装甲兵和装甲掷弹兵，这些部队的整补至关重要。所以实际情况往往是，完整的师后勤纵队率先调离前线，然后是师部和相对完整的炮兵部队，可我无法展开主要工作，因为最重要的部队仍在前线。蔡茨勒对我非常生气，但这件事关乎西线的利益，绝不容忽视。

盟军 1944 年 6 月 6 日的登陆大获成功，在此之前，我们好歹为西线临时拼凑了 10 个装甲和装甲掷弹兵师，这些兵团都得到整补和训练。我会在后文讨论这方面的情况。除了这些兵团，我还用国内调到法国的补充兵组建了 3 个预备装甲师，把这些兵团的训练工作交给我久经考验的老战友冯·施韦彭堡男爵将军。关于施韦彭堡的任命问题，我和希特勒争了好几次，可他不愿让施韦彭堡担任前线指挥官。施韦彭堡的职务是"西线装甲集群司令"，在作战地域和作战行动方面隶属西线总司令冯·伦德施泰特元帅，但装甲兵范畴内的事务听命于我。我们又一次展开合作，相互信任，配合得很默契，我认为这对部队很有益处。

命运多舛的 1943 年，我拜访过几位大人物，值得在这里提一提。我在前面说过，我出任装甲兵总监后拜访过戈培尔，谈到我们的最高军事领率机构存在种种不尽如人意之处，请他劝说希特勒改组最高统帅部，任命一位拥有必要权力的国防军总参谋长，减少希特勒本人对作战指挥施加的影响。戈培尔觉得问题很棘手，但还是答应找个适当的时机试上一试。1943 年 6 月底，他在东普鲁士逗留期间，我去见他，又提起上次谈过的问题。戈培尔开门见山，承认军事局面日趋恶化，还若有所思地说道："苏联人可能会攻入柏林，为了不让妻子和孩子落入残暴的敌人手里，我也许会毒死她们，一想到这种场面，您的问题就像噩梦般纠缠着我。"戈培尔非常清楚，战争照目前这样打下去的话，最终结局不言而喻，不幸的是，他没有从这份认知里得出必要的结论，一直不敢按照我的建议向希特勒进言。

无奈之下，我又去试探希姆莱的口风，可他的态度极不明朗，我只好打消念头，没和他商讨如何限制希特勒权力的问题。

11 月，我找到约德尔，就改组最高统帅部的问题提出建议，我认为应当任命一位国防军总参谋长，负责作战行动的实际指挥工作，这样就把希特勒限制在他真正该负责的领域，也就是政治和战争的最高领导权。待我详细阐明自己的建议，约德尔言简意赅地问道："那么您认为，谁比阿道夫·希特勒更能胜任最高统帅的职务呢？"他的脸上毫无表情，态度冷冰冰的，充分表明他完全不赞同我的提议。面对这种情况，我只好收起材料转身离开。

1944 年 1 月的某天，希特勒邀请我和他共进早餐："他们送给我一只野鸭，您知道我是个素食主义者，您愿意和我共进早餐，替我享用这只野鸭吗？"我答应了，于是我们俩坐在小圆桌旁吃早餐，房间里只有一扇窗户透进稀疏的光线。除了我们俩，屋内只有他的牧羊犬布隆迪，希特勒不时喂它几块干面包。他的侍从林格在一旁服务，悄无声息地走来走去，不发出丝毫响动。这是商讨棘手问题的绝佳时机。几句开场白过后，我们的话题转向战争局势。我提到盟军登陆西线的问题，认为对方很可能今年春季采取行动，还指出我们部署在西线的预备队不足。为腾出更多兵力，必须进一步加强东线的防御能力。我感到惊异的是，居然没人想过构筑牢固的陆地防御工事或后方防御地带。依我看，把德国和苏联的旧要塞修葺后用于防御，效果会比宣布某个位于开阔地的城镇为"要塞"好得多，后一种做法通常是最后时刻采取的应急手段，往往徒有"要塞"之名，实际上起不到太大作用。结果，我的话又捅了马蜂窝。

"相信我，我可是有史以来最伟大的要塞建筑师，我建造了西墙，还打造了大西洋壁垒。我浇筑了太多吨水泥，我知道建造要塞意味着什么。东线缺乏人力、物资、运输工具，那里的铁路运力，为前线运送补给物资都不够，我没办法调用火车把建筑材料运往前线。"希特勒对各种数字了如指掌，提出的数据准确得让人惊叹，旁人一时间无法反驳他的话。尽管如此，我还是提出不同的看法。我知道铁路运输的瓶颈是从布列斯特－立托夫斯克以东出现的，我竭力向他阐明，修建要塞的材料不需要运到前线，运到布格河和涅曼河一线就够了，我们目前的铁路运力完全能做到，当地也不缺建筑材料和工人。另外，要想打赢两线战争，至少要暂时中止一条战线的战事，直到另一条战线得到巩固。既然他在西线充分做好了防御准备，那么在东线没理由做不到。希特勒理屈词穷，又开始老调重弹，说要是他在前线后方构筑了永备阵地或要塞，那么东线将领就会只想着后撤。谁也无法说服他改变这种先入为主的偏见。

话题随后转向将领和最高指挥权。我以前间接提出过集中军事指挥权的建议，想以此遏制希特勒对军事指挥工作的直接影响，但都失败了，所以我觉得有责任当面向他提出，任命一位他信任的将领担任国防军总参谋长，消除国防军指挥参谋部、OKH、空军、海军、武装党卫队混乱的指挥状况，更有效地指挥总体作战行动。但我的企图彻底失败了，希特勒不肯和凯特尔元帅分开，他生性多疑，立即意识到我的建议是想限制他的权力。我没能达成任何目的。又有哪位将领是希特勒信任的呢？此次会谈后我清楚地认识到，他对这个问题的回答永远是"不"。

于是，一切照旧。前线将士继续为每一寸土地浴血奋战，没有哪次通过及时后撤改变已然无望的态势。不过，希特勒倒是多次眼神呆滞地问我："我真不明白，为什么这两年我们事事不顺呢？"我告诉他："改变您的工作方式吧。"可他每次都充耳不闻。

决定性的一年

1944 年 1 月中旬前后，苏联人在东线发动猛烈进攻。我们在基洛沃格勒附近暂时击退了敌人。1 月 24—26 日，红军对切尔卡瑟西面的德军突出部发起钳形攻势，1 月 30 日，他们又进攻克里沃罗格东面的德军突出部。敌人的两场进攻大获全胜，他们的优势太大了，投入的兵力如下：

对南乌克兰集团军群：34 个步兵兵团，11 个坦克兵团；

对北乌克兰集团军群：67 个步兵兵团，52 个坦克兵团。

2 月份下半月，前线相对平静，但 3 月 3 日、4 日、5 日，红军再次发动进攻，迫使德军战线退过布格河。

3 月底前，中央集团军群守住了自己的防线。

4 月份，南方的克里木半岛沦陷，只有塞瓦斯托波尔仍在我们手里。红军渡过布格河，以及普鲁特河和锡雷特河上游。切尔诺夫策落入敌人手里。红军最后一场大规模进攻失败，德军丢失塞瓦斯托波尔，战场终于平静下来，这种状况一直持续到 8 月份。

1 月份，敌人还决定进攻北方集团军群的防线，起初只在伊尔门湖北面和列宁格勒西南面取得些许战果。但从 1 月 21 日起，他们投入强大的兵力，迫使德军战线退到卢加河后方，2 月份又退过纳尔瓦河。到 3 月底，德军已退到韦利卡亚河、普斯科夫湖、佩普西湖后方，在那里勉强站稳了脚跟。

东线总算得到短暂的喘息之机，这种情况持续到 6 月 22 日。冬季作战期间，德国军队损失惨重，已没有可用的预备队。所有能腾出的人力和物力悉数调往大西洋壁垒，其实那里不是什么壁垒，就是座吓唬人的假要塞。

这段时间，希特勒又交给我一项令人不快的特殊任务。一如既往，他开始为冬季作战期间的各场后撤和投降寻找替罪羊。这次他为克里木的丢失迁怒于耶内克大将，某些党内大员的谗言加剧了他的怀疑。希特勒派我调查耶内克案件，还下达指示：克里木半岛的丢失必须有人负责。鉴于希特勒当时的态度，我觉得有必要拖延调查工作。所以我非常细致地展开调查，详细询问了所有当事人，特别是党务人员。到最后，就连耶内克也对我慢条斯理的工作方式抱怨不已。但我觉得，为了让他无罪开释，我的做法比迅速展开调查，在不恰当的时机呈交调查报告对他有利得多。

如前文所述，早在 1943 年我就重点考虑西线的防御问题。年底前后，这个问题变得越来越重要。2 月份我去法国视察，与冯·伦德施泰特元帅和冯·施韦彭堡男爵将军商讨了局势。我们一致认为，由于敌人占有海空力量优势，我们的防御会非常困难。敌人的空中优势会给我方军队的一切运动造成极为不利的影响，届时我们也许只能在夜间展开快速、充分集中的机动。我们认为，重要的是有足够的装甲、装甲掷弹兵师预备队，而且要远离所谓的大西洋壁垒，这样，我们确定敌军登陆地点后，就能以这些预备力量迅速展开行动。为了让他们顺利投入交战，我们还得扩建道路网和河流渡场（水面下桥和浮桥）。

视察部队期间，我明确无误地感受到敌人的空中优势有多大。我方部队训练时，敌航空兵就在上空操演，谁也不知道他们会不会突然投下几颗炸弹。

回到元首大本营，我亲自研究了 OKW 下达的西线作战指令，以及我们手头可用的预备队，结果发现几个至关重要的装甲师部署在距离海岸很近的地方。倘若敌人在我们没料到的地点登陆，这些师很难及时调离，迅速开赴相应的作战地段。于是我向希特勒汇报工作时提出这个问题，建议重新部署摩托化力量。希特勒答道："这些师选择的驻地，是基于隆美尔元帅的建议。我不能凌驾于战地元帅之上，没征得他同意就下达截然不同的命令。要不您再去法国一趟，与隆美尔谈谈此事。"

于是我 4 月份又去了法国。敌人的空军活动得更加猖獗，甚至已发起战略轰炸。我们设在迈利营的坦克仓库，我去视察后没过几天就被彻底炸毁。幸亏冯·施韦彭堡男爵将军力排众议，预先把部队和技术装备分散到远离迈利营的村庄和树林，这才避免了重大损失。

我与冯·伦德施泰特元帅和他的参谋人员进一步商讨了预备队师的部署问题，随后遵照希特勒的建议，带着冯·施韦彭堡将军去拉罗什居永见隆美尔。我和隆美尔是老相识，他当初担任过戈斯拉尔猎兵营营长，我也在那个营服役过，和他一直保持着很好的战友情谊。波兰战争期间，我们再度重逢，波兰走廊战役结束后，希特勒赶来视察我的军，隆美尔当时是元首大本营卫戍部队指挥官。他后来调到装甲部队，1940 年在法国出色地指挥了第 7 装甲师，后来去非洲指挥非洲军和非洲装甲集团军，在那片战区立下赫赫战功。隆美尔不仅是个性情直率、英勇无畏的军人，还是个颇具天赋的领导者。他精力充沛，鉴别力相当敏锐，总能在最困难的情况下找出解决之道，而且非常关心部下，他绝非浪得虚名。过去几年，我们经常交流作战经验，私交颇好。1942 年 9 月，隆美尔因病回国休养，尽管他知道我已失宠，可还是请希特勒派我去非洲暂代他的职务。希特勒当时粗暴地否决了他的提议。这对我反而是件好事，因为没过多久，德军就在阿莱曼惨败，无论是我，还是施图梅将军和他的继任者，甚至隆美尔本人，恐怕都无法阻止这场失败。

隆美尔在非洲战区的惨痛经历让他对西方国家强大的空中优势笃信不疑，他认为这种情况下大的兵团根本无法运动。他甚至不相信装甲和装甲掷弹兵师能在夜间调动。他 1943 年在意大利的亲身经历进一步加强了这种观点。因此，冯·施韦彭堡男爵将军汇报把机动预备队部署到大西洋壁垒后方的工作时，建议机动使用这支力量，并做出相应的部署，他的意见完全不符合隆美尔的观点。我知道他们的争论没达成一致，所以，隆美尔情绪激动，坚决反对把装甲师调离海岸地带，我对此并不感到意外。隆美尔断然否决了这项建议，还说我是个来自东线的军人，因而缺乏他在非洲和意大利的经历，在这方面他比我更有发言权，不会在他笃信不疑的问题上受我误导。鉴于隆美尔的态度，我与他就摩托化预备队部署问题的讨论毫无结果。既然他拒不接受我的意见，我也就不再白费口舌，而是决定把我的不同观点再次汇报给伦德施泰特和希特勒。我清楚地知道，除了现有的兵力，西线不会再获得更多装甲和装甲掷弹兵师。唯一有可能调给西线的援兵是党卫队第 9、第 10 装甲师，这两个师当年春季暂时借给东线，待盟军发动进攻才会调回西线。所以除了这两个师，我没法向隆美尔承诺太多。要加强西线总司令统一指挥西线战事的权限，就得把 OKW 预备队交给他，再把隆美尔集团军群划拨到他麾下，可惜这两点都没能做到。

隆美尔在法国担任 B 集团军群司令以来，确实在他负责的防区为加强大西洋壁垒的防御能力做了很多工作。他遵照"把海岸视为主战线"的指令，布设了许多水下障碍物，强化了海岸的前沿防御。内陆地区，他在他认为敌人有可能实施空降的地带，设置了大批木桩障碍物，这些木桩被称为"隆美尔竹笋"。他还埋设了大量地雷。隆美尔麾下的部队，只要不从事训练，就忙着修筑工事，整个 B 集团军群忙得热火朝天。我们当然应该毫无保留地承认隆美尔付出的努力，但令人遗憾的是，他对机动预备队的问题缺乏理解。由于我们在空中和海上处于绝对劣势，唯一的机会是在陆地上以机动力量展开大规模行动，但隆美尔觉得无法做到这一点，所以没有努力寻求或促成此事。另外，隆美尔对敌人有可能登陆的地点抱有先入为主的看法，至少我与他会面时的印象是这样。他几次信誓旦旦地告诉我，英美军队很可能在索姆河入海口北面登陆，不会有其他可能性。他给出的理由是，敌人实施如此复杂的渡海行动，必然要投入强大的兵力，仅从后勤补给的角度看，他们就得选择与登船码头距离最近的登陆点。与其他地方相比，敌人的空中力量为索姆河入海口以北地区提供空中支援也更容易些。在这个问题上，他当时也听不进任何反对意见。

隆美尔对这些问题的看法与希特勒一致，但他们俩的出发点不同。希特勒的作战思想依然是第一次世界大战期间的堑壕战，对机动作战缺乏真正的理解。而隆美尔认为，由于敌人占有空中优势，德军无法展开机动作战。希特勒否决了西线总司令和我变更摩托化兵团部署的建议，这一点不足为奇，因为他觉得隆美尔近期获得的前线经验更有价值。

1944 年 6 月 6 日，盟军登陆当天，我们部署在法国的兵力如下：

48 个步兵师，其中 38 个师部署在前线，另外 10 个师位于前线后方。这 10 个师，5 个部署在斯海尔德河与索姆河之间，2 个部署在索姆河与塞纳河之间，3 个部署在布列塔尼。

10 个装甲和装甲掷弹兵师，各个师的具体位置如下：

党卫队第 1 "阿道夫·希特勒"警卫旗队装甲师位于比利时的贝弗洛；

第 2 装甲师位于亚眠—阿布维尔地区；

第 116 装甲师位于鲁昂东面（塞纳河以北）；

党卫队第 12 "希特勒青年团"装甲师位于利雪（塞纳河以南）；

第 21 装甲师位于卡昂附近；

装甲教导师位于勒芒—奥尔良—沙特尔地区；

党卫队第 17 装甲掷弹兵师位于索米尔—尼奥尔—普瓦捷周围；

第 11 装甲师位于波尔多周围；

党卫队第 2 "帝国"装甲师位于蒙托邦—图卢兹周围；

第 9 装甲师位于阿维尼翁—尼姆—阿尔勒周围。

我们的防御能否成功，希望都寄托于这 10 个装甲和装甲掷弹兵师。通过先前付出的努力，这些师多多少少获得整补和训练。

10 个师中的 3 个归隆美尔指挥，分别是第 2、第 116、第 21 装甲师。装甲教导师、党卫队第 17 装甲掷弹兵师及党卫队第 1、第 12 装甲师担任 OKW 预备队。第 9、第 11 装甲师及党卫队第 2 装甲师部署在法国南部，应对敌人有可能在地中海海岸实施的登陆行动。

这种分散兵力的做法，从一开始就注定我们无法赢得防御作战的胜利。除此之外，整个事情的发展也很不顺利。首先，盟军登陆首日，隆美尔不在前线，而是回德国向希特勒汇报工作。一如既往，希特勒很晚才入睡，6 月 6 日，盟军进攻的首批报告送抵，却没人敢叫醒他。希特勒不在的时候，代他处理作战事务的约德尔没有下定决心立即投入 OKW 预备队的 3 个装甲师，因为他无法确定对方登陆诺曼底究竟是主要行动还是佯攻。另外，OKW 也不清楚盟军是否会登陆地中海沿岸，所以不敢把法国南部的几个装甲师迅速调往北面。第 21 装甲师就在进攻战线上，可他们违背了冯·施韦彭堡男爵将军下达的训练指令，没得到隆美尔批准不敢贸然发起反突击，结果错失了打击英国空降部队的最佳时机。另外，隆美尔把第 116 装甲师部署到更靠近海岸的迪耶普，在那里一直待到 7 月中旬。某些高级指挥官根本不懂如何使用坦克，他们明确命令装甲师冒着敌人的猛烈空袭昼间开赴前线，在敌人强大的舰炮火力射程内展开正面反突击，结果过早地消耗了德国应对攻击唯一的强大兵器，装甲教导师就是个典型的例子。装甲部队损失惨重，而且得不到补充，因为 6 月 22 日后东线遭遇灾难性打击，彻底崩溃的危险迫在眉睫，可用的补充兵悉数调往东线，西线再也无法获得援兵。

要是希特勒和 OKW 采纳我和冯·施韦彭堡男爵将军的建议，那么粉碎敌军登陆不是件难事。我们当初提出，把西线所有装甲和装甲掷弹兵师分为两个集群，部署在巴黎南北两侧，精心准备后，以夜间行军开赴攻击发生地。

就算装甲兵团的实际部署情况不尽如人意，可如果我们指挥得更好些，本来能取得更大的战果。6 月 16 日，也就是敌人登陆两周后，第 116 装甲师仍在阿布维尔与迪耶普之间的沿海地带，第 11 装甲师位于波尔多附近，第 9 装甲师在阿维尼翁周围，党卫队帝国装甲师在法国南部清剿游击队，其他兵团，包括近期从东线调来的党卫队第 9、第 10 装甲师，面对敌人的舰炮火力，卷入激烈的正面交战，实力遭到严重消耗。除了这些装甲师，7 个步兵师无所事事地待在塞纳河北面的沿海地带附近，等待敌人根本就没打算发动的登陆。

我接下来谈谈具体的交战情况：

6月7日，冯·施韦彭堡男爵将军接掌卡昂地域的指挥权，先是编入第7集团军，随后转隶B集团军群。第21装甲师已经与敌人交火，党卫队第12装甲师和装甲教导师部署到该师左侧。6月10日，冯·施韦彭堡男爵将军打算发动反突击，可敌人突然实施空袭，瘫痪了西线装甲集群司令部。党卫队第1装甲军接手指挥，耽搁数日后，党卫队"阿道夫·希特勒"警卫旗队和第2装甲师零零碎碎地投入交战。6月28日，重建的西线装甲集群司令部恢复对党卫队第1装甲军、党卫队第2装甲军、第86军、第47装甲军的指挥权。冯·施韦彭堡将军建议集中兵力发动进攻，但隆美尔否决了这项主张，他对进攻能否获胜不抱信心。隆美尔迟疑不决、分散使用预备队的做法，是否出于某些政治原因，这就不得而知了。[2] 6月28日，第7集团军司令多尔曼大将突然去世，豪塞尔大将接替了他的职务。

6月29日，希特勒把西线将领召到上萨尔茨堡开会。冯·伦德施泰特、施佩勒、隆美尔元帅参加了此次会议。这是我最后一次见到隆美尔。此次会议他给我留下的印象，与4月底在拉罗什居永他的司令部如出一辙，他认为面对敌人的空中优势，我们根本无法实施机动防御。会议的主要议题是加强我们的战斗机力量。戈林承诺，倘若施佩勒有足够的飞行员，他可以提供800架战斗机。施佩勒没这么多飞行员，我记得他说只有500名飞行员，希特勒勃然大怒。此次会议的惨淡结果是，希特勒没过多久就撤换了伦德施泰特、施韦彭堡、施佩勒。冯·克鲁格元帅接替伦德施泰特，为熟悉总体局势并做好应对一切状况的准备，他已经在元首大本营待了好几周。冯·克鲁格先生当时是希特勒的"宠臣"。

新的西线总司令部7月6日接手指挥，但没能改变战事进程。冯·克鲁格元帅深受元首大本营的乐观情绪影响，刚到法国就与隆美尔发生冲突，但没过多久，他不得不赞同隆美尔对局势更为清醒的评估。

冯·克鲁格先生是个勤奋的军人，也是个出色的战术家，精通小规模交战，但对灵活使用装甲部队一无所知。以我的经历看，他指挥装甲兵团只起到破坏作用，总是零打碎敲地使用装甲力量。所以，他就任西线总司令，还是头疼医头脚疼医脚那一套，没能解决问题的根源，更没有以尚具机动能力的装甲兵团展开运动战，也就不足为奇了。他在敌舰炮占有绝对优势的交战地域展开目标有限的正面反突击，很快就把残余的机动力量消耗殆尽。

7月11日，卡昂陷落。7月17日，隆美尔从前线返回的途中遭到敌战斗轰炸机攻击，司机身负重伤，隆美尔甩出车外，颅骨骨折，身上多处负伤，被送往医院急救。这位个性坚强的战将就这样离开了西线战区。

当天，敌人的攻击战线从奥恩河入海口起穿过卡昂南部边缘、科蒙、圣洛、莱赛，直达沿海地带。

诺曼底战线上，盟军集结突击力量，准备冲出他们控制的登陆场，那里的态势极度危急。与此同时，东线发生的事情导致一场巨大的灾难即将到来。

1944年6月22日，红军投入146个步兵师、43个坦克兵团，对布施元帅指挥的中央集团军群整条防线发动全面进攻。敌人大获全胜，到7月3日，他们已前出到普里皮亚季沼泽北部边缘和巴拉诺维奇—莫洛杰奇诺—科贾内一线。红军大潮从这里继续向前奔涌，攻入北方集团军群作战地域，7月中旬大致到达平斯克—普鲁扎内—沃尔科维斯克—格罗德诺—科夫诺—迪纳堡—普列斯考。红军的主要突击置于华沙附近的维斯瓦河和里加方向，这股洪潮不断向前，看似势不可挡。自7月13日起，红军的猛烈进攻也波及A集团军群作战地域，朝普热梅希尔—桑河—维斯瓦河畔普瓦维方向取得很大进展。这场迅猛突击的结果是，中央集团军群覆灭，我们损失了大约25个师。

希特勒获悉这些惊人的消息，7月中旬把大本营从上萨尔茨堡迁到东普鲁士，还把所有可用兵力悉数投入崩溃的战线。A集团军群司令莫德尔元帅接替了布施元帅，兼任中央集团军群司令，更准确地说，他接掌的是已沦为空壳的中央集团军群。由于莫德尔无法长期身兼二职，希特勒随后任命哈佩大将出任A集团军群司令。我1941年就认识莫德尔，那时候他是第3装甲师师长。我叙述1941年对苏战局时提到过莫德尔，他是个勇敢、不知疲倦的军人，非常熟悉前线的情况，总是身先士卒，因而深得官兵信赖。他绝不纵容懈怠、无能的部下，不遗余力地推行自己的意志。恢复东线中央地段的态势，这项任务无疑非常艰巨，但莫德尔是很合适的人选。哈佩是个老资格的装甲指挥官，出生在威斯特伐利亚，冷静、沉稳、英勇、果断，做起事来头脑清醒，理解力很强，可以说也是受领当前任务的正确人选。东线态势多少获得些好转，主要归功于两位将领杰出的作风和指挥能力。当然，彻底恢复东线态势还需要更多时间，特别是因为在此期间发生了一起意想不到的事件，差点导致保卫祖国本土的所有努力化为泡影。

注释

1. 勤务条例里提到的"装甲兵"包括坦克兵、装甲掷弹兵、摩托化步兵、装甲侦察兵、反坦克兵、重型突击炮兵。

2. 汉斯·施派德尔在《入侵1944》一书第71页写道："另外，出于政治方面的考虑，元帅留下可靠的装甲兵团，用于应对即将发生的事情似乎较为有利。"冯·施韦彭堡男爵在爱尔兰《防务》杂志1950年第1期《没有殊荣的入侵》一文里写道："隆美尔把第2装甲师（这是个陆军兵团，而不是武装党卫队）扣留了一段时间，因为他知道刺杀希特勒的'7·20'事件，希望手头有个'可靠的'陆军师应对一切紧急状况。尽管前线态势迫使他把第2装甲师投入战场西部地段，在那里对付美国第1步兵师，但隆美尔还是把第116装甲师作为预备队留到7月中旬……隆美尔否决我的建议，可能是出于政治原因。"

第十章 "7·20"事件及其后果

苏联人不断赢得胜利，距离突破战线最近的东普鲁士没有任何预备力量，鉴于这种危险的情况，我作为装甲兵教导部队最高指挥官，1944年7月17日前后下达命令，把柏林附近温斯多夫和克兰普尼茨装甲兵学校尚具战斗力的部队悉数调往东普鲁士勒岑要塞区。

7月18日下午，我以前认识的一名空军将领打来电话，想跟我见面聊一聊。他告诉我，新任西线总司令冯·克鲁格元帅企图瞒着希特勒与西方国家缔结停战协定，还打算为此与敌人谈判。这个消息犹如晴天霹雳，我马上想到克鲁格此举的后果，以及对摇摇欲坠的东线和整个德国的命运可能造成的影响。这会导致我们在西线和东线的防御土崩瓦解，再也无法阻挡向前奔涌的红军大潮。直到这一刻我都无法想象，一位正与敌人作战的德国将领，怎么会做出这样的决定，与帝国首脑为敌！我不相信这是真的，于是追问对方消息来源。他拒不透露，也不肯说为何要把这个惊人的消息告诉我，以及他想达成怎样的目的。我又问他，克鲁格的图谋近期会不会付诸实施，他说不会。也就是说，我还有时间冷静考虑如何处理这件事。由于我在司令部经常要外出视察，不断汇报工作，根本没办法安安心心地思考问题，于是我决定7月19日去阿伦施泰因、托伦、霍恩萨尔扎视察，途中好好想想自己该作何决定。要是我没弄清消息来源，就把这件事贸然报告希特勒，可能会让冯·克鲁格元帅受到严重而又错误的怀疑，势必给他和西线造成恶劣的影响。可如果我对此事缄默不语，而消息又是真的，那么不仅会造成严重的后果，我也成了同谋。一时间我很难想出正确的解决之道。

7月19日上午，我视察阿伦施泰因的反坦克部队时，接到参谋长托马勒将军打来的电话，请我把先前下达的命令推迟三天，也就是说，柏林地区的装甲教导部队三天后再调往东普鲁士。这是陆军办公厅主任乌尔布里希特将军打电话给他提出的要求，因为明天，也就是 1944 年 7 月 20 日，后备军和教导部队要在柏林附近举行"瓦尔基里"演习，装甲教导部队不参加的话，演习就没法进行了。"瓦尔基里"这个代号，指的是对付敌军空降和镇压国内叛乱的演习，至少我当时是这样理解的。托马勒安慰我，说东普鲁士边界的情况目前不太严重，过两三天再调派部队问题不大，于是我勉强同意让装甲教导部队参加此次演习。

当天下午，我视察了托伦的后备部队，7 月 20 日上午驱车赶往霍恩萨尔扎，去视察那里的反坦克部队。傍晚前后我回到代彭庄园的家中。19 点左右我在野外散步，一名摩托车传令兵找到我，说元首大本营打来电话找我。回到家里，家人才告诉我，收音机里播报了希特勒遇刺的消息。直到午夜前后，我才联系上托马勒将军，从他那里获悉了这起暗杀事件的详情，以及参与者的名字，另外，希特勒命令我次日向他报到，他打算派我接替蔡茨勒出任陆军总参谋长。7 月 21 日早上 8 点，会有飞机在霍恩萨尔扎接我去东普鲁士。

1944 年 7 月 20 日我就做了这些，其他的说法都是捏造。我对暗杀事件一无所知，也没跟任何人谈过此事，我 7 月 20 日打的唯一一通电话，就是上文提到的与托马勒将军的交谈。

我一直留存着托马勒将军宣誓证明的文件，文件里记录下希特勒任命我为陆军总参谋长的经过，大致如下：

1944 年 7 月 20 日 18 点左右，托马勒将军在办公室接到魏策内格中校从约德尔大将的国防军指挥参谋部打来的电话，询问我在哪里。托马勒把我的住址告诉他，随后奉命立即去元首大本营向希特勒报到。他 19 点左右赶到那里，希特勒在副官冯·贝洛上校陪同下接见了他。希特勒首先问他，我目前在何处，身体是否健康，托马勒做出肯定的回答，希特勒随后说道，他本来已决定让布勒将军出任陆军总参谋长。但布勒在刺杀事件中负伤，不知道多久才能康复，所以希特勒决定改派我出任陆军总参谋长。托马勒受领的任务，是务必让我次日上午向希特勒报到。

由此可见，希特勒起初没打算让我接替蔡茨勒，他们俩的矛盾已经有一段时间。他之所以任命我担任这项毫不令人羡慕的职务，完全是因为发生刺杀事件后原定人选无法就任。战后，希特勒的反对者对我出任陆军总参谋长一事所做的推断纯属无稽之谈，不是凭空捏造就是恶意诽谤。其实，就连造谣者也承认，1944 年 7

月主动请缨接手东线事务，实在不是个诱人的选择，陆军总参谋长一职当时只是个徒具历史性意义的虚名而已。

当然，现在经常有人问我，当初为何要接手这项棘手的职务。答案很简单：服从命令！看看我对后续事件的描述就会知道，东线战事处在深渊的边缘，拯救数百万德国军民是我义不容辞的责任。要是我不设法拯救东线陆军和德国东部的故土，就是个十足的恶棍和懦夫。但我的努力最终没能如愿，这是我这辈子最大的不幸和悲哀。没有谁比我更痛苦地感受到德东地区和那里无辜、正直、忠诚、勇敢的民众遭受的厄运，因为我自己就是普鲁士人！

1944年7月21日，我从霍恩萨尔扎飞往勒岑。到达后，我先与托马勒简短地交谈了一番，他转述了昨天与希特勒的对话，还介绍了刺杀事件的经过。我马上要接任陆军总参谋长一职，所以必须捋顺相关问题，于是我随后去见凯特尔元帅、约德尔大将、布格多夫将军，由于施蒙特身负重伤，布格多夫接替他担任希特勒的副官长和陆军人事局局长职务。眼下最大的问题是，OKH总参谋部人员几乎彻底换了一遍。其中有些人在刺杀事件中负伤，例如总参作战处处长霍伊辛格将军和他的第一副手勃兰特上校，有些人涉嫌参与密谋，已被逮捕，有些人我以前就认识，他们的工作作风不适合继续留任，还有些人从未上过前线，所以必须更换。与凯特尔他们会晤前，我就做好了安排，16点正式接掌OKH各勤务部门的业务。

与OKW几位将领磋商后，我中午前后向希特勒报到。他看上去很憔悴，一只耳朵稍有些出血，带有瘀伤的右臂吊着绷带，几乎动弹不得。但希特勒接见我的时候非常镇定。他委托我接手总参谋长的工作，还告诉我，他与我的前任蔡茨勒已经有一段时间无法达成一致意见了。蔡茨勒将军五次向他提出辞呈，这在战时是无法接受的，就好比前线官兵不能随心所欲地撂挑子，所以他也不会让位高权重的将领独享特权，稍有些不如意就撒手不干。他随后提醒我，不得以任何形式提出辞呈。

话题随后转向人事问题。我提出OKH的人员安排方案，希特勒爽快地批准了。我们又谈到最重要的前线指挥职务人选，我指出，新任西线总司令不擅长指挥大规模的装甲兵团，所以我建议把他调离，改任其他职务。希特勒突然插话道："顺便说一句，他也是此次暗杀阴谋的知情者！"但凯特尔、约德尔、布格多夫都认为冯·克鲁格元帅是眼下最杰出的将领，尽管他知情不报，但暂时不宜撤换他。我把冯·克鲁格先生悄然调离西线的企图失败了，但希特勒显然比我更了解冯·克鲁格元帅的所作所为，所以我没再多说什么。

说完公事，希特勒又聊到私事。他说我也有生命危险，因而命令战地秘密警察保护我。他们彻底检查了我的住处和车辆，没发现任何异常之处。但我还是决定派伤愈的装甲兵在我的住处和办公室担任警卫，这是我从军以来首次配备贴身卫兵。这些警卫人员经常更换，但都干得忠心耿耿，直到我离任。

希特勒知道我患有心脏病，建议我找他的私人医生莫雷尔看看，让他给我注射药物。我照办了，但在柏林咨询了我的医生后，我最终没接受莫雷尔的药物注射。看看希特勒注射药物的后果，很难让人对莫雷尔先生的医术抱有信心。

这起暗杀未遂事件，导致希特勒右臂挫伤，双耳鼓膜破裂，右耳咽鼓管受损。这些外伤恢复得很快，但他旧有的疾病更严重了，左手和左腿颤抖得愈发明显，不过这些症状并非暗杀事件造成的。与身体受到的影响相比，希特勒精神上遭受的打击更为严重。希特勒对身边人员，特别是对总参和陆军将领根深蒂固的不信任感演变为刻骨的仇恨，这是他的性格使然。另外，希特勒身患疾病，潜移默化地改变了他对人类的道德评判，严厉变为残酷，虚张声势的恫吓变为满口谎言。他的谎话经常不假思索地脱口而出，还认为其他人对他撒谎。他不再相信任何人。与他的交流原本就很困难，现在成了日趋严重的折磨。希特勒经常情绪失控，言语越来越粗鲁。缺乏教养的布格多夫替代了彬彬有礼的施蒙特，希特勒身边的亲信，再也没有谁能让他稍加收敛自己的言行。

向希特勒报到后，我去所谓的"态势研讨室"看了看，也就是昨天的暗杀现场，那里的状况已经有很多书籍描述过，我就不再赘述了。随后我来到 OKH 的陆军总参谋长办公室，也就是我目前从事工作的地方。整个营地空无一人，根本没人迎接我。寻找一番后，我在最后一个房间里找到个呼呼大睡的二等兵，他说他叫里尔。我让这个听话的小伙找个军官来。过了一会儿，他把弗赖塔格·冯·洛林霍芬男爵少校领来，当初我在装甲部队就认识洛林霍芬，1941 年我指挥装甲集团军期间，他是我的勤务官。于是我请洛林霍芬担任我的副官。接下来我想打电话给各集团军群，了解前线态势。陆军总参谋长的办公室里摆着三部电话，我不知道分别通往何处。我拿起第一部电话，听筒里传来一个姑娘的声音。我刚说出自己的名字，她就尖叫着挂断了电话。我好不容易才让这位女接线员平静下来，接通了我要的电话。

1944年7月20日前的战事发展，我在前面的章节叙述过，可以说已到了岌岌可危的地步。要想扭转作战态势，首先要让OKH正常运作。整个东线战事的指导中枢，眼下的状况极为混乱。我的前任打算把OKH迁到柏林附近措森郊区的迈巴赫营地。大多数机构已搬过去，例如军需总监和他的几个部门、国防军和陆军运输主管，以及另一些重要部门。大部分通信单位和技术设施也已迁离。OKH的责任是与前线保持联络，为军队提供补给，但从东普鲁士很难执行这些任务。所以我们首先要确定，OKH日后设在何处。我最后决定还是留在东普鲁士，因为希特勒和OKW都在这里。迁往措森的部门必须立即搬回来。

恢复秩序的第二步是补充OKH的工作人员。我找来舍尔纳的参谋长文克将军，派他担任OKH作战处处长，很快又擢升他为OKH指挥参谋部参谋长，让他统一指挥包括作战处、组织处、东线外军处在内的整个作战机构。冯·博宁上校任作战处处长，文德兰中校负责组织处，久经考验的盖伦上校任东线外军处处长。托普上校接替自杀身亡的瓦格纳将军出任军需总监。法国战争和对苏战争期间在我身边担任炮兵顾问的柏林将军，现在成为OKH炮兵主管；1940—1941年战局期间，普劳恩将军是我的通信指挥官，现在成为陆军和国防军通信主管。这些人员几天后才能就位，熟悉各自的工作还需要更多时间。OKH原先的重要人员，唯一留任的是杰出的格尔克将军，他是国防军和陆军运输主管。

出任陆军总参谋长头几周，为了让整个机构正常运作，我忙得不可开交，完全没时间考虑其他问题。今天看来似乎很重要的事情，我当时根本无暇顾及。我每天关注的是作战态势，为挽救前线的危局，我和同事夜以继日地忙碌，再也没精力关心后方事务。

"7·20"事件究竟造成了哪些影响呢？

遇刺的希特勒只受了轻伤，他的身体状况本来就不太好，现在变得更加虚弱。但此次事件彻底打破了希特勒精神方面的平衡状态，潜伏在他内心深处的邪恶精灵得以释放，致使他肆意妄为，再也没有任何顾忌。

如果说这场暗杀的目的是沉重打击德国政府机构，那么就该把国家社会主义政权最重要的成员和希特勒一同干掉。可这些人无一在场。该如何干掉希姆莱、戈林、戈培尔、鲍曼这些大人物，密谋集团没制订相应的计划。暗杀行动成功的话，又该如何推行自己的政治主张？密谋集团对此毫无把握。执行暗杀的施陶芬贝格伯爵无疑知道计划的缺点，所以他几天前放弃了一次动手的机会，他当时去上萨尔茨堡参加会议，却发现希姆莱和戈林没有到场。我不知道施陶芬贝格伯爵为什么要在7月20日采取行动，因为当时并不具备彻底实现他们政治主张的先决条件。也许是逮捕格德勒博士的命令迫使他们铤而走险。

就算密谋集团顺利除掉希特勒，一举夺得政权，也需要部队来保卫新政权。可他们手上一个连的兵力也没有。因此，施陶芬贝格伯爵带着暗杀成功的错误消息从东普鲁士返回柏林后，密谋集团甚至无法控制首都。参加"瓦尔基里"演习的官兵根本不知道出了什么事，密谋集团的行动以失败告终也就不足为奇了。虽然我出于完全不同的原因，批准装甲教导部队推延开拔日期，但对密谋集团的政变没起到任何作用，因为他们根本不敢把行动方案告知部队官兵。

就外交政策而言，暗杀行动也缺乏成功的前提。密谋集团与敌国深具影响力的政治家没什么联系，没有哪位敌国政治家答应为密谋集团提供哪怕些许支持。有人说，就算政变成功，德国的前景也不会比现在好到哪里去，这句话不无道理。我们的敌人，想消灭的不仅仅是希特勒和纳粹主义。

此次暗杀的首批受害者是OKH作战处的勃兰特上校、空军总参谋长科尔滕将军、希特勒的副官长施蒙特将军、速记员贝尔格。另外，OKW和OKH许多人员负伤。这种牺牲毫无必要。

下一批受害者是政变参与者、知情者和他们的家人。遭处决的人非常多，他们当中只有极少数人积极参与了暗杀行动。大多数人听到些风吹草动，但出于战友情谊，他们对这些传言或闲聊保持沉默，结果送了命。密谋集团的重要人物也付出了惨重的代价，贝克大将、军需总监瓦格纳、冯·特雷斯科夫将军、弗赖塔格·冯·洛林霍芬男爵上校和另一些人自杀身亡，施陶芬贝格伯爵、乌尔布里希特、默茨·冯·奎恩海姆、冯·黑夫滕被弗罗姆将军临时组织的军事法庭处决。

希特勒下令把所有被告送交普通法庭，也就是人民法庭审理。对军人来说，这道命令意味着审判他们的不再是对应的帝国军事法庭，而是民事法官组成的特别法庭，这样一来，常规的军事刑法和判决执行条例就不再适用于他们，他们不得不面对希特勒受仇恨和复仇欲望主导的特别命令。独裁统治下，法律在这种命令面前起不到任何作用。

为了把涉嫌参与政变或知情不报的军人送上人民法庭，首先要开除他们的军籍。而开除军籍就得调查这些军人的所作所为，希特勒为此成立了所谓的"荣誉法庭"，由冯·伦德施泰特元帅领导，凯特尔、施罗特、克里贝尔、基希海姆和我也加入其中。我刚刚出任陆军总参谋长，还兼任装甲兵总监，天天忙得不可开交，所以不想参与"荣誉法庭"的工作，希特勒没批准我置身事外的请求，但他允许基希海姆将军作为我的固定代表，在我无暇分身时代替我出席法庭的会议。起初我根本没参与审理工作，后来凯特尔受希特勒所托跑来找我，请我好歹偶尔露露面。没办法，我只好参加了两三次丑恶的审判，见到的情形令我深感痛心和震惊。

预审工作由卡尔滕布伦纳和盖世太保头子、党卫队地区总队长米勒负责。卡尔滕布伦纳是个奥地利律师，而米勒是个巴伐利亚官员。他们俩对德国军官团毫无了解，米勒是个冷酷无情、野心勃勃的家伙，对军官团的情感很复杂，既仇恨又自卑。除了他们俩，陆军人事局局长布格多夫和他的第一副手迈泽尔也参与了审理工作，他们遵照希特勒的指示，担任记录员和观察员。预审卷宗里包括被告的自述，这些自述坦率得令人难以置信，涉案军官在"荣誉法庭"上一贯如此，因为法庭上的法官具有同样的荣辱观，是他们的同袍。可这些不幸的人显然没想到，他们面对的调查人员是盖世太保，这帮家伙的想法与他们完全不同。因此，他们不仅交代了自己的所作所为，还提到另一些参与或未参与者的名字。名字出现在笔录里的人都锒铛入狱，受到审讯。盖世太保很快就彻底掌握了密谋集团和涉案人员的详细名单。更要命的是，由于被告毫不推诿地承认自己的所作所为，我们很难替他们开脱。我偶尔出席了几次会议，想方设法拯救我能拯救的人，可惜成功的案例少之又少。其他陪审员，特别是基希海姆、施罗特、克里贝尔将军，与我的态度完全一致，而冯·伦德施泰特元帅始终支持我们的做法。

"荣誉法庭"的工作，是根据预审结果做出决定，是否把被告作为同谋或知情者送交人民法庭审理。如果是，我们就建议军方人事部门把涉案人员开除出军队。

这样一来，他们的案子就不归帝国军事法庭审理。我们只能根据现有的案件卷宗展开调查，不能当面询问被告。

这些阴暗的审理工作，无疑让人陷入剧烈的良心冲突。我们不得不反复斟酌每个词，以免替某个被告开脱时给尚未暴露或已遭逮捕的其他战友造成不幸。

人民法庭的死刑判决，以绞刑的方式执行，德国的刑法从不采用这种处决方式，更别说我们的军事刑法了。此前判处死刑的军人都是枪决，绞刑是奥地利的舶来品，不幸的是，这种处决方式时至今日仍在沿用。

参与政变的人都知道，行动一旦失败，自己必然会以叛国罪被处决。但因涉及"7·20"事件而遭处决的人，有多少对此心知肚明呢？可能只有极少数人。希特勒对此根本不在乎。有些遭处决的军官只是在"7·20"事件即将发生前才获知政变的消息，他们没有上报，完全是因为不想让这些道听途说的东西传播开来。还有些军官根本就没参与密谋，纯粹是为了帮助战友，结果让自己送了命。这方面最令人震惊的例子，可能是海斯特曼·冯·齐尔贝格将军，他是冯·奇施维茨将军的女婿，而奇施维茨将军是我极为敬重的老上级，先后担任过运输兵总监和师长。"7·20"事件发生时，齐尔贝格在东线任师长。他的作战参谋库恩少校，过去在施蒂夫将军领导的OKH组织处任职，是这起暗杀事件的知情者。"7·20"事件发生后，齐尔贝格收到电报，上级下令立即逮捕库恩，派卫兵把他押解到柏林。齐尔贝格没有奉命行事，而是让库恩独自驾车去新设立的指挥所，想给库恩一个机会，可出乎他意料，库恩没有利用这个机会自杀身亡，而是投奔了敌人。齐尔贝格遭逮捕后送交军事法庭，法庭判得较轻。过了段时间，希特勒获知了判决结果，下令重新审理此案，目的是判处齐尔贝格死刑，因为库恩过去在OKH组织处任职，知道许多机密，他投靠敌人无疑会给战争进程造成极为不利的后果。齐尔贝格1945年2月被枪决。我那位不幸的老上司，另一个女婿是善良的戈特舍将军，也惨遭不幸，但罪名不太一样：他说我们可能再也无法打赢这场战争了。

被判处死刑者的命运悲惨，死者家属的境况也好不到哪里去。受到株连的人遭受了深重的苦难，精神上痛苦万分，很难帮助、劝慰他们。

无论怎么看，这起暗杀事件的后果都很可怕。我反对任何形式的谋杀，我们信奉的基督教在这方面有明确的戒律，所以我不赞成他们实施暗杀的决定。但除了宗教信仰的原因，我还得指出，无论从内政还是外交方面看，都不具备政变成功的前提。密谋集团的准备工作很不充分，他们选择的领导人也不靠谱。最初推动政变的是格德勒博士，他是个理想主义者，认为不用暗杀也能发动政变。他和他的同谋无疑认为，他们这样做完全符合民族的最高利益。格德勒博士为政变后的新政府选择了主要领导人，还把他们的名字列了份名单，可这份名单不慎落入盖世太保手里。贝克大将是内定的帝国新元首，此人的个性我在前面说过，他7月20日的表现证明我的判断准确无误。冯·维茨勒本元帅是个病人，尽管他对希特勒恨之入骨，但在如此紧张的情况下，他却缺乏发动军事政变的决心。赫普纳大将是个英勇的前线军人，可他是否清楚自己参与"7·20"事件的后果，我对此深感怀疑。乌尔布里希特将军能力不凡，在他负责的领域干得很出色，但没有兵权，手头没有掌握任何可用于政变的部队。到1944年7月20日，密谋集团已经研究、商议了数年之久。知情者越来越多，盖世太保最终掌握了相关消息，开始大肆抓捕也就不足为奇了。这股抓捕风可能促使施陶芬贝格伯爵冲动地决定采取行动，而其他密谋分子根本没有为此做好准备。暗杀失败了，但施陶芬贝格却对炸弹的威力深信不疑，他的行事未免过于草率。后备军司令弗罗姆将军在这起事件里扮演的角色不明，但最终也为此事送了命。派驻法国的军事总督海因里希·冯·施蒂尔普纳格尔将军死得也很惨，他是个伟大的理想主义者，我们俩私交甚笃，我每次到巴黎都会去看他。但隆美尔元帅的结局最可悲，战后我身陷囹圄，在监狱里才获悉这件事的真相。直到那时，我才真正地认识到我们亲身经历的这出悲剧。

当然，总有人提出这样的问题：要是暗杀成功了，情况会怎样？没人能回答。但有一点似乎可以肯定：当时绝大多数德国民众仍相信阿道夫·希特勒，他丧生的话，他们会认为这起政变干掉了唯一能率领德国顺利结束战争的人。背负骂名的是军官团、军方将领、陆军总参谋部，不仅在战争期间，战后依然会这样。民众的仇恨和蔑视会转向军人，因为军人在这场生死斗争中违背他们的效忠誓言，谋杀国家元首，导致风雨飘摇的国家失去了领导。届时，敌人对待我们的态度，不会比暗杀失败后好到哪里去。

也许有人会问，那该怎么做呢？我只想说，关于反抗希特勒政权的问题，说得太多也写得太多了。当初能接近希特勒，目前仍在世的夸夸其谈者，有谁真正反对过他，哪怕只有一次？又有谁敢对希特勒陈述不同的观点，甚至在这位独裁者面前坚持自己的主张，哪怕只有一次？这才是大家该做的！几个月来，我多次参加过希特勒召开的态势研讨会，以及军事、技术、政治会议，敢直抒胸臆的人寥寥无几，不幸的是，这些勇敢的斗士，活下来的少之又少。有些人只敢在会后装模作样地发表些不同意见，唆使别人出头，我肯定不会把他们称为"反抗斗士"。这就是我的态度！要是有谁不赞同希特勒的观点，出于自己的职责，就该找个适当的时机向他开诚布公地陈述自己的看法。时机非常重要，如果大家在战争爆发前敢这样做的话，也许能起到些作用。要是有谁意识到希特勒的政策会引发战争，战争必然给德国民众带来灾难，因而必须阻止，那么就该在战前寻找机会，明确无误地把这种意见告诉希特勒和德国人民，在国内做不到的话，可以去国外大声疾呼。可那些位高权重者当时这样做了吗？

两场艰难的战争中，我亲眼见证了德国军人，有幸率领他们参加了第二次世界大战。浴血奋战的同时，他们至死效忠祖国，面对即将到来的失败依然忠于自己的誓言，他们的忠诚天地可鉴。正是这种忠诚，这种牺牲，这种难以言述的英雄主义，才换来一个强大而又正常的民族和国家浴火重生。但愿年轻一代能以这种高尚的情操为基础，和平地建设新德国，继往开来，再次赢得各国人民的尊重。

第十一章　陆军总参谋长

我们还是把话题拉回严峻的战争态势吧。

OKH 的总参谋部投入运作，各项工作进展缓慢，因为希特勒事无巨细都要过问，不愿赋予陆军总参谋长哪怕最小的指挥权。鉴于这种情况，我不得不向希特勒提出要求，请他赋予我在所有非根本性问题上向东线各集团军群下达指令的权力。我还提出，陆军总参谋长有权就涉及整个总参谋部的事务给所有陆军总参军官下达命令。希特勒否决了我的两个要求，凯特尔和约德尔也随声附和。凯特尔亲笔写下他赞同希特勒的意见，面对我的抱怨，约德尔却告诉我："陆军总参部就该彻底解散！"要是"深红公会"①最具影响力的代表自掘坟墓的话，那么整个机构也就毫无希望了。希特勒否决了我的请求，后果立即在一连串重大违纪事件里显现出来，我不得不把肇事者调到 OKH 辖内部门，我在这里好歹还有些惩戒权。我让这些自以为是的小伙好好反省了几周。我在希特勒面前谈到我采取的挽救措施，他惊讶地望着我，但什么也没说。

出任陆军总参谋长没几天，我就提出与希特勒单独谈谈。他问我："是谈公事还是谈私事？"当然是公事，而且只能单独谈，这样才能坦诚以待，畅所欲言，第三者参与进来就不合适了。希特勒很清楚这一点，所以没答应我的请求，还规定日后与我的所有公事会晤，凯特尔元帅和两名速记员必须在场。由于这项规定，我后来几乎没机会对最高统帅坦率陈述自己的意见，因为只有单独会谈我才能直抒胸臆，不存在言语直率冒犯他威望的危险。希特勒这项规定造成的后果非常不利，凯特尔元帅难辞其咎，因为他担心自己不能及时了解重要的事情，会逐渐大权旁落。

---

① 译注：这个词泛指陆军总参谋部，因为总参军官的军裤两侧配有深红色镶边。

和前任陆军总参谋长一样，我不得不在束手束脚的状况下展开工作，自然无助于解决争执和矛盾。

1944年7月21日，我被迫接受陆军总参谋长职务时，东线的军事态势一点也不乐观。

南乌克兰集团军群的防线似乎最为稳固，该集团军群编有德国第6、第8集团军，作战地域内还有罗马尼亚军队和匈牙利集团军一部。他们的防线从德涅斯特河汇入黑海的入海口起，沿该河伸向基什尼奥夫东面，再递延到雅西北面和弗尔蒂切尼南面，跨过普鲁特河和锡雷特河，最后朝西北方伸向锡雷特河发源地。当年3月和4月的春季交战，南乌克兰集团军群在雅西北面击退了敌人的进攻，随后把几个师撤离前线担任预备队。目前指挥该集团军群的舍尔纳将军深受希特勒信任。

北乌克兰集团军群与南乌克兰集团军群相连。到1944年7月12日，该集团军群勉强守住阵地，他们的防线从锡雷特河上游的勒德乌齐地区向北延伸，穿过代利亚滕东部、布恰奇、捷尔诺波尔、奥泽尔纳、别列斯捷奇科，直到科韦利以南地域。但红军7月13日再次发动进攻，在三处突破北乌克兰集团军群的防线，到7月21日已夺得伦贝格、普热梅希尔北面的桑河河曲部、托马舒夫、海乌姆、卢布林，先遣部队前出到维斯瓦河畔普瓦维—布格河畔布列斯特－立托夫斯克一线。

如果说北乌克兰集团军群的情况糟糕至极，那么自1944年6月22日以来，中央集团军群的态势已发展成难以想象的灾难。6月22日—7月3日，红军在普里皮亚季河与别列津纳河之间、在罗加乔夫附近、在乔瑟附近、在奥尔沙北面、在维捷布斯克两侧发动的攻势，突破了德军防线。德军折损25个师，退守达维德格罗多克—巴拉诺维奇—莫洛杰奇诺—科贾内—波洛茨克北面的迪纳河一线。接下来几天，红军充分发展他们意想不到的重大战果，一举夺回平斯克，前出到普鲁扎内—沃尔科维斯克—格罗德诺东面的涅曼河—科夫诺—迪纳堡东面的迪纳河—伊德里察一线。这样一来，不仅中央集团军群，就连北方集团军群也陷入灾难。到7月21日，从桑多梅日到华沙的维斯瓦河一线，红军的进展看似势不可挡，他们穿过谢德尔采、别尔斯克、比亚韦斯托克、格罗德诺、科夫诺，最令人震惊的是，他们还穿过帕涅韦日斯攻往绍伦和米陶。他们在米陶北面到达里加湾，就此把北方集团军群与东线其他集团军群隔开。

北方集团军群的右翼位于波洛茨克北面，防线从那里穿过伊德里察、奥斯特罗夫、普列斯考、佩普西湖、纳尔瓦，直到芬兰湾沿岸。由于中央集团军群土崩瓦解，到 7 月 21 日，受到拖累的北方集团军群不得不把右翼撤到米陶—迪纳堡—普列斯考一线，但并未就此站稳脚跟。

前任陆军总参谋长留给我的不仅仅是个组织混乱的总参谋部，还有一条彻底瓦解的战线。OKH 没有预备队，眼下唯一能动用的兵力位于南乌克兰集团军群身后的罗马尼亚境内。看看铁路交通图就会发现，调用这些部队要耗费很长时间。后备军可用的少量兵力已运往前线，拨给几乎彻底崩溃的中央集团军群。

南乌克兰集团军群原先的参谋长文克将军，现在负责总参作战事务，非常熟悉罗马尼亚的情况。与南乌克兰集团军群司令达成一致后，我向希特勒提出建议，把罗马尼亚境内所有可用的师调往北面，用于恢复中央集团军群与北方集团军群的陆地连接。这些兵团的运送工作立即展开。另外，希特勒命令南乌克兰集团军群司令舍尔纳与北方集团军群司令弗里斯纳对调，还破例授予南乌克兰集团军群司令弗里斯纳前所未有的作战决策权。通过这些有力的措施，我们终于迫使红军的攻势停在多布伦—图库姆斯—米陶地区。我的意图不仅仅是恢复两个集团军群的陆地连接，还要把德军撤出波罗的海诸国，彻底缩短战线，只有这样，才能让北方集团军群陷入险境的各兵团免遭覆灭的厄运。我命令舍尔纳将军提交后撤方案，他打算用 3—4 个星期执行后撤，可我们没有这么多时间！我们必须迅速展开行动，抢在敌人前面，这样才能把集团军群辖内兵团完好无损地撤到东普鲁士。所以我命令舍尔纳 7 天内撤出爱沙尼亚和拉脱维亚，在里加附近控制一座登陆场，立即把所有摩托化和装甲部队集中在绍伦西面。我估计苏联人接下来会攻往那里。必须挡住敌人的进攻，这样才能恢复库尔兰地区的北方集团军群与中央集团军群的联系。

1944 年 9 月 16—26 日，德军的进攻恢复了两个集团军群的陆地连接。施特拉赫维茨伯爵上校和他临时拼凑的装甲师英勇奋战，为这场胜利立下赫赫战功。现在一切取决于发展有利态势，但北方集团军群没有抓住机会。舍尔纳认为苏联人不会再进攻绍伦以西地域，他估计敌人会对米陶附近展开行动。因此，他违背了希特勒签署的指令，把装甲兵团留在米陶附近。我让舍尔纳奉命行事，可他置之不理。希特勒是不是私下里批准了他的举措，所以舍尔纳才敢于违抗命令，我不得而知。但我知道，舍尔纳一直与希特勒保持直接联系。结果，红军10月份再次突破了绍伦以西德军薄弱的防线。他们在梅梅尔与利包之间到达波罗的海沿岸。德军沿海岸线发动进攻，企图重建两个集团军群的陆地连接，但行动以失败告终，北方集团军群与东线其他集团军群的陆地连接遭切断，只能通过海路获得补给。

北方集团军群宝贵的兵力对保卫德国本土不可或缺，为撤出这些兵团，我与希特勒激烈争执了一番，可除了恶化我们之间的关系，没能达成任何目的。

东线左翼展开重要的运动，从事艰巨的交战之际，莫德尔元帅凭借他杰出的努力，终于在华沙以东地域再次稳住中央集团军群的防线。值此关键时刻，华沙城内的波兰人在博尔 – 科莫罗夫斯基将军领导下，1944年8月1日暴动，在我们战线后方造成迫在眉睫的威胁，切断了中央集团军群与冯·福曼将军第9集团军防线的联系。苏联人也许很快会与波兰暴动者合兵一处，这种可能性无法排除。虽说华沙城位于战线后方，但最终会成为前线，所以我要求把华沙纳入陆军作战地域，可野心勃勃的波兰总督弗兰克和党卫队全国领袖希姆莱却劝说希特勒不要把华沙交给军方，继续让波兰总督管辖。党卫队全国领袖奉命镇压暴动，他派党卫队地区总队长冯·德姆·巴赫 – 策莱夫斯基率领党卫队人员和警察组成的部队执行这项任务。残酷无情的战斗持续了数周，参与其中的党卫队部队不属于武装党卫队，他们的纪律并非无可挑剔。卡明斯基旅的成员都是战俘，而且苏联人居多，对波兰人没有好感；而迪勒旺格旅以假释的德国罪犯组成。一旦把这些亡命徒投入逐屋逐房的巷战，为保全自己的性命，他们什么都干得出来，根本不受任何道德约束。冯·德姆·巴赫对我谈起部下干出的暴行，说他根本控制不住他们。我从他那里听到的事情令人毛骨悚然，当晚不得不向希特勒做了汇报，要求把这两个旅调离东线。希特勒起初不想答应我的要求，可就连希姆莱派到他身边的联络官、党卫队旅队长费格莱因也证实："没错，我的元首，他们就是名副其实的暴徒！"希特勒别无选择，只好批准了我的请求。为防万一，冯·德姆·巴赫干脆枪毙了卡明斯基，除掉了华沙暴行无可争议的证人。

直到 1944 年 10 月 2 日，这场暴动才彻底平息。暴乱分子愿意投降，所以我建议希特勒，遵照国际法给予他们战俘待遇，尽快结束这场毫无意义的厮杀。希特勒采纳了我的建议。8 月 15 日接替莫德尔出任中央集团军群司令的赖因哈特大将收到相关指示，陆军奉命行事。

平叛暴乱的战斗中，常见的问题是难以区分有组织的战斗人员和无辜的平民百姓。就连博尔－科莫罗夫斯基将军自己也写道："战斗中，我们的指挥官很难区分军人和平民。我们的人没有军装，也无法阻止平民百姓佩戴红白双色袖章。他们和国内军的战士一样，使用德制武器，根本不注意节约弹药。这些平民往往以密集的子弹和手榴弹对付一名德国兵。我收到的每份报告，几乎都抱怨弹药消耗量太大。"[1] 另外，波兰人身着从我方仓库缴获的德国军装，德军官兵难辨敌我，不安全感导致战斗变得更加残酷无情。因此，费格莱因或希姆莱本人多次汇报了华沙发生的事情，希特勒怒不可遏，就平暴行动和处理华沙的问题下达了严酷的命令。1944 年 10 月 11 日，东方党卫队兼警察高级领袖通信处给身处克拉科夫的波兰总督弗兰克博士下达了指令，字里行间流露出希特勒的怒火："处理波兰问题的新政策——党卫队全国副总指挥冯·德姆·巴赫已收到平定华沙暴乱的命令，也就是在战争期间把华沙夷为平地，前提是不影响构筑要塞的军事计划。实施爆破前，把所有原料、纺织品、家具运离华沙。主要任务交给民政部门。"[2] 这道命令是党卫队下达的，我当时毫不知情，直到 1946 年在纽伦堡的监狱里才首次听说。不过，大本营当时确实有传闻，说华沙很快会被彻底摧毁，我也目睹了希特勒对华沙暴乱一事大发雷霆。希特勒已宣布华沙为要塞，德国军队需要驻守城内，这促使我汇报工作时强调指出，必须保全这座城市。另外，维斯瓦河当时已成为前线，这条河流从华沙市中心穿过，所以保留城内建筑物很有必要。

1943 年和 1944 年的两场暴动，给华沙造成巨大的破坏，从 1944 年秋季交战到 1945 年 1 月红军发动进攻，一连串激战又让这座满目疮痍的城市受到毁灭性打击。

暴乱分子投降后，被俘者由党卫队处理。博尔－科莫罗夫斯基和费格莱因是老相识，他俩过去在国际体育赛事中多次见过面，因此，博尔－科莫罗夫斯基交给费格莱因看管。

经常有人提出这样的问题：苏联人明明知道华沙城内发生了暴乱，为何不从城外积极支援，反而在维斯瓦河畔停止进攻呢？答案很简单，暴乱分子效忠伦敦的波兰流亡政府，接受流亡政府从伦敦发来的指令，他们代表的是保守、亲西方的波兰人。毫无疑问，苏联人不愿见到这帮人的暴动大获成功，一举控制波兰首都，加强自身的影响力。苏联政府想让亲苏的卢布林政权获得这项殊荣。但这是盟国间的纠纷，与德国无关。对我们来说重要的是，红军的进攻暂时没有渡过维斯瓦河，这让我们获得了短暂的喘息之机。

不管怎样，1944 年 7 月 25 日，苏联坦克第 16 军企图从登布林铁路桥渡过维斯瓦河，他们的行动以失败告终，损失 30 辆坦克。我们及时炸毁了铁路桥。红军其他坦克兵团被挡在华沙北面。我们的看法是，苏联人之所以止步不前，完全是德军顽强抵抗造成的，而不是他们想破坏波兰人的暴动。

8 月 2 日，波兰自由民主军第 1 集团军以 3 个师发动进攻，在普瓦维—登布林地段渡过维斯瓦河。他们损失惨重，但还是在对岸夺得一座登陆场，一直坚守到红军援兵开抵。

马格努谢夫附近，敌人也在维斯瓦河对岸夺得一座登陆场。在此处渡河的敌军，奉命沿河岸攻往华沙，但在皮利察河被德军挡住。

不管怎样，德国第 9 集团军 8 月 8 日认为，苏联人先前的追击几乎势不可挡，他们企图在行进间以突袭的方式夺取华沙，尽管波兰人在城内暴动，但红军的行动还是失败了，苏联人认为这场起义发动得过早。第 9 集团军报告，7 月 26 日—8 月 8 日，他们俘敌 603 人，另有 41 人投诚，还击毁 337 辆坦克，缴获 70 门火炮、80 门反坦克炮、27 门迫击炮、116 挺机枪。德国军队经历了一个月持续不停的战斗后撤，能取得这份战果已经不错了！

我们在东线和西线都没有修筑边界防御工事，希特勒觉得西线可以依靠大西洋壁垒，东线的情况不太一样，他认为一旦修建了防御工事，战地将领就不会竭力坚守防线，总想撤往后方阵地。结果，我们在东线接连受挫，丧失了大部分可以利用的空间，导致战线危险地逼近德国边界，要是不想让每场小小的挫败立即给整条战线造成影响的话，无论如何得采取些措施。我 1 月份向希特勒阐述了自己的看法，现在重要的是立即修复德国东部边境原先的要塞，另外还要加强这些要塞与主要河流之间最重要的结合部。在OKH工兵主管雅各布将军配合下，我起草了扩建要塞的方案。为处理要塞方面的事务，我下令重建前任总参谋长撤销的总参要塞处，蒂洛中校任处长。我把我制订的方案以命令的形式下达给各相关部门，随后才呈送希特勒，还解释道，这件事在我看来重要而又紧迫，只好先斩后奏。希特勒勉强批准了我下达的命令，但"先上车后买票"的做法不能多用。不管怎样，要塞的修建工作终于开始了。土木作业主要由志愿者承担，都是妇女、孩子、老人，国内目前只能提供这些劳力。希特勒青年团在这方面做出的贡献很大。尽管天气很快就恶化了，但这些正直的德国百姓干得非常卖力，可以说热情如火，都想为保卫自己深爱的祖国尽一份力，给从事艰巨的防御作战的官兵帮点忙。他们付出的努力，后来没能彻底实现他们的希望，也没达到我的预期，但这不是他们的错，也不是指导原则有误，而是因为我们没有足够的兵力和武器守卫这些工事，还因为西线的紧迫形势更早地出现，为东线准备的一切悉数调往那里，留给东线的都是西线用不上的残渣。不管怎么说，我想借此机会衷心感谢当时无私帮助我们的德国民众。不过，这些工事还是在很长一段时间内发挥了相应的作用。柯尼斯堡、但泽、格洛高、布雷斯劳的防御，日后也许能得到公正的评价，要是没有德国民众修筑的防御工事，不知道苏联人的前进速度会加快多少，又有多少德国地区会沦为焦土。

我很清楚，要想抵御敌人的围攻，就得给这些要塞和防御工事配备必要的兵力、武器、物资。为此，我下令组建要塞守备部队，征召的人员虽然不再适合前线服役，但他们得到适当的照料，守卫永备防御工事还是没问题的。我们先组建了100个要塞步兵营和100个要塞炮兵连，随后还要建立要塞机枪、反坦克、工兵、通信部队。可没等首批要塞部队做好服役准备，80%就调往了西线。我强烈反对，但没人理睬。我是事后才知道的，当时一切已成定局，谁也改变不了希特勒做出的决定。这些尚未组建完毕的部队卷入西线崩溃的旋涡，没取得任何重要的战果就覆灭了。而东线的阵地和要塞无人据守，根本无法为撤下来的前线部队提供预期的支援。

我们不仅缺乏要塞守备部队，武器装备的情况也好不到哪里去。我起初要求把缴获的火炮库存交给我,凯特尔和约德尔却以近乎嘲笑的口气否决了我的请求,他们说德国国内根本没有缴获的火炮可用。可 OKW 陆军处处长布勒将军告诉我,军械局仍存有数千门火炮和其他重武器,几年来,他们每个月都擦油保养这些武器,但从未使用过。于是,我下令把这批武器用于东线要塞和最重要的阵地,同时训练操作人员。而约德尔又获准把 50 毫米以上口径的火炮悉数运往西线,每门火炮还配备 50 发炮弹。这项措施用于西线为时过晚,要是把这批武器用于东线的话,本来能起到莫大的作用。50 毫米和 37 毫米反坦克炮,自 1941 年起就已无法击穿苏联人的 T-34 坦克,所以东线需要更大口径的火炮对付敌坦克。

要塞的物资储备,我提出的要求是确保 3 个月的用量。各座要塞还应设立通信站和油料库。每次外出视察,我都会去现场检查防御工事的修筑情况。这番努力得到许多战友大力支持,特别是施特劳斯大将,他为我提供了无私的帮助。他们没有计较自己先前因为患病或希特勒的排挤而罢官去职,再次挺身而出发挥余热。一些大区领袖也积极协助我的工作,尽管有时候他们过于热心,难免与我发生些摩擦,但我对他们急于帮忙的善意还是很领情的。

大部分要塞守备部队调往西线,我突然萌生了个念头,是 OKH 作战处处长霍伊辛格将军很久前提出的建议,在面临威胁的东部省份组建一支国民军,希特勒当初没有采纳。我考虑了一番,觉得可以在东部领土组建国民军部队,由本来能服兵役,但因为从事与战争密切相关的行业而没有征召入伍的人员组成,再派合格的军官指挥,但只在苏联人达成突破的情况下征召他们。我带着这份建议去找希特勒,请他把组建国民军部队的任务交给冲锋队,因为冲锋队好歹还有些合适的人选。另外,冲锋队参谋长舍普曼是个明事理、对军方态度友好的人,先前还向我保证过,他会通力合作。希特勒起初批准了我的建议,次日又告诉我,他改了主意,不想把这项任务交给冲锋队,而是委托给党,也就是国社党全国领袖鲍曼,由他负责组建国民军部队,这股力量的名称也改为"人民冲锋队"。鲍曼起初什么也没做,我催了他好几次,他才通知各大区领袖照此行事,也就是说,不仅仅在边境地区,而是在全国范围组建人民冲锋队。这导致人民冲锋队的规模过大,我们没法提供训练有素的指挥官,武器装备也不够。不过,党对训练有素的指挥官不感兴趣,更愿意让狂热的党内同志担任重要职务。我的老战友冯·维特斯海姆将军也加入人民冲锋队，仅仅是连里的普通士兵，而指挥连队的是从未受过军事训练的党内干部。这种情况下，这些愿意为国捐躯的英勇民众，每天不是忙于操练他们不熟悉的武器，而是毫无意义地练习纳粹举手礼。这种队伍里，伟大的理想主义没有市场，自我牺牲精神也得不到赞赏。但我想在这里对他们的无私付出表达诚挚的敬意。

这些措施看似是绝望之举，但在当时很有必要，因为后备军在国内组建的最后一批作战部队悉数投入西线攻势，没有用于东线的防御。8月和9月，西线土崩瓦解，由于没有合适的后方阵地或要塞，德军只好退往西墙。而此时的西墙不再是完善的防御工事，原先部署在这里的武器装备都已拆除，用于大西洋壁垒，基本上损失殆尽了。德军仓促退却，盟军展开大胆的追击，要是我们手上有预备队的话，本来能抓住多次出现的机会展开卓有成效的反突击。每次发生这种情况，希特勒都暴跳如雷，要求我们发起反突击，可我们手头没有可用的部队。因此，希特勒9月份决定拼凑国内所有兵力，孤注一掷地发动最后一场大规模攻势。"7·20"事件发生后，希特勒派党卫队全国领袖希姆莱统率后备军。希姆莱兼任后备军司令，开始按照他和希特勒的想法建立政治士兵，特别是政治军官组成的部队。新组建的兵团冠以"人民掷弹兵师""人民炮兵军"等番号，军官都由陆军人事局委派。接替理想主义者施蒙特的布格多夫将军毫无理想可言，还禁止新建兵团的官兵调到其他更传统的陆军部队。就这样，部队里出现了许多国家社会主义指挥官。东线就有这样的家伙，他们觉得政治问题严重，因而直接向鲍曼汇报情况，向来仇视陆军的鲍曼又到希特勒面前添油加醋。我觉得这种做法太过分了，于是禁止他们胡乱干预，还惩处了涉事人员。当然，此类争吵，再加上组建人民冲锋队的计划一再耽搁，无助于缓和元首大本营的气氛。

凭借手头最后一批可用的兵力，希特勒打算11月转入反攻，一举击败西线盟军，把他们赶下大西洋。我们以国内最后的兵力组建的新兵团，悉数用于这项宏大的计划。我会在后面详述这场行动。

"7·20"事件和东线土崩瓦解让人心神不宁之际，1944年8月5日，罗马尼亚国家元首安东内斯库元帅来东普鲁士拜访希特勒。我奉命向安东内斯库元帅介绍东线态势。希特勒、凯特尔和日常参加态势研讨会的人员都在场，另外还有里宾特洛甫和他的外交部助手。外交部首席口译员施密特公使①把我的话翻译成法语。
施密特公使与人为善，言谈风趣幽默，是我见过的最优秀的口译员，他似乎有某
种特殊的直觉，对每句话的轻重缓急都把握得非常精准。他有几十年的翻译经验，
参与过无数次艰巨的谈判，涉及的领域包罗万象，但从未翻译过军事局势。我听
施密特翻译了几句，发觉他不懂军事术语，倒不如我直接用法语汇报战况，令我
高兴的是，安东内斯库完全能听懂我说的法语。

此次态势汇报会上，安东内斯库对我们面临的艰难局面深表理解，知道我们
首先要恢复中央集团军群的战线，尔后重新建立中央集团军群与北方集团军群的
陆地连接。他主动提出，要是轴心国的整体利益需要的话，他可以撤出摩尔达维亚，
退守加拉茨—福克沙尼—喀尔巴阡山山脊一线。我立即把他慷慨大度的提议翻译
给希特勒听，后来还提醒过他。希特勒感激地接受了安东内斯库的提议，我们很
快会见到这项建议带来的后果。

次日上午，安东内斯库请我去他在"狼穴"的住处单独谈谈。这场会晤让我
获益颇多。我觉得安东内斯库元帅不仅是个优秀的军人，也是个杰出的政治家，
对自己的国家了如指掌，非常清楚罗马尼亚的交通状况、经济关系、政治需要。
他说的每句话都有理有据，而且彬彬有礼，充满善意，这些品质在当时的德国已
不多见。安东内斯库很快谈到"7·20"事件，毫不掩饰他的震惊："请您相信我
的话，我完全信任我手下的每一位将领。在我们国家，军官参与这种政变是不可
想象的！"面对他的严厉责备，我当时无言以对。可仅仅过了两周，安东内斯库
就面临截然不同的情况，当然，我们站在他一边。

陪同安东内斯库元帅一同到访的，还有罗马尼亚外交部长米哈伊·安东内斯
库。此人看上去很狡诈，友善里带着几分虚情假意，很难让人产生好感。德国驻
罗马尼亚公使冯·基林格和派驻罗马尼亚的汉森将军也陪同元帅一同到访。我和
他们俩详谈了一番，听取了他们的观点。两人都不太看重安东内斯库元帅，反而
认为德国应当支持年轻的罗马尼亚国王。谁也没料到，他们俩的观点大错特错，

---

① 译注: 施密特就是后来以撰写《东进》《焦土》等畅销书闻名的保罗·卡雷尔。

导致德国军方误以为罗马尼亚国内很稳定，没有理会这个国家可能会脱离轴心国阵营的消息。

1944 年 7 月底接替舍尔纳出任南乌克兰集团军群司令的弗里斯纳大将完全赞同安东内斯库的看法，安东内斯库元帅到访元首大本营后不久，弗里斯纳就向希特勒提出，把防线撤到加拉茨—福克沙尼—喀尔巴阡山山脊一线。希特勒一反常态，居然同意了弗里斯纳的请求，但他又指出，只有出现敌人即将发动进攻的明显迹象，南乌克兰集团军群才能执行这道后撤令，在此之前必须坚守既占防线。接下来几天，元首大本营收到罗马尼亚国内局势的情报矛盾重重，但大多数情报与德国驻外人员的看法一致，认为罗马尼亚国内的情况比较稳定。可就连外交部长冯·里宾特洛甫也不相信外交使节的报告，他觉得应该把一个装甲师派到布加勒斯特，还特地向希特勒提出这项建议。我出席了讨论此事的会议，认为里宾特洛甫的建议合情合理。但东线的局势太紧张了，我没办法腾出任何一个装甲师。因此，我提出把党卫队第 4 "警察"师调离塞尔维亚的剿匪行动，派该师去罗马尼亚执行这项更为紧迫的任务。这是个摩托化师，完全能迅速开抵罗马尼亚首都。可约德尔宣称塞尔维亚的剿匪行动缺不了这个师，而且瓦拉几亚当时隶属所谓的 OKW 战区，不属于东线，也就是说，那里的事情由约德尔说了算。希特勒犹豫不决，没做出最终决断。

罗马尼亚国内局势不稳，保加利亚也危机四伏。冯·荣根费尔特上校当时在保加利亚训练该国装甲部队使用德国装备，我收到他发来的报告，描述的情况很不乐观，但完全是实情，保加利亚部队士气低落，立场也不可靠。我把这些报告呈送希特勒，可他根本不信，还声称他坚信保加利亚人对布尔什维克恨之入骨，绝不会自愿加入苏联人一方作战。我提出别再给保加利亚人提供德国坦克，已经运过去的技术装备也得调回来，但希特勒不同意。我打算强行收回这批武器装备，又受到约德尔阻挠。

1944 年 8 月 20 日，苏联人对南乌克兰集团军群的防线发动进攻，在罗马尼亚部队据守的地段达成突破。不仅如此，这些罗马尼亚部队还投靠了敌人，掉转枪口对付昔日的盟友。德国统帅部和军队都没料到罗马尼亚人会叛变。尽管希特勒立即批准南乌克兰集团军群后撤，但在某些地段，德军部队仍竭力坚守防线，逐步实施战斗后撤。为避免彻底崩溃后遭受灭顶之灾，德国军队必须立即后撤，迅速占领多瑙河上的几座桥梁。可惜我们没能做到这一点，罗马尼亚人抢先一步，封锁了几座渡场，把德军兵团交给苏联人对付。16 个德国师灰飞烟灭，我们目前的处境极为艰难，根本承受不起这种损失。这些德军兵团忠诚地奋战到最后一刻，没有玷污军人的荣誉，他们对自己遭受的厄运不应承担任何责任。要想避免灾难，我们当初就该果断地做出决定，在苏联人发动进攻前，把部队撤到加拉茨—福克沙尼—喀尔巴阡山山脊一线，彻底破坏敌人的企图，同时缩短防线，这样一来，就算没有罗马尼亚人，我们也能守住防线。但做出这种决定的前提是，必须对政治局势和罗马尼亚领导人的品行有清晰的认识。安东内斯库过于轻信部下的忠诚，结果为自己的错误送了命。他对麾下将领和军官的信任毫无根据，还误导了德国统帅部，我们为此付出了惨重的代价。短短几周，罗马尼亚全境沦陷，苏联人 9 月 1 日进入布加勒斯特。保加利亚的鲍里斯国王 1943 年 8 月 28 日离奇去世，这个国家现在也背离轴心联盟，9 月 8 日对德国宣战。我们交给保加利亚人的 88 辆四号坦克、50 辆突击炮就这样白白浪费了。希特勒装备两个保加利亚师，用于对付布尔什维克的希望就此破灭。保加利亚境内的德国官兵被解除武装后沦为俘虏。保加利亚人投靠了敌人，随即对我们开战。

现在就连希特勒也意识到，巴尔干地区已无法守住。他批准部队逐步后撤，这场行动执行得犹豫不决。我们打算腾出这支力量保卫德国本土，可眼下的后撤速度太慢了。

1944 年 9 月 19 日，芬兰与英国、苏联缔结停战协议，与德国断绝了外交关系。其实芬兰人 9 月 3 日就向盟国求和了，凯特尔元帅 8 月 20 日跑去拜访曼纳海姆元帅，但一无所获。

这些事件发生后，匈牙利对轴心联盟的忠诚发生动摇也就不足为奇了。匈牙利摄政霍尔蒂海军上将从来就没和希特勒同心同德过，当初加入轴心联盟完全是迫于政治形势。他 1938 年访问柏林时就流露出这种谨慎、保留的态度。战争期间，希特勒多次对霍尔蒂施加压力，竭力说服他采取德国希望匈牙利采取的措施。1944 年 8 月底，希特勒派我去布达佩斯，把他的亲笔信呈交匈牙利摄政，试探对方的态度。在布达佩斯城堡，我受到一如既往的礼遇，匈牙利人彬彬有礼地接待了我。我们就座后，匈牙利摄政说道："我的朋友，您知道的，在政治上总得有几手准备。"我马上明白了，看来，这位聪明、经验丰富的政治家已经有了几手准备，至少他是这么认为的。霍尔蒂海军上将态度亲切地对我说起匈牙利的民族问题，几个世纪来，若干完全不同的民族不得不在这片土地上共存。霍尔蒂还强调，匈牙利与友好的波兰一直保持紧密的关系，他觉得希特勒对此不太重视。他还要求把目前仍在华沙地区作战的匈牙利骑兵师尽早调回国内，这方面我倒是可以向他保证，很快会把波兰境内的匈牙利军队调回本国。与霍尔蒂这番交谈，我得不出任何积极乐观的结论，不得不把会谈结果告知希特勒。匈牙利总参谋长沃勒什说了不少好话，但没能改变我的印象。

8月底，苏联人兵临布加勒斯特城下，还攻入锡本比尔根，战火烧到匈牙利边界。我就是在这种情况下到访布达佩斯的。

东线陷入危难之际，我们在西线也展开殊死的防御作战，损失相当惨重。7月17日，隆美尔元帅遭遇英国战斗轰炸机攻击，身负重伤。西线总司令冯·克鲁格元帅除了指挥西线的总体作战，现在又接过隆美尔的指挥权。西线德军当日的防线依然从奥恩河入海口起，沿卡昂南部边缘延伸，穿过科蒙、圣洛、莱赛，一路延伸到沿海地带。7月30日，美军在阿夫朗什突破德军防线。几周后的8月15日，德国西线陆军主力，共计31个师，不得不为自身的生存而战。其中20个师，相当于上述总兵力的三分之二，在法莱斯陷入合围。敌人以装甲和摩托化兵团攻往奥尔良，还取道沙特尔奔向巴黎。诺曼底和布列塔尼都已丢失，德军仍在坚守大西洋壁垒部分要塞，5个德国师陷入重围。美军投入少量兵力，在土伦与夏纳之间的地中海沿岸登陆。德国第11装甲师本来能击退这场登陆，可惜该师当时驻扎在罗讷河西岸的纳博讷附近。其他德国师的位置如下：

2.5 个师部署在荷兰；

7 个师部署在斯海尔德河与塞纳河之间的海峡防线；

1 个师部署在海峡群岛；

2 个师部署在卢瓦尔河与比利牛斯山之间的沿海地带；

7.5 个师部署在地中海沿岸；

1 个师部署在意大利边境的阿尔卑斯山防线。

抵御一路攻往巴黎的盟军，我们手头只有2.5个师可用。至于我们的新锐力量，2个党卫队师调往比利时，3个步兵师取道科隆和科布伦茨开赴法国。

现在，国防军指挥参谋部终于知道后方预设阵地是多么重要了。我们在作战态势图上找到塞纳河阵地和索姆河—马恩河阵地，但这两处仅仅是画在地图上的阵地。

希特勒决定以莫德尔替代冯·克鲁格元帅，但后续作战行动中，莫德尔元帅只负责敌人的主要进攻战线，西线的总体指挥再次委托给冯·伦德施泰特元帅。

1944年8月15日，元首大本营爆发了激烈的争执。根据西线战区发来的报告，我汇报了装甲兵团的状况，还告诉希特勒："仅凭装甲兵英勇奋战，没办法弥补国防军另外两个军种（空军和海军）的过失！"希特勒勃然大怒，让我跟他去隔壁房间谈谈。我们吵得很厉害，动静很大，希特勒的副官冯·阿姆斯贝格少校走进来说道："您二位的声音太大了，外面听得清清楚楚，要我把窗户关上吗？"

冯·克鲁格元帅视察完前线，没有及时返回司令部，这个消息让希特勒心生疑窦，怀疑冯·克鲁格元帅通敌。于是他命令冯·克鲁格到元首大本营报到，但冯·克鲁格元帅在归国途中服毒自尽。

1944年8月25日，巴黎陷落。

希特勒和国防军指挥参谋部现在必须就后续作战事宜做出决断。但首先要确定，德国本土防御的重点应当置于何处。

希特勒和他的军事顾问认为，必须继续抵抗下去，这一点毫无疑问。无论与所有敌人谈判，还是与东方或西方的敌人单独媾和的想法，都是行不通的，因为我们的所有对手一致要求德国无条件投降。要是我们的作战行动局限于严密防御，也许能抵抗得更久，但很难赢得有利的结果。

防御重点向东转移的话，能加强那里的防线，阻止苏联人继续前进。这样一来，对战争和粮食供应至关重要的上西里西亚和波兰大部分地区仍能控制在帝国手里。但采用这种方案的话，只好听任西线自生自灭了，用不了多久就会被占有压倒性优势的西线盟军彻底打垮。希特勒认为西方国家绝不会背着苏联与德国单独媾和，因而否决了这份方案。

在他看来，要是我们把作战重点转移到西线，及时投入手头可用的兵力，也许能在西线盟军到达或渡过莱茵河之前，给予对方沉重的打击。

执行这份方案必须满足以下几个先决条件：

1. 加强东线，坚守到西线目标有限的攻势顺利结束，尔后腾出兵力调往东线。

2. 必须尽快结束西线的攻势，赶在霜冻到来前腾出预备力量调往东线，因为苏联人届时很可能恢复进攻。

3. 加快突击力量的部署，确保作战方案切实可行。

4. 必须在西线展开卓有成效的交战，争取时间，直到我军发动进攻。

希特勒和OKW觉得他们的计划天衣无缝，11月中旬在西线发动进攻，12月中旬就能把强大的预备队调到东线。他们认为今年秋季天气温暖，东线的霜冻期会迟来，苏联人可能要到新年过后才能发动冬季攻势。基于这些情况，暂时不用考虑我对东线的担心。

作为东线战事负责人，我所能做的只是满怀焦虑，观望事态发展。希特勒做出西线优先的决定后，我觉得自己的任务是满足上述第一项先决条件，也就是加强东线。

除了前面提到的后方要塞和防御阵地，我们还得想方设法扩充前线阵地，12月前把装甲和装甲掷弹兵师悉数调离前线，分成4个集群担任机动预备队，尽可能为他们补充兵力。东线的步兵力量较弱，因而只能从前线撤下一个步兵师，部署到克拉科夫地域担任预备队。

我们必须消灭苏联人夏季交战期间在维斯瓦河对岸夺得的登陆场，或至少压缩这座登陆场，从而阻滞对方的进攻，给他们的行动增加难度。

最后，为缩短防线组建预备队，我们必须从海路撤出仍在波罗的海诸国的德国军队，因为从陆地完成这项任务的企图已告破灭。

很不幸，加强东线的方案，以上各点没能全部落实。尽管构筑阵地的工作顺利进行，但进攻战线的灾难性局面发展得太快，致使东线要塞和阵地急需的兵力和武器装备悉数调往西线，这些防御工事能发挥的作用也就很有限了。希特勒的命令更是雪上加霜，他要求把"重要战线"与"主战线"的距离缩短到2—4公里，所谓"重要战线"是指敌人发动大举进攻前我军应当立即占据的防线，按照各集团军群和我的建议，重要战线应当位于常规的主战线后方20公里左右。

维斯瓦河畔，我们消灭了红军一座登陆场，压缩了敌人另外几座登陆场。可惜，由于几个师调离，再加上第 4 装甲集团军能干的司令巴尔克将军调往西线，我们没能发展这处决定性地段的战果。敌人控制的几座登陆场，特别是巴拉诺夫那座，继续对我们构成威胁。

北方集团军群坚守库尔兰地区，致使我们无法缩短防线，这种情况造成极为不利的影响。我一再要求把北方集团军群撤出库尔兰，以这支力量组建强大的预备队，但希特勒没接受，一是出于政治方面的考虑，二是因为海军总司令邓尼茨元帅也不赞成撤出库尔兰。希特勒担心此举会影响瑞典的中立立场，还会导致但泽湾的"潜艇训练场"丢失。另外，希特勒坚信，坚守东线北部的波罗的海诸国能牵制大批红军师，否则敌人会把这些兵力投入东线更加危险的地段。苏联人一次次对库尔兰发动进攻，加强了希特勒这种观点。

基于相同或类似的观点，希特勒和国防军指挥参谋部还否决了尽快撤离巴尔干和挪威，缩短意大利境内防线的一切建议。

加强东线的方案很大程度上没有完成，而西线的局势也沦为灾难。

自 1940 年以来，我们就忽视了包括西墙在内的西线防御工事，集中所有劳力构筑大西洋壁垒，现在终于自食恶果了。1944 年秋季我们在东线竭力拼凑的些许兵力——充其量只能算三流部队——悉数调往西线，可这么点兵力根本无法弥补西线的损失，再加上法国境内的后勤体系土崩瓦解，缺乏武器装备的防御工事没能发挥任何作用。一座座要塞和工事迅速沦陷，迫使我们缺乏机动性的兵团在开阔地从事运动战，交通运输网被炸毁，敌人的空军彻底掌握了制空权。我们的装甲兵团尚存时，上级命令他们在诺曼底遂行阵地战，而现在，摩托化力量消耗殆尽，上级又推翻了先前的决定，要求他们从事运动战。由于美军大胆冒进，确实出现了几次良机，但我们没能抓住，不得不放弃了打击美军南翼的企图。最要命的是，原定 11 月中旬在西线发动的攻势推迟到 12 月中旬，导致我们及时腾出预备队调往东线的希望落空，守住薄弱东线的前景愈发无望。

用于西线攻势的突击力量没能及时展开，为西线争取时间的交战也没取得战果。面对这种不利局面，希特勒和 OKW 一意孤行，依然决定在西线发动进攻。他们的保密工作做得很好，把敌人打得措手不及。可恰恰因为保密工作太严密，德军各级指挥部和部队都不知道这场行动,进攻需要的后勤保障,特别是油料储备, 受到很大影响。

东线的作战行动

西线德军从大西洋壁垒退往西墙之际,东线的激战一直在继续,就没停止过。 战线南部,德军再也无法挡住苏联人。红军短暂休整后重新发动进攻,席卷了整 个罗马尼亚、保加利亚、匈牙利大部分地区。弗里斯纳大将指挥的南乌克兰集团 军群在匈牙利境内苦战,他们的番号已不符合实际情况,因而从 9 月 25 日起改称 南方集团军群。10 月份,锡本比尔根彻底落入苏联人手里,德布勒森周边地域爆 发了激战,德军在此处发起反突击,暂时挡住敌人的进攻。尽管巴尔干战线直接 并入东线,但东南线总司令冯·魏克斯男爵元帅负责的作战地域一直隶属 OKW 战区,不归 OKH 统辖,贝尔格莱德当月失陷。OKH 和 OKW 各自负责的战区, 以德拉瓦河河口与包姚之间多瑙河畔的一个村庄为分界线。但这条分界线毫无意 义。分界线南面,苏联人在东南线总司令负责的作战地域渡过多瑙河,而东南线 总司令的注意力集中在更南面脆弱的战线中央。10 月 29 日,苏联人逼近布达佩斯, 11 月 24 日,他们在莫哈奇附近夺得多瑙河渡场。此时,德军部队仍在萨洛尼卡和 都拉斯,而摩拉瓦河河谷已控制在敌人手里。由于巴尔干地区的游击战极为猖獗, 德军撤离该地区变得越来越困难。11 月 30 日,苏联人在德拉瓦河北面的佩奇附近 突破了东南线总司令的防线,一路前出到巴拉顿湖,卷击了南方集团军群的多瑙 河防线。到 12 月 5 日,红军已到达布达佩斯南郊。当天,他们还在布达佩斯北面 渡过多瑙河,一路渗透到瓦茨,德军好不容易才在格兰河东面挡住对方。东北方, 红军夺得米什科尔茨,前出到科希策南面。德军撤离巴尔干,退到波德戈里察— 乌日采一线及其北面。

红军 12 月 21 日发动进攻,1944 年圣诞节包围了布达佩斯。他们到达巴拉顿 湖—施图尔韦森堡—科莫恩以西一线,以及多瑙河北岸到格兰河一线。从这里起, 战线大致与匈牙利国境线重合。双方展开激烈厮杀,我们的损失很大。

哈佩大将指挥的北乌克兰集团军群 9 月份改称 A 集团军群,苏联人在这个方 向的攻势,7 月底到达华沙附近的维斯瓦河河段。南面,桑河与维斯沃卡河之间激战肆虐。A 集团军群辖内，海因里希大将的第 1 装甲集团军位于喀尔巴阡山，舒尔茨将军的第 17 集团军位于喀尔巴阡山与维斯瓦河之间，巴尔克将军的第 4 装甲集团军位于维斯瓦河沿岸，巴尔克调离后，格雷泽尔将军接掌第 4 装甲集团军。8 月 1 日前后，苏联人在维斯瓦河对岸夺得几座登陆场，最重要的一座位于巴拉诺夫，规模较小的几座位于普瓦维、马格努谢夫和另外四处。当然，苏联人在山区的进展较慢，突击势头也较弱。8 月 5—9 日这几天，巴拉诺夫登陆场的态势极度危急。一连数日，红军似乎随时可能达成突破，幸亏精力充沛的巴尔克将军充分发挥他的指挥才干，这才避免了灾难。巴尔克发起猛烈的反突击，一连持续数周，大幅度压缩了巴拉诺夫登陆场，消灭了另一座小型登陆场，还在普瓦维附近取得进展。苏联人随后把他们的突击重点转向山区，在萨诺克和亚斯沃渗透我方阵地，但没能达成决定性突破。第 1 装甲集团军一直坚守东贝斯基德山山脊，直到匈牙利态势突变，才被迫退守科希策—亚斯沃一线。1944 年年末到 1945 年年初，A 集团军群的防线从斯洛伐克边境延伸到科希策东面，再从那里穿过亚斯沃—登比察西部—斯塔舒夫西部—奥帕图夫南部—桑河河口北面的维斯瓦河河段，直达华沙，不包含上面提到的几座登陆场。

中央集团军群编有冯·福曼将军的第 9 集团军、魏斯大将的第 2 集团军、霍斯巴赫将军的第 4 集团军、赖因哈特大将的第 3 装甲集团军。莫德尔元帅 8 月 15 日调到西线，赖因哈特大将出任中央集团军群司令，第 3 装甲集团军交给劳斯大将。敌人 8 月份逼近华沙，随后到达奥斯特鲁夫—苏道恩—东普鲁士边境—绍伦西部—米陶西部一线。苏联人 9 月份前出到华沙东北方的纳雷夫河，10 月份渡过该河，在奥斯滕堡两侧设立了登陆场。10 月 5—19 日，苏联人在绍伦以西突破德军防线，一举切断中央集团军群与北方集团军群的陆地连接。中央集团军群 10 月 19 日把左翼撤到梅梅尔河，10 月 22 日弃守该河北岸的蒂尔西特—拉格尼特登陆场。10 月 16—26 日，苏联人沿沃尔夫斯堡—贡宾嫩—戈乌达普一线进攻东普鲁士。经过一番苦战，德军挡住这场进攻，甚至还迫使敌人稍事退却。这里发生的事情让德国人民了解到，一旦苏联人获胜，他们会面临怎样的厄运。

如前文所述，北方集团军群 9 月 14—26 日撤入里加附近的登陆场，他们的目标是从这里与中央集团军群尽快恢复陆地连接。但由于集团军群司令舍尔纳大将持不同观点，这种企图没能实现。舍尔纳把他的装甲力量留在里加—米陶附近，没有部署到绍伦以西地域，致使苏联人在绍伦附近达成突破，最终把北方集团军群与东线陆军主力隔开。北方集团军群编有第16、第18集团军，起初有26个师，他们的兵力多次被抽调后，现在还剩16个师，这是保卫德国本土不可或缺的力量。10月7—16日撤离里加后，北方集团军群的战线到年底前几乎没发生变化，这条战线从利包南面的海岸起，穿过普雷库尔恩—弗劳恩堡南部—图库姆东部，直达里加湾沿岸。

总的说来，从喀尔巴阡山到波罗的海这条宽大的战线，态势还算稳定，所以我们顺利构筑了防御工事，还抽调装甲师和装甲掷弹兵师组成机动预备队。我方战线长达1200公里，再加上苏联人的兵力占有巨大的优势，12个实力不济的师组成的预备队确实少得可怜，只是聊胜于无罢了！

这段时间我们在东线构筑的阵地，强化了德军兵力稀疏的漫长防线。我们打算借鉴近期获得的交战经验，但首先要解决希特勒的反对意见。构筑防线最基本的要求，是把用于正常情况的主战线与用于大规模交战的重要战线分开。前线指挥官希望在主战线后方20公里左右为大规模交战构筑阵地，精心伪装，配备守卫力量。他们还希望上级下达防御指令，授予他们权力，在敌人发起炮火准备前，把己方战斗部队主力撤入重要战线，主战线上只留后卫部队，这样一来，敌人的炮火准备就徒劳无获，他们长时间准备后展开的兵力也发挥不了作用，德军精心构设的重要战线肯定能击退对方的冲击。前线指挥官的要求无疑是合理的，我完全赞同，整理这些意见后呈报希特勒。可希特勒勃然大怒，根本不接受未经战斗就放弃20公里地盘的想法，还下令把重要战线设在主战线后方2—4公里处。这种命令纯属胡来，完全是第一次世界大战那一套，可谁也说服不了他。苏联人1945年1月达成突破，希特勒犯的错误招致严重的后果，另外，他也没接受我的建议，反而把德军预备队部署到距离前线过近的位置。红军首轮突破的旋涡席卷了我们的主战线、重要战线、预备队，一举打垮我军的防御。希特勒为此迁怒于负责修筑阵地的人，我提出异议，他又把矛头指向我。希特勒派人把1944年秋季讨论重要战线位置的会议记录取来，还说他一直主张把重要战线设在主战线后方20公里："这件蠢事到底是哪个傻瓜干的？"我只好指出，命令是他本人下达的。

副官取来会议记录，没读几句就被希特勒打断了。他明显流露出自责的神情，可又有什么用呢？因为苏联人的突破已是既成事实。

后文阐述红军的大规模攻势，我还会谈谈希特勒的战术。希特勒自诩为元首大本营唯一有过前线经历的军人，令人遗憾的是，他说的没错，因为他身旁的军事顾问大多没上过前线。另外，里宾特洛甫和戈林这些党内人员对他大肆吹捧，希特勒晕头转向，俨然以军事统帅自居，听不进任何建议。有一次他对我说道："我不需要您的说教！五年来我一直在指挥德国陆军驰骋疆场，掌握的实战经验是总参谋部那些先生永远无法企及的。我研究过克劳塞维茨和毛奇，拜读了施利芬的所有进军方案，知道的东西比您多得多！"我竭力让他明白当前的需求，可总是遭到他斥责，上述情形只是其中的一次。

除了我们自身的问题，匈牙利军队的战斗力和他们对轴心联盟的忠诚度也让我们头痛不已。我在前面说过匈牙利摄政霍尔蒂对希特勒的态度。站在匈牙利的立场看，这种态度合情合理，但从德国的角度着眼，对方的态度是靠不住的。匈牙利摄政想和盎格鲁－撒克逊列强重归于好，与对方建立空中联系。至于他有没有这样做，英国和美国人是否欣然接受，我就不得而知了。[3] 但我知道，某些匈牙利高级军官投靠了敌人，例如 10 月 15 日投敌的米克洛什将军，当初在柏林担任武官时我就认识他，还有匈牙利总参谋长沃勒什将军，不久前去东普鲁士拜访我，信誓旦旦地保证他对盟友忠心不二，还接受了我馈赠的一辆汽车。可没过几天，他就开着我送给他的梅赛德斯车投奔了苏联人。匈牙利人靠不住了，于是，希特勒推翻了霍尔蒂政权，以萨拉希取而代之，此人是个匈牙利法西斯分子，头脑简单，也没什么能力。这场政变发生在 1944 年 10 月 16 日，匈牙利的情况没得到任何改善，相反，两国仅剩的些许互信和好感荡然无存。

斯洛伐克起初完全站在德国一方，但该国的游击运动一直很活跃。铁路交通越来越不安全，游击队经常拦下从德国驶来的列车，检查车上的乘客，枪杀德国军人，特别是军官。此类行径引发了德军的激烈报复，仇恨和凶杀席卷斯洛伐克全境，不幸的是，这种情况愈演愈烈。参战的几个西方大国别有用心地唆使游击队以违反国际法的方式战斗，迫使我们不得不自卫，而纽伦堡法庭的起诉人和法官却认为我们的自卫有违国际法，是犯罪行为，可他们忘了，盟军攻入德国后推行的惩戒条款，远比德国人当初的占领政策严酷。不同的是，德国筋疲力尽，被解除了武装，已无力实施任何抵抗，盟军根本没有理由执行这些惩戒条款。

为完整地阐述当时的局势，我们再看看意大利的情况。1944 年 6 月 4 日，盟军进入罗马。这座永恒之城的北面，南线总司令凯塞林元帅坚守亚平宁山脉，与优势之敌展开艰巨的激战。这道防线牵制了 20 多个德国师。仍忠于墨索里尼的意大利军队根本派不上用场，他们的战斗力太差，只能用于里维埃拉沿海地带。德军战线后方也爆发了残酷的游击战，意大利游击队的手段非常残忍，为确保集团军群的后勤和通信，德国军队不得不采取严厉的反制措施。战争结束后，战胜国设立的军事法庭对此类事件的判决充满偏见，毫无公正可言。

阿登攻势

12 月初，希特勒把大本营从东普鲁士迁到吉森附近的齐根贝格，以便更靠近西线，德军即将在那里发动最后一场深具决定性的攻势。

德国陆军前几个月拼凑的全部兵力，准备从艾费尔地区攻往吕蒂希南面的马斯河方向，突破盟军相对薄弱的防线，尔后渡过马斯河，攻往布鲁塞尔和安特卫普方向，实现战略突破，包围并歼灭突破地段北面的敌军。希特勒认为，这场攻势获胜的话，就能长时间削弱西方盟国的军队，为他争取到时间，把强大的兵力投入东线，击败苏联人可能会在冬季发动的攻势。他想以这种方式争取时间，动摇敌人彻底赢得胜利的信心，迫使对方放弃无条件投降的要求，接受相互谅解的和平。

由于气候欠佳，再加上新兵团迟迟没能做好准备，希特勒被迫一再推延计划中的进攻，原定 11 月中旬展开的行动，最终拖到 12 月 16 日。

为遂行此次攻势，德军组建了两个装甲集团军，分别是冯·曼陀菲尔将军指挥的第 5 装甲集团军、党卫队全国副总指挥泽普·迪特里希指挥的第 6 集团军。位于右翼的第 6 装甲集团军执行主要突击，该集团军配属了装备精良的武装党卫队兵团。第 5 装甲集团军部署在中路。掩护突击力量左翼的任务，交给布兰登贝格尔将军的第 7 集团军，但该集团军缺乏机动力量，执行这项艰巨的任务有些吃力。

西线总司令冯·伦德施泰特元帅、B 集团军群司令莫德尔元帅都认为应该给这场攻势设定个有限的目标，因为他们觉得现有的兵力不足以实现希特勒的宏大战略目标。他们希望把此次进攻限制在马斯河东岸，击败亚琛与吕蒂希之间盘踞在河东岸的敌军。但希特勒没接受他们的反建议，顽固地要求按照他宏大的构想行事。

就这样，德军 12 月 16 日发动进攻，冯·曼陀菲尔将军的第 5 装甲集团军深深地楔入敌军阵地。该集团军位于最前方的装甲兵团，第 116 和第 2 装甲师逼近马斯河，第 2 装甲师一部甚至已到达马斯河。第 6 装甲集团军的进展不太顺利，车辆堵在狭窄、冰雪遍地的山路上，交通严重堵塞，导致后方部队没能及时投入第 5 装甲集团军作战地域，也就谈不上迅速发展初期战果了，第 5 装甲集团军逐渐丧失了突击势头，而突击势头是每一场大规模作战行动的先决条件。第 7 集团军也遇到各种麻烦，曼陀菲尔不得不派部分装甲力量转身向南，赶去加强遭受威胁的翼侧。所以，德军大举突破的希望不复存在。到 12 月 22 日，情况清楚地表明，我们只能实现有限的目标。换作任何一位具有大局观的统帅，当天必然会考虑正等待援兵的东线，东线的存亡，取决于及时中止西线已然无望的作战行动。但命运攸关的这几天，希特勒和 OKW，特别是国防军指挥参谋部，只想到他们负责的西线。战争临近尾声之际，德国军事领率机构的悲剧，在这场失败的阿登攻势中暴露无遗。

到 12 月 24 日，任何一位明智的军人都能看出，阿登攻势彻底失败了。我们现在得立即把兵力调往东线，也许还来得及。

东线的防御准备

陆军总参谋部此时已迁到措森附近的迈巴赫营地，我怀着焦虑的心情，密切关注西线攻势的进展。为了德意志民族的利益，我当然希望这场行动大获全胜。但到 12 月 23 日，局势已经很明朗，我军无法取得更大的战果了，我决定赶往元首大本营，要求希特勒停止这场徒然消耗兵力的攻势，立即把眼下能腾出的兵力悉数调往东线。

在此期间，苏联人即将发动攻势的情报越来越多。我们清楚敌主力的展开地域在何处，也知道对方部署了三个主要突击集群：

1. 巴拉诺夫登陆场，苏联人集结了 60 个步兵兵团、8 个坦克军、1 个骑兵军和另外 6 个坦克兵团，已做好战斗准备。

2. 华沙北面，苏联人集结了 54 个步兵兵团、6 个坦克军、1 个骑兵军和另外 9 个坦克兵团。

3. 东普鲁士边境的敌突击集群，共计 54 个步兵兵团、2 个坦克军和另外 9 个坦克兵团。

另外，亚斯沃南面的敌集群编有 15 个步兵兵团和 2 个坦克兵团；普瓦维附近的敌集群编有 11 个步兵兵团、1 个骑兵军、1 个坦克军；华沙南面的敌集群编有 31 个步兵兵团、5 个坦克军和另外 3 个坦克兵团。

我们估计苏联人会在 1945 年 1 月 12 日发动进攻。对方的步兵优势达到 11∶1，坦克优势达到 7∶1，火炮优势高达 20∶1。总的说来，敌人的地面力量占有 15 倍优势，空中力量的优势至少达到 20 倍，这种评估毫不夸张。我当然没有低估德军官兵的战斗力，他们都是出色的军人，能击败 5 倍优势之敌的冲击，这一点毫无疑问。如果指挥得当，他们完全能以出色的素质抵消数量劣势，击退敌人的进攻。但经历了 5 年的艰巨斗争，敌人的优势不断扩大，我们的补给和武器装备越来越少，获胜的希望极为渺茫，德军官兵肩负沉重的压力。最高统帅部，特别是希特勒本人，就算当初没做到，现在也必须尽一切努力缓解前线将士的重负。

我面临的问题是，上述要求是否超出了人类所能承受的极限。其实，对苏战事伊始，甚至早在莫洛托夫 1940 年到访柏林时，这种想法就沉甸甸地压在我心头，今天已成为"生存还是毁灭"的重要问题！

数百万德国人受到敌人威胁，面对红军大潮，他们愿意保卫德东地区，以免那里发生最可怕的事情。苏联人短暂攻入东普鲁士，揭示出我们会遭受的厄运！和我一样，前线官兵对此心知肚明。和我一样，他们知道数个世纪的文化遗产面临毁灭的威胁，身处德国东部地区的人更是如此。德国人 700 年来的劳动和奋斗成果，以及他们的家园危在旦夕！面对这种前景，无条件投降的要求残酷至极，是对人类的犯罪，也是军人的耻辱，以其他形式达成和平的最终希望消失前，我们不能也不会接受无条件投降。

但是，要想达成其他形式的和平，就得以某种方式在某处挡住苏联人即将发动的攻势。为实现这一点，我们必须立即把兵力从西线调往东线，在利茨曼施塔特—霍恩萨尔扎地域组建强大的预备队，以运动战抵御达成突破的红军，尽管旷日持久的战争导致德国军队疲惫不堪，但我方将士在运动战方面还是技高一筹。

基于这些考虑，我打算在东线与敌人做最后一搏，但首先要说服希特勒腾出必要的兵力。12 月 24 日我驱车赶往吉森，再从那里前往元首大本营参加会议。

一如既往，参加态势研讨会的除了希特勒，还有凯特尔元帅、约德尔大将、布格多夫将军和一群年轻军官。我汇报了上文提到的敌军配置和兵力对比，东线外军处干得很棒，他们提供的情报绝对可靠。我与东线外军处处长盖伦将军相识已久，完全相信该处的工作人员、他们的工作方式和他们提供的情报。时至今日，盖伦的分析判断已得到验证，这是历史事实。但希特勒的看法不同，他认为东线外军处的情报纯属胡诌，还说苏联人的步兵兵团不会超过 7000 人，坦克兵团根本没有坦克。他吼道："这是自成吉思汗以来最大的虚张声势，这种无聊的情报是谁弄来的？""7·20"事件后，最喜欢虚张声势的恰恰是希特勒本人。他组建的炮兵军，其实只是旅级兵力；装甲旅也只有 2 个营，实际上相当于团级兵力；坦克歼击旅只编有 1 个营。依我看，这种做法只会给德国陆军的编制造成混乱，我们实力虚弱的情况根本瞒不住敌人。希特勒的心态越来越奇怪，现在甚至怀疑敌人在欺骗他，故意摆出大军压境的姿态，其实根本没想真的发动进攻。吃晚饭时，我的判断得到证实，希姆莱坐在我旁边，他当时身兼数职，是后备军司令，也是上莱茵集团军群司令，该集团军群的任务是守卫莱茵河，收容难民，另外，他还担任内政部长、德国警察总监、党卫队全国领袖。希姆莱知道自己位高权重，他觉得自己的军事判断力与希特勒不相上下，当然比其他将领高明得多。他对我说道："亲爱的大将先生，您是知道的，我根本不相信苏联人会发动进攻，他们完全是在虚张声势。您的东线外军处给出的数字太夸张了，您有些杞人忧天。我敢断言，东线出不了什么岔子。"对他这种幼稚的想法，我能说什么呢？

相比之下更危险的是，约德尔反对把作战重点转移到东线。他认为德军在西线已夺回主动权，不能轻易放弃。他知道阿登攻势陷入停顿，可他觉得这场攻势打乱了敌人的作战企图，只要在对方意想不到的地方再次发动进攻，就能赢得局部胜利，最终导致西线之敌土崩瓦解。为此，他主张在阿尔萨斯—洛林北部边界发动进攻，从比奇两侧向南攻往扎本。这场进攻 1945 年 1 月 1 日付诸实施，确实取得些初期战果，但远远没到达预定目标扎本和后续目标斯特拉斯堡。就这样，约德尔沉溺于自己的作战思路，强烈反对我把兵力调离阿登和上莱茵地区。他一再重复自己的观点："我们不能放弃刚刚夺回的主动权！"希特勒赞同他的看法，因为"我们在东线还能放弃既占地域，在西线就不行了"。我指出，敌人的猛烈轰炸摧毁了鲁尔区，他们的空中优势也彻底破坏了我们的交通运输手段，那里的情况不仅没得到改善，反而日趋恶化，另一方面，上西里西亚工业区仍在全力运作，德国的军需生产重点已转移到东面，倘若上西里西亚沦陷，我们几周内就会输掉战争。可我说的这些没起到任何作用，希特勒否决了我的建议，这个惨淡的圣诞节过得死气沉沉，毫无基督教节日气氛。傍晚传来布达佩斯陷入重围的消息，但没能让众人改变想法。我得到指示，东线必须以现有的兵力自保。于是我再次要求撤离库尔兰，至少把原先驻扎在芬兰，目前正撤离挪威的部队调到东线，可又一次被否决。他们打算把调自挪威的部队投入孚日山区的交战，这些部队是山地兵，因而特别适合用于孚日山区。顺便说一句，我当少尉时就很熟悉比奇与扎本之间的孚日山作战地域。当初我作为预备军官和年轻的少尉，首个驻地就是比奇。所以我很清楚，仅凭一个山地师根本无法改变那里的战况。

12 月 25 日圣诞节，我乘火车返回措森。途中获悉，希特勒背着我把吉勒的党卫队装甲军和 2 个党卫队装甲师调离华沙北部，不再担任赖因哈特集团军群的预备队，而是开赴布达佩斯，解救陷入包围的那座城市。中央集团军群过度拉伸的防线再次遭到削弱，赖因哈特和我都对这种不负责任的做法深感绝望，可我们的反对无济于事。在希特勒看来，解救布达佩斯比保卫德国东部更重要。我要求撤销这道极不恰当的命令，希特勒以外交政策为由拒绝了我的主张。为击退苏联人的进攻，我们拼凑的预备队共计 14.5 个装甲和装甲掷弹兵师，2 个师调往次要战场，这样一来，长达 1200 公里的防线上，我们的预备队只剩 12.5 个师。

回到总参谋部，我再次与盖伦研究敌情，还找来文克一同商讨该采取哪些应急措施。我们得出结论，只有中止西线一切进攻，立即把作战重点转移到东线，也许还有可能挡住苏联人的大规模进攻。于是我决定新年前夕再去齐根贝格跑一趟，劝说希特勒接受这份方案，我们最后的希望全赖于此。这次我打算谨慎行事。

所以，到达齐根贝格后，我先去拜访冯·伦德施泰特元帅和他的参谋长韦斯特法尔将军，向他们通报了东线的态势，明确说明了我的意图，请他们大力协助。一如既往，冯·伦德施泰特元帅和他的参谋长对其他战线的需求深表理解。他们告诉我，眼下可用的兵力，西线有 3 个师，意大利还有 1 个师，这些师部署在铁路线附近，只要元首批准，马上就能调往东线。为争取时间，他们立即给几个师下达了动员令。我还通知陆军运输局局长，请他准备好运兵列车。掌握了这些情况，我去见希特勒，结果和圣诞前夜如出一辙。约德尔说他必须以西线现有的兵力确保主动权，实在腾不出任何部队。但这次我用西线总司令提供的信息反驳了约德尔的托词。约德尔看上去神色尴尬。我把西线能腾出的几个师的番号告诉希特勒，约德尔恼火地问我是怎么知道的，我告诉他，这是西线总司令亲口对我说的，他才气呼呼地不吱声了。他们再也提不出任何理由来反对我的主张，就这样，我总算得到 4 个师，但仅此而已。照理说，这 4 个师只是初步措施，接下来应该把更多兵力从西线调往东线，我没想到，OKW 和国防军指挥参谋部愿意为东线提供的兵力就这么多了。就连这批少得可怜的援兵，也被希特勒派往了匈牙利！

1 月 1 日上午，我再次去见希特勒，向他汇报，吉勒的党卫队装甲军，在第 6 集团军司令巴尔克指挥下，打算当日傍晚发动进攻，解布达佩斯之围。希特勒对此次进攻寄予厚望，但我持怀疑态度，因为准备时间太短，另外，部队和指挥部门也缺乏昔日的斗志。果不其然，此次进攻取得些初期战果，但没能达成突破。

我这次到访元首大本营，还是收获寥寥。回到措森，我不得不重新研究态势，寻找新的解决之道。我决定亲自去匈牙利和加利西亚，与那里的德军指挥官当面磋商，一是了解作战前景，二是寻求权宜之策。1945 年 1 月 5—8 日，我拜访了接替弗里斯纳出任南方集团军群司令的韦勒将军，随后又见了巴尔克将军和武装党卫队将领吉勒，与他们商讨了在匈牙利继续作战的事宜，还了解了布达佩斯解围进攻失利的原因。据他们说，这场突击之所以失败，可能是因为部队没有充分发展 1 月 1 日傍晚取得的初期战果，连夜展开大胆突破造成的。我方官兵的素质无法与 1940 年相提并论，否则我们早就在这里赢得胜利，腾出兵力暂时封闭多瑙河防线了。

我从匈牙利赶往克拉科夫去见哈佩将军。他和他能干的参谋长冯·克叙兰德将军阐述了他们抵御苏联人的想法，思路清晰明确，很有逻辑。哈佩估计敌人1月12日会发动进攻，他建议抢在对方展开行动前弃守我们目前控制的维斯瓦河河岸，后撤20公里，退守后方较短的防线，这样就能腾出几个师担任预备队。哈佩的主张有理有据，完全正确，但我告诉他，别指望希特勒会批准。哈佩是个非常正派的军人，希望我把他的意见转告希特勒，哪怕会给他造成不好的后果也在所不惜。A集团军群采取的防御措施很完善，可以说做到了以我们的资源能做到的一切。

最后我打电话与赖因哈特将军交谈了一番。他提出的建议与哈佩类似，打算放弃纳雷夫河防线，退守东普鲁士边界较短的防线，以此腾出几个师担任预备队。可惜我无法对他保证什么，因为我没把握说服希特勒。

我现在知道各集团军群最关心什么问题了，值此最后时刻，我决定再次去见希特勒，尽力说服他把东线定为决定性战线，腾出西线的兵力调往东线。另外，我还要劝他接受东线各集团军群的建议，批准他们把防线撤到后方阵地，因为除此之外，没有其他办法能及时组建预备队。

1945年1月9日，我又一次来到齐根贝格，决心不再退让，一定要让希特勒明白他的职责所在。态势研讨会一如既往，装甲兵总监部参谋长托马勒将军也出席了会议。

盖伦认真准备了敌情报告，还配了些地图和敌我兵力对比表。我把这些文件交给希特勒，他看罢勃然大怒，说这些东西"愚蠢至极"，还让我把起草文件的人关入疯人院。我怒不可遏，对希特勒说道："这些文件是盖伦将军写的，他是我手下最能干的总参军官。要是我不认同这些文件，绝不会呈送给您。您把盖伦将军关入疯人院的话，那把我也关进去好了！"希特勒又让我解除盖伦的职务，我粗暴地拒绝了。这场风暴随后平息下来，但会议没能达成军事方面的目的。希特勒否决了哈佩和赖因哈特的建议，还刻薄地指出，前线将领总是打着"展开行动"的名义，其实是想撤到后方阵地。可以说，整场会议极不愉快。

东线岌岌可危，眼下唯一的办法是组建强大的战役预备队，部署到受威胁最严重的地段后方，可希特勒和约德尔不明白这一点，致使一切努力付诸东流。OKW自欺欺人地希望，我们关于红军即将发动大规模攻势的情报不过是苏联人虚张声势而已。他们只相信他们愿意相信的东西，面对危险的现实装聋作哑，简直就是鸵鸟政策和鸵鸟战略！研讨会结束时，希特勒宽慰我："东线从来没有像现在这样，有这么多预备队，这都是您的功劳，谢谢您！"我答道："东线就像个纸牌屋，一旦敌人在某处达成突破，整道防线就会土崩瓦解，因为 12.5 个师的预备队对这么漫长的战线来说实在太少了！"

这些预备队的部署情况如下：

第 17 装甲师位于平丘夫附近；

第 16 装甲师在凯尔采南面；

第 20 装甲掷弹兵师位于维尔措尼克和奥斯特罗维茨附近；

第 10 装甲掷弹兵师（战斗群）位于卡缅纳附近；

第 19 装甲师位于拉多姆附近；

第 25 装甲师位于莫盖尔尼察附近；

第 7 装甲师位于齐歇瑙附近；

大德意志装甲掷弹兵师位于霍热莱附近；

第 18 装甲掷弹兵师在约翰内斯堡东面；

第 23 步兵师（尚未做好战斗准备）位于尼科莱肯附近；

第 10 自行车猎兵旅位于森斯堡附近；

重建的勃兰登堡装甲掷弹兵师一部在德伦弗尔特南面；

赫尔曼·戈林装甲军：赫尔曼·戈林第 1 伞兵装甲师在贡宾嫩西面，赫尔曼·戈林第 2 伞兵装甲师位于贡宾嫩东南方的东普鲁士防线；

第 5 装甲师位于布赖滕施泰因附近；

第 24 装甲师正从匈牙利调往拉斯滕堡。

道别时，希特勒对我说道："东线必须以现有的兵力自保！"这句话太残酷了，我情绪低落地返回措森附近的陆军总参谋部。希特勒和约德尔很清楚，一旦苏联人发动进攻，仅凭东线现有的兵力根本无法挡住对方，就算希特勒和约德尔迅速决定把预备队调往东线，考虑到敌人的空中优势和他们给我方所有运输工具造成的延误，这些援兵肯定会姗姗来迟。他们俩对此漠不关心，我原先不太清楚是不是因为他们的故乡远离受威胁地区，但这次态势研讨会我终于发现，这就是他们不重视东线的原因。我们这些普鲁士人对故乡面临的危险心急如焚，那里是我们辛勤劳作的成果，是西方基督教文化几个世纪的结晶，我们热爱的那片故土，安葬着我们的祖先。我们知道，苏联人获胜的话，我们就会失去那片土地。戈乌达普和内梅尔斯多夫的悲惨事件发生后，我们对当地居民可能会遭遇的厄运担心不已。没人理解我们的焦虑之情，前线将领要求把居民撤离受威胁地区，可希特勒不批准，他认为这是失败主义的表现，前线将领普遍染上了这种情绪，另外他也担心疏散居民会导致民心不稳。希特勒的观点受到国社党大区领袖支持，东普鲁士大区领袖科赫表现得尤为积极，他对陆军将领的怀疑到了无以复加的程度，甚至把各集团军群的作战地域限制在战线后方 10 公里的狭窄地段内。重型炮兵连已撤入所谓的"本土战区"，统归大区领袖掌控，在那里不能构筑阵地，不能砍伐树木，不能与民政机构（也就是党务部门）发生冲突。

红军的突击

1945 年 1 月 12 日，红军突击集群从巴拉诺夫登陆场发起精心准备的攻势。其实 1 月 11 日就有大量迹象表明对方即将投入进攻。据俘虏交代，上级命令他们 1 月 10 日夜到 11 日天亮之前为坦克兵腾出住处。我们截获的电报称："一切准备就绪，加强兵力已开抵！"自 1944 年 12 月 17 日以来，敌人部署在巴拉诺夫登陆场内的火炮增加到 719 门，迫击炮增加到 268 门。我们在普瓦维登陆场抓获的俘虏供称："马上就要发动进攻，第一波突击力量是惩戒部队。40 辆坦克提供支援，还有 30—40 辆坦克部署在主战线后方 2—3 公里的树林里。1 月 8 日夜间我们肃清了地雷场。"我方空中侦察报告，红军开入维斯瓦河对岸几座登陆场。另一些俘虏交代，红军打算在每公里突击正面部署包括迫击炮、反坦克炮、多管火箭炮在内的 300 门火炮。相关报告称，敌人在马格努谢夫登陆场新建了 60 个发射阵地。

奥斯滕堡附近的纳雷夫河战线、华沙北面、东普鲁士也发来类似报告。由此判断，敌人在埃本罗德—威鲁纳湖地域和施洛斯贝格东面构成突击重点。

只有库尔兰和受到德军新年攻势影响的匈牙利，我们估计接下来几天敌人不会发动大规模进攻，但也仅仅是短暂的喘息之机。

就这样，红军的首轮打击 1 月 12 日在巴拉诺夫登陆场落下，他们投入 14 个步兵师、2 个独立坦克军、另一个集团军的部分力量。敌人当日没有出动集中在该地域的坦克主力，显然想等取得初期战果，最有利的突击方向出现后再投入。苏联人的物质优势很大，采用这种战术完全不在话下。

敌人达成渗透，深深地楔入德军阵地体系。

当天，我们发现红军突击兵团开入北面的普瓦维、马格努谢夫登陆场，车辆多达数千部。看来，他们即将在那里也发动进攻! 华沙北面和东普鲁士的情况同样如此。敌人在地雷场开辟了通道，还把坦克部署在战线后方。

A 集团军群投入预备队展开反突击。遵照希特勒的指示，这些预备队的部署位置离前线太近，完全违背了哈佩大将原先的命令。希特勒粗暴干预的后果是，德军预备队遭到红军炮火准备压制，还没投入交战就损失惨重。敌人部分包围了德军装甲部队。从这一刻起，为突出包围圈，德军这支装甲力量不得不在内林将军率领下向西退却，更准确的说法是"战斗后撤"，他们顽强奋战，最终完成了非凡的壮举，为德国军人赢得永恒的荣誉。一些步兵兵团与这个移动的包围圈会合，不免拖缓了装甲兵团的运动速度。尽管困难重重，但所有被围部队充分发扬袍泽情谊，最后顺利突出包围圈。

1 月 13 日，苏联人在巴拉诺夫西面达成突破后攻往凯尔采，再从那里向北突击。红军近卫坦克第 3 集团军、坦克第 4 集团军终于出现了。敌人在这片地段投入的总兵力多达 32 个步兵师和 8 个坦克军。这么狭窄的空间集中这么多兵力，是自战争爆发以来的首次。

维斯瓦河南面的亚斯沃附近，也有迹象表明敌人即将发动进攻。苏联人在普瓦维和马格努谢夫准备就绪，肃清了地雷场。

不出我们所料，敌人在东普鲁士的埃本罗德—施洛斯贝格地域也发动大规模进攻。他们投入 12—15 个步兵师和大批坦克兵团，一举楔入我军防线。

当天，希特勒在阿尔萨斯地区的攻势终于失败了。

1 月 14 日，苏联人攻入上西里西亚工业区的企图暴露无遗，我们对此毫不意外。敌人另一支强大的兵力从巴拉诺夫地域攻往西北面和北面，目标是与冲出普瓦维、马格努谢夫登陆场的突击兵团会合。德军顽强防御，击退了红军冲出登陆场的首轮突击，但从整体状况看，我军守住这段防线的希望微乎其微。

苏联人在罗明滕荒原和戈乌达普附近从事的准备工作表明，他们企图拓展对东普鲁士的进攻。

从 1 月 15 日的战事可以看出，敌人的主要突击是从克拉科夫地域攻往琴斯托霍瓦—卡托维茨一线。另一支强大的敌军攻往凯尔采。由此判断，他们会从那里奔赴佩特里考—托马舒夫，与冲出普瓦维登陆场的友军会合。后一支敌军可能编有 2 个步兵集团军、1 个坦克集团军。冲出马格努谢夫登陆场的红军，突击目标显然是华沙。

克拉科夫南面，红军对亚斯沃发动进攻。

中央集团军群作战地域，敌人在维斯瓦河—布格河三角地带、奥斯滕堡两侧达成纵深渗透。对方的突击目标是纳谢尔斯克，以及西面的齐歇瑙—普拉施尼茨。纳雷夫河畔的敌登陆场和东普鲁士，局势越来越紧张。

德军东南战线，我们发现保加利亚军队接替了多瑙河南面的红军第 37 集团军。我们估计这支敌军会调往南方集团军群战线正面，企图对那里发动进攻。

当然，苏联人发动大规模攻势，我立即打电话给希特勒，坦率地向他汇报了局势的恶劣发展，敦促他赶紧返回柏林，再次把作战重点调整到东线。可希特勒最初几天还是以 1 月 9 日的指示敷衍我："东线必须以现有的兵力自保，您也知道，现在根本来不及从西线抽调兵力。"眼下需要迅速做出决断，可烦琐的报告和指令在措森与齐根贝格之间来回传递，给我们及时采取措施造成严重耽搁。1 月 15 日，希特勒首次介入东线防御作战，他不顾我的反对，命令大德意志装甲军立即从东普鲁士开赴凯尔采周边地域，阻止敌人朝波森方向深具威胁的突破。可这场调动为时过晚，部队来不及卸载，根本没办法挡住敌军。另外，苏联人的进攻即将造成危机，现在调离大德意志装甲军，只会削弱东普鲁士的防御，届时，维斯瓦河畔的灾难也会发生在东普鲁士。久经考验的冯·绍肯将军指挥的大德意志装甲军，编有大德意志装甲掷弹兵师和空军的赫尔曼·戈林伞兵装甲师，两个师的战斗力都很强，他们登上火车时，我和希特勒还在争执不休。我拒绝执行这道命令，希特勒大发雷霆。他没有做出回应，但最终决定离开黑森州的森林营地和靠近重要战线的孚日山营地返回柏林。现在我至少可以把必须要说的事情当面告诉他，有些问题在电话里说不清楚。这种交谈肯定不会愉快，希特勒也清楚这一点，所以他推三阻四，一直不肯见我。

绍肯装甲军不得不在苏联人的炮火射程内卸载。经过苦战，他们终于和内林将军的第 24 装甲军会合。

希特勒 1 月 16 日回到柏林，把元首大本营设在帝国总理府，当天，我在部分毁于空袭的总理府向他汇报了态势。

希特勒最终决定西线转入防御，腾出兵力调往东线。我刚走入前厅就获知了这个消息，尽管这项决定姗姗来迟，可我还是喜出望外。我制订了使用预备队的方案，打算把这些预备队立即派往奥得河，时间允许的话就渡过奥得河，打击红军突击楔子翼侧，摧毁他们的突击势头。我问约德尔，希特勒下达的命令是什么。他告诉我，西线腾出的兵力主要是第 6 装甲集团军，希特勒指示把这支力量运往匈牙利。我的情绪失控了，明确无误地朝约德尔表达了我的愤怒，他只是耸耸肩，什么也没说。希特勒做出的决定，是不是听了约德尔的建议，或受到他的影响，我始终没搞清楚。见到希特勒，我又提出自己的建议，这些建议甚至已偏离我原先的决定。可希特勒没有接受，还解释道，他决心在匈牙利发动进攻，是想把苏联人赶过多瑙河，解布达佩斯之围。从这一刻起，我们就这项不幸的决定争论了好几天。我驳斥了希特勒提出的军事方面的理由，他又找出新的借口，说德国的氢化厂已被炸毁，所以匈牙利的油田和炼油厂不可或缺，对我们从事战争意义重大。他对我说道："要是没有油料，您的坦克就无法开动，您的飞机也无法起飞。您肯定清楚这一点，可我那些将领对战争经济一窍不通。"他固执己见，根本听不进旁人的劝告。

就这样，我们从西线得到的兵力分成两部分使用。我后来在会议上提到这个问题，希特勒说道："我知道您想说什么，是不是'集中兵力，不能分散'，可您得知道……"他随后又把上面那番话重复了一遍。

由于通往东南方的铁路运输能力不足，部队运往匈牙利，比运往柏林周边地区耗费的时间更多，虽然那里只有一条双向铁路线，但在敌人的空袭造成交通中断的情况下，还有许多支线铁路可供使用。

风波结束后，我们转向其他问题，结果又发生了激烈争论。首先是重要战线的位置和与之相关的无聊问题，幸亏有速记员的会议记录，希特勒这才承认自己犯了错。然后是预备队的使用问题，希特勒认为预备队离前线太远，而战地将领认为，要是按照希特勒的命令行事，预备队离前线就太近了。我们随后谈到哈佩将军的指挥能力，我认为他干得不错，很难找到比他更出色的将领了。可希特勒一心要找个替罪羊，因而不顾我的强烈反对，下令解除哈佩的职务，以舍尔纳大将取而代之，库尔兰地区已没有建功立业的机会，所以他把舍尔纳调了过来。舍尔纳到任后，解除了智勇双全、作风正派的第9集团军司令冯·吕特维茨男爵将军的职务，派布塞将军接任。没过多久，舍尔纳又与表现出色的冯·绍肯将军发生激烈冲突，我只好把绍肯调去指挥另一个集团军。顺便说一句，几周后我把哈佩调到西线担任集团军司令，早些时候我还起用了巴尔克，他先前在西线指挥作战，因为希姆莱搞的阴谋诡计而丢官罢职。

当日的争论总算取得些结果，尽管为时过晚，但希特勒好歹同意结束西线毫无意义的进攻，把所有能腾出的兵力悉数调往东线。一如既往，我们也谈到撤出库尔兰的问题，但没能达成最终决议。不过，希特勒这次同意把第4装甲师调离库尔兰。

眼下的战争形势，比以往任何时刻都更需要我们立即采取有力措施。萨拉热窝东南方地区，若干南斯拉夫游击队师对E集团军群施加的压力越来越大。巴拉顿湖与多瑙河之间，敌人增加了兵力。苏联人还加强了格兰河对岸的登陆场。红军以前所未见的速度追击A集团军群。西面，苏联人跨过斯洛姆尼基—梅胡夫一线，部分兵力转向克拉科夫。北面，敌人攻往琴斯托霍瓦—拉多姆斯科—佩特里考—托马舒夫。我们估计对方会继续攻往利茨曼施塔特—沃维奇—索哈切夫。敌突击集群身后是强大的预备队，部分兵力调自卡累利阿和芬兰战线。我们终于尝到盟友背叛的恶果了。中央集团军群的处境也急剧恶化，令人担心不已。苏联人以30—40个步兵师攻往普拉施尼茨—齐歇瑙—普伦恩，身后跟随的更多兵力已穿过比亚韦斯托克—奥斯特鲁夫。罗明滕荒原、施洛斯贝格、贡宾嫩的情形也是如此。

尽管噩耗不断传来，可希特勒不愿从西线抽调更多兵力派往德国北部，也不同意弃守库尔兰。

到1月17日，我们确认A集团军群当面有15个敌坦克军，看来，那里就是他们的主要突击方向。南方集团军群当面，敌人部署了8个坦克军，而中央集团军群当面只有 3 个敌坦克军。苏联人的主力现在向西推进，攻往克拉科夫—瓦特瑙—琴斯托霍瓦—拉多姆斯科一线。凯尔采地域，内林将军指挥第 24 装甲军英勇奋战，顽强抵抗前进中的红军。敌人以强大的兵力攻往华沙，其他部队取道沃维奇—索哈切夫，竭力前出到维斯瓦河，企图切断撤离华沙周边地域的德国第 46 装甲军渡过维斯瓦河的退路。第 46 装甲军打算撤到维斯瓦河南面，阻止苏联人取道霍恩萨尔扎—格内森突破到波森，以免敌人把东、西普鲁士与德国其他地区彻底隔开。可惜，尽管我们一再下达命令，但面对敌人施加的沉重压力，第 46 装甲军无法完成任务，只能渡过维斯瓦河北撤。红军大潮如入无人之境，涌向德国边界。

中央集团军群作战地域，苏联人朝齐歇瑙—普拉施尼茨方向的进攻有所加强，纳雷夫河战线，敌人暂时没有发动进攻，但有迹象表明，一场风暴即将袭来。

下午晚些时候，总参作战处的军官向我汇报，华沙周边地域的态势不断恶化，他们估计华沙已沦陷，因而建议为后续防御设立一道防线。我询问华沙的情况，作战处处长冯·博宁上校告诉我，从相关报告判断，华沙失守无法避免，与这座要塞的通信联络彻底中断，华沙城可能已落入敌人手里。鉴于这种情况，我批准了作战处的建议，现在必须当机立断地下达命令，所以我指示他们立即把指令下发给各集团军群。我随后赶往柏林的帝国总理府，参加希特勒召开的态势研讨会。我向希特勒汇报态势以及为加强防御而下达的命令时，突然收到华沙要塞司令发来的电报，他说华沙城仍在德军手中，但守军不得不在夜间撤离要塞。我把这个消息告知希特勒，他大发雷霆，下令不惜一切代价坚守华沙。希特勒让我立即下达相关指令，我觉得为时过晚，他怒气冲冲地否决了我的意见。按照我原先的计划，华沙守军应该是一个要塞师，但由于先前抽调兵力支援西线，华沙城内现在只剩 4 个战斗力薄弱的要塞步兵营，外加几支炮兵、工兵部队。这支力量无论如何守不住华沙，真执行希特勒的命令，肯定会全军覆没。因此，虽然要塞司令收到了希特勒的指令，但他还是决定率领部队撤离华沙。获知这个消息，希特勒怒不可遏。他全然不顾严重恶化的总体局势，反而把注意力集中在华沙的沦陷，其实与总体局势相比，华沙城丢失根本不算什么。接下来几天，华沙沦陷事件继续发酵，希特勒把责任归咎于陆军总参谋部，还要惩处相关人员。

1 月 18 日，匈牙利境内的德国军队在巴拉顿湖与布达佩斯西面的包科尼森林之间发动进攻，再次企图解布达佩斯之围，这场进攻取得初期战果，德军前出到多瑙河畔。但苏联人当日攻入布达佩斯，这座命运多舛的城市大势已去。我们在匈牙利付出的努力，要是用于波兰境内或东普鲁士，也许能取得更大战果，但这种方案不符合希特勒的意图。波兰境内，苏联人在琴斯托霍瓦—拉多姆斯科地域、佩特里考附近、利茨曼施塔特、库特诺交战。他们以少量兵力攻往德军在霍恩堡控制的维斯瓦河登陆场。维斯瓦河北面，敌人攻往莱斯劳—索尔道，还朝奥特尔斯堡—奈登堡方向攻击前进。纳雷夫河战线，有迹象表明，敌人即将发动大规模进攻。这条战线北面，苏联人在施洛斯贝格西面的进攻渗透到因斯特河畔，可希特勒依然拒不批准孤立在敌占区的德国守军撤离。

当日的态势研讨会，主题都围绕华沙失守一事。下午的会议上，希特勒命令我逮捕、审讯在这起事件中起草报告和命令的总参军官。我对他明确指出，华沙昨日沦陷，唯一该对此负责的是我本人，所以他应该逮捕我，而不是我的下属。希特勒说道："不，我不想逮捕您，该受到惩处的是陆军总参谋部。一群知识分子居然妄想把他们的观点强加给上司，我绝对不能容忍。可这就是总参谋部的体制，我要粉碎这项体制！"我们就这个问题激烈争论了很长时间，当时只有我们两人在场，所以说起话来无所顾忌，但我没能说服希特勒。我派文克将军参加夜间态势研讨会，让他再次提醒希特勒，惩处总参军官的决定是不公正的，我已做好被逮捕的准备，请他别牵连我的下属。文克完成了任务。可当晚，冯·博宁上校、冯·德姆·克内泽贝克中校、冯·克里斯滕中校被捕了。陆军人事局的迈泽尔将军带着几名携带冲锋枪的卫兵执行了希特勒的命令。我事先对此一无所知，所以没能阻止。第二天早上我才知道，但木已成舟。于是，我请求与希特勒单独谈谈，他同意了，我用最激烈的言辞抗议他逮捕我无辜的部下，另外，这会导致战事最危急的时刻OKH最重要的部门陷入瘫痪。我不得不派缺乏经验的年轻军官临时顶替，他们现在要做出最困难的决定，还得拟制一道道最复杂的命令，这些任务对他们来说未免过重了。我要求对我也调查一番，希特勒倒是同意了。值此生死存亡的危急时刻，卡尔滕布伦纳和米勒先生一连讯问了我几个钟头，不仅耽误时间，还把我搞得身心俱疲，此时，东线将士正为祖国的领土和当地居民的生命浴血奋战。不过，卡尔滕布伦纳的调查好歹有了结果，除了博宁仍身陷囹圄，克内泽贝克和克里斯滕没过几周就获释了。但两人没能回总参谋部恢复原职，而是去前线担任团长。克内泽贝克一直想为他的朋友和上司博宁洗脱罪名，但就任团长的第三天，这位英勇、聪明、善良的军官在团指挥所阵亡了。克里斯滕幸运地活了下来。博宁辗转于各所集中营，既没有原因，也没有罪名，德国战败后，他又进了美国人的监狱，我们在那里重逢。

1月19日，我对自己受到的羞辱深感愤怒和痛苦，卡尔滕布伦纳和米勒的审讯白白浪费我的时间之际，德国东部的激战仍在继续。匈牙利境内，苏联人迅速集中快速力量，对我们解救布达佩斯的进攻展开反突击。我们截获的敌军电报里写道："他们以这种手段无法取得任何战果，大批兵力和技术装备正等着他们。"所以，我们必须做好准备，抗击敌人强有力的反突击。喀尔巴阡山北面，苏联人继续攻往布雷斯劳和上西里西亚工业区，我方的防御相当薄弱，敌人迅速取得进展。北面，红军攻往卡利什、波森、布罗姆贝格。利茨曼施塔特落入他们手里。现在已没有什么能阻挡敌军的推进。只有第24装甲军和大德意志装甲军这个移动的包围圈稳步向西实施战斗后撤，途中收容了许多小支部队。内林和冯·绍肯将军这些日子实现的军事壮举，值得当代色诺芬式的人物大书特书。

苏联人从米劳—索尔道地域出发，攻往德意志埃劳方向。南面，敌人攻往托伦—格劳登茨。东北方，红军攻往奈登堡—维伦贝格一线。梅梅尔河南面出现新的危机。驻守库尔兰的北方集团军群报告，当面之敌有异动，但不清楚对方的企图。唯一能确定的是，盘踞在库尔兰的我方军队无法用于保卫德国本土，他们在那里牵制了部分敌军，但无法改变我军主要战线兵力不济的窘况。每次态势研讨会我都敦促希特勒，请他批准北方集团军群迅速撤离库尔兰，可每次都徒劳无获。

1月20日，敌人进入德国本土，最后的时刻终于到来了。当天一大早，我获悉苏联人已到达霍恩萨尔扎东面的德国边界。敌人的第一批炮弹落下前半个钟头，我妻子才离开瓦尔特高的代彭庄园。为了不给当地居民造成恐慌情绪，她一直待到最后一刻。当然，国社党一直监视着她的举动。1943年9月柏林遭轰炸后我们剩下的财物现在再也顾不上了。和数百万德国同胞一样，我们也成了流离失所的难民，但为自己没搞特殊化深感骄傲，也知道该如何承担肩头的重负。我妻子离开代彭庄园时，庄园里的居民站在她的汽车旁哭泣，许多人想和她一同离开。看来，我妻子赢得了当地居民的爱戴，对她而言，离别的滋味格外苦涩。1月21日，她来到措森，我们没有其他房产，所以她暂时和我住在一起，从这一天起，她和我患难与共，给了我莫大的帮助和支持。

1月20日，布达佩斯西面的激战仍在继续，没能分出胜负。原匈牙利总参谋长沃勒什投靠了苏联人。敌人在西里西亚跨过边界，迅速攻往布雷斯劳方向。如前文所述，波森方向的敌军也已跨过德国边界。维斯瓦河北面，强大的敌军攻往托伦—格劳登茨一线。主要突击方向上，敌前线部队身后跟随着强大的预备队，1940年法国战争期间我们见识过这种场面，自那之后就再没见过。梅梅尔河南面，敌人攻往韦劳—拉比奥一线，朝柯尼斯堡这个总方向攻击前进。庞大的钳形攻势构成合围中央集团军群的威胁，一只钳臂从南面伸向柯尼斯堡，另一只钳臂沿梅梅尔河推进，从东面逼近东普鲁士首府。纳雷夫河畔，德国第4集团军当面之敌没有发动进攻，似乎在等待主要突破战线赢得胜利的消息。

1月21日，苏联人大举进攻：对上西里西亚工业区展开全面行动；攻往纳姆斯劳—诺伊米特瓦尔德一线；争夺佩特里考；攻往格内森—波森和布罗姆贝格—托伦；部分兵力到达施奈德米尔；攻往里森堡—阿伦施泰因。希特勒再次否决了赖因哈特将军把第4集团军撤离纳雷夫河河曲部的紧急请求，赖因哈特和第4集团军司令霍斯巴赫将军的愤怒之情不难理解。面对陷入合围的危险，霍斯巴赫将军1月22日孤注一掷，命令第4集团军转身向西，朝西普鲁士突围，攻往维斯瓦河，打算在那里与魏斯大将的第2集团军会合。

霍斯巴赫事先没有上报他自行做出的决定，直到1月23日部队展开行动，他才汇报集团军群。也就是说，OKH和希特勒对此毫不知情。我们获悉的首个消息，是东普鲁士最强大的勒岑要塞不战而降。毫无疑问，这座构筑坚固、装备精良、重兵据守的要塞擅自弃守的惊人消息犹如一颗炸弹，希特勒暴跳如雷。这件事发生在1月24日。由于苏联人在此期间突破了北面的马祖里运河，挡住霍斯巴赫北翼的后撤，致使他无法按计划行事。希特勒1月26日才知道中央集团军群玩的把戏，这场后撤不仅没得到他批准，甚至没向他报告。他觉得自己受到欺骗和愚弄，于是把怒火发泄到赖因哈特和霍斯巴赫头上："他们俩和赛德利茨是一路货！这是叛国！必须把他们送交军事法庭，立即解除他们和司令部人员的职务，那帮家伙同样是知情不报！"希特勒怒不可遏，情绪已然失控，我竭力劝慰他："我绝对敢为赖因哈特大将担保，他经常向您当面汇报他那个集团军群的情况。另外我觉得霍斯巴赫不可能叛变通敌，这肯定不是事实。"但当晚的所有辩解和开脱不啻为火上浇油。希特勒怒火冲天，直到他和布格多夫选定接任者，这才冷静下来。中央集团军群交给伦杜利克大将，他是奥地利人，聪明而又博学，深谙与希特勒打交道的技巧，不久前去库尔兰接替了舍尔纳。希特勒非常信任伦杜利克，因而把保卫东普鲁士的危急任务交给他。弗里德里希－威廉·米勒将军接替了霍斯巴赫，米勒久经沙场，但从未担任过高级指挥职务。

1 月 25 日，赖因哈特将军头部负了重伤。1 月 29 日我们再度重逢，谈论了近期发生的事情。至于霍斯巴赫将军的所作所为，我一直没得到明确的解释。

这些严重的事件，彻底动摇了东普鲁士岌岌可危的防御，进一步加剧了希特勒对陆军将领的不信任，与此同时，东线其他地段，德国军队仍在实施艰巨的战斗后撤。我军夺回布达佩斯附近的施图尔韦森堡，但我们知道，现有兵力不足以赢得决定性胜利，要命的是，苏联人也清楚这一点。上西里西亚地区，敌人逼近塔尔诺维茨。他们攻往科泽尔—奥珀伦—布里格一线，企图切断通往工业区的交通线，顺利渡过奥得河。强大的敌军开赴布雷斯劳，以及布雷斯劳与格洛高之间的奥得河河段。敌人朝波森方向进一步取得进展，而切断东普鲁士的钳形攻势仍在继续。对方的突击重点是越过德意志埃劳—阿伦施泰因一线攻往柯尼斯堡。库尔兰地区没发生什么情况。

1 月 23 日，战火逼近派斯克雷查姆和大施特雷利茨。敌人在奥珀伦与奥劳之间渡过奥得河的企图暴露无遗。他们进攻奥斯特鲁夫和克罗托申，敌坦克逼近拉维奇。格内森—波森—纳克尔地区落入敌人手里，波森附近仍在激战。苏联人在东普鲁士继续攻往巴滕施泰因方向，赖因哈特将军把兴登堡夫妇的石棺运走后，下令炸毁坦能堡纪念碑。

库尔兰地区，红军开始进攻利包。

1 月 23 日，外交部新任联络员保罗·巴兰东公使跑来见我，我 1944 年 7 月出任陆军总参谋长后，尽管多次提出要求，可他的前任一次也没来过我这里，他显然认为外交官没必要了解前线局势。我向巴兰东博士详细介绍了前线的情况，还坦率地评估了目前的局势。我们讨论了外交部帮忙的可能性，一致认为是时候采取外交措施了。我们希望利用外交部目前有限的外交关系，至少与一个交战国达成停战协议。我们还希望西方的敌人明白，苏联人迅速攻入德国，甚至穿过德国可能会造成的危害，也许能促使他们与德国签署停战协议，或至少达成某种默契，我们把西部拱手让给西方国家，以剩下的兵力全力保卫东部。当然，这种希望很渺茫，但我们现在不得不抓住每一根救命稻草。我们希望尽到自己的最大努力，避免毫无必要的流血牺牲，让德国和整个西欧免遭我们失败后必然到来的浩劫。于是我们商定，巴兰东博士负责安排我与帝国外交部长冯·里宾特洛甫单独会晤。我打算把军事局势坦率而又诚恳地告知元首的首席政治顾问，就像我对巴兰东说的那样，然后与希特勒采取联合措施，充分利用陷入孤立的德国最后的外交手段。我们知道，德国尚存的外交手段不多，也不见得有效，可我们认为，想方设法结束这场战争是我们义不容辞的职责。巴兰东博士立即去找冯·里宾特洛甫先生，很快安排我们1月25日会晤。

此时，前线的灾难发展得犹如雪崩。匈牙利战线，有迹象表明苏联人即将对我们的突破地段展开反突击。西里西亚战线，敌人前出到格莱维茨。科泽尔与布里格之间，迪赫尔恩富特与格洛高之间，敌人显然企图强渡奥得河。苏联人正面冲击布雷斯劳，但守军顽强抵抗，守住了要塞，格洛高和波森也是如此。敌人在东普鲁士企图突破到埃尔宾。

1月25日，苏联人打算在韦伦采湖南面发动反突击的企图越来越明显。克赖辛将军的第8集团军在多瑙河北面布防，该集团军当面，敌人在莱瓦—伊波利萨克—布劳恩施泰因从事的进攻准备看得清清楚楚。上西里西亚地区，敌人进攻工业区的准备工作仍在继续。此时，苏联人已逼近奥得河。

敌人包围波森后，绕过这座要塞奔赴奥得河—瓦尔塔河河曲部，那里本来获得一道坚固的筑垒阵地掩护，但战前精心修筑的这处阵地，建筑材料被悉数拆除，运往西线修建大西洋壁垒，所以，这道筑垒阵地现在只剩一具空壳。苏联人集中在施奈德米尔—布罗姆贝格地域，企图沿维斯瓦河西岸向北突击，从后方席卷德军河流防御。

为应对后一个威胁，我建议希特勒组建一个新集团军群，部署在A集团军群（1

月25日改称中央集团军群）与中央集团军群（1月25日改称北方集团军群）之间，组织、指挥该地段的防务。那里可能是整条战线最危险的地段，为挑选该集团军群的司令和司令部，我联系了国防军指挥参谋部的约德尔大将。我建议从巴尔干地区的两个集团军群司令部选一个，还推荐了冯·魏克斯男爵元帅的司令部。我非常了解冯·魏克斯男爵，敬佩他的品格和军人气质。他是个聪明、正直、勇敢的人，掌控眼下的困难局面，无疑是特别适合的人选。约德尔答应，向希特勒汇报时支持我推荐的人选，于是我认为这件事定下来了。1月24日，我向希特勒提出我建议的人选，他答道："冯·魏克斯元帅看上去似乎筋疲力尽，我觉得他无法胜任这项任务。"我竭力为自己的主张辩解，还说约德尔也赞同我的意见。可令我大失所望的是，约德尔不仅没有仗义执言，反而落井下石，说冯·魏克斯元帅是个虔诚的宗教信徒。他的话让希特勒断然否决了我的建议，派希姆莱担任这项职务。我对希特勒胡乱做出的决定震惊不已，不得不费尽口舌，竭力避免灾难重重的东线出现这种荒唐的任命。可一切都是徒劳。希特勒说希姆莱在上莱茵地区干得不错，他还掌握后备军，在调拨兵力方面具有得天独厚的优势。所以从人员和物资方面看，希姆莱是组建新防线的最佳人选。面对这种情况，我只好建议把魏克斯集团军群训练有素的司令部派给党卫队帝国领袖，可就连这个要求希特勒也没接受。相反，他命令希姆莱自行挑选人员组建司令部。于是，希姆莱让听话的党卫队旅队长拉默丁担任他的参谋长，拉默丁当过武装党卫队装甲师师长，但组建一个集团军群的参谋工作非常繁重，他对此一窍不通。我能为新司令部提供的帮助，是给他们派一些总参军官，但这无法解决集团军群司令和参谋长缺乏业务知识的根本问题。希姆莱找了一批党卫队军官来组织防御，其中大多数人根本无法胜任这项工作。经历了惨痛的教训，给总体战局造成破坏后，野心勃勃的希姆莱才有所收敛，愿意听取我的建议了。

1月25日，我去威廉大街帝国外交部长的官邸会晤里宾特洛甫，这座住宅刚刚翻修过，非常宏伟。我直言不讳地把当前形势告知冯·里宾特洛甫先生，他显然没想到局势这么严重，极为震惊地问我这些情况是否属实，还对我说："我觉得总参谋部好像有点神经过敏。"实际上，面对眼下的压力和苛刻的要求，确实需要超人般的强大神经，这样才能保持冷静、清醒的头脑！我详细解释了一番，随后问这位"德国外交政策的掌舵人"，是否愿意和我一同去见希特勒，说服他想想办法，至少与一个交战国达成停战协议。我认为，首先要考虑在西线停战。冯·里宾特洛甫先生答道："我是元首忠实的追随者，我不能这么做！我非常清楚，他不想与敌人展开外交谈判，所以我不能照您的建议去对他说这些。"我随即问道："要是苏联人三四个星期内攻到柏林门前，您会怎么说？"冯·里宾特洛甫先生惊呼道："您认为这可能吗？"我明确无误地告诉他，不仅可能，而且鉴于我们目前的指挥方式，这种结果是必然的。他顿时慌了手脚。但我再次问他是否愿意和我一同去见希特勒，他还是没能给我个满意的答复。道别时，他只说了一句话："这件事仅限于你我知道，好吗？"我向他保证，我会守口如瓶。

　　当晚我出席夜间态势研讨会，发现希特勒的情绪极为激动。我到得有点晚，刚刚走入会议室，就听见他在大吼大叫。希特勒方才要求严格执行他下达的"1号基本令"，这道指令规定，除非工作需要，否则任何人都不得与其他人交流自己业务范围内的事情。他看见我进来，就提高嗓门继续说道："所以，要是陆军总参谋长去拜访帝国外交部长，向他通报东线的局势，企图与西方国家达成停战协议，那他就犯了叛国罪！"我马上明白了，冯·里宾特洛甫先生没有严守秘密。这样也好，至少让希特勒了解了真实情况。但他拒不接受我客观务实的建议。希特勒吼了一阵子，发现我不为所动，这才平静下来。直到我战后身陷囹圄，才从可靠的渠道获知，帝国外交部长当天就把我和他的谈话内容汇报给希特勒，虽然没提我的名字，可又有什么区别呢？希特勒当然知道是我。

　　我想拉帝国外交部长一同采取措施，至少与交战一方展开停战谈判，可这番努力失败了。当然，也许有人会说，西方国家当时根本不想与德国谈判，特别是因为他们早就和苏联人商定，任何一方都不得与德国单独媾和。尽管如此，我觉得还是要设法说服希特勒在这方面迈出第一步。冯·里宾特洛甫先生不愿参与，但我的决心毫未动摇，打算另辟蹊径来达成目的。2月份第一周，我再次采取行动，拜访了帝国另一位重要人物，想让他支持我的建议，得到的答复与帝国外交部长如出一辙。3月份，我又做出第三次尝试，我会在后面详述此事。

　　到1月27日，苏联人的突击大潮以惊人的速度发展成越来越大的灾难。他们还在布达佩斯西南面发起反突击。匈牙利首都，德国守军残部仍在顽强战斗。上西里西亚工业区的情况越来越危急。红军攻往摩拉维亚山口，朝特罗保—摩拉维亚—奥斯特劳—切申攻击前进。瓦尔特高和东普鲁士的态势令人忧心不已。波森陷入重围，一座堡垒已丢失。敌人攻往舍恩兰克、施洛普、菲莱讷、施奈德米尔、乌施，纳克尔和布罗姆贝格落入他们手里。维斯瓦河西面，苏联人攻往施韦茨，梅韦附近，他们从东面渡过维斯瓦河。马林堡地区，双方为争夺古老而又雄伟的奥登斯堡展开激战。希姆莱的司令部已迁到奥登斯堡克勒辛塞，未经 OKH 批准，他就下令弃守托伦、库尔姆、马林韦尔德。希特勒对此未置一词！希姆莱肆意妄为，致使维斯瓦河防线未经战斗就丢失了。滞留在维斯瓦河东面的德国集团军，用不了几天就会被切断退路。

东普鲁士境内，争夺弗劳恩堡、埃尔宾、卡温登、利贝米尔的战斗仍在继续。敌人对弗里德兰施加了沉重的压力。他们进攻柯尼斯堡北部。泽姆兰出现危机。德军在库尔兰赢得防御战的胜利，但这场胜利无关大局，不值得为此欢欣鼓舞。

当天，我下令把 1928 年出生的新兵从东线调往西部战区，以免这些缺乏训练的年轻人在战斗中白白送命。幸运的是，这件事顺利办成了。早在 1944 年秋季，我就以口头和书面报告的形式反对征召 16 岁的年轻人入伍。

希姆莱的司令部组织混乱，这种情况显而易见，现在就连通信也中断了。我把这些弊端告知希特勒，可他对此置若罔闻，因为陆军人事局局长向他介绍了威廉一世和腓特烈大帝对不臣者采取的措施。布格多夫将军追本溯源，从 200 年前的司法判决中挑了些特别典型的案例读给他听。希特勒满意地说道："总有人说我太残酷，那帮自以为是的家伙真该好好读读这些案例！"不管怎样，他至少承认自己残酷无情了，现在想以历史案例为自己辩护。他乐此不疲，根本顾不上前线危急的态势。

当天，第 6 装甲集团军开始调往东线。如前文所述，希特勒返回柏林后，命令西线转入防御。与此同时，他对腾出兵力用于东线却有自己的想法。我建议把所有可用兵力集中到柏林东面，编为两个集群，分别部署在格洛高—科特布斯附近、奥得河东面的波美拉尼亚地区，以这支力量打击红军突击楔子的先遣力量，眼下就是个机会，因为敌人的兵力较弱，再加上东线部分要塞仍在坚守，对方无法获得充足的补给。可希特勒固执己见，打算以这支兵力在匈牙利发动进攻，而不是保卫德国本土，特别是德国首都。约德尔算了算，运送第一个军需要 14 天。也就是说，整场调动要好几周才能完成，所以 3 月初之前根本无法发动进攻。可到那时，柏林的情况会怎样呢？

上西里西亚工业区大部分地方现在落入敌人手里，所以战争最多只能再拖延几个月。施佩尔去年 12 月就呈交了一份明智的备忘录，提请希特勒注意，鲁尔区被摧毁后，上西里西亚工业区是德国仅剩的工业区，因而至关重要，可希特勒的心思都放在西线，忽略了上西里西亚工业区的防御。德国从事战争的动力源泉现在也干涸了。施佩尔又写了份备忘录，在开头处无情地指出："战争输掉了！"呈送希特勒之前，施佩尔先把备忘录拿给我过目。很不幸，我不得不赞同他的看法。希特勒只看了第一句，就把备忘录和他收到的其他忠告性文件一同锁入保险柜。那些阴郁的日子里，我亲身经历了某次午夜态势研讨会结束后施佩尔请求向希特勒单独汇报的情形。希特勒不想见他，还对我说道："他无非是想告诉我，战争输掉了，我应该结束战争。"施佩尔没有气馁，又派副官带上备忘录去见希特勒。希特勒命令身边年轻的党卫队军官："把文件放到保险柜里。"他又转身对我说道："您现在明白为什么我不愿再单独接见他们了吧。这些人提出与我单独谈谈，总是想说些令人不快的事情，实在让我受不了。"

1 月 28 日，苏联人在吕本附近设立了奥得河登陆场。我们估计对方会继续攻往扎甘。北面，苏联人从克罗伊茨—施奈德米尔地域向西攻往法兰克福与斯德丁之间的奥得河河段，估计是为随后攻往柏林创造有利条件。指挥红军作战的苏联元帅朱可夫认清了德军的弱点，采取的作战方案越来越大胆。苏联近卫坦克第 1 集团军、近卫坦克第 2 集团军、近卫第 8 集团军、突击第 5 集团军、第 61 集团军率先攻往奥得河。另外，敌人仍有充足的兵力，完全可以从纳克尔—布罗姆贝格地域向北突击，攻入德军维斯瓦河防线后方。东普鲁士，苏联人沿维斯瓦潟湖海岸攻往东北方，企图切断北方集团军群的海上交通线，分割该集团军群。东面，他们逐渐完成了对柯尼斯堡的合围。

1 月 29 日的夜间态势研讨会，希特勒老调重弹，再次提出要把他认为没尽到职责的军官降级。久经考验的前线军官，仅仅因为一时紧张，未经调查就被降级或连降几级。我见过这种例子，某重型坦克歼击营营长负过七次伤，获得过金质战伤勋章，最后一次身负重伤后刚刚痊愈，就匆匆返回前线。火车载着他的营沿西线而行，途中遭到敌机数次空袭，不得不几次改道。结果，这场运输混乱无比，他的营只好零零碎碎地投入交战。希特勒下令把这位因作战英勇刚刚晋升中校的预备役少校降为中尉。装甲兵总监部参谋长托马勒当时也在场，我们都强烈反对希特勒的决定。战争期间从未去过前线的某位高官不无讥讽地说道："金质战伤勋章一文不值！"结果，我们的反对全然无效。当天的会上，我还提到另一个例子，1941年对苏战事期间在我手下负责后勤事务的预备役中校黑克尔在故乡林茨受人诬告，这位年迈的军官被打发到迫击炮营，作为普通士兵扛炮弹。我在纽伦堡审判档案里找到了我当时谈到此事的速记文稿，因为文件只有一份，所以我引述如下："刚才提到的迫击炮营里有一名中校，在波兰、法国、苏联战争期间负责我的后勤勤务，干得非常出色，我亲自为他颁发过一级铁十字勋章。上多瑙河某个同乡告发他，说他在德奥合并前发表过不恰当的言论，可他从来没说过那些话，上级不分青红皂白地解除了他的职务，把他打发到维尔德弗莱肯的迫击炮营，这位诚实、正直、无可指摘的中校，在他负责的领域干得非常出色，竟然沦为扛炮弹的普通士兵，他给我写了封信，读罢我痛心不已。他告诉我：我受了不白之冤，仅仅因为某个流氓的诬告，可没人对此加以调查和核实，我不知道该怎么做。我觉得他至今仍未获得平反！"我介入此事，可惜没取得积极的结果。我引用速记记录，完全是为了让读者多多少少了解元首大本营冷酷无情的气氛。我经常替这些遭遇不幸的人出头，他们中的大多数人出于荒诞不经的原因，与国社党人发生冲突，不是被关入集中营，就是被打发到惩戒部队。可惜这些情况大多不为人知。另外，我的营救工作也不太成功，主要因为当时的局势极度危急，我心神不宁，忙得不可开交。不管我怎么争分夺秒，每天也只有24个钟头。要是我每天参加两次元首召开的态势研讨会（局势危急，这种情况是常态），就得从措森到柏林的帝国总理府来回跑四趟，每趟耗时45分钟，也就是说，每天要在路上耗费3个钟头。希特勒召开的态势研讨会，从来不会短于2个钟头，通常超过3个钟头，两次会议至少要耗时6个钟头。所以，每天参加会议就占用我八九个钟头，这段时间内我根本没办法积极从事工作。态势研讨会纯属交谈性质，都是些空话。"7·20"事件后，希特勒要求我务必出席国防军指挥参谋部和其他军种召开的汇报会。正常情况下，他的要求无可厚非。蔡茨勒将军担任陆军总参谋长的最后一段时间，他参加此类会议总是第一个汇报，说完立即走人，希特勒对此深感不快，因而命令我不得中途离场。但当时的工作已让我不堪重负，每天还得花几个钟头听那些废话，例如空军或海军已丧失战斗力，可他们的代表还要滔滔不绝地大放厥词，实在让我身心俱疲。另外，希特勒动辄发表长篇大论的习惯，没有因为战争局势日趋严峻而改变，相反，他滔滔不绝地对自己和旁人解释战争失利的原因，把责任归咎于诸多外部因素和别人，从来不自我反省。这些日子，我不得不每天参加两次态势研讨会，拂晓回到措森，通常要到5点才能睡上一会儿。早上8点，OKH军官根据各集团军群发来的早间报告，开始汇报前线的情况。除了吃早饭时短暂停顿，汇报工作持续进行，直到汽车停在门口我才起身，又要去帝国总理府汇报情况了。我返回措森的时间，经常因为柏林响起空袭警报而受到耽误，希特勒担心我们遭遇不测，所以禁止我们在空袭警报期间离开。于是我经常派副手文克将军替我出席晚间态势研讨会，好多些时间认真考虑前线态势，或在措森处理堆积如山的案牍工作。希特勒经常在会上对军官团或整个陆军大发雷霆，所以我多次不出席态势研讨会，以此表达我的不满。希特勒心知肚明，接下来几天会收敛些，但过不了多久他又故态复萌。

1月30日，苏联人在巴拉顿湖南面对德国第2装甲集团军设在匈牙利的防线发动猛烈进攻。奥得河畔，敌人在奥劳地域集结重兵，可能是为了扩大他们设在那里的登陆场。我们发现苏联人还加强了吕本登陆场的兵力。红军在瓦尔塔河南面达成战役突破。瓦尔塔河北面，红军向西推进，夺得佐尔丁—阿恩斯瓦尔德地域，对斯德丁构成威胁。他们在布劳恩斯贝格南面、沃尔姆迪特附近、阿伦施泰因北面、巴滕施泰因南面也发动猛烈进攻，表明他们竭力阻止德军向西突击，企图攻入我军身后。敌人还切断了柯尼斯堡要塞南面和西面的交通线。

1月31日，红军在匈牙利境内对德军设在多瑙河与巴拉顿湖之间的防线发动进攻。多瑙河北面，我们发现红军正在积极准备进攻。施泰瑙的奥得河登陆场，我们注意到对方准备攻往扎甘—科特布斯。苏联人继续沿瓦尔塔河两岸攻击前进，突破了奥得河—瓦尔塔河河曲部我们兵力薄弱的防御阵地。波美拉尼亚的德国军队，暂时把红军阻挡在施洛普—德意志克罗内—科尼茨一线。东普鲁士境内，红军攻往海尔斯贝格。库尔兰地区，苏联人摆出重新发动进攻的架势。

可怕的 1945 年 1 月，我们对苏联人大举进攻的种种担心终于成为现实。希特勒和国防军指挥参谋部对西线战事令人费解的指挥，德军从西线向东线转移兵力过晚，再加上希特勒任命军事外行希姆莱担任处境最复杂的维斯瓦集团军群司令，这一切导致苏联人的进展势如破竹，快得不成比例。红军几乎切断了东、西普鲁士与帝国的陆地连接，由此形成的两座防御孤岛，只能通过海路或空运获得补给，最终沦陷不过是时间问题罢了。为了给遭切断的陆军部队提供补给，德国空军和海军放弃了作战任务。不过，他们的战斗力原本就所剩无几了。苏联人发觉德军实力虚弱，他们的突击势头越来越猛，坦克的行动愈发大胆。因此，希特勒 1 月26 日下令组建一个坦克歼击师。新兵团的名称不错，也很贴切，但仅此而已。这个师其实只有几个自行车连，由几名英勇的少尉率领，配备"铁拳"反坦克火箭筒，用于对付苏联人的 T-34 和更重型的坦克。该师一个连接一个连地分散使用，那些勇敢的战士就这样白白牺牲了，实在很可惜！

2 月初，和西线一样，东线的态势急剧恶化。

东线战场，尽管我一再要求尽快撤出库尔兰集团军群，但该集团军群仍以 20个步兵师和 2 个装甲师据守库尔兰北端，都是英勇善战、颇具战斗力的兵团。迄今为止，希特勒只批准撤出 4 个步兵师和 1 个装甲师。

北方集团军群被红军逼入泽姆兰、柯尼斯堡、南面的埃姆兰这片小小的区域。与库尔兰集团军群一样，他们现在只能靠海路和空运获得补给，辖内 19 个步兵师和 5 个装甲师严重受损。不过，该集团军群还收容了另一些师的残部。

维斯瓦集团军群据守的薄弱防线，从格劳登茨与埃尔宾之间的维斯瓦河河段起，穿过德意志克罗内，一路延伸到施韦特—格林贝格地域的奥得河河段。集团军群编有 25 个步兵师和 8 个装甲师。

中央集团军群的防线与维斯瓦集团军群相连，穿过西里西亚延伸到喀尔巴阡山山脊。苏联人在布雷斯劳南北两侧的奥得河对岸夺得登陆场。上西里西亚工业区彻底丢失。中央集团军群编有 20 个步兵师和 8.5 个装甲师。

最后是南方集团军群，辖 19 个步兵师和 9 个装甲师，据守在喀尔巴阡山与德拉瓦河之间。他们的任务是待调自西线的援兵开抵后，在巴拉顿湖两侧发动进攻，重新控制多瑙河右岸，稳定东线南翼，保住产油区。

西线战场，阿登攻势失利后，德军战线被迫后撤，从德里尔附近的马斯河河段—瓦尔河—阿纳姆—克莱韦附近的莱茵河河段—鲁尔蒙德附近的马斯河河段—鲁尔河起，延伸到迪伦—施内－艾费尔—乌尔河—绍尔河—皮斯波尔特到雷米希的摩泽尔河河段—萨尔河，再到萨尔格明德—比奇—哈格瑙—上莱茵。

准备在匈牙利发动进攻的几个武装党卫队师，集中到波恩—阿尔魏勒附近、维特利希—特拉本－特拉巴赫附近的休整地域，部分兵团正调离前线开赴这两处。红军的空中优势破坏了交通运输，德军的指挥工作陷入瘫痪，一切运动极为缓慢。

东线德军约有 103 个实力虚弱的步兵师，外加 32.5 个同样兵力不济的装甲和装甲掷弹兵师，相比之下，西线德军约有 65 个步兵师和 12 个装甲师，其中 4 个师准备调往东线。

面对这种状况，我决心再次向希特勒进言，劝他放弃匈牙利的进攻，把兵力调到法兰克福与屈斯特林之间的奥得河河段，南面取道格洛高—古本一线，北面取道皮里茨—阿恩斯瓦尔德一线，打击两翼仍很虚弱的红军先遣部队。我希望通过这场进攻，加强对帝国首都和内陆地区的掩护，争取时间与西方国家展开停战谈判。

遂行进攻的前提是把德国军队迅速撤出巴尔干、意大利、挪威，但最重要的是撤出库尔兰地区。2 月初，我拜访了日本驻德国大使大岛浩，随后向希特勒陈述了自己的方案。但他拒不接受撤离既占地域的一切建议。我坚持己见，最后对冥顽不化的希特勒说道："我请求撤出库尔兰地区，不是固执己见地与您作对，而是因为我不知道还有什么办法获得预备队，没有预备队，我们无法组织帝国首都的防御。我这样做完全是为了德国！"希特勒气得半边身子发抖，朝我吼道："您怎么能对我说这样的话？难道您认为我不是为德国而战吗？我这辈子都在为德意志奋斗！"他怒不可遏，会议室里气氛紧张，戈林拉着我的衣袖，把我拽到隔壁房间，让我喝杯咖啡冷静一下。

我随后和邓尼茨元帅谈了谈，请他，更准确地说是恳求他，待我再次向希特勒提出撤离库尔兰的问题，一定要支持我。德国海军仍有足够的舱位，只要下定决心放弃重装备，库尔兰地区的德国军队完全能撤出。但这恰恰是希特勒不愿见到的。

希特勒随后把我召回会议室，我提高嗓门，再次要求撤离库尔兰，希特勒勃然大怒，甚至挥着拳头站在我面前，好心的参谋长托马勒将军赶紧拽着我的衣袖把我拉开，以免我们扭打起来。

这场闹剧没能让我如愿获得库尔兰的军队充当预备队。我的进攻方案改为从阿恩斯瓦尔德周边地域发动目标有限的突击，击败瓦尔塔河北面之敌，守住波美拉尼亚省以及与西普鲁士的陆地连接。就连这场目标有限的进攻，我也得大费周折才能确保顺利执行。我根据盖伦将军提供的敌情报告估计，奥得河畔的红军每天获得大约 4 个师加强。要想赢得胜利，我们就得抢在敌军援兵开抵，对方识破我们的企图前，以迅雷不及掩耳之势发动进攻。为最终定下决心，希特勒 2 月 13 日在帝国总理府召开会议。除了他的亲信随从，党卫队全国领袖、维斯瓦集团军群司令希姆莱，党卫队全国总指挥、第 6 装甲集团军司令泽普·迪特里希，我的副手文克将军也出席了会议。我已下定决心，要把文克派到希姆莱身边，由他实际指挥此次进攻。另外，我还决定 2 月 15 日发动进攻，再拖下去，这场行动就无法实施了。我知道希特勒和希姆莱肯定会反对这些建议，因为他们在潜意识里都害怕，一旦发起进攻，希姆莱的无能将暴露无遗。不出所料，希姆莱告诉希特勒，此次进攻不得不推延，因为一小部分弹药和油料尚未卸载，还没发放给部队。我不赞成他的观点，再次提出上述主张，结果遭到希特勒激烈反对。

我说道："我们不能等到最后一桶汽油、最后一枚手榴弹卸完，到那时，苏联人的兵力就太强大了。"

希特勒说道："我不允许您指责我故意拖延时间。"

我说道："我没有指责您的意思，但等待最后一批物资卸载完毕毫无意义，只会让我们错失进攻良机。"

希特勒说道："我刚才说过了，不允许您指责我故意拖延时间。"

我说道："我刚才也说过，没有指责您的意思，但我不想再等下去。"

希特勒说道："我再说一遍，不允许您指责我故意拖延时间。"

我说道："必须派文克将军指挥党卫队全国领袖的司令部，否则无法确保进攻取得胜利。"

希特勒说道："党卫队全国领袖一个人就能指挥这场进攻。"

我说道："党卫队全国领袖缺乏经验，也没有合适的参谋人员，无法独自指挥进攻，必须把文克将军派过去。"

希特勒说道："我不允许您指责我，说党卫队全国领袖无法胜任这项任务。"

我说道："为正确指导此次行动，我坚持要求把文克将军派到集团军群司令部。"

争论持续了两个钟头，激烈度毫未减弱。希特勒站在我面前，举起双拳，气得浑身发抖，满脸通红，与会人员被他的怒火吓得不知所措。每发作一通，希特勒就沿着地毯边缘走来走去，然后在我面前停下，再次朝我大声叫骂。他声嘶力竭，眼球凸出，太阳穴青筋暴起。我下定决心，这次决不退让，一定要达成目的，所以一次次重复自己坚定不移的要求。

希特勒转身朝壁炉走去，我的目光投向壁炉上方伦巴赫绘制的俾斯麦肖像。这位伟大的政治家，铁血宰相，威严地凝视着脚下上演的这出闹剧。会议室昏暗的灯光下，我看见俾斯麦戴的骑兵头盔闪烁出的光，他似乎在问我："您为我的帝国做了些什么？"兴登堡元帅的半身铜像伫立在会议室另一端，我觉得他的目光从我背后射来，仿佛在问我："您为德意志做了些什么？我的普鲁士会变成什么样子？"这种感觉令人毛骨悚然，但坚定了我的意志。我保持冷静，毫不动摇，没理会希特勒的雷霆之怒。他也注意到，我对他歇斯底里的发作无动于衷。

希特勒突然在希姆莱面前停下，说道："好吧，希姆莱，文克将军今晚去您的司令部，指挥此次进攻。"希特勒又走到文克面前，让他立即去集团军群司令部报到。安排好这一切，他在自己的椅子上坐下，又请我坐到他身边，然后说道："请您继续汇报吧。陆军总参谋部今天赢了一仗。"说出这句话时，他的脸上露出最亲切的笑容。这是我打赢的最后一仗，可惜为时太晚！我从未经历过这种场面，也没见过希特勒这般歇斯底里的发作。

真是场怪异的闹剧。这段阴暗的插曲结束后，我走到前厅，在小桌旁坐下。凯特尔也走了过来，对我说道："您怎么能这样顶撞元首呢？您没看见他被气成什么样子了吗？要是他中风的话该怎么办？"我语气冷淡地告诉他："政治家必须听得进反对意见和事实真相，否则他就不配当政治家。"希特勒的其他亲信也和凯特尔一道指责我，我又与他们争吵起来，随后才渐渐冷静下来。我赶紧让随行人员打电话，给即将发动的进攻下达了必要的指令。现在不能再浪费一分一秒，我好不容易赢得授权，谁知道希特勒下一刻会不会反悔呢？这起事件的目击者后来告诉我，他们在元首大本营工作了多年，从来没见过希特勒发这么大的火，相比之下，他以前的发作根本不算什么。

2月15日，劳斯大将的第3装甲集团军做好了进攻准备。文克将军非常清楚我的作战构想，在他亲自监督下，第3装甲集团军16日清晨发动进攻。2月16日和17日，这场进攻取得不错的进展，尽管先前抱有种种担心和疑虑，但我们现在对胜利满怀期望，此次进攻也许能为我们的后续行动争取到时间。天有不测风云，文克2月17日傍晚向希特勒汇报作战态势，返程途中，因为司机过于疲劳，文克亲自驾驶车辆，结果在柏林—斯德丁公路上撞上桥栏。文克受了重伤，被送入军医院急救。他离开指挥岗位，这场进攻随之陷入停顿，再也没能恢复原先的势头。接下来几周，文克无法履行自己的职责，克雷布斯将军接替了他，克雷布斯不再担任莫德尔的参谋长，调到前线任职。

当初我在戈斯拉尔猎兵营就认识克雷布斯，他是个聪明的军官，军事方面训练有素，但战争期间只担任过各种总参职务，因而缺乏指挥部队的经验。漫长的总参职业生涯中，克雷布斯掌握了高超的业务技能，适应能力也很强，所以在希特勒这样的人面前表现得八面玲珑。另外，他和陆军人事局局长布格多夫将军是军事学院的同学，私交甚笃。布格多夫很快把克雷布斯拉入他的朋友圈，与鲍曼、费格莱因这帮人打成一片。帝国总理府这场可怕的闹剧即将落下帷幕之际，他们的私人关系让克雷布斯丧失了自主思想和独立性。我们共事时，克雷布斯受到的影响还没显现出来，因为我通常亲自代表OKH；但我去职后，这种影响就变得很明显了。

克雷布斯首次面见希特勒，就获得了骑士铁十字勋章橡叶饰，由此可见布格多夫的影响力有多大。几天后，我和克雷布斯一同参加希特勒召开的会议。我们到得早了点，其他人还没来，于是希特勒请我们去他的小书房稍坐片刻。书桌上方悬挂格拉夫绘制的腓特烈大帝画像，希特勒指着这幅油画说道："坏消息让我心烦意乱时，我站在画像前，总能获得新的力量。你们看他那双坚毅的蓝眼睛，宽大的额头，真是个伟人！"我们随后谈起腓特烈大帝作为政治家和统帅的风范，希特勒对他顶礼膜拜，在各个方面都想效仿他。可惜，希特勒心有余而力不足。

在此期间，适逢帝国劳工组织领袖希尔七十大寿，这位年迈的官员非常优秀，他怀着伟大的理想主义，以正派的作风认真严肃地执行党赋予他的各项任务，希特勒为此授予他德意志勋章。2月24日晚，他在戈培尔家里做寿，我也应邀参加简单的宴会。我向来对帝国劳工组织领袖敬佩有加，所以欣然接受了邀请。晚餐结束后，空袭警报响起，这已成为惯例。我们走入防空洞，遇到戈培尔的夫人玛格达和他们几个乖巧可爱的孩子。我们坐在防空洞里等待空袭警报结束，我不由得想起1943年与戈培尔博士的会谈。眼下坐在我旁边的这个小家庭，幸福和结局与希特勒的命运紧密相连。想到他们的时间所剩无几，我的心情沉重压抑，不知该说些什么。戈培尔博士当初预见到的情况，4月底分毫不差地应验了。可怜的夫人，无辜的孩子！

匈牙利国家元首萨拉希也在这段时间到访。希特勒在帝国总理府接待他，我也在场，大厅里灯光昏暗，所有饰物都已撤掉。此次会晤拖拖拉拉，毫无生气，匈牙利新元首似乎是个不情不愿的上位者，看上去不会有什么作为。我们没有其他盟友了。

最近几个月，盟军的空袭愈演愈烈，给德国造成严重破坏。军备工业遭受的打击尤为严重，合成炼油厂悉数损毁，对我们的影响特别大，因为我们的油料供应主要依靠这些工厂。1月13日，斯德丁附近珀利茨的合成炼油厂被炸毁。1月14日，马格德堡、代尔本、埃门、不伦瑞克附近的炼油厂与曼海姆的洛伊纳化工厂和燃料厂被炸毁，1月15日，波鸿和雷克林豪森附近的苯工厂也没能幸免。1月14日，盟军还炸毁了荷尔施泰因的海德炼油厂。我方战报称，击落盟军57架飞机，而德国空军的损失高达236架。德国大多数炼油厂遭遇灭顶之灾，迫使德国领导层只能依赖奥地利齐斯特斯多夫和匈牙利巴拉顿湖的油田。这多少解释了希特勒原本令人费解的决定，他把西线腾出的大部分兵力调往匈牙利西部，目的是保住那里的原油生产和炼油厂，否则，我们的装甲兵和空军再也动弹不得。

1945年1月20日，匈牙利与苏联人达成停战协议，这份协议迫使匈牙利派出8个步兵师，协助红军对德国作战，导致那里的军事和政治局势极为紧张。

到1月底，内林和冯·绍肯将军实施战斗后撤的两个军已退过卡利什。2月1

日，苏联人到达屈斯特林附近的奥得河河段，他们已攻入库尔姆以西地域和埃尔宾。
2月2日，托伦失陷。2月3日，红军绕开英勇防御的施奈德米尔，攻入波美拉尼亚。
2月5日，库里施沙咀丢失。波森、法兰克福、屈斯特林周边地域仍在激战。波美
拉尼亚地区，苏联人在皮里茨与德意志克罗内之间攻击前进。

从2月6日起，波森城内爆发巷战。苏联人在屈斯特林附近的奥得河对岸夺
得一座登陆场。2月8日，德军击退了进攻皮里茨、阿恩斯瓦尔德的苏联人，但这
片地域的激战持续了好几天。

从2月10日起，红军在维斯瓦河西面的施维茨、格劳登茨附近发动进攻。2
月12日，埃尔宾沦陷。

盟军继续轰炸德国的炼油厂和诸多城市，柏林首当其冲。

2月13日，维斯瓦河畔的施维茨、波美拉尼亚许多地区、匈牙利战线最右翼
的布达佩斯城堡相继沦陷。2月15日，科尼茨、施奈德米尔、图赫尔失守。2月16日，
格林贝格、索默费尔德、佐劳丢失，布雷斯劳陷入重围。2月18日，格劳登茨也
遭到合围。迪绍2月21日沦陷。

另一方面，2月17—22日，南方集团军群顺利消灭了苏联人设在格兰河对岸
的一座登陆场。这份战果归功于集团军群司令韦勒将军杰出的指挥，商讨进攻方
案的会议结束后，希特勒评价道："韦勒不是国社党员，可他好歹是条汉子！"

2月24日，波森和阿恩斯瓦尔德陷落。2月28日，后波美拉尼亚的施洛豪、
哈默施泰因、布勃利茨、巴尔登堡失守。3月1日，新斯德丁也告沦陷。

3月3日，芬兰对德国宣战。

当天，德军在西里西亚的劳班附近发动进攻，企图夺回巨人山东面柏林与西
里西亚之间唯一的铁路线。这场行动持续到3月8日，最终赢得胜利，但充其量
只有局部意义。

3月4日，苏联人在克斯林和科尔贝格附近到达波罗的海。整个后波美拉尼亚
现在彻底沦陷了。

苏联人在德国各省份实施的暴行无比残忍，馨竹难书。我目睹过难民大潮，
OKH和帝国宣传部的目击报告堆积如山。帝国宣传部国务秘书诺伊曼受戈培尔博
士所托，请我向国内外新闻媒体发表讲话，披露这些情况，谴责苏联人的暴行。

我 3 月 6 日应邀发表讲话，呼吁红军发扬骑士风度，想以这种方式尽力减轻德国民众遭受的苦难。我还谴责了英美两国的恐怖空袭。可惜我的呼吁没起到什么效果。这几个月，人道主义和骑士风度早已被他们抛到九霄云外，这场难以言述的复仇之战，仇恨的烈焰在各处蔓延。10 天后，诺伊曼又请我发表广播讲话，我婉言谢绝了，因为眼下发表公开讲话纯属白费口舌。我再也无法给可怜的德国民众带去任何希望了。

3 月 6 日，西线盟军攻入科隆城内。东线，苏联人攻往斯德丁。

3 月 7 日，西线盟军朝科布伦茨方向突破德军防线。东线，格劳登茨陷落。我们根本无法阻止苏联人占领波美拉尼亚。

3 月 8 日，西线之敌在雷马根夺得莱茵河上未炸毁的桥梁。由于缺乏炸药，守军没有炸毁这座重要的桥梁。希特勒大发雷霆，下令追究责任，根据军事管制法，5 名军官被枪决。

3 月 9 日，苏联人在斯德丁两侧到达奥得河东岸。我们在东岸勉强守住一座登陆场。

匈牙利境内，德军终于发动进攻，起初取得些战果。但温暖的春季气候软化了路面，坦克在泥泞中举步维艰，导致这场进攻前景堪忧。我们在巴拉顿湖北面确实夺得部分地盘，但南面的行动很快陷入停顿。

3 月 12 日，布雷斯劳爆发巷战。

红军的空中攻势毫未减弱，一连 20 个夜晚，柏林遭到猛烈轰炸。

3 月 13 日，苏联人攻入屈斯特林新城。他们到达但泽湾和普齐格。我们在匈牙利的进攻取得些进展，但鉴于总体局势迅速恶化，我们赢得的些许战果根本影响不了大局。

大获全胜的前景最终彻底消失了，就连士气高昂的武装党卫队师也败下阵来。装甲兵英勇奋战，在他们的掩护下，各党卫队师违抗命令撤离前线。武装党卫队师也靠不住了，消息传来，希特勒犹如挨了当头一棒。他怒不可遏，下令各武装党卫队师摘掉标有番号的袖标，就连他的警卫旗队也不例外。希特勒打算派我去匈牙利传达惩戒令。我不愿介入此事，故而向希特勒提出，党卫队全国领袖是武装党卫队的顶头上司，他负责整饬党卫队的军纪，应该由他亲自去匈牙利传达命令，再看看那里的确切情况。希姆莱此前一直不让陆军插手武装党卫队，现在却一反常态，可我忙得不可开交，根本没时间帮忙，只好请他亲自出马了。这起事件，希姆莱没能赢得武装党卫队的好感。

局势日益危急，某天晚上，全国组织领袖莱博士跑到希特勒那里，提出新的建议，以德国西部腾出来的国社党政治官员组建义勇军："我的元首，我敢保证，至少能召集4万名狂热的战士，他们能守住上莱茵和黑森林各条通道。您完全可以信赖他们。我的元首，请您批准把您值得骄傲的名字授予这支精锐义勇军，就叫'阿道夫·希特勒义勇军'。陆军总参谋长必须立即拨付8万支突击步枪！"莱博士建议组建的新兵团，战斗力究竟如何，我对此不抱太大热情，所以我请他先弄清到底有多少战斗人员，然后我再考虑如何武装他们。后来我再没听他提起此事。希特勒对此不置可否，他大概对这位组织领袖也没太多信心。

布雷斯劳、格洛高、科尔贝格、但泽、柯尼斯堡守军仍在顽强抵抗。激烈的交战在斯德丁城下肆虐。为了解作战态势和第3装甲集团军的战斗力，希特勒召见第3装甲集团军司令劳斯大将，请他亲自汇报情况。于是，劳斯从总体局势说起，希特勒打断了他的话："我了解总体局势，我想请您详细说说您麾下各个师的战斗力。"于是，劳斯详细汇报了情况，充分说明他非常了解第3装甲集团军各处防线，对麾下兵团战斗力的评判很准确。我当时也在场，觉得他汇报得很好。劳斯汇报完毕，希特勒不置可否地把他打发走了。劳斯刚离开帝国总理府地下暗堡，希特勒就朝凯特尔、约德尔和我吼道："他汇报得乱七八糟，都是些鸡毛蒜皮的小事。听口音，他不是东普鲁士人就是柏林人，必须立即解除他的职务。"我答道："劳斯大将是我们最优秀的装甲兵将领之一。我的元首，他想汇报总体局势，是您打断了他，您让他详细谈谈各个师的状况。至于籍贯，劳斯是奥地利人，是您的同乡，我的元首！"

希特勒说道："不可能，奥地利人不像他那样。"

约德尔说道："没错，我的元首，可能的确如此。他说起话来就像演员莫泽。"

我又说道："在您做出决定前，请允许我再次提醒您，劳斯大将的汇报，说明他对自己的战线了如指掌，非常清楚麾下各个师的状况，漫长的战争期间，他的表现相当出色，正如我说的那样，他是我们最优秀的装甲兵将领之一！"希特勒固执己见，不肯改变他对劳斯将军的看法。我又指出，我们现在没太多优秀的将领了。这番话没起到任何作用，希特勒还是解除了劳斯的职务。我气愤地离开会议室去找劳斯，告诉我的战友，他的同乡希特勒做出的决定很不公正，我对此无能为力，只能请他做好准备。接替劳斯大将的是冯·曼陀菲尔将军，阿登攻势失利后，他和大批装甲兵团从西线调到东线。

在此期间，尽管为时已晚，但帝国外交部显然还是决定，请某个中立国斡旋，与西方国家展开谈判。据说里宾特洛甫的密友黑塞博士去了趟斯德哥尔摩，但没取得什么成果。不过，我听到这个传闻，马上联系了我的外交政策顾问巴兰东博士，商讨一番后我们决定，我去拜访党卫队全国领袖希姆莱，敦促他利用红十字会或国际刑警组织这些国际关系，尽快结束这场越来越没有意义的杀戮。

文克将军受伤后，希姆莱从阿恩斯瓦尔德周边发动的进攻彻底失败。他的集团军群司令部混乱不堪。我就没收到过关于他那条战线的准确报告，根本无法保证他们会执行 OKH 下达的命令。为亲自了解他们那里的情况，我 3 月中旬前后驱车赶往希姆莱设在普伦茨劳附近的司令部。希姆莱的参谋长拉默丁在司令部营地入口迎接我，他见到我就说道："您不能把我们的司令弄走吗？"我告诉他，这完全是党卫队自己的事。我问党卫队全国领袖在哪里，拉默丁告诉我，希姆莱患了流感，在霍亨利兴疗养院接受他的私人医生格布哈特教授治疗。我立即赶往那里，见到了身体状况不错的希姆莱，这么轻微的感冒，换作是我，肯定不会在如此危急的时刻撇下自己的部队。于是我明确无误地告诉这位党卫队领导人，他担任的帝国最高职务——党卫队全国领袖、德国警察总监、帝国内政部长、后备军司令、维斯瓦集团军群司令——太多了，其中任何一项职务都需要全身心投入，战争的危急时刻更是如此，尽管我相信他能力出众，可这么多工作，凭一个人的精力无论如何是完成不了的。这一时期，希姆莱肯定意识到，在前线指挥军队不是件容易的事。所以我建议他辞去集团军群司令的职务，集中精力做好其他工作。

希姆莱不再像以前那么自信，他犹豫不决地说道："我不能对元首说这些，他不会批准的。"我赶紧抓住机会："要不我替您去说说？"希姆莱不得不同意了。当晚我就告诉希特勒，希姆莱身兼数职，实在忙不过来，建议解除他维斯瓦集团军群司令的职务，派迄今为止一直在喀尔巴阡山指挥第 1 装甲集团军的海因里齐大将接替他。希特勒唠叨了一通，最终不太情愿地批准了。海因里齐3月30日走马上任。

是什么促使希姆莱这种军事外行一心要当军事指挥官的呢？他对军事一窍不通，他自己知道，我们知道，希特勒可能也知道。那么希姆莱是如何走到这一步的呢？显然是他过度的野心造成的，特别是他渴望获得骑士铁十字勋章。但他和希特勒都低估了部队指挥官必须具备的素质。因此，希姆莱首次在众目睽睽下受领作战任务，既不能搞阴谋诡计，又无法浑水摸鱼，肯定会搞砸。他硬着头皮执行这项任务，纯属不负责任，而希特勒把任务交给他，也是不负责任的做法。

这段时间，施佩尔对局势的发展忧心忡忡，终于忍不住跑来找我。他告诉我，希特勒打算在红军到来前炸毁所有工厂、水电设施、铁路和桥梁。施佩尔直言不讳地指出，这种疯狂的行径必然让德国民众遭受史无前例的苦难和浩劫。所以他请我一同采取措施，抵制希特勒的企图。我欣然同意，立即起草指令，把整个德国列入必须坚守的防线内，只允许破坏寥寥几条防线前方的设施，其他地方一律不得实施爆破，关乎民生和交通的设施必须保留。次日我把草拟的指令交给约德尔，涉及整个国防军的事务必须由他经手。约德尔把这道指令转呈希特勒，但他们没请我当面汇报指令的内容。第二天我又去找约德尔，询问他的看法。他把希特勒签署的一道指令交给我，里面的内容与施佩尔和我希望达成的目的截然相反。

为了让读者了解施佩尔明确的意图，我在此引用他1945年3月18日呈送希特勒的备忘录，他当时想和我一同阻止希特勒破坏桥梁、工厂等设施：

> 一旦战火蔓延到德国境内，必须确保任何人无权破坏工厂、煤矿、电力和其他公用设施，以及交通设施和内陆水道。如果按计划炸毁桥梁，给交通设施造成的破坏，会远远超过敌人这几年的轰炸结果。破坏这些设施，意味着排除了德国民众日后生存的一切可能性……
>
> 战争的这个阶段，我们无权采取有可能影响民众生存的破坏措施。要是敌人打算毁灭我们以无与伦比的勇气顽强奋战的民族，那么他们就得承担这种历史性耻辱。我们有义务为德意志民族留下种种生机，确保他们将来获得新生。[4]

我对施佩尔备忘录的内容深表赞同，而希特勒的看法完全不同，他说道："如果战争失败了，我们的民族也就完了。这种命运无法避免，没必要操心民众苟且偷生需要的基本条件了。相反，我们亲手摧毁一切反而是好事，因为事实证明我们的民族是弱者，未来只属于更强大的东方民族。"

这种骇人听闻的言论，希特勒说过好几次。我亲耳听他说过，还反驳道，德意志民族必将永存，即便实施破坏也是如此，这是谁也无法改变的自然法则，如果他固执己见，一定要实施破坏，只会给受尽磨难的民族带来新的、本来可以避免的苦难。

尽管如此，希特勒 1945 年 3 月 19 日还是签发了破坏令，鲍曼 3 月 23 日又下达了执行令。由于国防军拒不执行，破坏行动只好交给担任帝国防务专员的各大区领袖。鲍曼先前还下令，把受威胁地区的民众运到德国内地，交通工具不够的话，就让他们徒步跋涉。由于事先没给难民准备食物和住处，这道命令执行得简直就是一场灾难。

就这样，军方和施佩尔联手，共同抵制希特勒疯狂的命令贯彻实施。布勒拒不发放炸药，致使破坏工作无法顺利执行。施佩尔奔波于各指挥部，向各处负责人明确阐明，执行这道命令会造成怎样的后果。我们没能阻止一切破坏行动，但我们付出的努力，极大地降低了破坏的程度。

注释

1. 引自《不可征服者》（The Unconquerables），《读者文摘》1942 年 2 月号，博尔 - 科莫罗夫斯基将军。
2. 引自纽伦堡 1946 年 2 月 23 日及之后的《伊萨尔邮报》（Aus der Isar-Post）。
3. 我赞同埃里希·科茨在《幻想与现实》一书里的说法。
4. 引自 1946 年 6 月 20 日的纽伦堡审讯记录。

第十二章　最后的崩溃

3月15日，OKH总部遭到猛烈轰炸，空袭持续的时间超过45分钟，整支航空队的携弹量足以炸毁一座大型城市，这么多炸弹雨点般投向我们这片小小的营地。当然，我们这里是无可争辩的军事目标，红军企图消灭我们也没什么可抱怨的。空袭警报中午响起，我和往常一样，在办公室里忙着处理公务。我妻子离开瓦尔特高逃到柏林，由于没有住处，经希特勒批准，和我一同住在措森。她当时站在一名二级下士身旁，看他把敌轰炸机群的航线标在地图上，发现敌机一反常态，没有从勃兰登堡继续飞往柏林，而是直接转向措森。她觉得情况不对，立即把这件事告诉我。我赶紧命令各部门工作人员进入防空洞，我刚刚走入自己的地下室，第一批炸弹就从天而降。幸亏及时下达了隐蔽的命令，我们的伤亡很小。只有作战处没把我的警告当回事，结果克雷布斯和几名同事身负重伤。弹片刺穿了克雷布斯的颞动脉，空袭结束后我去看他，发现他已陷入昏迷。我们赶紧把他送到医院，看来这几天他无法重返工作岗位了。

就是在这种情况下，维斯瓦集团军群新任司令海因里齐来到措森，我接待了他。海因里齐的首个任务是解屈斯特林之围，苏联人包围了这座小型要塞。为完成这项任务，希特勒打算投入5个师，从我们在奥得河畔法兰克福附近仍控制的一座小型登陆场发动进攻。我觉得此次进攻毫无胜算，依我看，首先应当消灭屈斯特林附近的一座敌军登陆场，与要塞守军建立直接联系。由于意见不一，我与希特勒反复争论了好几次。屈斯特林要塞的工事，可以追溯到腓特烈大帝时代，眼下担任要塞司令的是在华沙扬名立万的警察将军赖内法特，他是个好警官，但不是合格的前线将领。

这场反突击发起前，帝国总理府发生了一个小插曲，政治领域的这件事值得一提。那天大概是3月21日，为实现我与巴兰东博士商定的计划，我去见希姆莱，想请党卫队全国领袖利用他在中立国的关系促成停战。我在帝国总理府花园里找到希姆莱，他正和希特勒踩着遍地的瓦砾散步。希特勒看见我，把我叫到面前，问我有什么事。我告诉他，我来找希姆莱，想和他谈谈。听我这么一说，希特勒离开了，让我和希姆莱单独谈话。我简明扼要地对希姆莱阐述了他已知道的情况："我们无法打赢战争了，现在唯一要做的是立即停止毫无意义的杀戮和轰炸。除了里宾特洛甫，只有您与中立国还有联系。帝国外交部长不肯向元首提出停战谈判的建议，我只好请您动用您在中立国的关系，再和我一同去见元首，劝说他缔结停战协议。"希姆莱说道："亲爱的大将，现在谈这个问题为时过早了吧！"我说道："我真不明白您是怎么想的，现在不是为时过早，而是能否来得及的问题。要是我们无所作为，就再也没机会了。难道您不知道我们的处境有多惨吗？"我们谈了好一阵子，最终毫无成效。他害怕希特勒，我跟他实在谈不出任何结果。

当天傍晚，态势研讨会结束后，希特勒示意我留下，对我说道："我觉得您的心脏病加剧了，您得立即休假四周，好好调养一下。"解决我个人的问题，这倒是个好办法，可鉴于陆军总参谋部目前的状况，我不能接受他的建议。于是我答道："眼下我还不能离开自己的岗位，因为我一个副手也没有。文克伤势未愈，克雷布斯在3月15日的空袭中身负重伤，暂时无法回来工作。华沙陷落后，您下令逮捕了部分军官，作战处的工作效率受到影响。我会尽快找个合适的继任者，然后就去休假。"我们交谈之际，施佩尔求见希特勒。希特勒让人传话，说今天没时间接见他。希特勒随后老调重弹，对我说道："想跟我单独会面的人，总是说些令人不快的话，实在让我受不了。他的备忘录，开头一句就是：战争输掉了！他今天来见我，肯定又要说这句话。我根本不看他的备忘录，直接锁入保险柜。"希特勒给施佩尔传话，让他三天后再来。

时局艰难的3月份，希特勒的许多言论值得关注。某天傍晚，他因为西线盟军公布了高昂的俘敌人数而大发雷霆，宣称："东线官兵的作战表现好得多，他们在西线这么快就投降，完全是因为愚蠢的《日内瓦公约》保证他们被俘后得到宽容的对待。我们必须废除这份愚蠢的公约！"约德尔全力反对希特勒疯狂而且毫无意义的决定，我支持他的看法，最终打消了希特勒的念头。约德尔还劝阻希特勒任命某位将领出任集团军群司令，此人不久前因为严重违纪而受到惩处，还被勒令退役。约德尔现在认识到，陆军总参谋部必须统一领导，还承认自己先前对这个问题的看法是错误的。德军在斯大林格勒惨败后，约德尔似乎一直处于浑浑噩噩的状态，直到最后时刻，他才如梦初醒，看问题也更敏锐了。

3月23日，西线盟军到达莱茵河上游和中游，还在下游与鲁尔河交汇处北面沿宽大的战线渡过莱茵河。东线，苏联人在上西里西亚的奥珀伦附近顺利达成突破。

3月24日，美军渡过上莱茵河，攻往达姆施塔特和美因河畔法兰克福。东线，但泽周围的激战仍在继续。苏联人在屈斯特林附近遂行进攻。

3月26日，红军在匈牙利发动新的攻势。我们与屈斯特林守军恢复联系的企图失败了。

3月27日，巴顿的坦克攻入美因河畔法兰克福郊区。阿莎芬堡附近爆发激战。

当天中午的态势研讨会，希特勒为我军在屈斯特林附近的反突击失利大发雷霆，认为第9集团军司令布塞将军负有主要责任。他斥责布塞的进攻准备使用的炮弹太少，声称第一次世界大战的佛兰德战役期间，耗费的炮弹是此次进攻的10倍。我告诉他，布塞手上没这么多弹药，所以无法实施如此猛烈的炮火准备。希特勒朝我吼道："那您就该给他多配发些炮弹！"我向他汇报了弹药总产量和分配给我的份额，以此证明我把手头所有弹药都给了布塞。希特勒又吼道："这就说明部队太无能了！"我告诉他，投入进攻的各个师伤亡很大，证明部队以最大的牺牲尽到了他们的职责。会议不欢而散。回到措森，我再次核实了弹药消耗量、参战部队的伤亡数和取得的战果，写了份明确的报告，请克雷布斯将军参加晚间态势研讨会时呈送希特勒，因为我实在不想再与他徒劳地争论了。我还让克雷布斯转告希特勒，请他批准我次日（3月28日）视察法兰克福登陆场。我想亲自去看看，希特勒以5个师从这座狭窄的登陆场发动进攻，解奥得河东岸屈斯特林之围的企图是否可行。尽管我深表怀疑，但到目前为止，没能让希特勒改变想法。

克雷布斯直到深夜才从柏林返回措森。他告诉我，希特勒禁止我去法兰克福，还命令我和布塞将军3月28日必须出席午间态势研讨会。希特勒对我的报告很恼火，认为我在指责他，所以不难预料，明天的午间态势研讨会肯定又是一场暴风骤雨。

1945年3月28日14点，以往参加态势研讨会的人员齐聚帝国总理府逼仄的暗堡，布塞将军也来了。希特勒走入会议室，让布塞做汇报。布塞刚说了几句，希特勒就打断他，搬出昨天那套说辞斥责布塞的无所作为。我本以为昨天已驳倒希特勒的说法，没想到他老调重弹，听他说了几句，我实在按捺不住，打断了他的话，再次提出我在 3 月 27 日的口头和书面报告里说得清清楚楚的观点："请允许我打断一下，昨天我就以口头和书面形式向您解释过，屈斯特林反突击的失利不能归咎于布塞将军。第 9 集团军把配发给他们的弹药都用于进攻，部队尽到了职责，异乎寻常的高昂伤亡充分证明了这一点。所以我请您别再指责布塞将军了。"希特勒说道："请诸位暂时离开会议室，陆军元帅和大将留下。"众人离开会议室后，希特勒直截了当地说道："古德里安大将，您的身体状况要求你立即休养 6 周！"我举起右手敬礼，说道："我马上就走！"说着朝房门走去。我刚握住门把，希特勒把我叫了回去："请您待到会议结束再走。"我默默地走回自己的座位，与会人员又被叫入会议室，态势研讨会继续进行，就好像什么都没发生过。但希特勒没再申斥布塞，会议期间还几次询问我的意见，这几个钟头似乎无比漫长，随后一切都结束了。与会人员离开暗堡，希特勒把凯特尔、约德尔、布格多夫和我留下，对我说道："请您尽快康复，这 6 周的局势会非常危急，届时我会更需要您。您想去哪里休养呢？"凯特尔建议我去巴特利本施泰因，他说那里的风景非常美丽。我告诉他，美军已到达那里。这位元帅又殷勤地说道："那就去哈尔茨山的巴特萨克萨吧。"我感谢了他的好意，说我打算找个 48 小时内不会被敌人占领的地方休养。我再次举手敬礼，然后在凯特尔陪同下，永远离开了元首暗堡。去停车场的路上，凯特尔告诉我，我没再对希特勒多说些什么，做得很对。当时的情况我还能说些什么呢？再说什么都是多余的。

　　傍晚前后我回到措森，妻子见到我就说道："这么晚才回来，我有点担心。"我告诉她："这是最后一次了，我被免职了。"我俩抱在一起，都觉得如释重负。

　　3 月 29 日，我向同事道别，把工作移交给克雷布斯，收拾好为数不多的物品，3 月 30 日，在妻子陪同下，乘火车离开措森南下。我本打算去图林根林山脉奥伯霍夫附近的狩猎屋，可美军的推进速度太快，我只好打消这个念头。我们决定去慕尼黑附近的埃本豪森疗养院，在那里可以休养，还能治疗心脏病。我 4 月 1 日住进疗养院，得到优秀的心脏病专家齐默尔曼博士悉心照料。朋友提醒我，盖世太保正监视我的一举一动，于是我请了两名战地警察来保护我。

　　5 月 1 日，我带着妻子前往迪特拉姆斯策尔，冯·席尔歇夫人热情地接待了她，让她住在自己家里。装甲兵总监部已经转移到蒂罗尔，我只身赶往那里，和他们一同等待战争结束。德国 1945 年 5 月 10 日无条件投降后，我和装甲兵总监部人员成了美军的俘虏。

　　3 月 28 日后发生的各种事情，我都是从收音机里听到的，所以无法做出评论……

第十三章　第三帝国的领导人

职业生涯让我接触到许多对德意志民族的历史进程产生重要影响的人物，所以，我似乎有责任把自己与他们直接接触后得出的印象写下来。我知道自己的印象不免流于主观，但这些看法出自军人而非政客，因而在许多方面与政客具有目的性的观点不太一样，而且严格秉承军人的立场和荣誉观，完全符合德国陆军的传统。我得出的这些印象，还需要其他人的观察和判断做出补充，与诸多资料对比后，才能合理可信地总结这些大人物的性格，他们的所作所为和过失疏漏，对我们遭受的不幸和前所未有的崩溃负有不可推卸的责任。

我在前文叙述了自己的经历和得出的印象，尽量不受"事后诸葛亮"影响，但本章作为最后的反思，我打算采用德国战败后我与其他人交流和查阅文献资料掌握的情况。

希特勒

这些大人物构成了决定我们命运的圈子，居中者无疑是阿道夫·希特勒。

希特勒出身低微，缺乏家教，也没受过什么教育，言行举止粗鄙，他在我们面前平易近人，在亲密随从的簇拥下显得轻松自在。希特勒原先在高雅的文化圈里一点也不局促，涉及艺术和音乐的话题更是侃侃而谈。后来，希特勒的某些亲信，特别是素质低下的那帮家伙，刻意激起希特勒对知识、文化界高雅人士的强烈反感，目的是让希特勒远离这些人，以免受他们影响。这帮家伙之所以能做到这一点，主要是因为希特勒始终对早年窘迫的生活条件耿耿于怀，同时也因为希特勒认为，那些旧传统的代表会对他这个伟大的革命家百般掣肘，甚至还会把他引入歧途。

这是打开希特勒内心世界的第一把钥匙。出于这种复杂的心态，他越来越排斥王公贵族、学者和容克①、官员和军官。希特勒掌权初期，为符合上流社会和国际交往的惯例，他尽量约束自己的言行举止，战争爆发后就把这一切抛诸脑后了。

希特勒聪明绝顶，记忆力超群，各种历史事件的日期、技术数据、国民经济统计数字记得清清楚楚，他还博览群书，汲取各种知识，弥补自己受教育不足的缺陷。令人称奇的是，他一次次准确地重述自己读过或在会议上听过的内容。希特勒当上总理和国防军最高统帅后经常说："您6周前说的完全不同！"这句话让人手足无措，要是有人质疑他的说法，希特勒就让人取来当初的会议记录，证明自己说的没错。

希特勒能以通俗易懂的话语阐述自己的想法，然后不断重复，把这些想法灌输给听众，他在这方面很有天赋。无论面对数千人还是身边的小圈子，希特勒发表讲话时通常以"我1919年决心从政……"这句话开头，他的政治性演讲和训话总是以"我不会屈服，我决不投降"这句话结束。

希特勒非凡的演说才能是与生俱来的，不仅能打动普通民众，就连受过教育的人也听得如痴如醉。他懂得如何让自己的演说巧妙地迎合听众的心理，对工业家、军人、忠诚的党员、持怀疑态度者、大区领袖、下级官员发表的讲话各不相同。

希特勒最显著的特点是他的意志力。他以自己的意志迫使民众忠贞不贰地追随他。这种力量具有强大的暗示性，甚至对某些人造成催眠般的效果。我多次经历过这种情况。整个OKW几乎没人能免疫，要么像凯特尔那样被永久催眠，要么像约德尔那样听之任之。就连充满自信、面对对手英勇无比的人，也为希特勒的话语折服，只好对他难以驳倒的逻辑缄默不语。希特勒发表小范围讲话时，会仔细打量听众，认真观察自己的话起到的效果。要是他发现某人或某些人没有屈从于他的暗示力，自己没能"催眠"对方，他通常会重点"关照"这位或这些意志坚定者，直到他觉得自己的话奏效。可如果没达到预期效果，"催眠师"希特勒就会恼羞成怒地吼道："我还没说服此人。"遇到这种人，希特勒会设法尽快把他弄走。希特勒在成功的路上走得越远，就越缺乏包容心。

---

① 指普鲁士的贵族和大地主。

希特勒对民众的影响确实很大，有人得出结论，德国人特别容易受到鼓动。但历史上的各个民族，普通人屈从于非凡人物的感召力，这种情况屡见不鲜，哪怕从基督教的观点看，那些大人物也算不上好人。近代史上，法国大革命及其重要人物，以及随后出现的天才拿破仑就是很好的例子。法国人想必早就意识到，拿破仑的征战会走向失败，可他们还是追随这位伟大的科西嘉人，直到最终败亡。尽管美国人民热爱和平，可他们还是在总统的感召下，义无反顾地投身两场世界大战。意大利人追随墨索里尼。苏联人就更不用说了，这个庞大的民族受到列宁思想影响，背离了他们原先的信念，走上布尔什维克主义的道路。我们作为同时代的人，清楚地知道列宁的革命思想之所以获得适宜的温床，完全是因为沙皇时代的经济状况欠佳，大批贫困交加、怨声载道的民众这才义无反顾地听信了布尔什维克改善他们现状的承诺。

德国人响应希特勒的感召，很大程度上是第一次世界大战结束后战胜国的错误政策造成的。这些政策带来的失业、巨额赔款、领土割让、缺乏自由和平等、丧失防卫能力，为国家社会主义的萌芽创造了条件，提供了温床。战胜国缔结《凡尔赛和约》，没有采纳威尔逊总统的"十四点和平原则"，致使德国人不再相信西方大国的承诺。魏玛民主政体徒有虚名，尽管百般努力，但在外交政策方面没取得什么成绩，也无力解决国内的种种难题，这种情况下，某人挺身而出，向民众承诺，他会把他们从《凡尔赛和约》的枷锁下解救出来，的确是个很好的时机。就这样，希特勒大肆许诺日后会采取更好的内政外交政策，赢得了众多支持者，还以民主方式组建了最强大的党派，最后依据民主程序获得执政权。由此可见，滋生国家社会主义的温床就在那里，不能指责德国人比其他民族更容易受到鼓动。

希特勒承诺，对外要废除"不公正"的《凡尔赛和约》，对内要解决失业问题和党派纷争。他知道，所有善良的德国人无比真诚地渴望实现这些目标，谁不想呢？这些明确的目标，是每个正直的德国人期盼的，他们满腔热情地为之奋斗，对政府的能力和对手的善心产生怀疑，因此，希特勒职业生涯初期就获得数百万人支持。毫无结果的国际会议越多，巨额赔款越难以忍受，受到不平等对待的时间越长，聚集到万字旗下的追随者就越多。大家可以设身处地地想想，1932年年底到1933年年初，德国再次陷入近乎绝望的境地，失业人数超过600万，再算上他们的家人，饿肚子的人口就达到 2500 万左右，柏林和其他大城市失业的年轻工人在街头无所事事地游荡，犯罪率激增，共产党借此获得 600 万张选票。毫无疑问，要是希特勒的国家社会主义德国工人党不牢牢掌握几百万支持者，不给他们灌输新的理想和信念，这些人肯定会投入其他阵营。

大家想必还记得，此前不久，英法两国禁止德国与奥地利缔结经济联盟，尽管这种联盟多少能缓解两国的困境，而且在强权政治方面也不会给西方国家造成任何危害。奥地利受到《凡尔赛和约》的附属条款《圣日耳曼条约》限制，当时也处于经济崩溃的边缘，不与大经济区域展开经济合作的话，他们就无法生存下去，所以他们希望建立欧洲经济联盟来解决眼下的问题。西方列强禁止德奥缔结经济联盟，也让态度温和、亲西方的德国人倍感痛心，因为这件事说明，尽管战争已结束 12 年，德国加入国际联盟也已 6 年，可战胜国根本不信任德国，毫不掩饰他们赤裸裸的敌意。当时分析局势的温和派人士指出，这起事件对希特勒 1931 年、1932 年的成功竞选起到重要作用。

不管怎么说，希特勒终于把强大的力量聚集在他的党旗下，这是一股谁都无法忽视的力量。因此，年迈的帝国总统冯·兴登堡元帅犹豫再三，最终还是让希特勒出任帝国总理，兴登堡做出这项决定殊为不易，因为他和许多德国人一样，不喜欢希特勒，更不欣赏他的所作所为。

希特勒掌权后开始铲除异己，冷酷无情的手段暴露出这位准独裁者的另一个性格特点。他之所以能肆无忌惮地为所欲为，是因为反对派的实力太弱，而且四分五裂，面对尖锐的挑战几乎不战而溃。就这样，希特勒采用合法手段，突破了魏玛宪法为防止个人独裁而设立的障碍。

希特勒不断肃清内部反对势力，肆无忌惮发展成残酷无情，清洗罗姆期间许多人遇害，甚至包括与罗姆毫无关系的人，他们遭遇不测是因为其他原因惹恼了国社党，就连希特勒也不知道他们送了命，可这些暴行没受到任何惩处。帝国总统冯·兴登堡元帅病入膏肓，再也无力干预。不过，希特勒当时还是觉得，必须就冯·施莱歇尔将军遇害一事向军官团道歉，并保证以后不再发生此类事件。

1934 年 6 月 30 日发生的上述罪行没得到相应的惩处，这件事说明，德国的法制受到严重危害。不只如此，这起事件还在很大程度上强化了希特勒的权力意识。

他以立法的方式解决了继承兴登堡权力的问题，还巧妙地搞了场公投，最终正式成为帝国元首。

当初有人问过希特勒，是否想恢复君主制，以此巩固自己的地位，确保其合法化。他后来在柏林对一群军官发表讲话时指出，他确实认真考虑过这个问题。明智的君主充分信赖身边杰出的首相，赞赏对方取得的成就，自始至终与他共同治理国家，希特勒说他在历史上只找到一个例子，就是威廉一世和俾斯麦。据他所知，历史上再也找不到第二个具有这般胸怀和智慧的君主。希特勒和他的朋友墨索里尼也讨论过这个问题，但墨索里尼谈了他与意大利国王打交道的种种难处，于是希特勒打消了恢复君主制的念头，以免作茧自缚。

希特勒选择了独裁！

他以独裁的方式取得许多重大成就：解决了失业，提高了劳动积极性，唤醒了民族精神，消除了党派纷争。有人不愿承认希特勒取得的成就，这种做法是不对的。

希特勒巩固了国内的实力地位，随后着手推行他的外交政策。收回萨尔区、重整军备、军事占领莱茵兰、合并奥地利，都是在德国人民支持下进行的，外国对此持容忍甚至是肯定的态度，说明他们非常理解德意志民族的合理主张。希特勒下一步打算解放苏台德地区的德国人，但他面临的任务越来越艰难。虽然这些德国人受到捷克民族主义者不可否认的压迫长达20年之久，但捷克与法国是同盟关系，尽管他们1918年缔结的联盟无视民族自决权，可如果德国贸然破坏的话，会促使法国援引共同防御条款，有可能爆发战争。希特勒根据他迄今为止得出的印象，对西方国家的政治家做出判断。超强的政治本能让他意识到，大多数法国人和态度温和的法国政治家都不会积极解决这个原本就不公正的问题，更不会以此作为对德国开战的借口。他对英国民众的想法做出类似的判断，其实他很想同英国人和平共处。希特勒的判断正确无误。英国首相张伯伦、法国总理达拉第、希特勒的朋友墨索里尼来到慕尼黑，与希特勒签署了协定，德国对捷克斯洛伐克采取的行动就此合法化。希特勒签署这份协定，是基于颇具政治远见的英国观察员朗西曼勋爵的主张。《慕尼黑协定》暂时维持了和平，但再次强化了希特勒面对西方国家的自信和实力意识。在希特勒看来，无论代表各自国家的西方政治家多么尊贵，最终都迫于他个性的压力做出让步，高贵的身份不免大打折扣。了解英国人个性的某些德国人发出警告，希特勒对此置若罔闻，甚至采取了更加顽固的立场。

所有国家机构不受限制地落入希特勒手里，1938 年年初，德国陆军是唯一能抵制纳粹政权的机构，希特勒对此忧心忡忡。因此，德奥合并前，肆无忌惮的希特勒巧妙地利用布隆贝格—弗里奇事件，顺利攫夺了陆军指挥权。陆军领导层对此洞若观火，可他们的权力被剥夺，只能保持沉默。绝大多数陆军将领对事件真相一无所知，更别说部队官兵了。就算有人萌生兵变的念头，也只是在心里想想，最多在备忘录里草草写上几句。所以从表面上看，他们都保持着忠诚的模样。没人对希特勒的肆意妄为发出警告，或提出反对希特勒的想法，更别说把不满情绪扩散到更大范围，例如整个国防军。另外，随着时间的推移，陆军内部反对希特勒的人越来越少，因为加入陆军的新成员都来自希特勒青年团、帝国劳工组织、国社党，他们早已宣誓效忠希特勒。年复一年，军官团里年轻的国家社会主义者也越来越多。

希特勒在国内掌握了绝对的权力，对外政策捷报频传，他越来越自信，越来越傲慢，在他看来，除了他自己，其他人都不值一提。而希特勒安排到第三帝国领导岗位的平庸小人，对他大肆吹捧，进一步加剧了他的骄横傲慢。希特勒原先还能实事求是地考虑问题，至少听得进不同意见，也愿意和别人交换看法，可后来变得越来越专制。充分说明这一点的是，自 1938 年起，帝国内阁再也没有召开过会议。希特勒独自下达指示，各部长奉命行事，不再共同协商重大政治问题。从那时起，许多部长根本见不到希特勒，就算他们想当面汇报，受接见的次数也少得可怜。虽然这些部长想按正规程序行事，可除了国家机构，又出现了党的机构。希特勒的原则是："不是国家指挥党，而是党指挥国家！"全新的局面就此出现，政府的权力转移给党，换句话说，国社党大区领袖掌握了政权。这些大区领袖出任政府要职，不是因为能力出众，而是基于他们在党内做出的成绩，所以人品是否合适无关紧要。

许多党内官员效仿希特勒，为达目的不择手段，政治风气急剧恶化，国家行政管理机构丧失了权力。

　　司法部门的情况也一样。后患无穷的《授权法》赋予独裁者前所未有的权力：不需要国会批准，他就能颁布具有法律效力的政令。不过，就算国会介入也改变不了什么，因为1934年后，建立在普选和不记名投票基础上的帝国国会已形同虚设。眼下，我们在苏联的势力范围内一次次经历这种程序。

　　到1939年春季，希特勒傲慢到无以复加的地步，他决定把捷克斯洛伐克作为保护国并入帝国。虽然这项举措大获成功，没有引发战争，但伦敦的严正警告本该让我们停止扩张，好好反思一番。吞并捷克斯洛伐克后，梅梅尔地区又回归帝国。帝国的实力地位似乎相当强大，尚未实现的民族愿望完全可以通过和平手段逐步完成。但希特勒不这么想，原因当然很多，而他对自己英年早逝的奇特预感也很重要："我知道自己不会活得太长，所以不能浪费时间。继任者没有我这种毅力，他可能过于软弱，无法做出必须做出的艰难决定。所以我得在有生之年亲自解决这些问题。"就这样，希特勒驱使他自己、他的下属和整个民族，以惊人的速度沿着他规定的路线狂奔。"一旦幸运女神福尔图娜踏着金球飘过，你就得果断地跳起来，抓住她的袍角。否则机会就彻底丧失了！"所以，他跳了起来！

　　1939年秋季，希特勒给自己定下的目标是消除波兰走廊。现在回头看看，他当时对波兰提出的建议并不过分。但波兰人，特别是波兰外交部长贝克，不愿接受希特勒的建议。就在他们犹豫不决之际，英国对波兰做出保证，于是波兰人选择了战争。[1]一切成为定局后，英国对德国宣战，法国在英国敦促下也对德国宣战。第二次世界大战就此爆发，希特勒把战事控制在波兰境内的企图宣告失败。

　　波兰战局开始前，希特勒极为谨慎，为保障后方安全，他与苏俄缔结条约，暂时避免了我们有过惨痛教训的两线作战。为顺利达成协议，考虑到政治利益，希特勒不得不搁置他的反布尔什维克意识形态。从希特勒1939年10月27日吃早餐时对我说的那番话可以看出，他不确定民众能否接受他与苏俄缔结的条约，当时我就坐在他身旁。但德国民众，特别是陆军，对此深表欢迎，因为随着西方国家的介入，战火朝错误的方向蔓延，确保我们身后的安全至关重要。德国民众和陆军当然不想与苏联开战，1940年的西方战事结束后，要是他们获得公正的和平，本来是件皆大欢喜的事。

　　西方战事圆满结束，希特勒的成就到达顶峰。但英国远征军大部从敦刻尔克逃离，给德国埋下后患。温斯顿·丘吉尔认为敦刻尔克的行动是一场胜利，特别是英国皇家空军，尽管伤亡很大，但还是击败了德国空军，他说的没错。在敦刻尔克上空，后来在英国上空，德国空军损失惨重，没能完成预定任务，彻底丧失了原本就不大的空中优势。

空中作战失利，希特勒和戈林负有同样的责任。面对戈林的虚荣心，以及希特勒对首要心腹的纵容，无论德国空军多么英勇，军事技能多么高超也无济于事。直到很久后，希特勒才认清戈林真正的能力，更准确地说，他发现戈林毫无能力。值得注意的是，出于"政治方面的原因"，希特勒没有撤销戈林的职务，而空军总司令一职对战争的进程和结局至关重要。

常有人说，希特勒无比信赖身边的"老战士"，对他们的忠诚深信不疑。就帝国元帅的情况而言，事实的确如此。希特勒经常严厉申斥戈林，也清楚地看到问题所在，但始终没有痛下决心。

1940年的西方战场，暴露出希特勒的另一个特点。他策划作战方案非常大胆。入侵挪威就是个大胆的计划，以装甲兵突破色当同样如此。这两个行动，希特勒都采纳了最大胆的建议。但执行期间一遇到困难，他马上打起退堂鼓，与他在政治上遇到困难时的坚定不移截然相反，也许是他本能地意识到，自己在军事领域缺乏天分。

入侵挪威期间就发生过这种事，当时纳尔维克的局面岌岌可危，面对这种情况，重要的是保持冷静，不能轻易放弃。幸亏冯·洛斯贝格中校和约德尔将军挽救了局势。色当发生的情况如出一辙，我军赢得辉煌的初期胜利，完全出乎希特勒和他那些顾问的意料，当时重要的是迅速有力地发展胜利。可1940年5月15日和17日，希特勒两次命令我停止前进。我没有停下脚步，但这不是他的功劳。最要命的是，我们不得不停在敦刻尔克前方的阿河，眼睁睁地看着英军逃入要塞，登船后撤离。要是装甲兵团获得行动自由，我们本来能抢在英军之前到达敦刻尔克，切断他们的逃生通道。这样一场毁灭性打击，本来能极大地改善德军登陆英国本土的成功前景，甚至有可能让我们的对手不顾丘吉尔的强烈反对，向德国求和。

希特勒随后又犯了另一些错误。与法国草草停战，没到达地中海沿岸就结束西方战事，西方战事结束后没有立即登陆北非，更没有立即进攻苏伊士运河和直布罗陀，这些错误充分证明我说的没错：希特勒制订计划很大胆，甚至有些鲁莽，但执行这些军事企图却谨小慎微，甚至有点畏首畏尾。要是希特勒细致周密地制订计划，迅速而又坚定地加以执行，德国本来能赢得更辉煌的战果，还是那句话："谨慎谋划，大胆行事！"

德军在非洲展开的军事行动，还受到另一些因素影响。首先，希特勒认为必须考虑墨索里尼的感受；其次，他始终抱有纯粹的大陆性思维。他的眼界具有局限性，对整个世界知之甚少，也不了解海权的问题。我不知道他是否读过美国海军将领马汉的著作《海权对历史的影响》，不管怎么说，他都没有遵照书里的教义行事。

正是因为上述种种缺陷，1940 年夏季，希特勒犹豫不决，不知道该如何率领德国人民走向和平，也不知道怎样同英国人打交道。德国国防军枕戈待旦，但不可能长期保持待命状态。面对这种压力，希特勒觉得自己必须采取行动。对谁采取行动呢？他望向昔日的意识形态之敌，与这个宿敌的长期斗争，当初为他赢得大量选票，而对方目前仍盘踞在东部边界，毫未受到战火波及。这是个诱人的目标，希特勒动了清算苏俄的念头，这样还可以充分利用西面的主战线暂时平静获得的时间。他清楚地知道，苏联对欧洲和整个西方世界都构成威胁。他还知道，自己对这个问题的看法，与大多数德国人，甚至与欧洲所有国家大批正直的民众完全一致。不过，他的想法在军事上是否具备可行性，完全是另一个问题。

希特勒入侵苏联的念头，一开始可能只是突发奇想，但随着时间推移，他的态度越来越认真。异常活跃的想象力让他低估了苏联的实力。他声称陆地和空中的摩托化为胜利开启了新的前景，瑞典国王查理十二世和拿破仑的时代完全无法与今天同日而语。希特勒还认为，只要首轮打击大获全胜，苏维埃体制必然土崩瓦解，苏联民众随后会欣然接受国家社会主义思想。但侵苏战争打响后，发生的许多事情完全出乎他的意料。国社党派驻占领区的高级代表残酷地对待当地居民，希特勒企图肢解苏维埃俄国，把大部分领土并入德国，这些举措迫使全体苏联人团结到斯大林的旗帜下。他们同仇敌忾，为保卫自己的祖国与外国侵略者殊死奋战。

希特勒之所以犯下这种错误，是因为他蔑视其他种族和民族。战前，德国残酷地对待犹太人就充分证明了这一点。这种做法极不负责，希特勒的短视造成严重的后果，现在更是变本加厉。给国家社会主义和德国的事业造成损害的，恰恰是他荒唐的种族政策。

希特勒想统一欧洲，可他无视民族特性的多样性，再加上他奉行中央集权制，他的意图从一开始就注定会失败。

侵苏战争很快暴露出德国实力的极限。但希特勒没有因此而偃旗息鼓，或至少限制征服范围，反而跳入无底的深渊，企图以残酷无情的手段迫使苏联人屈服。他随后又莫名其妙地对美国宣战。当然，罗斯福总统的"开火令"实际上已造成两国近似开战的状态。可如果不是希特勒的傲慢自大毁了一切，德国可能要过很长一段时间才会对美国宣战。

他迈出这惊人的一步，适逢德军在莫斯科周边战场首次遭遇决定性失败。希特勒的战略缺乏连贯性，朝令夕改，必然以破产告终。于是他给部队下达了一道道严酷无情的指令，以此弥补自己的过失。这些措施暂时奏效了，但从长远看，仅仅让前线官兵牢记腓特烈大帝的掷弹兵、牢记伟大的国王和军队指挥官要求他们付出的牺牲是不够的。他把自己与德意志民族等同，却无视民众最基本的需求，这种做法也是不够的。

说到这里，我想谈谈我对希特勒个性的印象。希特勒到底是个怎样的人呢？他是个素食主义者，不吸烟，也不喝酒。应该说这些品质很可贵，源于他的信念和禁欲主义生活方式。但希特勒的孤身子影造成了严重的后果，他没有真正的朋友，就连最资深的党内老同志也只是他的追随者，而不是朋友。据我所知，他跟谁都不亲近，从不对任何人敞开心扉，对谁都不会直抒胸臆。希特勒没有知心好友，也没有深爱的女人。他一直没结婚，更没有孩子。高尚的友谊、纯洁的爱情、对子女的挚爱，与世俗生活相关的一切都与他无缘。他在世上孑然一身，伴随他的只有一份份庞大的计划。也许有人会拿他与埃娃·布劳恩的关系来反驳我，但我对他们的关系一无所知，尽管最后几个月，我几乎每天都见到希特勒和他的亲信随从，却从没见过埃娃·布劳恩。直到身陷囹圄，我才听说希特勒的这段感情。可惜，埃娃·布劳恩显然没对希特勒产生任何影响，要是她能稍稍软化希特勒的性情该多好！

所以我们看到，尽管这位德意志的独裁者对腓特烈大帝和俾斯麦顶礼膜拜，却没有他们的智慧和稳健，他不知疲倦地孤身前行，从胜利走向胜利，又从失败走向失败，追寻的目标越来越大，对最终赢得胜利的执念越来越深，越来越严重地把自己与国家混为一谈。

希特勒的作息时间混乱，一场会议接着一场会议，直到午夜过后很久才就寝。他原先和 OKW 的亲信一同用餐，兵败斯大林格勒后，他就独自吃饭了，但偶尔也会邀请一两位客人一同用餐。他就着凉开水或麦芽啤酒，大口吞咽蔬菜和面食。最后一场夜间态势研讨会结束后，希特勒就和他的副官、女秘书坐下来聊天，谈论他的各项计划，一聊就是几个钟头，直到天光拂晓。然后他会睡上一会儿，通常情况下，最晚到 9 点左右，女清扫工用扫帚敲击他卧室的房门，把他叫醒。希特勒起床后，用很烫的水洗把澡，从昏昏沉沉的状态彻底恢复过来。战事顺利的时候，这种不规律的生活方式没给他造成明显的影响。可随着战事一次次受挫，他的神经再也承受不住，越来越多地借助药物。为了能安稳入睡、恢复活力、平静心绪、重新振作，希特勒请私人医生莫雷尔给他注射药物，他要什么莫雷尔就给他什么，但希特勒服用的药物经常超出规定剂量，特别是注射含有士的宁的强心剂，久而久之，他的身体和精神受到严重损害。

德军兵败斯大林格勒后，我时隔 14 个月再次见到希特勒，发现他的身体状况大不如前。他佝偻龙钟，左手抖个不停，目光呆滞，微微凸出的双眼毫无神采，脸上还有些红点。他比以前更容易激动，经常失控地大发雷霆，说的话颠三倒四，做出的决定让人难以捉摸。希特勒患病的外在迹象越来越多，只不过他身边的亲信随从习惯使然，没有发觉而已。1944 年的 "7·20" 事件发生后，希特勒不仅左手抖个不停，就连整个左边身子也在颤抖。为了让自己抖得不那么明显，希特勒坐下后，不得不用右手握住左手，把右腿搁在左腿上。他佝腰驼背，步态迟缓，看上去就像慢动作。他就座时，必须有人先把椅子放到他身下。希特勒的思维依然活跃，不免让人不寒而栗，因为他现在对所有人都不信任，还极力掩饰自己身心俱疲、在政治和军事方面彻底失败的现实，就这样自欺欺人，企图以此维持他的统治。实际上，他很清楚自己的状况，而他努力寻求的事业真相如何，他同样心知肚明。

希特勒以一种狂热的顽强，死死抓住自以为见到的最后一根稻草，企图挽救自己和自己的事业。他把强大的意志力倾注于主导他的念头："我不会屈服，我决不投降！"这是他常说的话，现在也必须照此行事。

德国人民当初选举他为国家领袖，是希望他重建社会秩序，率领德国从第一次世界大战战败的阴影下崛起，在国内外获得真正的和平。可他却着了魔，抛弃了一切真善美的情感，最终彻底毁了自己的事业，还拖着善良、正直、勤劳、忠诚的德意志民族走向深渊。

我后来在狱中与了解希特勒和他病情的医生谈过，他们说他患了"震颤麻痹"，也就是帕金森病。外行能看出这种病的外在症状，却无法做出准确的诊断。我记得 1945 年年初，第一位准确诊断出希特勒病情的是柏林的德·克里尼斯教授，没过多久他就自杀了。他的诊断报告始终秘而不宣，希特勒的私人医生也守口如瓶。帝国内阁对希特勒的身体状况可能并不知情，不过就算他们知道，恐怕也不会从中得出什么结论。据说，希特勒患的帕金森病，病原不是昔日的性病，而是他过去患的重感冒，例如流感。这个课题就留给医生去研究吧。德国人民只要知道，他们的领袖，他们以其他民族难以相比的激情无条件信赖的元首，其实是个病人。这种病既是希特勒的不幸，又何尝不是德国人民的不幸和劫难呢！

党

除了副元首鲁道夫·赫斯，希特勒指定的接班人赫尔曼·戈林是国社党最重要的人物。戈林在一战期间是现役军官，作为战斗机飞行员成为里希特霍芬的继任者，获得过蓝色马克斯勋章，战后成为冲锋队的创始人之一。

戈林是个冷酷无情、肆行无忌的人，起初干得很卖力，为现代德国空军奠定了基础。尽管首任空军总参谋长韦弗将军能力出众，但国防军里的老派人物对空军的发展缺乏认知，要不是戈林积极致力于把空军建设成第三大独立军种，德国能否拥有一支可承担战役任务、真正的现代化空军力量，是很值得怀疑的。

可是，戈林创建了年轻的德国空军后，沉醉于新获得的权力，变得穷奢极欲，他收集各种勋章、珠宝、古玩，营造了著名的卡琳庄园，享用种种美食。有一次，他在东普鲁士某座城堡盯着一幅古画陷入沉思，最后惊叹道："太美了！我毕竟是个文艺复兴时期的人，我太喜欢壮丽的画面了！"戈林的服饰越来越怪异，在卡琳庄园和狩猎时，他的着装打扮像个古老的条顿人，工作时，他的制服总是不符合规定，不是穿着红色的俄罗斯小牛皮马靴，配以镶金马刺，就是穿着长裤和黑色漆皮鞋参加希特勒召开的态势研讨会，作为一名飞行员，他的装束实在是不伦不类。他身上散发着香水味，脸上化了妆，手指上戴满粗大的戒指，戒面都是硕大的宝石，他还经常伸出十指，在众人面前炫耀。医生认为，这些令人不快的表现是荷尔蒙紊乱造成的。

戈林是"四年计划"全权负责人，因而对德国的经济有着举足轻重的影响力。

戈林在政治上比党内同志更有远见，直到最后一刻，他仍通过瑞典的熟人比尔耶·达勒鲁斯竭力阻止战争爆发，可惜没能达成目的。

战争期间，戈林给我们造成深重的灾难。他高估了德国空军的战斗力，德国装甲兵在敦刻尔克前方止步不前，空中突击英国失利，他难辞其咎。另外，戈林还保证为陷入斯大林格勒包围圈的第6集团军提供空运补给，希特勒听信了他的承诺，这才命令第6集团军坚守要塞。除此之外，军事方面的许多灾难都要归咎于他。

就我1943年后对戈林的了解，可以说他对空军的事务知之甚少。每次他干预陆军事务，不是显得很蠢，就是充满对陆军的强烈反感。

戈林是希特勒的法定接班人，这种身份让他在人前总是趾高气扬。

最迟到1944年8月，希特勒终于发现，这位空军总司令能力不济。他当着约德尔和我的面，厉声申斥戈林："戈林！空军毫无作为，简直不配作为国防军的独立军种！都是你的错，你太懒了！"这番训斥让位高权重的帝国元帅潸然泪下，一时间无言以对。这种场面实在让人尴尬，我拉着约德尔走出房间，让他们俩单独待会儿。此次谈话后，我敦请希特勒采取措施，派更具能力的空军将领接替帝国元帅。我告诉他，继续任用戈林这种显然毫无能力的人，无疑会给战争的结局造成危害。希特勒却答道："出于政治方面的原因，我不能这样做。真这样做的话，党是不会理解的。"我反驳道，正是出于政治方面的考虑，才必须改组空军总司令部，否则我们保不住自己的国家。可惜这番话没取得任何效果。帝国元帅一直留任到战争结束，但最后几个月，他加入了加兰德的示威活动，摘下勋章勋表，以此抗议希特勒对空军的批评。戈林遵照希特勒的命令继续出席态势研讨会，但穿着打扮很朴素，不再佩戴勋章勋表，还戴了顶士兵的船形帽，看上去很滑稽。

戈林很少敢对希特勒坦率直言。

戈林后来身陷囹圄，最终以自己的性命多少弥补了他犯下的过错。他在法庭上为自己的所作所为辩解，以自杀的方式逃避了世间对他的判决。

希特勒的追随者诸多，最让人看不透的是党卫队全国领袖海因里希·希姆莱。此人很不起眼，种族自卑感的各种迹象在他身上显露无遗，看上去是个朴实的人，总是表现得彬彬有礼。与戈林相比，希姆莱的生活方式近乎斯巴达式的简朴。

不过，他的想象力却很奢侈，似乎活在另一个星球上。他奉行错误的种族理论，犯下了严重的罪行。他企图让德国人民接受国家社会主义教育，结果把他们毒死在集中营里。直到 1943 年，德军兵败斯大林格勒很久后，希姆莱仍坚信，远至乌拉尔的苏联领土都会成为德国人移居的殖民地。有一次我和他聊天时谈到，现在找不到自愿移民到东方的德国人了，可他坚持认为，用强制移民和迁移葡萄种植者的办法，完全能让乌拉尔以西的苏联领土德意志化。

我对希姆莱的种族理论知之甚少，难以评论这种理论的弊端。希特勒和希姆莱对这部分方案守口如瓶，视之为绝密。

希姆莱通过集中营推行的"教育方式"，现在大白于天下。但他活着的时候，公众对此毫不知情。集中营的保密制度执行得非常完善，直到德国战败，我和大多数民众才知道集中营里的非人道暴行。

"7·20"事件后，希姆莱的军事野心膨胀，不仅出任后备军司令，还一跃成为集团军群司令。但他的雄心壮志在军事领域彻底破灭，他对敌情的判断幼稚得可笑。1945 年指挥维斯瓦集团军群期间，希姆莱战战兢兢，尽管如此，希特勒直到最后都对他信赖有加。不过，希姆莱这位追随者，在独裁者面前始终毕恭毕敬，俯首帖耳。我几次见到他在希特勒面前完全没了自信，毫无勇气可言，最明显的例子可能就是 1945 年 2 月 13 日发生的那件事。

希姆莱最大的倚仗是党卫队。德国战败后，党卫队受到了谴责。

党卫队起初只是希特勒的私人卫队，后来为监督普通民众和党内各级机构，党卫队才不断扩充。集中营建立后，希姆莱把看管这些监狱的任务交给党卫队。从那时起，党卫队的主要军事力量冠以"武装党卫队"的名称，与"普通党卫队"

分开。陆军将领豪塞尔是我当初在斯德丁任职期间的老上司，他负责训练武装党卫队新兵。豪塞尔将军能力出众，是个智勇双全的军人，作风正派，品行无可挑剔。这位杰出的军官，对武装党卫队的创建和发展贡献颇多，德国战败后，纽伦堡法庭判决党卫队有罪，把所有诋毁之词置于他身上是不公正的。

战争期间，由于希姆莱不断钻营，致使武装党卫队的规模越来越大。从 1942 年起，志愿入伍者的数量已无法满足武装党卫队不断组建的新师，所以不得不采用与陆军师相同的办法征召补充兵。这样一来，党卫队就丧失了"志愿"的特殊性质。希姆莱的影响力，确实让武装党卫队在兵员和装备方面得到特殊待遇。但令人羡慕的特殊待遇，并没有影响武装党卫队与陆军部队在战场上的袍泽情谊。我在战斗中指挥过党卫队警卫旗队和帝国师，后来作为装甲兵总监，也视察过不少党卫队师，我对他们的看法是，这些部队军纪严明，看重战友情谊，作战表现出色。他们与陆军装甲师并肩奋战，随着战争的继续，他们变得与陆军部队没什么不同，都是我们的作战力量。

毫无疑问，希姆莱全力扩充武装党卫队另有目的。他和希特勒都不信任陆军，因为他们干的勾当见不得人，罪恶的意图一旦暴露，会引发陆军激烈抵制。所以，尽管存在种种弊端，可他们还是把武装党卫队师扩充到 35 个。外籍兵团的数量不断增加，有些师值得信赖，但某些师的忠诚度值得怀疑。最后，希特勒对他原本最信赖的师也失去了信任。1945 年 3 月，希特勒命令几个武装党卫队师摘掉袖标，充分说明了他与武装党卫队之间的隔阂。

普通党卫队另当别论。他们当中有些理想主义者，这些人原先以为自己加入的纪律部队执行特殊任务，也享有某些特权。许多人来自不同阶层，从事的职业各不相同，品行和智力都不错，希姆莱没征询他们的意见就把这些人拉入党卫队。可随着时间推移，普通党卫队接掌了许多性质极为可疑的警察职能，情况发生了变化。普通党卫队的部队也携带武器，其中外国人组成的部队越来越多，他们比武装党卫队的外籍兵团恶劣得多，1944 年镇压华沙暴动的卡明斯基旅和迪勒旺格旅就是明证。

我与党卫队保安处、保安处特别行动队没有任何交集，无从评论他们的所作所为。

希姆莱生前一向谴责自杀行为，对此嗤之以鼻，还禁止党卫队成员这样做，可他自己最终自杀身亡，以此逃避世间的审判，把他的滔天罪行推给责任较小的部下。

希特勒的核心圈里，最聪明的人当属约瑟夫·戈培尔博士，他是柏林大区领袖，也是国民启蒙与宣传部长。戈培尔是个能言善辩的演说家，当初为争取柏林市民的选票，他与共产党人展开斗争，充分展现出他的勇气。但戈培尔也是个危险的煽动家，不择手段地鼓动民众反对教会和犹太人，反对父母和老师，1938 年 11 月臭名昭著的"水晶之夜"事件，他是始作俑者之一。

戈培尔显然知道国家社会主义体制的错误和缺点，可他没有勇气对希特勒坦率直言，更别说坚持自己的看法了。与戈林、希姆莱一样，戈培尔在希特勒面前卑躬屈膝，他害怕希特勒，但又把希特勒视为偶像。希特勒的影响力，在戈培尔身上表现得尤为突出。这位雄辩的鼓动者，见到希特勒就变得沉默寡言。他总是揣摩希特勒的心思，以近乎天才的能力在宣传领域做到了独裁者希望实现的一切。

1943 年间，我向他提到国防军和国家最高领率机构的弊病，他却没勇气碰这块"烫手山芋"，我对此深感失望。他的优柔寡断，最终让他和他的家人自食恶果，而戈培尔本人当初就预料到这种悲惨的结局。

希特勒的亲信，除了希姆莱，最阴险的家伙无疑是国社党全国领袖马丁·鲍曼。此人身材矮胖、郁郁寡欢、愁容不展、性格内向、举止粗俗。他仇恨陆军，把陆军视为国社党不断扩大权力的永久对手，因而肆意诋毁陆军，散播怀疑的种子，阻挠各种必要的措施，把作风正派的人从希特勒身边和重要岗位弄走，换上他的爪牙。

鲍曼百般掣肘，不让希特勒准确了解国内的政治局面。他甚至禁止各大区领袖面见希特勒，结果闹出荒唐可笑的事情：西普鲁士的福斯特和瓦尔特高的格赖泽尔，两位尊贵的大区领袖跑来找我，请我这个不受信任的军人帮忙，安排他们面见希特勒，之所以如此，是因为鲍曼百般阻挠，他们通过正常的党内渠道根本见不到元首。

随着希特勒的病情加重，战争局势日趋恶化，能面见希特勒的人越来越少。一切都得听从鲍曼的安排，这个阴险的家伙可谓只手遮天！

鲍曼总是以卑劣的党务政治手段破坏应急措施，还企图插手军务，给我们的事业造成损害，我与他多次发生过激烈冲突。

鲍曼堪称第三帝国不引人注目的"红衣主教"。

全国领袖和大区领袖

领导国家社会主义德国工人党的是全国领袖和大区领袖。德国人民生活的方方面面都纳入党的机构，受到党组织有计划的控制。首先是希特勒青年团和德国少女联盟，离开青年组织，年轻小伙就加入全国劳工领袖希尔领导的帝国劳工组织。这个机构最初是志愿性的，再加上希尔和他的助手清正廉洁，做过不少有益民生的事情，产生了积极的影响，但今天，帝国劳工组织因为严格的军事化结构和教育方式而备受指责。

全国组织领袖莱博士控制德国的劳动者。他建立的"力量来自快乐"组织负责工人的福利，寒冬赈济组织和国家社会主义慈善机构负责照料贫困者。私人慈善事业和教会慈善机构不受欢迎，还受到种种限制。

国社党还设有全国卫生保健领袖、全国农民领袖等。

全国领袖弗兰克负责制定符合国家社会主义利益的法律。可恰恰在这个领域，国家社会主义缺乏创造力。

外交政策方面，全国领袖阿尔弗雷德·罗森贝格是个异想天开的理想主义者，经常撇开外交部长，与官方政策背道而驰，造成种种破坏。

国社党甚至严格监管体育界。全国体育领袖冯·恰默尔·翁德·奥斯滕得体地履行了自己的职责，奥运会期间为第三帝国赢得了声誉。

最后还有一位全国妇女领袖。

我列举的这份名单并不完整，只是为了说明国社党的原则。我们见到的是一股股强大的对立力量。总之，这些力量与政府机构并列，所以二者经常发生不可避免的摩擦。

我们把目光投向国社党下一级位高权重者，即大区领袖，就能更清楚地看出党组织与政府机构的并列和对立。

国社党人想以全新的形式改造德意志帝国，他们把过去的州改为大区，以任命大区领袖的办法加以推行。合并奥地利、波西米亚和摩拉维亚列为保护国、占领波森和西普鲁士后，这些地区都成立大区，成为帝国的境外州，德国日后的结构形式由此可见一斑。但这种结构推行得很不彻底，与国社党的许多计划一样，都是雷声大雨点小。

大区领袖是希特勒派驻各地的摄政，他们在各个州也被称为帝国总督。大区领袖的任命，是基于他们为党做出的贡献，而不是他们的人品或行政管理方面的能力。因此，他们当中除了某些深受尊敬的人士，许多人声名狼藉，让德国和国家社会主义蒙羞。

有少数大区领袖兼任当地最高行政长官的情况，例如美因弗兰肯，那里的大区领袖也担任州长。通常情况下，大区领袖与当地政府最高行政长官地位相当，甚至凌驾于他们之上。

希特勒和他的党纲渴望并宣传的领袖国家，实际上并不存在。相反，恰恰在政府权力领域，由于任命了大量帝国专员、全权代表、特使，出现了深具危害的无政府状态，随着时间推移，情况只会越来越糟糕。

这种情况在各个领域比比皆是。许多大型建设项目一直没竣工，例如帝国高速公路和党代会大厦，以及柏林、慕尼黑和其他大城市的改造工作。帝国的改革始终停留在初期阶段，不称职的教育部长鲁斯特主导的院校改革无果而终，全国主教米勒对新教的革新也毫无结果。民众只看见这些庞大的计划轰轰烈烈地付诸实施，却见不到完成的迹象，因为国社党人缺乏智慧和自我节制，再加上狂妄自大，自然在这些领域造成影响，战争爆发后，一切努力束之高阁。

希特勒的亲信

国社党的重要政治人物，阴暗面大于光明面。希特勒挑选的党内领袖，说明他知人善任的能力欠佳。但很奇怪，他身边也有许多精心挑选的年轻人，尽管身处险境，却始终保持正直的品格。这些军事和党务副官干得很出色，几乎都表现得彬彬有礼，谨言慎行。

除了鲍曼，希姆莱派到元首大本营的常驻代表、党卫队旅队长费格莱因也令人厌恶。他娶了埃娃·布劳恩的妹妹，成为希特勒的连襟，利用这层关系肆意妄为。希特勒医术拙劣的私人医生莫雷尔、施蒙特去世后出任陆军人事局局长的布格多夫将军，同样让人反感。他们拉帮结派，不断耍弄阴谋诡计，在希特勒身旁筑起高墙，不让他了解真相。他们酗酒成性，丑态百出，德国临近崩溃之际更是无所顾忌。

政府

除了地位超然的国社党机构，一同执政的还有帝国政府。兴登堡当初任命的帝国内阁，大多数成员是资产阶级出身的部长，国家社会主义者只占少数。内阁的国社党员，除了希特勒，只有帝国内政部长弗里克、帝国航空部长戈林。但没过多久，更多国社党员相继进入内阁，例如帝国国民启蒙与宣传部长戈培尔博士、帝国教育部长鲁斯特、帝国粮食部长达雷、帝国邮政部长奥内佐格、帝国不管部长赫斯和罗姆。

尽管如此，仍有不少非国社党人留在内阁任职，例如副总理冯·巴本、帝国外交部长冯·诺伊拉特男爵、帝国财政部长什末林·冯·克罗西克伯爵、帝国劳工部长泽尔特、帝国国防部长冯·布隆贝格、帝国经济部长胡根贝格（他离任后，先后由施密特、沙赫特继任）、帝国司法部长居特纳、帝国交通部长埃尔茨·冯·吕贝纳赫男爵（他离任后，多普米勒接任）。他们都是为人正直、专业能力出众的部长，但对希特勒没太大影响力。

希特勒独揽大权，国社党的地位日益稳固，这些内阁部长越来越受到排挤，自1938年起，内阁实际上就没召开过会议，他们只能管理各自负责的事务，对国家大政不再有任何影响力。对外而言，这种变化以帝国外交部长冯·诺伊拉特男爵离职、冯·里宾特洛甫先生继任为标志。同一天，希特勒亲自掌管帝国国防部长办公室，就此成为国防军最高统帅。巴本早在1934年6月30日就被排挤下台。丰克后来接替了沙赫特。赫斯1941年飞往英国。

以上这些人士，我比较熟悉的是帝国财政部长什末林·冯·克罗西克伯爵、帝国劳工部长泽尔特、帝国粮食部长达雷，另外还有战争期间先后担任军备和战时生产部长的托特、施佩尔。

能力出众的德国高级官员很多，什末林·冯·克罗西克伯爵就是个典型。他在英国受过教育，很有教养，作风低调。

泽尔特当初是钢盔团的领导人，为人正直，但没什么影响力。

托特很有头脑，懂得节制，善于化解矛盾。

施佩尔，虽然在第三帝国最后几年与一群恶棍打交道，但始终保持善良，他是个好同志，为人坦诚，头脑聪慧，落落大方。施佩尔原先是自由建筑师，托特意外身亡后接任军备部长职务，他厌恶官僚主义，总是以恰当的做法处理问题。我们合作得非常融洽，在力所能及的范围内尽力相互帮助，而且都觉得这是理所应当的。当时能做到这一点的人少之又少！施佩尔始终保持实事求是的作风。我从来没见过他大发雷霆，相反，他会设法缓解部下偶尔爆发的怒火，还尽力调解各部门间的矛盾。

施佩尔是个很有勇气的人，敢把自己的想法开诚布公地告诉希特勒。他很早就以确凿的理由向希特勒指明，德国无法打赢这场战争，必须尽早结束，结果点燃了希特勒的怒火。

达雷在战前就不赞成希特勒的政策，后来被打入冷宫可能是受到党内对手的陷害。

总的说来，我不得不遗憾地指出，帝国内阁没能对第三帝国发生的事情发挥任何影响。

注释

1. 参阅波兰元帅雷兹 - 斯米格维 1939 年春季在但泽发表的讲话。在 1951 年 5 月 3 日华沙举行的阅兵式上，波兰人喊道："进军但泽！""进军柏林！"

第十四章　德国总参谋部

　　德国总参谋部是沙恩霍斯特和格奈森瑙创建的，秉承了腓特烈大帝的精神，以及德意志民族从压迫者拿破仑的枷锁下获得解放的意志。反抗拿破仑的解放战争结束后，欧洲获得一段很长的和平时期。连年战争破坏的经济急需振兴，所以各国不得不削减军费开支。欧洲处于和平时期，几乎没人注意到普鲁士总参谋部的存在。就在这个时期，普鲁士战争学院院长卡尔·冯·克劳塞维茨重要的军事著作《战争论》悄然问世。

　　《战争论》是在战争哲学方面的首次尝试，从中立、高屋建瓴的角度分析了战争的特性，认真阅读这部著作的人不多，批评的人却不少。但《战争论》对塑造几代德国总参军官的思想起到重要作用，让他们冷静、实事求是地看待人物和事情，这一点恰恰是最杰出的德国总参军官最为突出的特点。《战争论》还进一步加强了对这些总参代表人物起到激励作用的爱国主义和献身精神。

　　要是把沙恩霍斯特、格奈森瑙、克劳塞维茨视为普鲁士—德意志总参谋部的思想之父，那么，冯·毛奇伯爵元帅就是最伟大、最具成就的继承者。施利芬"多做实事，少出风头，不要金玉其外，败絮其中"这句话，堪称毛奇和他那个学派的真实写照。在杰出的政治家俾斯麦领导下，毛奇打赢了三场战争，为德意志帝国和德意志民族的统一做出重要的贡献。同时，他还树立了总参谋部的权威，这是他指导战争的工具。

　　毛奇去世后，世纪之交的各种情况不可避免地对德国总参谋部造成影响。德意志统一战争胜利后，德国的财富不断增长，军官团和总参谋部也受益颇多。德国最终跻身欧洲强国之列，军事上的自信油然而起，这种心态在军官团的知识精英和总参谋部身上表现得尤为明显。德国总参谋部满怀自信地投入第一次世界大战，他们在这场战争中确实尽到了自己的职责。与以往相比，德国总参谋部在此次战争中的表现更加抢眼，原因不仅仅在于总参谋部，更主要的是前线将领自我淘汰，他们中的许多人年事过高，已脱离时代，对军事技术缺乏了解，对军队勤务的认识也不够全面。

有人说，鲁登道夫领导的总参谋部权力过于集中。可要是没有鲁登道夫惊人的创造力，德国总参谋部和德国陆军很难取得那么大的成就。第一次世界大战，德国最终输给对手的压倒性力量，但这不能归咎于鲁登道夫，因为他 1916 年 8 月才挑起重任，当时要不是他和兴登堡做出种种努力，战争早就输掉了。这两位伟大的军人受领的是常人无法承担、吃力不讨好的艰巨任务，事后为此指责他们是不公正的。尽管战争的结局很不幸，战后还引发了种种纷争，但兴登堡和鲁登道夫依然是优秀的德国总参谋部两位杰出的代表。严峻的战事经常迫使鲁登道夫采取严厉，甚至是无情的措施。可他的某些后辈却对这种不得已而为之的做法顶礼膜拜，视之为优秀的总参军官必须具备的作风，刻意模仿鲁登道夫从事战争期间令人不快的特点，结果出现了一批肆意妄为、为达目的不择手段、追名逐利的家伙，不仅造成负面影响，还损害了总参谋部在军队和公众中的声誉。不过，要是我们回顾普鲁士—德意志总参谋部几位重要的代表人物，就会发现，很难在他们身上找到上述的恶劣品质。

沙恩霍斯特，出身于下萨克森的农民家庭，沉默寡言、行事谨慎、无私、勇敢、谦逊、不谋私利。他是解放战争中普鲁士陆军的组织者，也是总参谋部的缔造者，在战场上身负重伤，不久后去世。

格奈森瑙是布吕歇尔的参谋长，1806 年保卫过科尔贝格，性格开朗，足智多谋，在一次次会战中为他的总司令出谋划策，赢得过胜利，也遭遇过失败。1815 年 6 月 16 日，普鲁士军队在利尼战役失败后，格奈森瑙力劝布吕歇尔率领军队开往结盟的英国军队方向，此举对联军在 1815 年 6 月 18 日的滑铁卢战役中决定性地击败拿破仑起到重要作用。

克劳塞维茨在战争期间没能身居高位，但他撰写了《战争论》一书。他是个文静、矜持的学者型军官，像他这样的人，在德国总参军官里并不少见。克劳塞维茨生前名声未彰，但对后代产生了深远的影响。

毛奇是德国陆军最重要的总参谋长，也是举世闻名的思想家，更是战争期间杰出的策划者和指挥者。他作风正派，低调内敛，卓越的思想给人留下深刻的印象，还写过许多著作。他不仅是个伟大的军人，还是个谦谦君子、杰出的作家、外国民众和风俗的细心观察者。

施利芬正派、聪明、冷静、好挖苦人。他所在的那个时代，政治局势不稳定，帝国首相缺乏能力，迫使他制订目标明确而又坚定的军事计划，以此弥补政治家的无的放矢和优柔寡断。和毛奇一样，施利芬也意识到时代对技术的需求。施利芬的思想非常明确，深具说服力，给他的继任者小毛奇留下极为深刻的印象，因此，施利芬去世后，小毛奇对他留下的战役计划只做了少许修改就付诸实施。但1914年的情况早已发生变化，因此，施利芬计划的失败不能归咎于施利芬，责任在于他那些只会模仿、毫无创新能力的继承者。施利芬没得到上战场证明自己才能的机会。

兴登堡坦诚直率，意志坚定，平易近人，深具骑士风度，愿意放手让他信任的部下自主行事。不过，他很有大局观，也很了解人性。他曾说过："坦能堡会战输掉的话，就用不着争论谁该对此负责了。"

鲁登道夫是个意志坚强的人，能力出众，具有杰出的组织天分。在强烈的爱国热情激励下，他竭尽全力挽救德意志民族即将遭遇的失败。可以说他在国家最艰难的时刻做出了伟大的贡献。

泽克特性情直率，行事谨慎，头脑冷静，在公众面前似乎有些腼腆。他在战略方面和组织领域颇具天赋，但对技术的领悟力不及毛奇和施利芬。德国1918年战败后，他为魏玛共和国缔造了10万陆军。按照《凡尔赛和约》的规定，这支陆军不能再设有总参谋部，泽克特不得不照此行事。但他另辟蹊径，在那段裁撤军备的时期，设法让参谋军官保持了昔日总参谋部的精神。他竭力让陆军不受党派政治影响，就当时的情况而言，这种做法无疑是正确的。但从长远看，此举导致整个军官团，特别是那些日后要进入总参谋部的军官，对国内外政策缺乏理解。这是泽克特体系的缺点。

贝克受过高等教育，做事从容不迫，为人正直，德国重整军备后，致力于重建毛奇风格的总参谋部，但他对时代的技术要求缺乏认知。贝克对航空、摩托化、无线电技术一无所知，排斥技术给战争带来的革命，甚至对此加以阻挠，另外，他也不接受国家社会主义引发的政治革命。他生性保守，优柔寡断，这种性格恰恰是他失败的原因。

从上面对德国总参谋部几位杰出代表的简述，可以看出德国总参谋部的精神要素。漫长的发展过程中，总参谋部始终希望以教育和培训的方式，挑选出德才兼备的军官，让他们在艰难的处境下指挥德国军队。

入选总参谋部的先决条件是品行端正，无论执勤与否，言行举止和生活方式必须无可挑剔。随后才考虑候选者的军事技能、是否受过前线的考验、战术和技术悟性、组织能力、身心适应力，以及勤奋、冷静、决断力等等。

以这些条件挑选总参军官，有时候可能更看重候选者的品性，特别是他们的心地，而不是他们的智力天赋，但品性和心地很难辨识，因为谁都不会轻易暴露自己的本性。

大多数总参人员，特别是年长的军官，都很清楚这些传统要素。但这并不是说他们在挑选新生力量的问题上具有决定性发言权。就算他们有权这样做，也不能说他们深谙人性，一定能找出正确的人选。

毫无疑问，古老的传统对军队具有巨大的精神价值。上面提到的几位著名的总参军官，他们的品质可以树为年轻一代的榜样，但不能妨碍甚至排斥现代化发展。现实中，许多人并没有总是把传统视为精神样板，而是当作实践范例，幻想照本宣科就能赢得同样的胜利，全然不顾条件和手段发生了根本性变化。几乎没有哪个历史悠久的机构能摆脱对传统的错误理解。普鲁士—德意志军队和他们的总参谋部也多次犯过这种错误。受到误解的传统与新任务之间，无疑有一种内在的紧张关系，而新任务的出现是多种原因造成的：帝国的政治局势发生变化；欧洲或其他地区的力量对比发生变化；技术的影响日新月异，很大程度上导致战争发展成"总体战"，继而让政治势力范围向全球扩张。

当然，并非所有总参军官都清楚这种变化的形势。某些身居高位的年长军官同样如此，实际上，他们对变化的形势更加茫然。现代化发展要求整个国防军设立全新的机构，特别是统一的最高统帅部。二战前的德国陆军总参谋部领导层恰恰没有满足政治、军事、技术发展提出的这项重要要求。相反，战前的陆军总参谋部领导层竭力阻止及时而又全面地组建高效的国防军最高统帅部。

与组建国防军最高统帅部的情况如出一辙，陆军总参谋部在打造独立的战略空军、在陆军框架内设立装甲兵的问题上也百般阻挠。他们不重视，更不承认这两项技术成就对国防军作战行动的重要性，因为他们担心新的军兵种会削弱陆军和旧兵种的地位。

总参军官没能扩大他们在政治领域的眼界，一个原因是总参谋部的传统把他们限制在纯粹的军事领域，第二个原因是希特勒规定的原则，他要求国家各部门在他们狭窄的专业圈子里展开工作，只能知道完成当前任务需要知道的东西。希特勒做出这项规定，是想独自统揽大局，对我们的事业有百害而无一利。

与年长的总参军官相比，年轻军官更敏锐地感受到内在的紧张关系，强烈要求予以消除。总参谋部的老先生对年轻人的急切心情深感不快。新老人士的观点截然不同，年轻人认为时不我待，而那些代表传统的老先生则希望慢慢来，不能好高骛远。

为维护他们错误理解的传统，陆军总参谋部与希特勒发生冲突，致使希特勒对总参谋部的能力和忠诚产生怀疑，这种长期对立给德国从事的战争造成了后果严重的影响。

理想的总参军官应当具备以下特点：品行端正，聪明机智，先公后私，信念坚定，能以委婉的方式向指挥官陈述自己的观点；要是指挥官没采纳自己的意见，还得有足够的自制力服从命令并奉命行事；体恤关怀部队，充分理解他们的需求；了解战役、战术、技术，对技术问题不必掌握细枝末节，但必须能看出技术成就对战争的重要性。

毋庸置疑，总参军官必须具备每个军人、每个军官都该有的职业素养：勇气、决断力、责任心、随机应变的能力、坚强的体魄和耐力、勤奋进取。

每个总参军官都应当有计划地去自己所属的兵种和其他兵种的前线指挥部实习，积累不同岗位的部队勤务经验，学习如何实际指挥部队。这件事非常重要，但战争爆发前最后几年，我们做得并不理想。造成这种情况的主要原因是《凡尔赛和约》禁止德国保留大总参谋部，导致总参军官短缺。这个重大缺陷在战争期间愈发严重，各个高级指挥部懒散惯了，不愿放训练有素的助手去前线，特别是OKW和OKH，持续近6年的战争期间，他们的工作人员从未上过前线。

总的说来，总参谋部的工作就是培训总参军官，让他们对战役和战术态势做出基本一致的判断，再据此得出相关的结论。总参谋部希望这种基本一致发展成做出决断时的普遍一致。法国人称之为"意见统一"。总参谋长没有指挥权，无法推行自己的意志，因而先统一全体总参军官的思想，继而把自己的影响传播到各个师，以此确保战术和战役观点统一。为了让众人了解总参谋长的想法，总参谋部制订了所谓的"总参工作程序"，这种制度引发了某些争论，也遭到希特勒反对。

总参谋部的战略思想不能固守僵化的原则，必须适应不断变化的政治局势和任务。德国地处中欧，周围的邻国全副武装，迫使我们研究多线作战的问题。这种战争要对付的通常是优势之敌，所以我们也要认真研究这个问题。昔日的总参谋部，主要以大陆性战役思想为导向。但战役空军出现后，迫使我们更多地考虑海外强国介入战争的问题，可惜，我们在这方面缺乏清晰的认识。

鉴于德国有可能同时与几个对手开战，所以我们必须选择某种战略，在次要战线遂行防御，对主要的对手发动进攻，还得做好变更进攻战线的准备。

德国的资源有限，迫使总参谋部必须考虑如何迅速结束战争。因此，尽可能利用引擎的想法应运而生。二战初期，德军的快速打击大获成功，我们的对手把这种战术称为"闪电战"。

德国的地理位置迫使我们总是在内线作战，攻防转换交替进行。"欧洲是个大家庭，一旦发生争执，谁都无法置身事外，特别是住在屋子正中间的人。"施利芬伯爵这句话准确地描述了我们无法改变的态势，欧洲发生的每一场冲突，德国都卷入其中，很多时候实非我们所愿。德意志民族并不比欧洲其他民族更好战，可我们恰好住在"屋子正中间"，所以在纷争不断的漫长历史上，一旦邻国爆发冲突，德国很少能置身事外。这种复杂的情况，致使德国的政治和军事领导人往往面对艰巨、几乎不可能解决的任务。由于物质资源有限，德国总是致力于迅速结束每一场冲突，竭力避免旷日持久、劳民伤财的战争，也不想让无关的第三方介入战事。俾斯麦的政略和毛奇的战略，高明就高明在完成了上述任务。

德国输掉第一次世界大战后，陆军指挥层依然由帝国陆军那些军官组成，除了他们也找不到其他人选。尽管这些军官并不喜欢君主制改为共和制造成的一切，但还是效忠于魏玛共和国。他们不得不放弃了许多特权和钟爱的传统，目的是不让来势汹汹的布尔什维克狂潮席卷他们的祖国。魏玛共和国不知道该如何把这种"恋爱关系"变成"稳定的婚姻"。尽管长期担任帝国国防部长的格斯勒博士充分发挥聪明才智，想方设法解决这个问题，但新政权与军官团始终没能建立亲密的内在纽带。这个事实非常重要，决定了军官团后来对待国家社会主义的态度。魏玛共和国历届政府内忧外患，财政极为紧张，但还是满足了这支小规模防卫军的需求。尽管如此，他们始终无法与军官团建立内在联系，也没能以他们的政治理想打动防卫军。魏玛防卫军从内心里与新政权格格不入。泽克特将军从不感情用事，他的冷漠态度加强了军官团不关心政治的倾向。当时的总参谋部，更准确地说是部队局，在这个问题上也起到了重要作用。

国家社会主义喊着新的爱国口号粉墨登场，军官团，特别是他们当中的年轻人，很快受到国社党呼吁的爱国思想蛊惑。多年来，帝国完全不足的军备，犹如噩梦般压在军官团心头。重整军备开始后，他们对希特勒心向往之也就不足为奇了，此人信誓旦旦地保证，要让停滞了15年之久的国防军获得新生。国社党对军队的影响越来越大，这是因为希特勒起初对军方示好，而且也没干预军队的内部事务。国社党填补了国防军政治教育上的空白，唤醒了他们对政治问题的兴趣，尽管方式有些片面，而且与民主倡导者想象的完全不同。正因为如此，国家社会主义者掌握政权后，就算军队高层想远离国社党的政治路线也做不到了。总参谋部没有对事态发展起到主导作用，甚至可以说是反对的。总参谋部持怀疑态度的代表人物是贝克将军。他在总部也有一批支持者，但对陆军甚至对整个国防军没太大影响力。尽管贝克和他的继任者哈尔德领导的陆军总参谋部竭力阻止总部这种事态发展，但总体政策的走向根本不以他们的意志为转移。与第一次世界大战爆发时的情况一样，帝国再次发现，他们从一开始就面临虽然不能说绝望，但也无比艰难的政治局面。军人不得不在将领和总参军官的领导下再次接受挑战，但这种复杂的初始局面不是他们造成的。

德国民众和国际法庭后来对国防军领导人的所有指责，都忽略了关键的事实：制定政策的不是军人，而是政治家，时至今日依然如此；战争爆发时，军人不得不接受当时的政治和军事局势。遗憾的是，一旦战争爆发，子弹横飞，政治家就不愿抛头露面了，他们往往躲在安全的避风港，让军人"以其他手段继续政治"。

国家的政策决定了军人从事战争准备的思想，也就是所谓的战争指导思想。国际法庭这几年的审理工作证明，1938 年前，德国总参谋部从事的战争准备完全是防御性的。帝国的外交和国防政策现状也不允许军方做出其他决定。虽然德国自 1935 年起一直在重整军备，但总参谋部的专业人士很清楚，德国国防军，特别是空军和装甲兵这些全新的军兵种，还要很长一段时间才能充分具备战斗力。完全是因为帝国政治首脑希特勒全然不顾军人的忠告，强行下达指令，这才迫使我们走上不同的道路。

1938 年秋季前，陆军内部的制度是，从总参谋长到军级参谋长，对他们的上级做出的决定共同负有责任。如果参谋长持不同观点，他的主张会记录下来以备后查，但希特勒后来取消了"共担责任"制度，导致军级参谋长，特别是陆军总参谋长的地位发生了根本性变化。共担责任制源自昔日的普鲁士军队，魏玛共和国的 10 万防卫军和第三帝国重整军备后的国防军一直沿用。第一次世界大战期间，这项制度往往让担任军级参谋长的强势人物凌驾于军长之上。希特勒按照他长期鼓吹的领袖原则，顺理成章地规定，掌握指挥权的人独自承担责任，这样一来，陆军总参谋长也就不再对他这位国防军最高统帅负有共同责任。

如前文所述，陆军总参谋部不愿接受国防军统一指挥的想法。要是我们在二战爆发前就以卓有成效的形式建立国防军总参谋部和国防军总司令部，那么在战争期间根本不会出现机构重叠、混乱的情况。陆军总参谋部个别人员的不同观点无关大局，空军和海军的反对也无济于事。国防军各军种总司令都是共和制的忠实拥护者，不愿接受 OKW 统一指挥的构想。按照我上文的逻辑，陆军总参谋部的地位居于 OKW 之下，冯·赖歇瑙将军建议设立 OKW，还竭力说服希特勒和布隆贝格，想让他们接受这种杰出而又伟大的理念，可由于国防军三军种，特别是陆军总参谋部强烈反对，他的努力没能成功。赖歇瑙担任国防军局局长期间，这件事还有些进展，凯特尔接任局长后就没了下文，面对国防军三军种总司令的抵制，他无能为力。

写到这里，请允许我简单地谈谈 OKW。从本质上说，凯特尔元帅是个正派的人，总是不遗余力地完成上级交付给他的任务。但他很快被希特勒的"魔法"彻底征服，随着时间的推移，越来越无法自拔。他这一生始终秉承下萨克森人的忠诚，至死方休。希特勒知道自己可以毫无保留地信赖凯特尔，因此，尽管凯特尔战略素养不高，但希特勒一直让他身居高位。这位陆军元帅对战争的进程没发挥过任何影响。他的工作主要在行政领域，也就是前国防部长的职责。凯特尔的悲剧在于，他没有勇气反对希特勒有违国际法和伦理道德的命令。诸如政治委员令、处置战俘的命令、对待敌国居民的法令和另一些恶名昭著的命令，之所以顺利下达给部队，这是唯一的解释。凯特尔的软弱，让他在纽伦堡法庭付出了生命的代价，法庭甚至禁止凯特尔的家属去他灵前吊唁。

国防军指挥参谋部参谋长约德尔大将，自1940年4月的挪威战役以来，一直是整个国防军作战行动的实际负责人。他和凯特尔一样，也是个正派的人，起初同样折服于希特勒的个性，但没有彻底着魔，所以不像凯特尔那样不加批判地对希特勒言听计从。斯大林格勒战役期间，约德尔与希特勒大吵了一通，随后就埋首自己分内的工作，不再理会其他事情。他对改革军事指挥和政治领导、对改造陆军总参谋部和统一指挥这些问题不闻不问。直到战争最后几周，约德尔的态度才发生变化。他最后和凯特尔一样，落了个悲惨的下场。

要是他们俩对希特勒采取不同的态度，本来能避免许多不幸。只有面对反对派结成的统一战线，希特勒才会屈服。可惜，军事领域几乎从未出现过这种统一战线，希特勒这才逼得OKH步步后退，从来不理会他们的反对意见。

可不管怎样，OKH依然是我的战友！

说到OKH，他们在波兰战事期间无疑还是很有地位的。但OKH当时已经与希特勒产生分歧，于是，希特勒彻底撇开OKH，让国防军指挥参谋部直接指挥挪威的军事行动。1940年针对西方国家的作战计划，OKH又与希特勒发生争执，加剧了他们的分歧。对苏战争伊始，OKH就与希特勒产生严重的意见分歧，1941年12月，希特勒与陆军总司令冯·布劳希奇元帅的关系彻底破裂。冯·布劳希奇是个训练有素的总参军官，可惜他对付不了希特勒这样的对手。面对希特勒，布劳希奇从一开始就没能彻底保持独立性，所以总是觉得束手束脚，这种无力感最终毁了他的干劲。

冯·布劳希奇元帅辞职后，陆军总司令部名存实亡。总司令部，顾名思义，应该有指挥权。这种指挥权不该受到限制，否则就等于没有指挥权。但1941年12

月 19 日后，OKH 的指挥权彻底落入希特勒手里。实际上，昔日普鲁士—德意志风格的总参谋部就此消亡。

至于我本人，身着总参军装已有 15 年之久，我为此深感自豪。我那些导师和上司，堪称典范的人比比皆是，我对他们满怀感激之情。我的同事里，有许多忠实的挚友，而我那些下属，也有许多优秀的助手和顾问，我在此向他们表达我由衷的感谢。德国输掉两场世界大战后，遵照胜利方的命令，两次解散了总参谋部。但这两道命令无意间证明，就连我们昔日的敌人，也对德国总参谋部这个杰出的机构尊敬有加。

"此外唯余沉默！"[①]

生存还是毁灭？这是个问题！

我的叙述即将结束。在我看来，写下德国第二次战败的经过，以及我亲身经历的一切，的确是一件非常艰难的事情。我深知自己的能力不够，无法彻底认清我们各个机构的缺点和我本人的不足之处。

那段艰难的日子，德国皇室一位王子给我寄了张腓特烈大帝的小幅画像，还在画像上写了几句话，这些话是腓特烈大帝面临失败的危险时写给他的朋友阿尔让侯爵的："没有什么能改变我内心深处的东西，我会一直走下去，做我认为有用和光荣的事情。"这幅小小的画像已丢失，但腓特烈大帝这句话牢牢印在我脑海里，成为我行事的准则。虽然我没能阻止我的祖国战败，但不能怀疑我在这方面的强烈意愿。

谨以此书对阵亡的战友和昔日的部下表达诚挚的感谢，愿他们的荣誉永远不会湮灭。

昔日的部下，我想对你们再说最后几句。

战友们，就像你们当初接受检阅那样，昂首挺胸吧！不必对自己的行为感到羞愧，你们过去是最优秀的军人，现在是国家最优秀的公民！在祖国最艰难的时刻，

---

① 译注：这句话和下文的"生存还是毁灭？这是个问题！"都出自莎士比亚的《哈姆雷特》。

不要袖手旁观，无所作为！无论共同的艰难命运把我们置于何处，我们都得振作起来，全身心投入重建祖国的工作。你们以纯洁的心灵和干净的双手从事的任何工作，一点也不低贱。就算你们觉得这几年受到不公正的对待，也不要愤愤不平。只要我们团结一致地为自己的民族共同奋斗，荣耀的阳光就会再次洒向我们和整个德意志民族。

诗人博吉斯拉夫·冯·泽尔绍夫来自波美拉尼亚家族，是昔日帝国海军军官，也是我们中的一员，记住他写过的诗句：

> 坚信德国的未来，
> 坚信民族必复兴！
> 纵使山高路途险，
> 信念在胸日日念。
> 莫愁前路无知己，
> 果断行事意志坚。
> 德国命运勇承担，
> 崇高责任系于肩！

这些诗句用于今天极为贴切，所以，忘我地投入工作吧。

为统一、公正、自由！

为我们的德意志祖国！

附件

附件1

国防军最高统帅   1939 年 8 月 31 日，柏林

最高统帅部 / 指挥参谋部 / 国防处一组 /1939 年第 170 号文件

绝密

第 1 号作战指令

1. 德国东部边境的局势令人无法容忍，和平解决这种状况的一切政治可能性不复存在，我决定以武力解决问题。

2. 进攻波兰的行动，应当按照为"白色方案"所做的准备工作进行，由于陆军几乎已完成展开，作战方案只稍事修改。

分配给部队的作战任务和目标保持不变。

进攻日期——1939 年 9 月 1 日。

进攻时间——4 点 45 分。

进攻日期和时间也适用于格丁根—但泽湾和迪绍大桥的作战行动。

3. 西线，重要的是让英法两国承担挑起战端的责任。对他们侵犯边界的小规模活动，暂时仅以局部行动应对。

我们对荷兰、比利时、卢森堡、瑞士的中立有过保证，必须予以重视。

未经我明确同意，不得在陆地任何一处越过德国西部边界。

这一点同样适用于海上一切战争或可解释为战争的行动。

空军的防御措施，暂时仅限于无条件抵御对手对帝国边境的空袭，拦截对方的单机和小支编队时，尽量不要越过中立国边界。只有在英法两国出动强大的攻击编队飞越中立国领空进攻德国，无法保障西部的空中防御时，方可在中立地区上空实施拦截。

一旦西方国家侵犯第三国的中立，必须尽快上报 OKW，这一点至关重要。

4. 如果英法两国对德国开战，国防军西线部队的任务，是在尽可能保全实力的情况下为胜利结束波兰战争创造条件。在这项任务范围内，应尽可能多地消耗对手的兵力和军事经济资源。任何情况下我都保留下达进攻令的权力。

陆军坚守西墙，应做好准备，阻止西方国家侵犯比利时或荷兰领土，从北面迂回西墙。倘若法军开入卢森堡，我军应炸毁边界的桥梁。

海军的重点是对英国展开经济战。为加强效果，可以考虑宣布危险区。海军总司令部应当提交报告，说明哪些海域可以宣布为危险区，以及危险区的范围以多大为宜。公告的措辞可以和外交部协商拟订，然后呈报 OKW，再由我批准。

我们必须防止敌人攻入波罗的海。能否以水雷封锁波罗的海入口，由海军总司令决定。

空军的首要任务是阻止英法空军打击德国陆军和德国的生存空间。

对英国作战时，必须做好以空军破坏英国海上补给线和军备工业、阻止对方朝法国调运兵力的准备。必须抓住有利战机，对集中的英国舰队，特别是战列舰和航空母舰，实施卓有成效的打击。是否对伦敦发起攻击由我来决定。

进攻英国本土的准备工作需要注意的是，无论如何都得避免以不足的兵力取得不完全的胜利。

签名：阿道夫·希特勒

下发：

陆军总司令部——第 1 份副本

海军总司令部——第 2 份副本

帝国航空部长兼空军总司令——第 3 份副本

国防军指挥参谋部参谋长——第 4 份副本

国防军指挥参谋部国防处——第 5—第 8 份副本

附件2

绝密

装甲兵总监　　　　　　　　　　　陆军总司令部，1944 年 11 月 7 日

1944 年第 3940 号绝密文件

发给元首的陆军副官

1. 第 1—第 10 装甲师参加了西方战事。

2. 当时还没有装甲掷弹兵师，参加波兰战争的 3 个轻装师，西方战事开始前已改编成装甲师。

3. 各装甲师的编制如下：

（a）第 1、第 2、第 3、第 4、第 5、第 10 装甲师——各编有 2 个装甲团，每个团辖 2 个装甲营，配备德制装备。

（b）第 9 装甲师——编有 1 个装甲团，辖 2 个装甲营，配备德制装备。

（c）第 6、第 7、第 8 装甲师（即原先的轻装师）——编有 1 个装甲团，辖 3 个装甲营，配备捷克制造的装备。

共计 35 个营。

4. 以上各师 1940 年 5 月 10 日投入进攻的技术兵器如下：

523 辆一号坦克

955 辆二号坦克

349 辆三号坦克

278 辆四号坦克

106 辆 35（t）坦克

228 辆 38（t）坦克

96 辆使用一号坦克底盘的小型指挥坦克

39 辆使用三号坦克底盘的大型指挥坦克

共计 2574 辆坦克

这 2574 辆坦克搭载的兵器如下：

4407 挺 MG13、MG34（t）机枪

955 门 20 毫米坦克炮

349 门 37 毫米坦克炮

334 门 37 毫米坦克炮 [①]

278 门 75 毫米坦克炮

三号坦克使用的 50 毫米坦克炮，5 月份仍未交付，但西方战事期间交付了 40 门。由于第一批突击炮 1940 年 2 月才投产，4 月开始交付，所以突击炮没有大量用于西方战事。

5. 各装甲师的其他兵器和兵力参阅附件（可惜附件已遗失）。

---

① 译注：原文没注明具体型号，可能与上面的 37 毫米坦克炮不同。

附件3

第 19 军军部   军指挥所，讷沙托

作战处   1940 年 5 月 11 日

军部为 1940 年 5 月 12 日下达的作战令

1. 今天，我军顺利攻往瑟穆瓦河方向，英勇而又娴熟地击退了敌军。

2. 各师 1940 年 5 月 12 日的任务是渡过瑟穆瓦河，肃清马斯河北岸之敌。

按照军部的指示，第 10 装甲师把大德意志步兵团投入圣梅达尔方向。

第 2、第 10 装甲师，肃清前进道路的同时，务必确保身后跟进的各个师位于自己侧面，担任翼侧掩护。

为此，第 2 装甲师应取道芒布尔和阿勒，转向叙尼和普珀昂西南面 1 公里的路口。穿过芒布尔的道路随后才能肃清。你师只能利用穿过阿勒的道路，取道罗什欧攻往布永东北方 7 公里的岔路口（这条道路是我军的后勤补给线）。

第 10 装甲师应遵照 1940 年 5 月 10 日傍晚的命令，以主力转向屈尼翁的瑟穆瓦河渡场，尔后不再占用 3 号、4 号坦克行进道路。你师从屈尼翁出发，取道勒卡特勒舍曼继续攻往色当，穿过莱格利斯与军后勤补给线保持联系。

3. 各师分界线

第 2 装甲师与第 1 装甲师的分界线：格朗瓦尔—肖蒙—诺勒沃（第 1 装甲师）—科尔尼蒙—罗什欧（第 1 装甲师）—阿勒以南 4.5 公里的十字路口（第 2 装甲师）—博塞瓦尔和布里昂库尔（第 2 装甲师）—马斯河河曲部西侧—弗雷努瓦—弗雷努瓦通往谢姆里的公路—阿登运河到勒谢讷以东 3 公里的桥梁（城镇、道路、运河都归第 1 装甲师）；

第 1 装甲师与第 10 装甲师的分界线：格拉普方丹—奥尔容（第 10 装甲师）—努瓦尔方丹—布永—贝勒沃—布永以南 3 公里的路口（第 10 装甲师）—于利—色

当的中央桥梁（第 1 装甲师）—色当南面的公路桥—努瓦耶蓬莫吉（第 10 装甲师）—比尔松（第 1 装甲师）—维莱迈松塞勒（第 1 装甲师）—斯通讷—奥什（第 1 装甲师）。

4. 军部设在讷沙托，尔后沿贝尔特里—布永公路转移。

5. 各师必须遵照军部下达的命令，提前做好 1940 年 5 月 13 日强渡马斯河的准备。

6. 空军 1940 年 5 月 12 日会继续支援我军，9 点前在马斯河这一侧提供空中支援，之后会把空中支援转移到对岸。

签名：古德里安

下发：

辖内各师

师长

作战参谋

情报参谋

炮兵指挥官

附件4

第19军军部   军指挥所

作战处   1940 年 5 月 12 日 17 点 50 分

强渡马斯河的预先指令

1. 约 20 个师组成的英法摩托化集团军正在开进，左翼已越过安特卫普，被德国空军截获后击溃。德国军队沿整条战线突破阿尔贝运河，已攻克列日。

2. 明天，即 1940 年 5 月 13 日，冯·克莱斯特集群会在沙勒维尔—色当地段继续攻往马斯河，从比利时腾出的空军力量届时会提供极为强大的支援，集群辖内部队全力夺取马斯河畔各座渡场。

3. 我军的任务与先前收到的指示一致。关于进攻细节的命令会在今晚下达。

4. 这场决定性进攻成功的先决条件是，各师今天务必前出到马斯河。只要炮兵和工兵及时跟上，配合全军各兵团展开行动，这场进攻就能顺利执行。

5. 我完全相信各位师长的能力。

签名：古德里安

下发：

第 1 装甲师

第 2 装甲师

第 10 装甲师

军部作战参谋

军部作战参谋（作战日志）

存档

军部 18 点 35 分命令：

为配合 1940 年 5 月 13 日的进攻，第 2、第 10 装甲师的重型炮兵营交给第

101 炮兵指挥部统一指挥，用于第 1 装甲师的作战行动等。

（关于强渡马斯河的军部令，需要指出的是，西线战事开始前，各师就认真做了准备，这让军部下达相关命令容易得多。各师 1940 年 5 月 12 日夜间到 13 日天亮前给前线指挥官下达的命令指出："进攻按先前的图上演习进行……"由此可见，只有先期做好全面研究，才能在进攻开始前有限的时间内完成准备工作。与必要的准备性图上作业相比，实战中只要对作战令稍作修改即可。）

第 1 装甲师   师指挥所

作战处   1940 年 5 月 12 日 18 点 45 分

第 4 号师部令

1. 附件里拟制的命令，适用于 1940 年 5 月 13 日强渡马斯河的行动，但不能指望命令里列举的全部炮兵和工兵力量提供支援。

2. 各级指挥官必须全力以赴地率领本师进入展开地域。与附件里的命令相反，部队的展开必须尽量靠近马斯河。绕开各座城镇。战斗中用不上的车辆，都留在瑟穆瓦河北岸，或留在已到达瑟穆瓦河南岸的部队处，这些车辆必须停放在阿登地区，确保各条道路畅通。

3. 大德意志步兵团取道贝勒沃西北面 1.5 公里的道路网，穿过布永进入出发阵地。

4. 集中地域，马斯河以北设在于利，马斯河以南设在比尔松，第 1 步兵团各派一个班执行警戒。

5. 伤员收容点：布永。

  急救总站：贝尔特里。

  野战医院：诺伊恩堡。

6. 第 37 装甲工兵营营长接掌第 102 工兵团团长的职责。

7. 师指挥所暂时设在弗莱涅北面的树林里。

第10装甲师 师指挥所

作战处 1940 年 5 月 12 日 19 点 30 分

强渡马斯河的预先指令

1.德国空军粉碎了大约 20 个师编成的英法摩托化集团军。我军沿整条战线渡过阿尔贝运河，已攻克列日。

2.第 10 装甲师明天强渡马斯河。

3.这场决定性进攻想要获胜，先决条件是步兵旅必须把师作战地段的敌军逐过马斯河。为遂行此次进攻，第 90 炮兵团第 1 营配属该旅。到达目标线立即报告师部。

签名：沙尔

（以上两道预先指令都基于我们当初在科布伦茨图上作业期间拟制的命令，这两道指令构成我们强渡马斯河的最终命令的基础。）

附件5

第19军军部 军指挥所，贝勒沃

作战处 1940 年 5 月 13 日 8 点 15 分

强渡马斯河的第 3 号军部令

1. 经过 5 月 12 日的激烈战斗，第 19 军几乎在各处都把对手逐过马斯河，估计对手会依托马斯河实施强有力的抵抗。

2. 西线 5 月 13 日的作战重点置于冯·克莱斯特集群，装甲集群的目标是在蒙泰尔梅与色当之间夺取马斯河渡场。德国空军几乎所有作战力量为此投入部署，计划以 8 个钟头不间断的空中突击粉碎法军沿马斯河部署的防御。冯·克莱斯特集群随后会在 16 点强渡马斯河，在对岸设立登陆场。位于我军右侧的第 41 军，5 月 13 日 16 点在蒙泰尔梅与努宗维尔之间强渡马斯河，沿达维尔南部边缘—索雷尔—沙勒维尔北部边缘一线设立登陆场。

第 14 军在第 19 军身后做好准备，视情况取道讷沙托或弗洛朗维尔攻击前进。

3. 第 19 军当日上午在原先的进攻地段做好准备，16 点在巴尔河河口与巴泽耶之间强渡马斯河。渡河后，我军沿布唐库尔—萨波涅—谢埃里—努瓦耶蓬莫吉一线构设登陆场。

我军与第 41 军的分界线：马特朗日—纳努萨尔—隆利耶尔—格朗瓦尔—阿瑟努瓦—贝尔特里西北方—卡尔斯堡—大费艾—穆泽夫—叙尼—吕姆—蒙科尔内西南方 15 公里的昂诺涅，以上地点统归第 41 军。

4. 进攻部署如下：

（a）右翼突击群：阿登运河与马斯河河曲部（不含）之间。

 兵力：第 2 装甲师。

（b）中路突击群：马斯河河曲部（含）与托尔西（含）之间。

兵力：第 1 装甲师、大德意志步兵团、第 43 突击工兵营。

（c）左翼突击群：色当与巴泽耶之间。

兵力：第 10 装甲师（欠大德意志步兵团）。

分界线如下：

右翼突击群与中路突击群：莫吉蒙—罗什欧—阿勒以南 4.5 公里的十字路口—博塞瓦尔和布里昂库尔（右翼突击群）—马斯河河曲部西侧—弗雷努瓦—弗雷努瓦通往谢姆里的公路—桑格里—普瓦泰龙（中路突击群）；

中路突击群与左翼突击群：贝勒沃—努瓦尔方丹—布永（中路突击群）—布永以南 3 公里的岔路口（左翼突击群）—于利—色当的马斯河中央大桥（中路突击群）—色当的马斯河南桥—努瓦耶蓬莫吉（左翼突击群）—比尔松（中路突击群）—斯通讷（中路突击群）。

5. 作战任务

（a）第 2 装甲师 16 点从栋舍里两侧的出发阵地动身，强渡马斯河，夺取栋舍里南面的高地。尔后立即转身向西，渡过阿登运河，前出到巴尔河河曲部，卷击法军沿马斯河构设的防御，右翼攻往布唐库尔，左翼攻往萨波涅和弗歇尔。

（b）第 1 装甲师和大德意志步兵团做好 16 点出发，在格莱尔与托尔西之间强渡马斯河的准备。尔后攻击前进，肃清马斯河河曲部，先攻往贝尔维—托尔西公路，尔后攻往马尔费森林的高地，再朝谢埃里—肖蒙一线攻击前进。

（c）第 10 装甲师与第 1 装甲师协同行动，16 点前夺取色当东部边缘各支撑点，沿色当—巴泽耶一线占领出发阵地。16 点强渡马斯河，夺取努瓦耶蓬莫吉—蓬莫吉一线的高地。

6. 与空军的协同：航空兵部队提供空中支援的时间和空域，参阅随附的时间表，1：300000 的地图上标明了轰炸地域。

一如既往，第 19 军仍与第 2 密接支援航空兵指挥部直接配合。

7. 第 102 高射炮团先掩护全军展开，尔后掩护渡河行动，为此应靠前部署，最后掩护登陆场。

8. 侦察：

（a）各装甲中队在沙勒维尔—图尔讷—圣雷米—勒谢讷—索莫特—普伊—泰

塔涅—弗朗舍瓦勒地区实施空中侦察。

（b）各师按照预定安排在各自负责的作战地段实施地面侦察。

9. 通信：第90通信营确保第1、第2、第10装甲师之间，以及与冯·克莱斯特集群、第41军之间的电话和无线电联络，还要负责军指挥所与第2装甲师设在弗里涅欧布瓦的指挥所、第1装甲师设在弗莱纳的指挥所、第10装甲师设在日沃讷的指挥所之间的通信联络。

10. 军指挥所：设在贝勒沃，中午12点后转移到拉沙佩勒。

签名：古德里安

第1装甲师　　　　　　　　　　　　　　　　　　　　　师指挥所

作战处　　　　　　　　　　　　　　　　1940年5月13日中午12点

第5号师部令
1940年5月13日强渡马斯河

1. 经过5月12日的激烈战斗，第19军几乎在各处都把对手逐过马斯河，估计对手会依托马斯河实施强有力的抵抗。

2. 西线5月13日的作战重点置于冯·克莱斯特集群，装甲集群的目标是在蒙泰尔梅与色当之间夺取马斯河渡场。德国空军几乎所有作战力量为此投入部署，计划以8个钟头不间断的空中突击粉碎法军沿马斯河部署的防御。第19军16点强渡马斯河。

3. 第19军当日上午和中午在原先的进攻地段做好准备，16点在巴尔河河口与巴泽耶之间强渡马斯河。

4. 进攻部署如下：

（a）右翼突击群：第2装甲师在阿登运河与马斯河河曲部（不含）之间展开。

（b）中路突击群：第1装甲师在马斯河河曲部（含）与托尔西（含）之间展开。

（c）左翼突击群：第10装甲师在色当与巴泽耶之间展开。

5. 我师分界线基本保持不变，少许变更如下：

与右侧第2装甲师，从谢埃里到谢埃里以西12公里的桑格里，再到普瓦泰龙

（以上地点统归第 1 装甲师）；

与左侧第 10 装甲师的分界线保持不变。

6. 作战任务：

第 2 装甲师 16 点从栋舍里两侧的出发阵地动身，强渡马斯河，夺取栋舍里南面的高地。尔后立即转身向西，渡过阿登运河，前出到巴尔河河曲部，卷击法军沿马斯河构设的防御，右翼攻往布唐库尔，左翼攻往萨波涅和弗歇尔。

第 1 装甲师和大德意志步兵团做好 16 点出发，在格莱尔与托尔西之间强渡马斯河的准备。尔后攻击前进，肃清马斯河河曲部，先攻往贝尔维—托尔西公路，尔后攻往马尔费森林的高地，再朝谢埃里—肖蒙一线攻击前进。

作战指令与原先下达的命令相同，但 X 和 Y 时间有变，首日的进攻定于 16 点发起。

第 10 装甲师与第 1 装甲师协同行动，16 点前夺取色当东部边缘各支撑点，沿色当—巴泽耶一线占领出发阵地。16 点强渡马斯河，夺取努瓦耶蓬莫吉—蓬莫吉一线的高地。

7. 第 101 炮兵指挥部（辖内各个营的分配参阅附件）必须为强渡马斯河、按照火力计划支援我师进攻做好准备。

8. 与空军的协同：航空兵部队提供空中支援的时间和空域，参阅随附的时间表，草图上标明了轰炸地域。

第 102 高射炮团先掩护全军展开，尔后掩护渡河行动。

9. 强渡马斯河的顺序，依然遵照师部命令（参阅附件）的规定。

10. 侦察和通信联络方面的规定保持不变。

军属部队增添的代号：

大德意志步兵团——怪物。

第 101 炮兵指挥部——新房子。

第 49 炮兵团——魔术师。

第 1 观测营——砖块。

大德意志步兵团第 1 营——白蜡树。

大德意志步兵团第 2 营——纪念品。

大德意志步兵团第 3 营——貽贝。

大德意志步兵团第 4 营——烟囱。

第 43 突击工兵营——单片眼镜。

11. 后勤：

（a）弹药转运点：费艾勒韦纳尔东面 1.5 公里，已做好分发准备。

（b）油料分发点设在努瓦尔方丹北面的森林北部，已做好 5 月 13 日 17 点分发油料的准备，补给量是油料消耗量的一半。

（c）急救总站设在科尔比翁。

（d）车辆维修站：5 月 13 日下午，一个维修连在贝尔特里做好投入工作的准备。冯·克莱斯特集群的一个坦克零配件中队已开赴卢森堡的雷丁根。

（e）俘虏收容点：仍设在马斯河弗雷努瓦南面的于利，由步兵旅看守。

12. 师指挥所：进攻开始前设在圣芒日北面 3.2 公里的 360 点；进攻开始后沿预定进攻路线前移。

第 5 号师部令附件

为 1940 年 5 月 13 日强渡马斯河给炮兵下达的特别命令

1. 第 101 炮兵指挥部负责炮火准备，为强渡马斯河的行动提供火力支援。

2. 实施炮火准备、执行进攻的炮兵力量：

（a）第 2 装甲师——第 74 炮兵团，欠第 3 重型炮兵营。

（b）第 1 装甲师——第 101 炮兵指挥部。

步兵压制战斗群：第 73 炮兵团，辖第 1、第 2、第 3 营。

炮兵和工事压制战斗群：第 49 炮兵团，辖第 45 炮兵团第 2 营、第 69 炮兵团第 2 营、第 74 炮兵团第 3 营、第 90 炮兵团第 3 营（第 105 炮兵团第 1 营）、第 616 重炮营。

炮兵指挥官直属部队：第 1 观测营、烟雾迫击炮营。

（c）第 10 装甲师——第 90 炮兵团，欠第 3 重型炮兵营。

3. 炮兵侦察：

（a）第 2、第 10 装甲师部署的观测所，每个师至少要让一个营能看到第 1 装甲师的作战地段。

（b）第 1 观测营的侦察：

第 1 观测营的部署，必须确保对 G、H、L、M、O 目标地域实施炮兵侦察。

（c）空中侦察：

师属炮兵飞机的部署和侦察结果也应上报给第 1 装甲师第 101 炮兵指挥部。

第 31 侦察机中队第 4 小队的两架炮兵飞机，10 点起隶属第 49 炮兵团。

4. 炮兵的任务：

为进攻提供的炮火支援，参阅火力计划。

军作战地域的炮火压制任务由第 101 炮兵指挥部执行，直到各师越过栋舍里以南高地—马尔费森林—努瓦耶蓬莫吉附近的高地一线。

5. 目标点：分配的目标区域，参阅目标区域图。

第 5 号师部令附件

支援 5 月 13 日进攻行动的火力计划

第 1 装甲师					
交战阶段	时间段	步兵	打击目标	炮兵	空军
准备夺取马斯河渡场	8—15 点	打击 K 目标区域内的目标	在格莱尔和托尔西，打击沿马斯河构设的暗堡和支撑点	（a）打击 K、L 目标区域内的目标，以此监视对方 （b）朝马斯河方向释放烟幕 （c）打击敌暗堡 （d）压制 G、H、L、M、O 目标地域内的敌火炮和高射炮	参阅时间表！第 2 密接支援航空兵指挥部 （a）对 G、H、L、M、O 目标区域内的村庄实施扰乱轰炸 （b）压制敌炮兵
准备夺取马斯河渡场	15 点—15 点 50 分	同上	打击沿马斯河构设的暗堡	（a）在渡河地点集中火力 （b）压制 K、L 目标地域内的目标 （c）压制敌人的火炮和高射炮	参阅密接航空兵大队的扰乱轰炸时间表，轰炸格莱尔和托尔西，打击 L1—7 目标地域
渡河前不久	15 点 50 分—16 点	在渡河处集中火力	同上	在渡河地点集中火力	
开始渡河和突破	16 点起	支援步兵	渡河前后压制敌暗堡	支援师作战地段的步兵	参阅时间表

注：16 点—16 点 30 分，烟雾迫击炮营沿格莱尔—托尔西公路施放烟幕，17 点 30 分—18 点 30 分，沿贝尔维—托尔西公路释放烟幕。

第 5 号师部令附件

1940 年 5 月 13 日强渡马斯河的时间表

时间	空军	地面部队
8 点		尽可能做好夺取马斯河渡场的准备。炮兵按照火力计划展开行动
8—12 点	对 BI、CI 地域实施扰乱轰炸	在空军扰乱轰炸掩护下从事渡河准备。炮兵按照火力计划展开行动
12—16 点	集中轰炸 AI、BI、CI 地域	继续并完成所有准备工作。炮兵按照火力计划展开行动
16 点—17 点 30 分	轰炸转移到 AII、BII、CII 地域和穆宗附近的工厂。斯图卡打击 BI、CI 地域	出敌不意地渡河
17 点 30 分—夜幕降临	压制 AII、BII、CII 地域内尚存的目标	夺取登陆场
夜间	对伊尔松、拉昂、勒泰勒、武济耶、斯特奈这些城市通往东面和北面的公路实施扰乱轰炸，压制敌人在这些公路上的运动	搭设桥梁，坦克和炮兵渡河

第 10 装甲师   师指挥所，普雷圣雷米

作战处第 5 号令   1940 年 5 月 13 日

1940 年 5 月 13 日强渡马斯河的师部令

1. 经过 5 月 12 日的激烈战斗，第 19 军几乎在各处都把对手逐过马斯河，估计对手会依托马斯河实施强有力的抵抗。

2. 西线 5 月 13 日的作战重点置于冯·克莱斯特集群，装甲集群的目标是在蒙泰尔梅与色当之间夺取马斯河渡场。德国空军几乎所有作战力量为此投入部署，计划以 8 个钟头不间断的空中突击粉碎法军沿马斯河部署的防御。第 19 军 16 点强渡马斯河。

3. 第 19 军当日上午和中午在原先的进攻地段做好准备，16 点在巴尔河河口与巴泽耶之间强渡马斯河。渡河后沿布唐库尔—萨波涅—谢埃里—努瓦耶蓬莫吉一线构设登陆场。

第 10 装甲师 5 月 13 日 16 点在色当南面—巴泽耶（含）地段强渡马斯河，夺取努瓦耶蓬莫吉的高地。

我们与第 1 装甲师的分界线：布永以南 3 公里的岔路口（第 1 装甲师）—于

利（第1装甲师）—色当的马斯河中央大桥（第1装甲师）—色当的马斯河南桥（第10装甲师）—努瓦耶蓬莫吉（第10装甲师）—比尔松（第1装甲师）—斯通讷（第1装甲师）。

4.进攻部署如下：

右翼：第10步兵旅突击群。

指挥官：第10步兵旅旅长。

辖内部队：第86步兵团。

第41工兵营第1连，携带90艘小型、45艘大型橡皮艇。

第49工兵营第2连（欠1个排）担任工兵突击部队。

第90反坦克教导营（欠1个连）。

第36重型高射炮营1个连（欠1门火炮）。

第1、第2重型步兵炮连。

左翼：第69步兵团突击群。

指挥官：第69步兵团团长。

辖内部队：第69步兵团。

第49工兵营第1连，携带65艘小型、30艘大型橡皮艇。

第49工兵营第2连1个排担任工兵突击部队。

第90反坦克教导营1个连。

第36重型高射炮营1门火炮。

左翼、右翼突击群的分界线：日沃讷东面—巴朗东面—蓬莫吉西面—努瓦耶蓬莫吉东面—博梅尼沼泽东面。

5.作战任务：

左翼、右翼突击群5月13日下午在突击地段做好进攻准备，待掩护部队进入阵地，就对各自突击地段内马斯河畔的暗堡、支撑点和其他目标发起打击。突击群以先遣力量攻往马斯河方向，确保16点准时发动进攻，强渡马斯河。空中突击期间，要求每个人都抓紧时间做好渡河准备。

右翼突击群的首个进攻目标是瓦德兰库尔西面的敌支撑点，尔后转身向南，肃清瓦德兰库尔南面的敌支撑点，夺取努瓦耶蓬莫吉和正西面的高地。

左翼突击群夺取蓬莫吉和东面的支撑点，重点置于右翼，与右翼突击群保持联系，进攻目标是夺取努瓦耶蓬莫吉—蓬莫吉公路。

6. 各突击群指挥官必须安排好出发线，指定军官负责渡河事宜，右翼突击群晚些时候要确定搭设军用桥梁的位置。

7. 第90炮兵团（欠第105炮兵团第1营）按照火力计划支援进攻。每个突击群都获得1个炮兵营支援。

8. 第41、第49工兵营没编入突击群的分队，16点在拉沙佩勒以北地域做好准备，按照第41工兵营营长的命令赶赴马斯河，先排列浮舟，尔后搭设桥梁。

计划中的架桥点位于色当南面。

9. 第71高射炮团第1连掩护部队集中和强渡马斯河的行动，重点置于右翼突击群作战地段。第55高射炮团第3连掩护装甲旅推进。

10. 侦察：

（a）空中：第14侦察机中队第3小队负责侦察栋舍里—谢姆里—塔奈—巴尔河畔布略勒—沃镇—普伊—泰泰涅—弗朗舍瓦勒地区的公路。具体执行另行下达命令。

（b）地面：第90装甲侦察营遵照师部的命令，把两支侦察巡逻队部署到拉沙佩勒北面待命。

11. 通信联络：

第90装甲通信营一如既往地确保无线电联络，以及师部与各突击群和架桥指挥官的电话、电台联络，还要从负责渡河事宜的指挥官那里架设三条支线，连接三个渡河点。连接各突击群的通信线路，由先遣步兵部队带过马斯河。

12. 交通管控：

莫泰昂—拉沙佩勒公路由第3道路指挥官和装甲旅负责，拉沙佩勒—色当公路（尔后延伸到瓦德兰库尔）由第4道路指挥官和第90装甲侦察营负责。

13. 师预备队：

第4装甲旅担任师预备队，17点位于贝勒维雷森林，尔后转移到拉沙佩勒东北面，旅长和师部待在一起。

14. 急救总站：设在拉沙佩勒南面1公里的拉维雷农庄。

15. 师部：普雷圣雷米。

前进指挥所：日沃讷西南方高地。

签名：沙尔

附件6

第19军军部 　　　　　　　　　军指挥所，拉沙佩勒附近的森林

作战处 　　　　　　　　　　　　1940年5月13日22点30分

1.法军的马斯河防御，只部署了1个要塞旅，外加炮兵力量，对方已遭到重创。

2.我军渡过马斯河，辖内各师分别到达：

第2装甲师，栋舍里西南面；

第1装甲师，马尔费森林北部边缘；

第10装甲师，瓦德兰库尔。

3.各师继续全力进攻，所有可用兵力在已渡河部队身后跟进。侧翼师的重点置于内翼，确保各兵团紧密协同。

4.各师按照预先研究过的计划夺取目标，但第10装甲师只前出到比尔松以东地域，尔后转身向西：

第2装甲师取道布唐库尔攻往普瓦泰龙。

第1装甲师取道旺德雷斯—勒谢讷攻击前进，左翼沿埃纳河攻往勒泰勒。

第10装甲师暂时沿规定路线掩护军左翼。

5.军部目前仍留在拉沙佩勒。

签名：古德里安

附件7

第 19 军军部　　　　　　　　　　军指挥所，拉沙佩勒附近的森林

作战处　　　　　　　　　　　　　　　　　　1940 年 5 月 14 日

军部为 1940 年 5 月 15 日的作战行动下达的第 5 号令

1. 我军今天以坦克和强大的陆军直属部队击败、粉碎了 2 个法国师，俘敌数千人。

2. 我军 1940 年 5 月 15 日的任务，是以主力从既占地域继续向西攻击前进，前出到瓦西尼—勒泰勒一线。

3. 作战任务：

（a）第 2 装甲师以强大的左翼穿过布尔济库尔和普瓦泰龙，攻往锡尼小森林南面，前出到瓦西尼—塞里一线。

（b）第 1 装甲师穿过桑格里—奥蒙一线，前出到塞里—勒泰勒一线。

分界线：谢埃里—桑格里—拉奥尔涅—马泽尔尼（第 1 装甲师）—费索（第 2 装甲师）—德罗维齐（第 1 装甲师）—塞里（第 2 装甲师）。

以上两个师根据我的命令展开行动。

（c）第 10 装甲师和即将再次转隶你师的大德意志步兵团，沿阿登运河—斯通讷高地—维蒙特里南面的马斯河河曲部一线掩护全军南翼，必须前出到该线，设立防御。

4. 第 101 炮兵指挥部辖第 45 炮兵团第 2 营、第 616 重炮营、第 69 炮兵团第 2 营、第 1 炮兵团第 2 营，继续隶属第 1 装甲师。烟雾迫击炮营也归第 1 装甲师指挥，但留在目前的位置。

5. 侦察：

第 19 军负责的侦察区域：沙勒维尔—罗祖瓦—蒙科尔内—蒙科尔内到讷沙泰勒的公路—讷沙泰勒、蓬特法韦尔热、格朗普雷、丹村、穆宗铁路线。

装甲中队与第31侦察机中队第4小队的分界线：勒谢讷—阿蒂尼—布朗济—讷沙泰勒。

第31侦察机中队第4小队与第14侦察机中队第3小队的分界线：勒谢讷—格朗普雷。

第31侦察机中队第4小队的任务：

必须确定敌军是否沿侦察区域内各条道路开赴第1装甲师正面和翼侧，及时把侦察结果报告军指挥所和第1装甲师。

各师先遣巡逻队必须弄清：

（a）前方到蒙科尔内—讷沙泰勒一线；

（b）右翼到沙勒维尔—伊尔松一线；

（c）左翼到武济耶—兰斯一线。

第10装甲师侦察到克莱蒙—凡尔登一线。

由于可用的侦察力量有限，只能对主要前进道路实施侦察。

签名：古德里安

附件8

第19军军部   军指挥所，苏瓦斯

作战处   1940 年 5 月 16 日

军部为 1940 年 5 月 17 日的作战行动下达的第 7 号令

1. 第 1、第 2 装甲师又一次决定性地击败了对手，我军整条战线当面之敌向西退却。

第 19 军主力到达蒙科尔内以西地域，各先遣支队正攻往奥里尼与阿梅吉库尔之间的瓦兹河河段。

第 14 军在第 19 军左后方跟进，沿埃纳河掩护我军左翼。

2. 第 19 军 5 月 17 日继续攻往西北方，绕过圣康坦攻往佩罗讷。9 点展开行动。

3. 进军安排（各条行军道路参阅附件 1）：

（a）右路：第 2 装甲师沿 1 号、2 号行军道路越过奥里尼—里布蒙一线；

（b）左路：第 1 装甲师沿 3 号、4 号行军道路越过瓦兹河畔梅济耶尔—阿梅吉库尔一线。

4. 第 10 装甲师再次由军部直接指挥，沿 5 月 16 日规定的 2 号、3 号行军道路在全军左后方跟进，开赴努瓦尔库尔，左路纵队尔后穿过迪济勒格罗、克莱蒙皮埃尔蓬、阿梅吉库尔，之后沿附件 1 规定的 4 号行军道路前进。

右路纵队的行军道路待定。

5. 第 2 摩托化步兵师已转隶第 14 军。

6. 侦察任务参阅附件 2。

7. 军指挥所暂时留在蒙科尔内以东 5 公里的苏瓦斯，尔后沿 2 号、3 号行军道路前移。

签名：古德里安

附件9

第19军军部 军指挥所，苏瓦斯

作战处 1940年5月18日0点45分

军部为 1940 年 5 月 18 日的作战行动下达的第 8 号令

1. 对手今天继续撤往西南方。对方显然占据了索姆河渡场。孤零零的敌坦克力量从拉昂方向而来，取道克莱蒙和拉维尔欧布瓦攻往蒙科尔内。

2. 第 41 军 5 月 18 日攻往康布雷。

我军与第 41 军的分界线：圣戈贝尔—讷维莱特—诺鲁瓦—古佐库尔（第 41 军）—巴波姆（第 19 军）。

3. 第 19 军 5 月 18 日 5 点 30 分从瓦兹河畔的登陆场展开行动，攻往巴波姆方向，首个目标是在贝利库尔西北方高地—维勒雷东面—勒韦尔吉耶尔—旺代勒—弗莱尚—珀伊利—泰尔特里—蒙希一线夺取一座登陆场。

4. 各师的任务：

（a）第 2 装甲师从奥里尼和里布蒙登陆场出发，在莫尔库尔两侧夺取索姆河渡场，迅速控制维勒雷与勒韦尔吉耶尔之间的高地。以突袭夺取圣康坦的桥梁，再以少量兵力从后方攻占圣康坦。必须采取预防措施，尽量避免城内的巷战。

（b）第 1 装甲师从贝济耶和阿梅吉库尔登陆场出击，在卡斯特尔两侧夺取索姆河渡场，尔后立即攻往珀伊利两侧的高地。

关于（a）和（b）：两个师必须以先前强渡马斯河同样的兵力编组遂行进攻，从一开始就以强大的炮兵力量粉碎对手一切抵抗。必须抓住一切机会夺取渡场。发动进攻前，必须把加强侦察力量派到瓦兹河对岸。

（c）第 10 装甲师按照以下布势，沿各条道路在全军左后方跟进。首先攻往拉昂，掩护军左翼，尔后攻往塞尔河、克罗扎运河、索姆河，肃清运河和索姆河右岸地域，夺取河上的桥梁，做好爆破准备。

第1、第2装甲师的分界线：马雷（第2装甲师）—沙蒂隆（第1装甲师）—福库齐（第2装甲师）—帕尔珀维尔—里布蒙—圣康坦—法耶—迈塞米（第2装甲师）—旺代勒—马尔凯—唐普卢瓦克斯—穆瓦兰—朗库尔—孔布勒—弗莱尔—瓦尔朗库尔（第1装甲师）。

5. 侦察任务参阅附件。

为避免我方部队遭遇对手有可能沿索姆河构设的防御阵地，地面侦察至少要提前半个钟头进行。

第1、第10装甲师的侦察重点置于左翼。

6. 第102高射炮团自5点30分起掩护进攻部署和瓦兹河对岸的渡场，尔后在索姆河担任防空掩护。

7. 5点30分发动进攻时，军部设在维莱勒塞克。

签名：古德里安

分配给第10装甲师的道路：

（a）埃尔隆，拉费尔特，舍夫雷西，阿梅吉库尔，塞罗库尔，泰尔特里，佩罗讷，克莱里，隆格瓦勒；

（b）德尔西，克雷西，阿什里，旺德伊，阿尔唐普，桑库尔，佩罗讷，再从佩罗讷转向（a）道路。

军部第8号令的附件

轰炸安全线如下：

阿拉斯—巴波姆—佩罗讷—索姆河到阿姆—拉费尔到拉昂再到勒泰勒的铁路线（不含所有城镇）。

附件10

第19军军部　　　　　　　　　　　　　军指挥所，维莱勒塞克

作战处　　　　　　　　　　　　　　　1940年5月18日2点

军部为1940年5月19日的作战行动下达的第9号令

1. 对手从北面撤往西南方，我军右翼和第41军右翼仍在激战。英军出现在圣克里斯特附近的索姆河河段、佩罗讷北面、布沙韦讷高地。阿姆、瑞西、勒米尼、凯西附近，对手1940年5月18日傍晚渡过索姆河。

2. 冯·克莱斯特集群继续攻往巴波姆，先遣部队到达康布雷—佩罗讷这条总线。

第41军先遣部队到达康布雷—梅斯昂库蒂尔一线。

我军与第41军的分界线：圣戈贝尔—讷维莱特—勒韦尔日—古佐库尔（第41军）—巴波姆—贝尔勒欧布瓦—松布里安（第41军）—马尼库尔（第41军）。

冯·克莱斯特集群的后续行动，陆军总司令明确保留了决定权。

3. 第19军1940年5月19日展开行动，先以第1、第2装甲师前出到凡村—佩罗讷这条总线，尔后从那里出发，在勒梅尼勒—克莱里一线夺取北运河对岸的登陆场。

14点渡过运河。

5月18日夜到19日天亮前，我军还要在佩罗讷和阿姆的索姆河南岸设立登陆场，以便上级指挥机构进攻当日转向西南方。

4. 各师的任务：

（a）第2装甲师在埃康库尔与马南库尔之间渡过运河，夺取勒梅尼勒周围的高地，尔后在通往佩罗讷的公路西面急转向南，协助第1装甲师推进。

（b）第1装甲师在穆瓦兰两侧强渡运河，重点置于北翼，尔后攻往朗库尔南面的高地，在那里掉转方向，打击佩罗讷北面高地之敌的翼侧和身后。

关于（a）和（b）：

炮火准备遵照第 101 炮兵指挥部为两个师制订的火力计划执行。消灭敌军后，沿埃康库尔—勒梅尼勒—萨伊萨伊塞勒—朗库尔—克莱里一线设立登陆场，组织防御。

第 1 装甲师与第 2 装甲师的分界线：

圣康坦西部边缘—帕耶—迈塞米—蒙蒂尼—鲁瓦塞勒—艾泽库尔—德沃森林—圣皮埃尔瓦斯特森林南部边缘（第 2 装甲师）—孔布勒—弗莱尔—瓦尔朗库尔（第 1 装甲师）。

1940 年 5 月 18 日夜间，第 1 装甲师还按照电话通知的命令，大致沿比阿舍—拉迈松纳特—贝尔维农场一线，夺取并守住佩罗讷西面的登陆场。

（c）第 10 装甲师向索姆河和塞尔河派遣阻击部队，继续掩护全军左翼，可能要坚守到 1940 年 5 月 19 日傍晚。1940 年 5 月 19 日清晨，必须把阿姆、瑞西、勒米尼、凯西附近渡过运河的对手驱赶到圣康坦运河南岸，按照先前的命令（电话传达），封锁或炸毁桥梁。

在阿姆地区要建立并守住一座登陆场，大致范围在埃珀维尔西面的桥梁—马耶维莱特加朗一线。

另外，师主力 1940 年 5 月 19 日上午渡过瓦兹河，进入大埃西尼周边地域，这样就到达索姆河另一侧，可以利用两条道路赶往西北方。

5.13 点 45 分—14 点，空军会轰炸布沙韦讷、穆瓦兰、朗库尔附近的林地和敌军阵地，支援第 1 装甲师的进攻。空中突击结束后，该师立即强渡运河。

轰炸安全线如下：

（a）阿拉斯—阿尔贝—鲁瓦—努瓦永—贝里欧巴克一线；

（b）北运河流向。

6. 侦察：

（a）空中侦察负责勒卡托—康布雷—阿拉斯—杜朗—亚眠—蒙迪迪耶地区。

第 31 侦察机中队第 4 小队与各装甲中队侦察区域的划分，随后会下达指示。

（b）第 1、第 2 装甲师的地面侦察，递延到轰炸安全线，即欧库尔—内勒东北方 6 公里的十字路口—鲁瓦—努瓦永—绍尼。

7. 防空：第 102 高射炮团以主力掩护两个师开入集中地域、强渡运河、设立登陆场，以部分部队掩护第10装甲师开进，并在他们到达新宿营地后继续提供掩护。

8.报告：各部队顺利进入集中地域并发动进攻后，必须立即报告。

9.第80通信营确保与各师的无线电联络，以及军部与各师指挥所的通信联络。

10.军指挥所：1940年5月19日13点起设在奥尔农树林。

签名：古德里安

附件 11

第 19 军军部 军指挥所，维莱勒塞克

作战处 1940 年 5 月 18 日 13 点

1. 第 8 号军部令要求第 10 装甲师在塞尔河、福尔维与莫尔捷之间的索姆运河掩护全军翼侧，为此，从 5 月 18 日 16 点起，以下部队为第 10 装甲师提供加强：

第 511 工兵团团部，辖：

第 666 工兵营；

第 49 工兵营；

第 37 工兵营；

第 43 工兵营（晚些时候接替第 37 工兵营）；

第 10 装甲师反坦克教导营。

以上各营营长去勒南萨尔的第 10 装甲师师指挥所报到。

2. 第 10 装甲师与第 511 工兵团团长协商后确定，哪些桥梁需要炸毁，哪些桥梁做好爆破准备即可。

基本原则是，无关紧要、只会浪费守卫兵力的桥梁应当炸毁，而我军作战运动（前进）需要使用的桥梁应当保留。

第 511 工兵团团长以草图说明封锁、爆破桥梁的计划，上报第 10 装甲师，转呈军部。

3. 第 10 装甲师把师主力留在瓦兹河西面的运河这一侧，只以少量兵力前出到对岸，肃清南岸，直到努瓦永—库西堡—拉昂一线。

4. 内勒—阿姆—拉费尔—拉昂—讷沙泰勒铁路线以南地域都在轰炸范围内，这片地域展开的部队必须向飞行员展示清晰可见的识别标志，确保地空通信联络。

签名：古德里安

附件12

第19军军部　　　　　　　　　　　　　　　军指挥所，马勒维尔

作战处　　　　　　　　　　　　　　　　　1940 年 5 月 19 日 24 点

军部为 1940 年 5 月 20 日的作战行动下达的第 10 号令

1. 我军已击败当面之敌，对方企图从比利时朝西南方突围。

2. 第 19 军马不停蹄地攻往西北方，夺得海峡沿岸和索姆河下游地域。

第 41 军在我军右侧攻击前进。

作战地段：第 1 装甲师与第 2 装甲师的分界线是孔布勒—隆格瓦勒—波济耶尔—瓦雷讷—皮舍维莱尔—卡纳普勒—弗利克斯库尔—索姆河（以上各地均属第 1 装甲师）—德勒伊—瓦斯蒙（以上各地均属第 2 装甲师）—利佳尔河河口。

第 1 装甲师的左侧边界：索姆河。

3. 各师 1940 年 5 月 19 日 6 点从既占地域投入行动，前出到索姆河：

第 2 装甲师到达索姆河河口—弗利克斯库尔（不含）一线，重点置于阿布维尔。

第 1 装甲师到达弗利克斯库尔（含）—亚眠东面的阿夫尔河河口一线，重点置于亚眠。

4. 第 10 装甲师以所有可用部队逼近佩罗讷，在那里接替第 1 装甲师。第 10 装甲师把掩护左翼的任务移交给第 29 摩托化步兵师，换防后做好准备，掩护从阿夫尔河河口到佩罗讷的索姆河河段，直到跟进的第 29 摩托化步兵师赶来换防。

5. 配置：

（a）大德意志步兵团再次隶属我军，交给第 10 装甲师指挥。该团下午开抵圣康坦地域，尔后按照第 10 装甲师的命令展开行动。

（b）装甲侦察教导营归建，计划部署在军左翼。

（c）第 8 重型反坦克营 6 点从阿蒂尼开抵，先到达孔布勒。

6. 各师执行以下破坏铁路交通网的任务：

跨过军右侧边界的铁路线，由第 2 装甲师破坏；

跨过军左侧边界的铁路线，由第 1 装甲师破坏。

7. 各师在各自作战地段前方实施侦察；第 10 装甲师先侦察索姆河以南到亚眠这片地域，尔后侦察亚眠—莫利安—奥尔苏瓦—欧马勒公路以南地域。

8. 军部在第 1 装甲师身后跟进，取道韦尔芒—鲁瓦塞勒—坦库尔—唐普卢瓦克斯—穆瓦兰，先迁往孔布勒，尔后转移到阿尔贝。

签名：古德里安

第 19 军军部　　　　　　　　　　　　　　　　　　第 10 号军部令附件

作战处

1. 空中侦察的特别规定：

对以下地域实施空中侦察：康布雷—阿拉斯—阿韦讷—埃丹—埃塔普勒—海峡沿岸—迪耶普—讷沙泰勒—格朗维利耶—阿伊—内勒。

每个侦察机中队应派一名军官于 5 月 20 日 6 点到军指挥所听取任务简报（已用电台通知各中队）。

5 月 20 日 6 点，第 31 侦察机中队第 4 小队所有可用的 He-126 侦察机都交给第 23 侦察机中队第 2 小队指挥。

5 月 20 日 6 点，2 架 Fi-156 联络机向军部报到，由军部直接掌握。

2. 防空特别规定：

第 102 高射炮团掩护：

（a）给每个师的作战地段部署一个混编高射炮营，抵御对手对昂克尔河对岸渡场的高、低空攻击；

（b）以一个混编高射炮营，在第 91 轻型高射炮营第 1 连加强下，抵御佩罗讷与亚眠之间索姆河对岸渡场的敌坦克。

（c）第 91 轻型高射炮营暂时在孔布勒和阿尔贝抵御敌机低空攻击和敌坦克。

附件 13

第 19 军军部 军指挥所，阿尔贝
作战处 1940 年 5 月 20 日 16 点 30 分

1. 到达索姆河后，各师在以下地段设立防御：

第 2 装甲师在阿布维尔与涅夫勒河河口之间；

第 1 装甲师在涅夫勒河河口与昂克尔河河口之间；

第 10 装甲师在昂克尔河河口与佩罗讷（含）之间。

2. 各师在各自的作战地段构设以下登陆场：阿布维尔、孔代福利、亚眠、科尔比、布赖、佩罗讷。做好爆破桥梁的准备。

3. 做好破坏其他渡场的准备，所有渡船都要带到北岸。

切断阿布维尔、莱图瓦勒以南、弗利克斯库尔、亚眠的铁路线。

没有设立登陆场的桥梁，按照上述第 2 条加以封锁。

只有在对手进攻的情况下，才能炸毁桥梁。

4. 军作战地域内，上述第 3 条任务的执行，由第 51 工兵团团长米勒上校统一指挥，他与各师协同行动，直接向军部报告。

5. 爆破器材运往佩罗讷，由米勒上校分发。

6. 5 月 20 日 18 点起，军指挥所设在阿尔贝东北方 6 公里的阿隆维尔或凯里约，军需处设在蓬努瓦耶尔。

军参谋长签名：内林

附件14

第19军军部　　　　　　　　　　　　　　军指挥所, 凯里约

作战处　　　　　　　　　　　　　　　1940 年 5 月 20 日 [①]

军部为 1940 年 5 月 21 日的作战行动下达的第 11 号令

1. 今日的交战, 我军大获全胜。敌人全线后撤, 部分敌军溃逃。

18 点前, 我军到达圣里基耶—穆夫莱尔—亚眠—佩罗讷一线。

第 6 装甲师的位置不明。

第 8 装甲师 16 点 45 分到达杜朗北面。

2. 我军要守住目前到达的索姆河一线 (参阅 1940 年 5 月 20 日 16 点 30 分下达的命令)。

各师还应肃清索姆河与欧蒂河之间各自负责的地域, 确保欧蒂河沿线和到巴波姆地域的安全。

各师应当把主力部署在索姆河北面, 以便随时投入战斗, 击败从北面而来的敌军。

5 月 21 日中午前, 各师完成必要的变更部署, 上报新的布势。

个别细节:

(a) 第 10 装甲师主力部署到阿尔贝周边及西面;

(b) 大德意志步兵团已收到第 10 装甲师传达的指令, 今晚 (5 月 20 日夜到 21 日晨) 开赴蒂厄夫勒—埃姆一线以南地域, 沿这一线掩护欧蒂河对岸的渡场。

团部设在博瓦尔。

5 月 21 日 9 点起, 大德意志步兵团转隶第 1 装甲师。

---

① 原文未标出准确时间。

3. 各师和归建的装甲侦察教导营在索姆河、欧蒂河与巴波姆之间的以下地域设立防御，肃清残敌：

（a）装甲侦察教导营：阿布维尔—埃丹（不含）公路西北面到海岸线。该营5月21日才能开抵，营部设在欧莱维尔。

（b）第2装甲师前出到涅夫勒河河口—杜朗（不含）一线。

（c）第1装甲师前出到亚眠（含）—夸尼厄（含）一线。

（d）第10装甲师前出到佩罗讷—巴波姆（含）一线。

警戒线仅以少量兵力据守。

4. 空中侦察由军部直接指挥。

地面侦察从各座登陆场起，直到勒特雷波尔—欧马勒—孔蒂—莫勒伊—绍讷一线。

5. 第102高射炮团提供防空掩护。

6. 第8通信营以电话线与各师保持联络。

7. 军指挥所设在凯里约城堡。

签名：古德里安

附件 15

第 19 军军部　　　　　　　　　　　　　　军指挥所，凯里约

作战处　　　　　　　　　　　　　　　1940 年 5 月 21 日 21 点

　　军部为 1940 年 5 月 22 日的作战行动下达的第 12 号临时命令

（收到"北进"的代号，命令才能生效）

1. 对手在比利时和法国北部陷入重围，绝望抵抗之余，企图向南突围。部分敌军经海路逃离。

2.1940 年 5 月 22 日，第 19 军从阿布维尔—亚眠—佩罗讷—杜朗—欧蒂河地域转身向北，穿过埃丹—埃塔普勒一线攻击前进，右翼攻往圣奥梅尔，左翼沿海岸线攻往布洛涅。

3. 各先遣部队 8 点渡过欧蒂河河段：

右翼：第 10 装甲师；

中路：第 1 装甲师，第 101 炮兵指挥部、大德意志步兵团隶属该师；

左翼：第 2 装甲师。

4. 道路分配参阅附件 1。

5. 我军在圣瓦莱里与科尔比之间的索姆河河段掩护各座桥梁的任务，移交给第 2 摩托化步兵师。各装甲师辖内部队 1940 年 5 月 21 日 22 点开始换防，第 2 摩托化步兵师与各装甲师直接协商换防事宜。5 月 22 日 5 点必须完成换防。

（a）以下部队暂时隶属第 2 摩托化步兵师：

装甲侦察教导营负责掩护圣瓦莱里—阿布维尔（不含）地段，晚些时候由第 2 摩托化步兵师辖内部队接替，该营随后在我军身后跟进；

米勒上校的第 511 工兵团团部，辖第 41、第 666 工兵营，1940 年 5 月 22 日获得接替后，在我军身后跟进；

第 37 工兵营目前部署在孔代福利与亚眠之间，会获得第 32 工兵营和第 1 装

甲师第 37 装甲工兵营第 3 连接替。

（b）1940 年 5 月 22 日 5 点前，第 2 摩托化步兵师必须为各装甲师的运动肃清道路。

（c）索姆河上的各座桥梁应做好爆破准备，但只能在对手发动进攻，桥梁有可能丢失的情况下实施爆破。阿布维尔、孔代福利、皮基尼、亚眠登陆场内的各座桥梁，只有在极度紧急的情况下才能炸毁。

（d）第 2 摩托化步兵师执行地面侦察，范围到布雷勒河—欧马勒—孔蒂一线。

（e）1940 年 5 月 21 日 17 点起，第 13 摩托化步兵师在佩罗讷—科尔比地区分阶段接替第 10 装甲师，先从佩罗讷开始。第 10 装甲师尔后集中到阿尔贝西面和西北面。

1940 年 5 月 22 日 13 点前，该师必须肃清阿尔贝—亚眠公路上的所有残敌，任务完成后用电台报告第 14 军。

6. 侦察任务参阅附件 2。

7. 防空任务参阅附件 2。

8. 军部先沿凯里约—亚眠北部—圣康—欧蒂河畔奥什皮埃尔一线转移，尔后沿欧蒂－巴赫河河谷转向西北方的阿尔古勒，稍事休整后，取道布瓦热昂—蒙特勒伊迁往格洛里昂河河谷附近的树林。后续转移另行通知。

签名：古德里安

冯·克莱斯特集群　　　　　　　　　　　　　司令部，阿夫兰库尔
作战处　　　　　　　　　　　　　　1940 年 5 月 21 日 22 点 30 分

装甲集群为 1940 年 5 月 22 日的作战行动下达的第 12 号令

1. 对手 30—40 个师在法国北部和比利时陷入重围。估计对方企图向南发起猛烈突围。

2. 冯·克莱斯特集群沿坦克—圣波勒—埃丹—埃塔普勒一线击退了对手的一切进攻。

遵照特别命令，我集群要转入进攻，最终歼灭敌军。

3. 分界线：

霍特军与冯·克莱斯特集群：按照已下达的命令延伸到阿韦讷勒孔特—坦克—迪耶瓦尔—瓦梅斯—圣奥梅尔（以上各地均属冯·克莱斯特集群）；

第41军与第19军：埃丹—代夫勒—马基斯（以上各地和各条道路均属第19军）。

4. 任务：

第41军在作战地段发动进攻，强大的梯次配置置于右翼。党卫队特别机动师交给该军指挥，用于翼侧掩护，抗击来自东面的敌军。

第19军在作战地段发动进攻。

第10装甲师在杜朗西面暂时由装甲集群直接指挥（派一名军官到装甲集群司令部接受命令）。

两个军的当务之急，是尽快把加来港和布洛涅港置于炮火打击下。

第14军的任务，是沿索姆河（从佩罗讷到入海口）接防整个后方防御，必须守住索姆河一线，还要扩大既占登陆场。做好炸毁索姆河上若干桥梁的准备，但只能在对手施加强大压力，无法守住桥梁的情况下实施爆破。

佩罗讷到圣西蒙的索姆河河段，第5军以第62、第87步兵师接替第29摩托化步兵师。务必守住索姆河，各步兵师开抵后，必须驱离仍盘踞在北岸的对手。

5. 轰炸范围：

进攻地段内，各军直接提出有时间限制的要求，空军才会实施轰炸，或对明确确认、逃窜中的敌军纵队施以打击。轰炸范围限制在索姆河以南10公里内。

6. 通信团等等。

7. 隶属：

第9装甲师转隶冯·克莱斯特集群，该师部署到杜朗地域。

8. 装甲集群指挥所：

10点起设在杜朗东北方6公里的吕舍前方。

签名：冯·克莱斯特

附件 16

冯·克莱斯特集群   司令部，吕舍
作战处   1940 年 5 月 22 日 22 点 50 分

装甲集群为 1940 年 5 月 23 日的作战行动下达的第 13 号令

1. 5 月 22 日，第 19 军和第 41 军的正面战线大获全胜。对手在霍特军当面顽强抵抗，还在那里发起数次进攻。

我们必须料到，在法国北部和比利时陷入重围的敌军会继续突围。

2. 冯·克莱斯特集群 5 月 23 日应占领布洛涅和加来，还要在艾尔—圣奥梅尔—格拉沃利讷地段设立登陆场，为我部转身向东彻底歼灭敌军创造先决条件。

3. 任务：

第 41 军停止向北进击，尽快在艾尔和圣奥梅尔设立登陆场，变更部署，以便 5 月 23 日中午从几座登陆场向东攻击前进。

第 19 军占领布洛涅和加来，在圣奥梅尔北面 4 公里的圣莫梅林与格拉沃利讷之间设立登陆场，变更部署，以便 5 月 23 日下午从几座登陆场向东推进。

第 14 军继续遵照装甲集群第 12 号令行事。

4. 分界线：

第 41 军与霍特集群的分界线未定，届时会以电台通知。

第 41 军与第 19 军的分界线，从埃丹到布洛涅—圣奥梅尔公路保持不变，从布洛涅—圣奥梅尔公路起：科隆贝尔—圣奥梅尔北面 4 公里的圣莫梅林（以上各地均属第 19 军）。

5. 隶属和借调：

（a）党卫队特别机动师 5 月 23 日编入霍特军；

（b）第 9 装甲师担任第 4 集团军预备队。

6. 截至 5 月 23 日中午的轰炸范围：

贝蒂讷—卡塞勒—贝尔格一线（含城镇）以东可以自由轰炸。

7. 通信团架设一条线路，穿过第 41 军直达圣奥梅尔。

8. 装甲集群指挥所仍设在吕舍。

签名：冯·克莱斯特

附件17

第19军军部　　　　　　　　　　　　　军指挥所，科朗贝尔城堡

作战处　　　　　　　　　　　　　　　1940年5月25日11点

　　　　　军部为1940年5月25日的作战行动下达的第13号令

1.我军攻占布洛涅，仍在加来激战。圣奥梅尔—格拉沃利讷的运河战线上，敌军兵力虚弱，但防御得很顽强。

冯·克莱斯特集群坚守艾尔—格拉沃利讷运河线，第41军位于圣奥梅尔登陆场。

2.第19军坚守5月25日到达的战线，守卫圣莫梅林—格拉沃利讷的运河阵地，包括已设立的登陆场，同时监视海峡沿岸，防范敌军登陆。

5月15日应攻克加来。

各师和军直部队没有投入交战的部队，应当利用停止前进的这段时间休整，维修保养技术装备，在最短时间内做好再次投入作战行动的准备。

3.任务：

（a）运河战线：圣莫梅林与运河河口之间、运河河口与瓦尔德角北面之间的海峡沿岸，防御任务交给第1装甲师。

为此，大德意志步兵团，已部署到圣莫梅林与奥尔克之间的"阿道夫·希特勒"警卫旗队，统归第1装甲师指挥。

（b）海峡防线：务必监视瓦尔德角与欧蒂河入海口之间的海岸，以防敌军登陆。

现有的海岸防御设施必须做好准备，抵御对手从海上发起的进攻。

为此，我军部署如下：

右翼：第10装甲师部署在瓦尔德角与欧德雷塞勒之间（含以上两地），该师近日仍要攻克加来；

左翼：第 2 装甲师部署在欧德雷塞勒与欧蒂河入海口之间（不含以上两地）。

为此，装甲侦察教导营归建，部署在康什河河口与欧蒂河河口之间，5 月 26 日上午前开抵埃塔普勒以南 5 公里的梅利蒙。

4. 分界线：

（a）我军与第 41 军：库隆比—茹尔尼—蒂伊克—圣莫梅林—维梅塞尔（以上各地均属第 19 军）；

（b）第 1 装甲师与第 10 装甲师：代夫勒—纳布兰冈（第 1 装甲师）—吉讷（第 10 装甲师）—瓦尔德角（第 1 装甲师）；

（c）第 10 装甲师与第 2 装甲师：萨梅尔（第 10 装甲师）—班坦（第 10 装甲师）—欧德雷塞勒（第 10 装甲师）；

（d）我军与第 14 军：欧蒂河沿线。

5. 自 5 月 24 日 18 点起，第 11 步兵旅直属军部，5 月 25 日开抵代夫勒北面的林地，在那里接受军部指挥。

该旅 5 月 25 日的任务：

解除巴黎普拉日附近之敌的武装；

进攻格里内角，消灭该支撑点。

6. 军属炮兵：

攻克加来后，第 101 炮兵指挥部和军属炮兵（第 45 炮兵团第 2 营、第 616 重型炮兵营）在军部直接指挥下调离，部署在利克—埃尔班冈—班冈—厄屈尼冈地域。

7. 自 1940 年 5 月 25 日 16 点起，第 1 保安团由第 2 装甲师指挥。

8. 侦察范围直到比利时边界。

9. 圣莫梅林与格拉沃利讷之间运河河段的所有渡场，必须做好爆破准备。只有在接到军部命令或极为紧急的情况下，方可实施爆破。

10. 防空掩护按照特别命令执行。

11. 军指挥所设在科朗贝尔城堡，军需处设在勒瓦斯特。

签名：古德里安

附件18

第19军军部　　　　　　　　　　　　　军指挥所，科朗贝尔城堡

作战处　　　　　　　　　　　　　　1940年5月26日12点15分

第20摩托化步兵师接替第1装甲师的命令

1.第20摩托化步兵师转隶我军，该师从南面前调，今日起开始在奥尔克—格拉沃利讷—海滨地段—瓦尔德角北面与第1装甲师（包括大德意志步兵团）换防。

"阿道夫·希特勒"警卫旗队原地驻守，转隶第20摩托化步兵师。

冯·克莱斯特集群认为，当晚继续进行转隶工作至关重要。

2.第1装甲师获得接替后，进驻萨梅尔—蒙特勒伊公路（含这两地）两侧地域，以便集中兵力，朝南北两面迅速展开。

各设营支队前调！向师部汇报！

第1装甲师迅速到达宿营地至关重要，确保部队得到充分休整，保养维修车辆和技术装备。

3.军指挥所：阿尔梅坦东南面1公里的勒弗雷努瓦。

军需处：勒瓦斯特。

军参谋长签名：内林

附件19

第19军军部　　　　　　　　　　　　军指挥所，勒弗雷努瓦城堡

作战处　　　　　　　　　　　　　　1940年5月26日20点

　　　军部为1940年5月27日的作战行动下达的第14号令

1.对手坚守阿运河河段。

2.冯·克莱斯特集群5月27日上午发动进攻，左翼（第6或第3装甲师）从圣奥梅尔地域出发，取道卡塞勒攻往波珀灵厄。

3.第19军以第20摩托化步兵师发动进攻，越过"阿道夫·希特勒"警卫旗队防区，中路取道瓦滕攻往沃尔穆特。

4.任务：

以下部队隶属第20摩托化步兵师：

第101炮兵指挥部

"阿道夫·希特勒"警卫旗队

大德意志步兵团及辖内分队

第56炮兵团第2营

第616重型炮兵营

第74重型炮兵团第3营

第11步兵旅第677炮兵团第3营

第91轻型高射炮营，只用于进攻

以上部队已收到预先指令，5月26日20点，"阿道夫·希特勒"警卫旗队的指挥所设在埃佩莱克前方。

　　　第20摩托化步兵师首先从瓦滕到圣皮埃尔布鲁克的登陆场出击，控制瓦滕东面的高地，尔后以强大的右翼越过阿尔内克—莱德兰盖姆，攻往赫尔泽莱。

　　　获得加强的大德意志步兵团攻往德兰尚，掩护进攻行动的左翼，夺取克罗什

特—皮加姆附近的高地，在这里把作战正面转向北面。

第 1 装甲师第 56 炮兵团第 2 营，与大德意志步兵团协同作战，第 101 炮兵指挥部会对此下达详细指令。

另外，大德意志步兵团从出发阵地出击，还会得到第 73 炮兵团支援。

第 677 炮兵团第 3 营只参加炮火准备，尔后留在东岸，接受第 11 步兵旅指挥。估计会以重型长身管火炮轰击敦刻尔克。

师指挥所：暂时设在埃佩莱克。

进攻时间：待定。

5. 空中侦察：

第 31 侦察机中队第 4 小队与第 23 侦察机中队第 2 小队协同，对圣奥梅尔—波珀灵厄—弗尔讷—海峡沿岸到格拉沃利讷这片地区实施侦察。比利时—法国边界以东地区交给第 31 远程侦察机中队第 3 小队。

6. 第 102 高射炮团先掩护瓦滕以西进攻行动的集中地域，尔后掩护进攻。

7. 第 80 通信营朝埃佩莱克架设通信干线。

8. 军预备队：

第 11 步兵旅做好进攻开始 1 小时后从驻地开拔的准备，侦察通往运河的各条道路，旅长向军部报到。

9. 收到这道命令，第 20 摩托化步兵师派两名联络官和车辆到军部报到。

10. 军部：勒弗雷努瓦城堡，进攻开始后军长前往埃佩莱克。

签名：古德里安

第 14 号军部令的补充令

5 月 27 日 16 点起，以下命令生效：

进攻——

右翼：第 20 摩托化步兵师和配属的"阿道夫·希特勒"警卫旗队；

左翼：第 2 装甲师和配属的大德意志步兵团、第 11 步兵旅、第 4 装甲旅；

第 20 摩托化步兵师与第 2 装甲师（第 11 步兵旅）的分界线：梅尔克冈—泽

热尔卡佩勒—雷克斯珀德（上述各地均属第 11 步兵旅）。

军参谋长签名：内林

附件20

第 19 军军部

军指挥所，卢什城堡

作战处

1940 年 5 月 28 日 23 点 15 分

第 15 号军部令

1. 第 14 军 1940 年 5 月 29 日接替第 19 军，换防令 10 点生效。

2. 第 9 装甲师昼间接替第 1、第 2 装甲师，换防按照第 14 军军部的指令行事。以下部队留在原处，暂时转隶第 14 军军部：

第 11 步兵旅

大德意志步兵团

"阿道夫·希特勒"警卫旗队

第 740 重型炮兵营

第 607 重型炮兵连

临时配属第 19 军的侦察机中队

3. 各师换防后，必须大力休整，充分恢复战斗力。

4. 各师宿营地如下：

第 1 装甲师：欧德吕克（含）—阿德尔（不含）—利克（含）—阿尔基讷（含）—库隆比（含）—沃德兰盖姆（含）—兰布尔（含）。

第 10 装甲师：阿德尔（不含）—吉讷（含）—兰克桑（含）—班坦以东树林的北部边缘（含）—勒瓦斯特（不含）—科朗贝尔（不含）—利克（不含）。

第 2 装甲师：利克（不含）—科朗贝尔（不含）—阿尔基讷东面的树林（不含）—茹尔尼通往利克的公路（不含）。

各师设立的宿营地，要便于部队展开，随时可以向东发起反突击或向南开进。

5. 各师除了妥善安置配属的轻型高射炮营，还要按照第 102 高射炮团的要求，为配属的一个重型高射炮营安排宿营地。

科朗贝尔、勒瓦斯特、勒弗雷努瓦这些城镇暂时不要进驻。

6. 若各师认为充分巩固了前线的战术态势，各装甲旅可以在 1940 年 5 月 29 日上午开入新驻地。

7. 各师 1940 年 5 月 29 日 12 点用电话向军部报告师部驻地，以便第 80 通信营延长必要的通信线。

军部对第 10 装甲师师部留在原处没有异议。

8. 军部暂时设在卢什城堡，军需处位于朗德雷坦。

军参谋长签名：内林

附件21

元首兼国防军最高统帅   1940年12月18日

最高统帅部/国防军指挥参谋部/国防处一组

1940年第33408号绝密文件

第21号指令

巴巴罗萨方案

德国国防军必须做好准备,结束对英国的战争前,就以一场速决战击败苏俄(巴巴罗萨方案)。

为此,陆军需要动用一切可用部队,但先决条件是保卫既占地区,免遭对手突然袭击。

对空军来说重要的是,应当腾出强大的兵力支援东方战场上的陆军,以期加快地面作战的进程,尽可能减少对手的空袭对德国东部地区造成的破坏。向东线集中兵力兵器的先决条件是:必须充分保护我方控制的整个作战地区和军备工业区,不能停止对英国,特别是对其补给线的攻击。

东方战事期间,海军的作战重点依然是对付英国。

我会根据情况,在对苏俄作战开始前8周,命令军队集结。

准备工作需要较长时间;如果还没开始,那么现在就必须着手进行,务必在1941年5月15日前完成。

但切不可暴露进攻企图,这一点至关重要。

三军总司令部的准备工作必须着眼于以下各点:

一、总企图

装甲部队应当果敢作战,楔入敌深远纵深,歼灭苏联陆军部署在苏联西部地区的主力,阻止对方战斗力尚存的部队撤入苏联广袤的纵深地区。

尔后以快速追击前出到以下战线：苏联空军在这条战线上，再也无法攻击德国本土。作战行动的最终目标大致在伏尔加河—阿尔汉格尔斯克一线，建立一道针对苏联亚洲部分的防线。这样，日后若有必要，可以用空军摧毁苏联残存的乌拉尔工业区。

作战过程中，务必迅速夺取苏联波罗的海舰队的基地，致使对方丧失战斗力。

作战伊始就必须对苏联空军施以强有力的打击，阻止对方有效地参战。

二、预期的盟友和他们的任务

1. 在我军作战行动的两翼，罗马尼亚和芬兰有望积极参加对苏俄的战争。

以上两国参战时，他们的武装力量以何种形式接受德国的指挥，国防军最高统帅部会及时与两国磋商并做出决定。

2. 罗马尼亚的任务，至少在进攻开始阶段，是以战斗力强劲的部队支援德军南翼的进攻，牵制非德军作战方向上的敌人，另外还要在后方地区遂行支援勤务。

3. 芬兰负责掩护从挪威调来的德国北方集群（第21集群一部）展开，并与该集群协同作战，另外还要执行攻克汉科的任务。

4. 我们估计，最迟到作战行动开始，瑞典的铁路和公路有可能供德国北方集群的展开使用。

三、作战实施

1. 陆军（呈报的方案我已批准）

普里皮亚季沼泽把作战地域分隔成南、北两部分，我军主力用于北部。在这里计划投入两个集团军群。

两个集团军群靠南的一个位于整条战线中央，任务是以特别强大的装甲和摩托化兵团从华沙周围及其北部展开突击，歼灭白俄罗斯境内的敌军。以此创造条件，让快速部队主力转身向北，与从东普鲁士出击、攻往列宁格勒总方向的北方集团军群协同，歼灭盘踞在波罗的海诸国的敌军。只有完成这项紧急任务，继而占领列宁格勒和喀琅施塔得后，才能继续进攻，夺取莫斯科这个重要的交通枢纽和军备工业中心。

只有苏联的抵抗出人意料地迅速崩溃，才有理由同时进攻两个目标。

东线战事进行之际，第 21 集群最重要的任务依然是保卫挪威。其余兵力（山地军）用于北部，首先要确保佩萨莫地区及其矿场，以及北冰洋通道，以便日后与芬兰军队一同攻往摩尔曼斯克铁路线，切断摩尔曼斯克地区的陆地补给线。

这场行动能否以较强的德国军队（2—3 个师）从罗瓦涅米地域及其南部实施，取决于瑞典是否愿意让德国军队利用他们的铁路展开。

芬兰陆军主力的任务，是配合德军北翼的推进，攻往拉多加湖西面或两侧，牵制尽可能多的苏联兵力，并占领汉科。

部署在普里皮亚季沼泽南面的集团军群，应当把重点置于卢布林地区，朝基辅这个总方向发起突击，从而以强大的装甲力量迅速挺进，进入苏联军队纵深翼侧和后方，尔后在攻往第聂伯河期间卷击这支敌军。

位于右翼的德国—罗马尼亚军队集群，受领的任务如下：

（a）保卫罗马尼亚本土，继而掩护整个行动的南翼；

（b）南方集团军群北翼进攻期间，牵制当面之敌，随着作战态势的发展，与德国空军协同，阻止敌军有序撤过德涅斯特河。

一旦普里皮亚季沼泽南面或北面的会战赢得胜利，就应当设立以下追击目标：

南面：尽早占领对战争经济至关重要的顿涅茨盆地；

北面：迅速进抵莫斯科，攻占该城意味着我们在政治和经济上赢得决定性胜利，还意味着苏俄丧失了最重要的铁路枢纽。

2. 空军

空军的任务，是尽可能打垮苏联空军，粉碎对方的战斗力，支援陆军在主要方向上的作战行动，即中央集团军群和南方集团军群的主要翼侧。苏联的铁路线，视其对作战行动的重要性，或者予以切断，或者果断使用伞降和机降部队占领附近最重要的目标（河流渡场）。为集中力量对付敌空军和直接支援陆军，主要作战行动期间，不必攻击敌军备工业。机动作战结束后，才考虑这种攻击，主要针对乌拉尔地区。

3. 海军

对苏战争期间，海军的任务是掩护己方海岸，阻止敌海军逃离波罗的海。我军攻占列宁格勒，苏联波罗的海舰队就丧失了最后的基地，随即陷入绝望境地，所以在此之前应当避免大规模海战。消灭苏联舰队后，重要的是确保波罗的海的海上交通畅通无阻，保障对陆军北翼的海路补给（扫雷）。

四

各军种总司令根据本指令下达的所有命令必须统一口径，阐明这些命令是为防范苏联改变目前对我国的态度而采取的预防性措施。参与初期准备工作的军官人数应尽可能少，而且每个人都要按需知密。否则我们的准备工作（实施时间尚未确定）就有可能暴露，在政治和军事上造成极为严重的后果。

五

我等候诸位总司令先生呈报你们根据这道指令拟制的具体计划。

国防军各军种把各自的准备计划，包括时间安排，通过国防军最高统帅部向我报告。

签名：阿道夫·希特勒

下发：

……

附件22

德国国防军 1944 年的指挥体系

元首兼国防军最高统帅、陆军总司令

陆军总司令部

陆军总参谋长
（负责东线战区）
作战处
组织处
要塞处
西线外军处
东线外军处
训练处
地图和测绘处
运输主管
通信主管
军需总监
兵种负责人（步兵、炮兵等）

国防军最高统帅部

国防军最高统帅部参谋长
（约德尔）
国防军指挥参谋部参谋长
（约德尔）
负责国防军最高统帅部直辖各战区
挪威
芬兰
非洲
意大利
法国、比利时、荷兰
巴尔干

装甲兵
总监

集团军群
|
集团军
|
军
|
师

空军总司令
|
空军总　各航空队
参谋部
|
帝国防空力量

海军总司令
|
海军作战部
|
海军集群司令部
|
各舰队
|
潜艇司令

后备军司令
（1944 年 7 月
21 日由希莱姆
担任）

以上只列出最重要的部门；武装党卫队、军备和战时生产部直接隶属希特勒。

附件23

1935 年 10 月 15 日，一个装甲师的战时编制

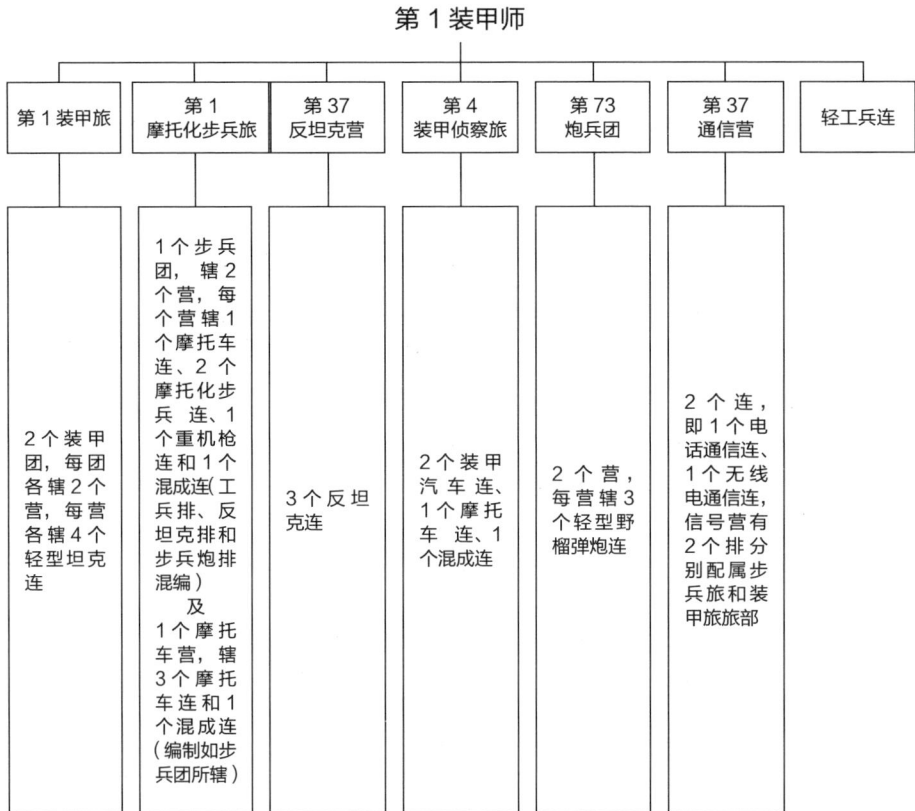

第 1 装甲师

第 1 装甲旅	第 1 摩托化步兵旅	第 37 反坦克营	第 4 装甲侦察旅	第 73 炮兵团	第 37 通信营	轻工兵连
2 个装甲团，每团各辖 2 个营，每营各辖 4 个轻型坦克连	1 个步兵团，辖 2 个营，每个营辖 1 个摩托车连、2 个摩托化步兵连、1 个重机枪连和 1 个混成连(工兵排、反坦克排和步兵炮排混编）及 1 个摩托车营，辖 3 个摩托车连和 1 个混成连（编制如步兵团所辖）	3 个反坦克连	2 个装甲汽车连、1 个摩托车连、1 个混成连	2 个营，每营辖 3 个轻型野榴弹炮连	2 个连，即 1 个电话通信连、1 个无线电通信连，信号营有 2 个排分别配属步兵旅和装甲旅旅部	

附件24

1940 年 9 月 5 日，第 1 装甲师的战时编制

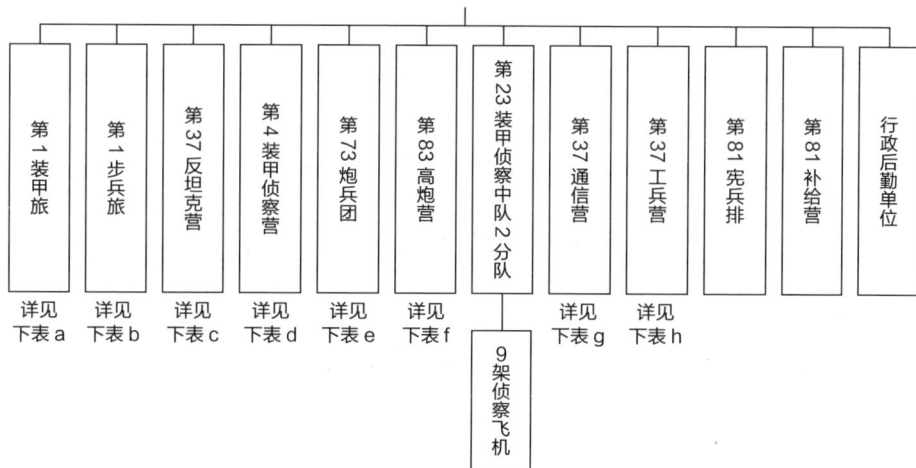

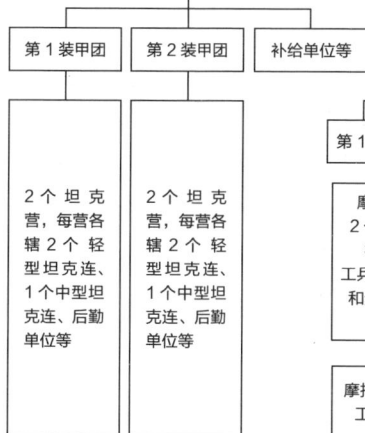

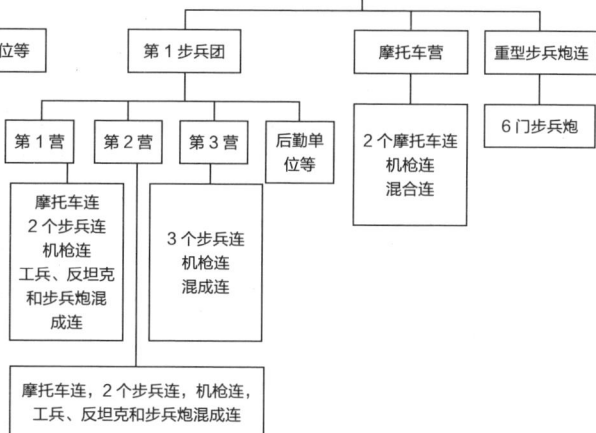

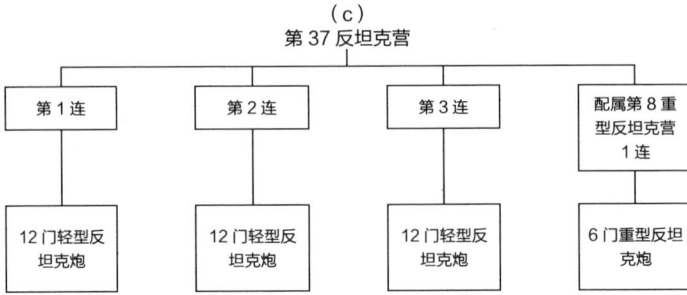

（c）
第37反坦克营

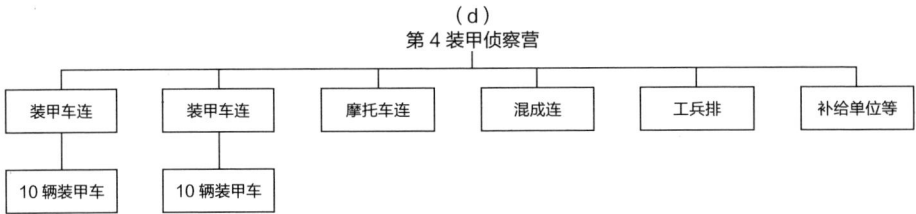

（d）
第4装甲侦察营

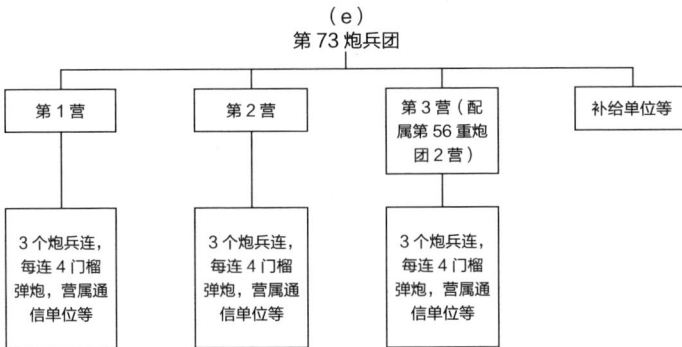

（e）
第73炮兵团

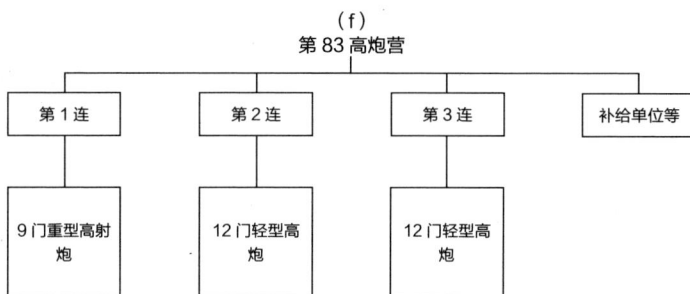

（f）
第 83 高炮营

| 第1连 | 第2连 | 第3连 | 补给单位等 |

| 9 门重型高射炮 | 12 门轻型高炮 | 12 门轻型高炮 |

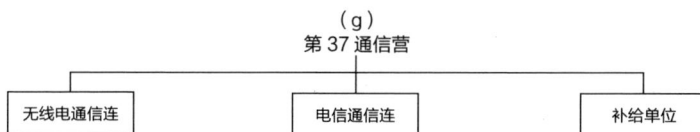

（g）
第 37 通信营

| 无线电通信连 | 电信通信连 | 补给单位 |

（h）
第 37 工兵营

| 摩托化工兵连 | 摩托化工兵连 | 装甲工兵连 | 2 个舟桥分队 | 轻型工兵分队 |

我的生平

1888 年 6 月 17 日，出生于维斯瓦河畔的库尔姆。

1894 年，在阿尔萨斯的科尔马尔上学。

1901—1903 年，在卡尔斯鲁厄的预备军校就读。

1903—1907 年，在柏林附近的大利希特费尔德高级军校就读。

1907 年 2 月 28 日，在比奇的汉诺威第 10 猎兵营任候补军官。

1907 年 4—12 月，在梅斯军事学院受训。

1908 年 1 月 27 日，获得少尉军衔，任命从 1906 年 6 月 22 日算起。

1909 年 10 月 1 日，随第 10 猎兵营调往哈尔茨山的戈斯拉尔。

1912 年 10 月 1 日—1913 年 9 月 30 日，在科布伦茨第 3 电报营任职。

1913 年 10 月 1 日—1914 年第一次世界大战爆发，在柏林军事学院学习。

第一次世界大战期间

1914 年 8 月 2 日—1915 年 4 月，任无线电台台长，先在西线第 5 骑兵师任职，随后调到佛兰德地区的第 4 集团军司令部任职。

1914 年 10 月，晋升中尉。

1915 年 4 月—1916 年 1 月，在第 4 集团军司令部任助理通信官。

1915 年 12 月，晋升上尉。

1916 年 1—8 月，在第 5 集团军司令部任助理通信官，先后在该司令部辖内几个指挥部任职。

1916 年 8 月—1917 年 4 月，在第 4 集团军司令部任通信官。

1917 年 4 月，调到第 4 步兵师任参谋。

1917 年 5 月，埃纳河战役期间，任第 52 预备役师代理作战参谋。

1917 年 6 月，在禁卫军军部任代理作战参谋。

1917 年 7 月，在第 10 预备役军军部任代理作战参谋。

1917 年 8 月，调回第 4 步兵师。

1917 年 9 月，任第 14 步兵团第 2 营营长。

1917 年 10 月，在 C 集团军司令部任参谋。

1918 年 1—2 月，在色当接受总参军官培训。

1918 年 2 月 28 日，调到集团军司令部任职。

1918 年 5 月，在第 38 预备役军军部任军需官。

1918 年 10 月，任德国大总参谋部驻意大利代表处作战参谋。

志愿军和边防军时期

1918 年 11 月，在柏林普鲁士战争部东方边防总局任职。

1919 年 1 月，在布雷斯劳的南方边防军司令部任职。

1919 年 3 月，在巴滕施泰因的北方边防军司令部任职。

1919 年 5 月，在里加（后来迁到米陶）的铁师师部任职。

1919 年 10 月，在汉诺威的防卫军第 10 旅任职。

1920 年 1 月，在戈斯拉尔任第 10 猎兵营第 3 连连长。

1920 年 3 月，希尔德斯海姆和鲁尔区发生骚乱。

1920 年秋季，进驻韦塞尔附近的弗里德里希费尔德中立区。

1921 年 3—5 月，德国中部的德绍和比特费尔德发生骚乱。

两次世界大战之间

1922 年 1 月 16 日—3 月 31 日，分配到慕尼黑的第 7（巴伐利亚）汽车营。

1922 年 4 月 1 日，调到魏玛国防部运输兵总监部汽车兵处任职。

1924 年 10 月 1 日，调到斯德丁的第 2 师师部任职。

1927 年 2 月 1 日，晋升少校。

1927 年 10 月 1 日，调到帝国国防部部队局陆军运输科任职。

1928 年 10 月 1 日，在柏林兼任汽车训练司令部的战术教官。

1930 年 2 月 1 日，任柏林—兰克维茨地区的第 3（普鲁士）汽车营营长。

1931 年 2 月 1 日，晋升中校。

1931 年 10 月 1 日，调回帝国国防部，任汽车兵总监部参谋长。

1933 年 10 月 1 日，晋升上校。

1934 年 7 月 1 日，任装甲兵司令部参谋长。

1935 年 10 月 15 日，在维尔茨堡任第 2 装甲师师长。

1936 年 8 月 1 日，晋升少将。

1938 年 2 月 4 日，任驻柏林的第 16 军军长，晋升中将。

1938 年 3 月 10 日，参加德奥合并的行动。

1938 年 10 月 2 日，参加进军苏台德区的行动。

1938 年 11 月 20 日，任快速部队司令，晋升装甲兵上将。

第二次世界大战期间

1939 年 8 月，任第 19 军军长。

1939 年 9 月，参加波兰战争。

1940 年 5—6 月，参加西方战争。

1940 年 6 月 1 日，任古德里安装甲集群司令。

1940 年 7 月 19 日，晋升大将。

1940 年 11 月 16 日，任第 2 装甲集群司令。

1941 年 10 月 5 日，任第 2 装甲集团军司令。

1941 年 12 月 26 日，转入 OKH 军官预备役。

1943 年 3 月 1 日，任装甲兵总监。

1944 年 7 月 21 日，兼任陆军总参谋长。

1945 年 3 月 28 日，辞去职务。

二战期间获得的勋章

1939 年 9 月 5 日，二级铁十字勋章。

1939 年 9 月 13 日，一级铁十字勋章

1939 年 10 月 27 日，骑士铁十字勋章

1941 年 7 月 17 日，骑士铁十字勋章橡叶饰